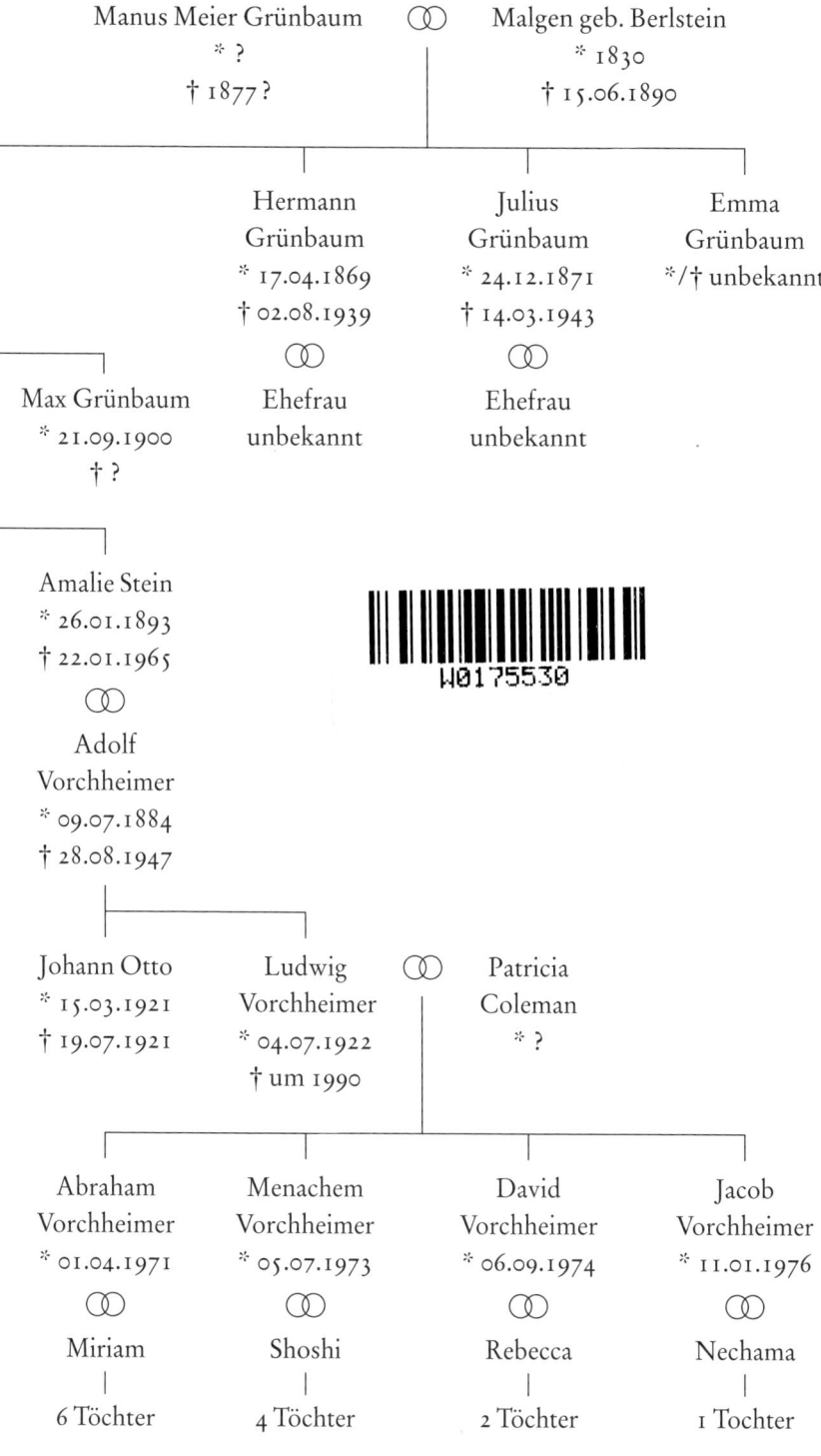

Manus Meier Grünbaum
* ?
† 1877 ?

⚭

Malgen geb. Berlstein
* 1830
† 15.06.1890

Hermann Grünbaum
* 17.04.1869
† 02.08.1939
⚭
Ehefrau unbekannt

Julius Grünbaum
* 24.12.1871
† 14.03.1943
⚭
Ehefrau unbekannt

Emma Grünbaum
*/† unbekannt

Max Grünbaum
* 21.09.1900
† ?

Amalie Stein
* 26.01.1893
† 22.01.1965
⚭
Adolf Vorchheimer
* 09.07.1884
† 28.08.1947

Johann Otto
* 15.03.1921
† 19.07.1921

Ludwig Vorchheimer
* 04.07.1922
† um 1990

⚭

Patricia Coleman
* ?

Abraham Vorchheimer
* 01.04.1971
⚭
Miriam
6 Töchter

Menachem Vorchheimer
* 05.07.1973
⚭
Shoshi
4 Töchter

David Vorchheimer
* 06.09.1974
⚭
Rebecca
2 Töchter

Jacob Vorchheimer
* 11.01.1976
⚭
Nechama
1 Tochter

Inge Geiler

Wie ein Schatten sind unsere Tage

Die Geschichte der Familie Grünbaum

Mit zahlreichen Abbildungen

Schöffling & Co.

Gewidmet den Nachkommen von Elise und Meier Grünbaum: Familie Oliver Stanton und Familie Ludwig Hugo Stein, New York

Erste Auflage 2012

In Briefen und Dokumenten wird
weitgehend die ursprüngliche Rechtschreibung und
Zeichensetzung übernommen.
Satz: Fotosatz Amann, Aichstetten
Druck & Bindung: Pustet, Regensburg
ISBN 978-3-89561-487-3

www.schoeffling.de

Inhaltsverzeichnis

Einführung

Anlass, dieses Buch zu schreiben, war ein Fund, der mich vor vielen Jahren zutiefst erschütterte.

Im wahrsten Sinne des Wortes fielen mir Briefe vor die Füße, die Verwandte an ein jüdisches Ehepaar geschrieben hatten, das zu alt und zu entkräftet war, um die Flucht aus dem nationalsozialistischen Deutschland noch wagen zu können.

Die sehr persönlichen Briefe erzählen von Hoffnungen und Sorgen, von Vorbereitungen auf die Flucht nach Amerika, auch von den schwierigen Umständen der Reise dorthin.

Die dort Angekommenen berichten dankbar und staunend über ihre neue Heimat in New York, verschweigen aber nicht die täglichen Probleme, die das Leben dort mit sich brachte, und ihre Sehnsucht nach der verlorenen europäischen Kultur.

Aus den Briefen und Karten der in Deutschland Zurückgebliebenen spricht die verzweifelte Tapferkeit, mit der sie ihr so unwürdig gewordenes Leben zu meistern versuchten, stets begleitet von der Furcht vor der Verfolgung.

Aus den gefundenen Dokumenten und Zeitungen lässt sich das Ausmaß der Demütigungen und der Menschenverachtung erkennen, denen Juden in Deutschland nach 1933 ausgesetzt waren.

Im Laufe der Zeit reifte mein Entschluss, die Geschichte dieser großen Familie, die inzwischen fast zu meiner eigenen geworden war, dem Vergessen zu entreißen, sie zu erforschen und zu dokumentieren.

Eine sehr gute Zusammenarbeit mit zahlreichen Archiven und privaten Forschern, denen ich meinen besonderen Dank aussprechen möchte, ermöglichte es mir, die Verfasser der Briefe zu finden und vieles aus ihrem Umfeld in Erfahrung zu bringen.

Einsichtnahmen in Entschädigungsakten gaben Aufschluss über den unverschämten Raub ihres Vermögens.

Das Studium der Gesetze zur Judenverfolgung zwischen 1933 und 1945 verdeutlicht den Alltag jüdischer Menschen, der von den eskalierenden Repressalien der Nationalsozialisten geprägt war.

Dieser Alltag kann für Leser nur vorstellbar werden, wenn sie um die einschneidenden Gesetze wissen, die in ihrer Grausamkeit und Bösartigkeit nicht zu überbieten sind und immer unfassbar bleiben werden. Nur die für die Biographien relevanten habe ich dort eingeflochten.

Das gefundene Konvolut übergab ich dem Institut für Stadtgeschichte der Stadt Frankfurt am Main. Dort ist es jetzt für die interessierte Öffentlichkeit zugänglich.

Die vorliegende Dokumentation entstand in Absprache mit dem Institut, dem ich für Hilfe und Unterstützung sehr dankbar bin.

Inge Geiler

Das Frankfurter Westend

Im Frankfurter Westend, in dem seit seiner Entstehung sehr viele jüdische Familien lebten – und heute wieder leben –, habe ich das Konvolut gefunden und beginne deshalb mit einer Beschreibung dieses Frankfurter Stadtteils.

Traditionell gilt das Westend als eines der vornehmsten Wohnviertel der Stadt. In dem ehemals ländlichen Gebiet zwischen dem Dorf Bockenheim und der Innenstadt, die von einem Festungsgürtel umgeben war, entstanden um 1770 die ersten Landhäuser mit parkähnlichen Gärten.

Hier hatte die Stadt Frankfurt einer wirtschaftlich bedeutenden Bevölkerungsschicht – Immigranten und religiösen Minderheiten, denen der Senat das Bürgerrecht verweigerte – erlaubt, sich niederzulassen.

Immer mehr wohlhabende jüdische Familien ließen sich an der Bockenheimer Landstraße große Villen erbauen, darunter viele, denen es im mittelalterlichen Ghetto zu eng geworden war, wie die berühmte Bankiersfamilie Rothschild, die schon seit dem 16. Jahrhundert in Frankfurt ansässig war. An der Bockenheimer Landstraße 10 erwarb Amschel Mayer Freiherr von Rothschild im Jahr 1816 ein Gartenhaus, das zu einem klassizistischen Palais umgebaut wurde. An das große Palais schloss sich ein weiträumiger Park an, der sich bis zur damaligen Stadtgrenze am Opernplatz ausdehnte und heute noch als Rothschildpark existiert. An die eindrucksvolle

1 Frankfurt, Rothschild-Palais, Bockenheimer Landstraße 10

Ruine aus rotem Sandstein, die, nach der Zerstörung des Palais im Zweiten Weltkrieg, in den 1960er Jahren noch stand, erinnere ich mich noch sehr gut.

Die alte Stadtbefestigung aus dem Jahre 1650 wurde, nach einem Beschluss des Rats der Stadt, zwischen 1806 und 1818 geschleift, und auf ihren Grundmauern entstanden Grünflächen. Diese »Wallanlagen« dürfen bis zum heutigen Tag nicht bebaut werden. Durchbrochen wurden sie nur von den Straßenführungen in die nun entstehenden neuen Wohnviertel am Rande der Innenstadt.

Die Bockenheimer Landstraße, gesäumt von prachtvollen Villen, wurde auf ihrer ganzen Länge mit Kastanien bepflanzt und so zu einer der schönsten Straßen der Stadt. »Die Straße der Millionäre« wurde sie im Volksmund genannt.

1811 wurden den Frankfurter Juden, gegen eine hohe Ablösesumme, die Bürgerrechte zugesprochen.

Eine planvolle Erschließung des Westends begann erst nach 1850. Es entstanden prunkvolle Wohnhäuser im Stil des Historismus, bis die Bebauung um 1900 den Grüneburgpark und den daneben liegenden Palmengarten (eröffnet 1871) erreichte. Viele gut situierte Mitglieder der großen jüdischen Gemeinde Frankfurts waren in das elegante neue Wohnviertel gezogen. Nach dem Entwurf des Architekten Franz Roeckle ließ die liberale Gemeinde in den Jahren 1908–1910 eine große Synagoge an der Freiherr-vom-Stein-Straße erbauen, flankiert von einem mehrstöckigen Verwaltungsgebäude und einer Schule.

Die feierliche Einweihung der Synagoge fand am 28. September 1910 statt, in Anwesenheit des Regierungspräsidenten, des Frankfurter Oberbürgermeisters Dr. Franz Adickes und zahlreicher Repräsentanten aus Politik, Verwaltung und Wirtschaft.

In strengem Jugendstil erbaut, mutet die Synagoge Beth Hamidrasch sehr orientalisch an mit ihrer gewaltigen Kuppel über dem Gebetsraum, den verschachtelten Dächern, den hohen Giebeln der Eingangshalle, wo aus runden Medaillons der stolze judäische Löwe hervortritt, die Gesetzestafeln in den mächtigen Pranken haltend.

Durch einen geduckten Kuppelvorbau betritt man den Vorhof mit dem eindrucksvollen Löwenbrunnen aus weißem Marmor, um von hier aus in die Synagoge zu gelangen.

Der Anblick des reich geschmückten Innenraums ist überwältigend. In den 1990er Jahren unter der Leitung des Architekten Henryk Isenberg fast originalgetreu restauriert und am 28. August 1994 mit einem großen Festakt wieder eingeweiht, bewundert man die Ausstattung im ägyptisch-assyrischen Stil. Säulen mit ausladenden Kapitellen tragen die Frauenempore,

2 Frankfurt, Westend-Synagoge an der
Freiherr-vom-Stein-Straße (um 1910)

die geschmückt ist mit einem hohen Fries in den Farben Grün, Rot und Gold. Die Marmorwände erstrahlen in einem zarten goldenen Gelb, zusammengefügt aus Tausenden von dreieckigen Mosaiksteinen, die sich zu Davidsternen formen. In dieser Art ist auch die hohe Kuppel bemalt, deren zartes Blau sich nach unten kräftig verdunkelt und so alle Blicke nach oben zieht.

Das prachtvolle Gotteshaus war bis 1938 Zentrum jüdischen Lebens im Frankfurter Westend. Wie eine mächtige Festung liegt es zwischen den nahestehenden Häusern, die ihm in der Pogromnacht vom 09./10. November 1938 Schutz boten vor der totalen Zerstörung. Zwar wurde im Betsaal Feuer gelegt, doch es wurde auf Anordnung gelöscht, um ein Übergreifen der Flammen auf die umliegenden Wohnhäuser zu verhindern.

Der Exodus jüdischer Bürger aus Frankfurt hatte bereits im Jahr 1933 begonnen. Die frei werdenden luxuriösen Westendwohnungen wurden von höheren Beamten der nationalsozialistischen Stadtverwaltung vereinnahmt. So bewohnte z. B. der damalige Frankfurter Oberbürgermeister, Staatsrat Dr. Friedrich Krebs, die zweite Etage des Hauses Freiherr-vom-Stein-Straße 11.

Nach der von den Nazis sogenannten »Reichskristallnacht« setzte sich die Flucht jüdischer Familien aus Frankfurt verstärkt fort. Andere wurden aus ihren Wohnungen vertrieben und im Osten der Stadt angesiedelt, wo eine bessere Kontrolle durch die NSDAP möglich war.

Das Westend und andere Wohngebiete sollten »entjudet« werden, um verdiente »Arier« einziehen zu lassen. Das gelang nicht ganz. Einige der großen Westendhäuser, die in jüdischem Besitz waren, blieben von dieser »Entjudung« vorläufig verschont. Den Bewohnern wurde allerdings auferlegt, so viele Juden wie möglich in ihren Räumen aufzunehmen. Auf diese Weise entstanden hier Pensionen, so auch die »Pension Nussbaum« in der Liebigstraße 27B, von der noch die Rede sein wird.

In den letzten Kriegsjahren, zwischen 1943 und 1945, legten die schweren Bombardements der Alliierten große Teile der Stadt Frankfurt in Schutt und Asche. Das Westend blieb von der Zerstörung weitgehend verschont. Die noblen Wohnhäuser, zwischen 1870 und 1930 erbaut, überstanden die Bombardements ebenso wie die Synagoge, die als einzige der Frankfurter Synagogen erhalten blieb.

Die wenigen Frankfurter Juden und die aus dem Osten zugewanderten über fünftausend ehemaligen KZ-Häftlinge oder Zwangsarbeiter, die den Holocaust überlebt hatten, feierten im ausgebrannten Betsaal bereits am 12. September 1945 einen ersten Notgottesdienst.

Nach einer einfachen Wiederherstellung wurde die Synagoge am 6. September 1950 neu eingeweiht und erneut zum Mittelpunkt des wieder erwachenden jüdischen Lebens in Frankfurt.

Seit ich 1957 nach Frankfurt kam, wohne ich in einem der schönen alten Westendhäuser, in unmittelbarer Nähe zur Synagoge. Die von Lindenbäumen gesäumte Liebigstraße verläuft parallel zur Freiherr-vom-Stein-Straße, und der ehemalige Altkönigplatz, eine schon in früherer Zeit gepflegte Grünanlage, liegt auf dem Weg dorthin.

Zu dieser Zeit hatte die Aufarbeitung der Geschichte des »Dritten Reichs« und seiner Gräueltaten bereits begonnen und löste Erschütterung und tiefes Entsetzen in großen Teilen der Bevölkerung aus.

Vor diesem Hintergrund interessierte mich zunehmend, was sich in meiner direkten Umgebung zutrug, wie jüdisches Leben in Frankfurt wieder erwachte. Ich beobachtete fromme alte Männer, die am frühen Morgen zum Gebet gingen, oft zu zweit, in Gespräche vertieft; junge Mütter oder Großmütter, die ihre Kinder und Enkel zum Kindergarten oder zur Schule brachten, und Familien, die sonntäglich gewandet zu den Feiertags-Gottesdiensten spazierten. Besonders beeindruckten mich die immer zahlreicher werdenden jungen Thoraschüler, die im offenstehenden schwarzen Kaftan, mit flatternden Gebetsschals über den weißen Hemden, zur Synagoge eilten. An ihren breitkrempigen schwarzen Hüten konnte man sie schon von Weitem erkennen.

In den 1960er Jahren kehrten viele ältere Frankfurter

3 Frankfurt, Liebigstraße 27B,
letzte Wohnung von Meier und Elise Grünbaum

Juden, die ihre Heimatstadt unter der Herrschaft der Nationalsozialisten verlassen mussten, aus der Emigration zurück. Sie lebten wieder in ihrer altvertrauten Umgebung, wo sie in Ruhe ihren Lebensabend verbringen wollten. Die Remigranten kamen aus Palästina, England, Chile, Argentinien, Brasilien usw., und einige von ihnen habe ich kennengelernt. Sie erschienen mir in bewundernswerter Weise unbefangen, liebenswürdig und freundlich. Hin und wieder sprachen sie von den ersten schweren Jahren in der Emigration, vom Verlust ihrer Angehörigen in den Konzentrationslagern, von den früheren guten Zeiten in Frankfurt – doch über den Alltag im NS-Staat und die Umstände ihrer Flucht aus Deutschland sprachen sie nie. Nachzufragen wagte ich damals nicht, denn im Gegensatz zu ihnen war ich sehr befangen durch die große Scham über das, was während meiner Kindheit in Deutschland geschehen war.

Unter dem Eindruck solcher Begegnungen begann ich darüber nachzudenken, welche Geschichten das denkmalgeschützte Haus, in dem ich lebe, wohl erzählen könnte.

Erbaut wurde es in den Jahren 1904/1905 von den Architekten Beck & Grünewald für den jüdischen Kaufmann Adolf Fath.

Was haben diese Mauern gesehen? Was ist in diesen Räumen geschehen? – Viele Jahre später sollte ich einiges darüber erfahren.

Eine Wand gibt ihr Geheimnis preis

Liebigstraße 27B, erste Etage. Ein strahlend schöner Sommertag im August 1986.

Handwerker waren mit Sanierungsarbeiten beschäftigt. In meinem Wohnzimmer musste ein Kabel verlegt werden, das hinter einer hölzernen Wandverkleidung unter dem Fenster durchgezogen werden sollte. Plötzlich stießen die Elektriker auf einen Widerstand, dem sie mit einem Schraubenzieher beikommen wollten. Als ich dazukam, sah ich kleine Zettel und Zeitungsschnipsel verstreut auf dem Boden liegen.

Spontan hob ich einen der Zettel auf und las auf der Rückseite einer Zahlkarte: »Leute ich bin ja so unglücklich, zu unglücklich bin ich«, in ungelenker Schrift mit Bleistift geschrieben. Dann ein weiterer Zettel: »Leute was soll ich nur machen, mir ist so entsetzlich schauderhaft« und ein dritter: »Leute ich bin zu zu unglücklich ich wollte ich wäre nicht zur Welt gekommen«. Klagerufe eines Menschen in tiefster Not. Textfragmente und Schrift der Zeitungsschnipsel deuteten auf die nationalsozialistische Zeit hin und ein klein zusammengefalteter Brief, mit der Maschine auf Luftpostpapier geschrieben, berichtete von Flucht.

Blitzschnell war mir klar, dass ich einen seltenen Fund gemacht hatte und ließ die Arbeit abbrechen, um weitere Zerstörungen zu verhindern. Was immer hier versteckt war, es musste behutsam geborgen werden!

4 Frankfurt, Liebigstraße 27B,
Fundort hinter der Heizung

Es erforderte viel Geduld und Konzentration mit einer schmalen, gebogenen Zange Stück um Stück aus dem etwa 4 cm schmalen Spalt zu fischen, der auch oben, unter dem abgenommenen Fensterbrett, nicht breiter war.

Am Ende lagen auf dem Fußboden 47 Briefe, einige Fotografien, 8 Postkarten, über 50 Dokumente und 6 zusammengeknüllte Ausgaben des *Jüdischen Nachrichtenblatts* von Mai bis Juli 1942. Diese Zeitung wurde, wie ich später herausfand, unter strengster Gestapo-Zensur für die jüdischen Kultusgemeinden gedruckt und enthielt alle Verordnungen der Regierung, mit denen man die jüdischen Bürger demütigte, drangsalierte und quälte. Die Kultusgemeinden gaben diese Verordnungen in Kurzform, mit Schreibmaschine geschrieben, an ihre Mitglieder weiter, z. B. die Information über die Ausgangssperre ab 20 Uhr.

Fassungslosigkeit, lähmendes Entsetzen hatte mich erfasst. Der sonnendurchflutete Raum, in dem ich bisher so unbeschwert gelebt hatte, schien sich zu verfinstern, sich in einen Ort des Schreckens zu verwandeln.

Plötzlich war er beherrscht von raunenden Schatten, die Kunde gaben vom Leid der Juden unter der nationalsozialistischen Verfolgung.

Mit zitternden Händen nahm ich einen der maschinengeschriebenen Briefe aus New York und las, was Max Stein am 23.07.1941 unter anderem schrieb:

»Meine Lieben [...] wir hatten beabsichtigt die Ausreise für Euch, meinen Schwiegervater und Tante Erna über Kuba einzuleiten, aber Kuba ist vorerst geschlossen.«

Am 10.11.1941 schrieb er:

»Man wird das Leben nicht froh, wenn man so hilflos dasteht und nicht helfen kann. ... Ja liebe Tante, ich habe mir Eueren Lebensabend auch anders gedacht und wollte Euch wie die eigenen Eltern beschützen und behüten. Aber wie sehr hat man sich verrechnet und steht so machtlos da.«

Eine Postkarte aus Frankfurt vom 20.05.1942 lautet:

»Sehr geehrte Frau Grünbaum. Bedaure Ihnen mitteilen zu müssen, dass ich Ihnen kein Essen mehr geben kann, da wir von hier weg müssen. Hochachtungsvoll S. Wolf, Baumweg 35«

Sie war adressiert an Herrn und Frau Grünbaum, Liebigstraße 27B.

Nun wusste ich, wer die Empfänger der Briefe waren – ein altes jüdisches Ehepaar, das hier offensichtlich in sehr großer Not und tiefster Verzweiflung gelebt hatte.

Die flehenden Hilferufe: »Ich bin schon so alt 80 Jahre gewesen, hätte ich dann nicht schon längst gestorben können sein. Mir ist ganz schrecklich zumute, ich weiß garnicht mehr was ich anfangen soll« oder »Ich kann es nicht mehr aushalten, wenn ich nicht geboren wäre. Ich bin zu zu unglücklich« stammten von Meier Grünbaum, wie sich später herausstellte.

Vorsichtig nahm ich alles vom Boden auf. Das dünne Briefpapier war ausgetrocknet und stark zerknittert, die Schrift stellenweise durch Wasserflecke zerstört. Festeres Papier war vergilbt, fast braun, und das billige Zeitungspapier fest zusammengebacken und so brüchig, dass man es nicht mehr auseinanderfalten durfte, es wären nur noch Brösel übrig geblieben.

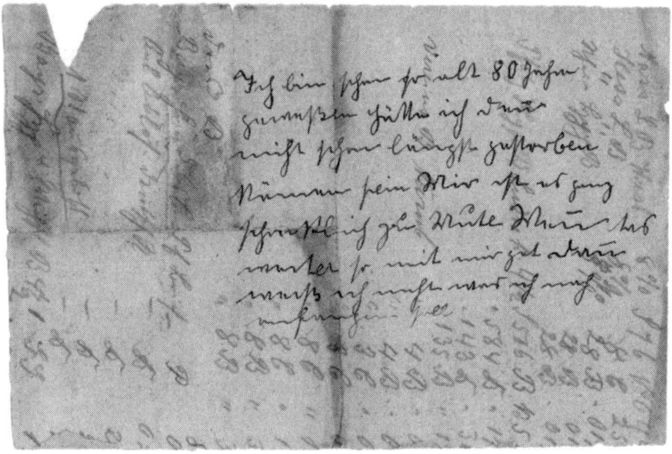

5 Meier Grünbaum »Ich bin schon so alt 80 Jahre gewesen …«

Vierundvierzig lange Jahre war das alles versteckt, die letzten dreißig Jahre noch der abstrahlenden Wärme einer neu installierten Heizung ausgesetzt, was zu dem erbärmlichen Zustand führte.

Völlig verstört pustete ich Staub und Spinnweben ab und ordnete den Fund während der folgenden Tage.

Ich studierte die einfacher zu lesenden Briefe, las in Erlassen und Dokumenten und betrachtete die wenigen Fotos mit zunehmender Erschütterung und tiefem Mitleid für die vom Schicksal so schwer geschlagenen Menschen. Die Briefe bündelte ich nach Handschriften, die zum Teil sehr schwer zu entziffern waren.

Eine intensive Beschäftigung mit dem aufwühlenden Fund war mir damals nicht möglich, zu sehr war ich gefordert durch persönliche und berufliche Verpflichtungen.

So beschloss ich, das Konvolut sorgfältig zu verpacken und es vorläufig im kühlen, trockenen Keller zu deponieren.

Meier und Elise Grünbaum blieben dennoch unsichtbare Gäste in meinem Wohnzimmer.

Einundzwanzig Jahre später

Über zwanzig schwierige Jahre waren vergangen, in denen ich weder die Zeit noch den Mut gefunden hatte, mich mit dem traurigen Nachlass von Meier und Elise Grünbaum zu befassen.

So betrachtete ich es als einen Wink des Schicksals, als sich im Sommer 2007 die »Initiative Stolpersteine«, in Gestalt ihres Frankfurter Vorsitzenden, Herrn Hartmut Schmidt, meldete. Er legte eine Liste mit den Namen von siebzehn ehemaligen jüdischen Hausbewohnern vor, die zum Teil von hier aus deportiert und ermordet worden waren. Für neun von ihnen sollten vor dem Haus Stolpersteine verlegt werden, darunter waren auch Moses, Erna und Heinz Walter Nussbaum. Auf meine Frage »Und wo stehen Meier und Elise Grünbaum?«, sah er mich erstaunt an. Ich berichtete ihm von meinem Fund.

Mit Hilfe der Datenbank des Jüdischen Museums, in der die Namen und Herkunftsorte aller aus Frankfurt deportierten Juden verzeichnet sind, ließ sich schnell klären, dass die Grünbaums lange in Wiesbaden gelebt hatten. An sie sollte dort, vor dem Haus Bismarckring 27, erinnert werden.

Noch am gleichen Tag holte ich den lange gehüteten »Schatz« aus dem Keller, der mich so oft stumm gemahnt hatte.

Zögernd öffnete ich die Verpackung, fürchtete eine Wiederholung des Erschreckens von damals. Doch als ich die Briefe zur Hand nahm, erschienen sie mir vertraut, und ich war nun über viele Wochen damit beschäftigt, die Handschriften zu entziffern.

Aus meinem tiefen Mitleid erwuchs eine von Brief zu Brief stärker werdende Zuneigung zu diesen mir unbekannten Menschen, die aus dem Nichts aufgetaucht waren und die, trotz ihrer schweren Schicksale, ihre Seelen nicht verloren hatten.

Ich begegnete einer großen Familie, die in liebevoller Anhänglichkeit einen regen Schriftwechsel mit Meier, besonders aber mit Elise Grünbaum, pflegte – und Dokumenten, die das dramatische Leben des Ehepaares während des »Dritten Reichs« bis zum bitteren Ende belegen.

Tief hatte ich mich während der Beschäftigung mit den Briefen auf die Familie der Grünbaums eingelassen, zu tief, als dass ein Zurück noch möglich gewesen wäre. Jetzt wollte ich sie kennenlernen, Meier und Elise Grünbaum und ihre Verwandten, sie dem Vergessen entreißen.

Doch wie waren sie zuzuordnen, die vielen Namen, welche Lebensumstände verbargen sich hinter ihnen?

Eine mühevolle Spurensuche begann, doch nicht alle Recherchen verliefen erfolgreich. So muss das eine oder andere leider offen bleiben.

Meier Grünbaum

geb. 13.05.1861 in Geisa/Thüringen[1]
gest. 03.09.1942 in Theresienstadt

Vater: Manus Meier Grünbaum,
Geburts- u. Todesdatum unbekannt

Mutter: Malgen Berlstein,
geb. 1830 in Meinbrexen
gest. 15.06.1890 in Reichensachsen[2]

Unter den gefundenen Dokumenten befand sich auch eine Nachricht zu der Geburtsurkunde von Meier Grünbaum, ausgestellt am 19.11.1940 in Berlin von der »Reichsstelle für Sippenforschung, Zentralstelle für jüdische Personenstandsregister im Altreich«.

Meier Grünbaums Vater war Inhaber eines Geschäfts für chemische Produkte, Säcke und Decken in Geisa. So ist es in einer Anzeige beschrieben, in der ein tüchtiger Reisender gesucht wurde. Diese Anzeige erschien am 30.12.1897 in der jüdischen Wochenzeitung *Der Israelit*[3] und lässt darauf schließen, dass die Waren auch in der weiteren Umgebung von Geisa ihre Käufer fanden.

Manus Meier Grünbaum starb vermutlich im Jahre 1887, denn in der Geisaer Steuerliste von 1888 sind M. M.

6 Inserat in »Der Israelit« von Manus Meier Grünbaum vom 30. Dezember 1897

Grünbaums Witwe (Nr. 21), Meier Grünbaum, Sohn (Nr. 22) und Hermann Grünbaum, Sohn (Nr. 42) eingetragen. Meier Grünbaum war zuletzt in den Steuerlisten 1896–1905 als Kaufmann geführt[4], 1906 verzog er mit seiner Familie nach Wiesbaden.

Meier hatte fünf (bekannte) Geschwister. Von der Schwester Emma sind keine Geburts- bzw. Sterbedaten bekannt, Schwester Bertha, geb. 1859[5], und die Brüder Isaak, geb. 12.07.1866, Hermann, geb. 17.04.1869, und Julius, geb. 24.12.1871[6], sind alle in Geisa geboren und aufgewachsen.

Unter dem Namen »Geschwister Grünbaum« wurde das väterliche Geschäft weitergeführt von Emma (bis 1909), Hermann und Julius und existierte bis zur zwangsweisen Schließung Ende 1938.

Hermann Grünbaum starb am 02.08.1939 in Geisa. Die Sicherungsanordnung über das Vermögen von Julius Grünbaum erfolgte 1939. Er wurde am 20.09.1942 von Weimar aus nach Theresienstadt deportiert (Zug DA 517, Transportnr. XVI/1–604) und starb dort am 14.03.1943.[7]

Über die Geschwister Bertha und Isaak Grünbaum wird später berichtet.

Elise Kleemann

geb. 27.03.1860 in Schonungen/Unterfranken
gest. 22.09.1942 in Theresienstadt

Vater: Michael Löb Kleemann,
geb. 27.01.1828 in Werneck/Unterfranken
gest. 21.12.1908 in Forchheim/Oberfranken

Mutter: Amalie Fleischmann,
geb. 11.01.1830 in Schonungen
gest. 26.08.1909 in Forchheim

In Schonungen, dem Geburtsort von Elise Grünbaum geb. Kleemann, startete ich meine Nachforschungen und wurde von dem dortigen Standesbeamten, Herrn Spörlein, an die Forscherin Frau Elisabeth Böhrer verwiesen, der ich den Hinweis auf Herrn Rolf Kilian Kiessling, Forscher und Autor des Buches *Juden in Forchheim*, verdanke.

Hier fand ich die Familie Kleemann, Eltern und Geschwister von Elise Grünbaum.

Elise entstammte einer großen Familie.

Ihr Vater, Michael Löb Kleemann, Sohn eines Viehhändlers aus Werneck, war seit dem 13.08.1848 als Religionslehrer an der Synagoge in Schonungen tätig.[1]

Als am 26.09.1853 ein schwerer Brand den kleinen Ort und

die Synagoge völlig zerstörte, war er nach Kräften bemüht, den Nachbarn zu helfen. »Erst als der ganze Ort in Flammen stand, eilte er nun auch, seine Effekten zu retten, in seine schon brennende Wohnung, bemerkte aber, als er mit einigen Kleidungsstücken dieselbe verlassen wollte, in einer Ecke des Vorplatzes ein entkleidetes Kind, das sich dahin geflüchtet hatte. Um dieses dem sicheren Tode zu entreißen, musste er Alles zurücklassen und rettete nichts als sein Leben und die geringe Kleidung, die er trug und selbst diese war durch Brandflecken unbrauchbar.« Dies bescheinigte ihm die Gemeindeverwaltung von Schonungen am 13. Dezember 1853 in einem Zeugnis.[2]

Der mutige junge Michael Löb Kleemann heiratete am 19.06.1855 in Schweinfurt seine Ehefrau Amalie, die am 18.03.1856 in Schonungen ihr erstes Kind Isaak (später Julius) gebar.

Hier war inzwischen, in der Bachstraße, eine neue Synagoge mit Schulraum und Lehrerwohnung gebaut worden, die am 20.06.1856 eingeweiht wurde.[3] In der neuen Lehrerwohnung wurde am 01.12.1857 die Tochter Babette, am 27.03.1860 die Tochter Elise geboren.

Noch im Jahr 1860 verzog die Familie nach Forchheim, wo Michael Löb Kleemann als Lehrer, Vorbeter und Kantor in der Synagoge amtierte und auch als Schächter fungierte. Daneben war er als Gemeindeschreiber in der Verwaltung tätig und rebellierte, als streitbarer Sozialdemokrat, des Öfteren gegen die Obrigkeit.

Zunächst war der Familie in Forchheim nur eine verhältnismäßig kleine Wohnung zugewiesen worden und man kann sich die Enge vorstellen, als vier weitere Kinder geboren wurden: Samuel am 02.03.1862, Julie am 21.03.1864, Max am 17.07.1866 und Wilhelm am 17.12.1869.[4]

Erst 1876 wurde ein ganzes Stockwerk auf die Synagoge aufgesetzt, die neue Dienstwohnung für den Religionslehrer Kleemann.[5] Obwohl Michael Löb Kleemann in der Gemeinde als pflichteifriger Lehrer hochgeachtet war, werden seine Vermögensverhältnisse in einer Qualifikationsliste von 1863 als »ziemlich mittelmäßig« angegeben. So erteilte er nebenher auch christlichen Kindern Privatunterricht in Buchführung und Französisch. Es ist überliefert, dass die überaus gütige Mutter Amalie immer ein Stück ihres frisch gebackenen Kranzkuchens für die Schüler ihres Mannes übrig hatte und bei den Kindern höchst beliebt war.[6]

Obwohl die Eltern Kleemann mit ihren sieben Kindern in bescheidenen Verhältnissen lebten, ließen sie ihnen eine ausgezeichnete Erziehung und umfassende Bildung angedeihen, waren ihnen Vorbild in sozialem Verhalten. Besonders den Söhnen ermöglichten sie, gewiss unter großen Opfern, eine hervorragende berufliche Ausbildung, wie deren spätere Karrieren beweisen.

Wie nachhaltig Michael Löb Kleemann von seinen Schülern geschätzt wurde, geht aus einem Brief hervor, den ein Forchheimer Architekt 1966 an dessen jüngsten Sohn Wilhelm schrieb: »Ich kam im Jahre 1899 auf das Gymnasium in Forchheim, Jahre vorher besuchte ich die Unterrichtsstunden Ihres Herrn Vaters. Ihr Herr Vater war ein ausgezeichneter Lehrer. In den Stoffgebieten die er unterrichtete machte man später keinen Fehler mehr. So gut war der Unterricht Ihres Herrn Vaters.«

Zu seinem siebzigsten Geburtstag wurden dem Forchheimer Lehrer viele Ehren zuteil. Die *Allgemeine Zeitung des Judentums* schrieb am 11. Februar 1898: »Herr Lehrer Kleemann feierte am 27. des vorigen Monats seinen 70. Geburts-

7 Synagoge Schonungen, Geburtshaus von Babette und Elise Kleemann

tag. Aus diesem Anlass wurden oben genanntem Herrn durch die Vertretung der israelitischen Kultusgemeinde ein ansehnliches Geschenk sowie eine Adresse der ganzen Kultusgemeinde überreicht. Seitens seiner Herrn Kollegen wurde Herrn Lehrer Kleemann in angemessener Form gratuliert, so auch von der Schuljugend; von auswärts trafen eine Menge Glückwunschtelegramme, Briefe und Karten ein. Von der hiesigen freiwilligen Feuerwehr, deren Kassageschäfte Herr Lehrer Kleemann seit nahezu 20 Jahren in mustergültiger Weise verwaltet, wurde derselbe durch einen veranstalteten Familienabend geehrt, bei welcher Gelegenheit in schwungvollen Reden und Toasten der vielen Verdienste des Siebzigjährigen gedacht und ihm ein Geschenk überreicht wurde. Möge dem wackeren Manne ein noch recht langer und sonniger Lebensabend beschert sein!«[7]

Michael Löb Kleemann unterrichtete vom Schuljahr

1900/1901 bis zum Schuljahr 1905/1906 auch am Königlichen Luitpold-Progymnasium in Forchheim die jüdischen Schüler.

Der leidenschaftliche Lehrer ging erst am 24.11.1908, über achtzigjährig, in den wohlverdienten Ruhestand und starb nur einen Monat später, am 21.12.1908. Seine Frau Amalie folgte ihm nur wenige Monate später, am 26.08.1909. Beide sind auf dem jüdischen Friedhof in Baiersdorf[8] begraben. Die hohen Obelisken aus schwarzem Granit tragen im Sockel die Inschriften:

»Fremdlinge sind wir vor Dir – Wie ein Schatten sind unsere Tage auf Erden« bei Michael Löb Kleemann.

»Bescheiden und stets treu besorgt lebtest Du den Deinen. Unvergessen bleibst Du uns immerdar« bei Amalie Kleemann.

Elise Kleemann, die zweite Tochter des Paares, verließ ihr Elternhaus Ende der 1880er Jahre, um den Kaufmann Meier Grünbaum aus Geisa zu heiraten.

Die Stadt Forchheim, in der die Kleemann-Geschwister ihre Kindheit und Jugend verbrachten, hat eine bedeutende Geschichte aufzuweisen.

Bereits im Jahr 741 wurde hier eine königliche Reisepfalz gegründet, in der sich Karl der Große auf seinem Weg nach Würzburg aufgehalten haben soll.

Die nachfolgenden fränkischen Könige residierten oft in der Forchheimer Pfalz, in der im 9.–11. Jahrhundert mehrere Reichstage und zwei Königswahlen stattgefunden haben.

Im Laufe der Jahrhunderte wurde die Pfalz ständig er-

8 Gräber von Michael Löb
u. Amalie Kleemann,
Friedhof Baiersdorf

weitert und bietet heute einen sehr imposanten Anblick.

Aus dem Handelsplatz entwickelte sich die mittelalterliche Stadt, die von 1007–1803 dem Bistum Bamberg angehörte.

Schon im Mittelalter lebten einige jüdische Familien in Forchheim, die, gegen Geldzahlungen, unter dem besonderen Schutz des Bischofs von Bamberg standen. Schutzjuden nannte man sie.

Zweimal wurden die Juden jedoch wieder aus der Stadt vertrieben, und erst um 1648 gründete sich die dritte jüdische Gemeinde in Forchheim, der im 18. Jahrhundert zwanzig Familien angehörten. Da die Erteilung der Schutzbriefe nur an Juden mit ausgewiesenem Vermögen erfolgte, hatten sich hier gut situierte Händler, Geldverleiher und Viehhändler niedergelassen.

Mit der Eingliederung der Stadt Forchheim in den bayerischen Staat im Jahre 1803 verbesserte sich die rechtliche und wirtschaftliche Stellung der jüdischen Bevölkerung.

In der Wiesentstraße wurde die alte, baufällige Synagoge abgerissen und in den Jahren 1807/1808 eine neue errichtet (1876 noch einmal aufgestockt für die Wohnung des Lehrers Kleemann). In dieser Straße, die entlang des Flusses Wiesent verläuft, und in ihrer nahen Umgebung wohnten 1813 noch siebenundzwanzig jüdische Familien.

Ihre wirtschaftliche Situation verbesserte sich zunehmend,

9 Forchheim an der Wiesent um 1900, Mitte rechts die Synagoge

als in der zweiten Hälfte des 19. Jahrhunderts das Zeitalter der Industrialisierung begann. In kurzer Folge gründeten jüdische Kaufleute Fabriken, in denen Folien für Spiegel, optische Geräte, Textilien, Papier und Farben hergestellt wurden, daneben entstanden Gewerbebetriebe, Kaufhäuser und Banken. Auch der Viehhandel blieb weiterhin eine wichtige Erwerbsquelle.

Als Hitler 1933 an die Macht kam, lebten 68 jüdische Bürger in Forchheim. Ihr Anteil war, durch Abwanderungen in den wirtschaftlich schwierigen Jahren vorher, bereits gesunken.

Mit dem Boykott der achtzehn jüdischen Geschäfte am 1. April 1933 begann auch in Forchheim die Ausschaltung der

Juden aus dem öffentlichen Leben. Viele emigrierten oder verließen ihre Heimatstadt. In größeren Städten, so hofften sie, würde man bessere Lebensbedingungen vorfinden.

Am 9. November 1938, dem Tag des furchtbaren deutschlandweiten Judenpogroms, lebten noch 39 Mitglieder der jüdischen Kultusgemeinde in Forchheim. Sie wurden misshandelt, gedemütigt und teilweise verhaftet und in das Konzentrationslager Dachau verschleppt.

Die Synagoge, in der die Familie Kleemann ehemals ihr Zuhause hatte, wurde in der Nacht verwüstet und am Nachmittag des 10. November vollständig abgerissen. Die wertvollen silbernen Kultgegenstände waren von den Nationalsozialisten beschlagnahmt worden. Die Thorarollen warf man in die nahegelegene Wiesent, wo sie glücklicherweise am Wehr einer Mühle hängen blieben und heimlich von der mutigen Mühlenbesitzerin gerettet wurden. Sie versteckte das kostbare Gut und übergab es nach dem Krieg einer jüdischen Organisation.

Zwischen November 1941 und August 1944 wurden aus Forchheim dreizehn jüdische Frauen und Männer nach Riga, Izbica und Theresienstadt deportiert und ermordet. Das letzte Opfer, die dreiundachtzigjährige Sophie Katz, wurde im Januar 1944 nach Theresienstadt deportiert.

Seit der Verfolgung und Ermordung der Forchheimer Juden gibt es dort keine jüdische Gemeinde mehr.

Eine Stele am Ufer der Wiesent, gegenüber dem unbebauten Platz, auf dem einst die Synagoge stand, und eine Gedenktafel in der Stadtmitte mit den Namen der Ermordeten erinnern heute an das jüdische Leben in Forchheim.

Im Zweiten Weltkrieg blieb die Stadt von Zerstörungen verschont. So blieben, neben den liebevoll restaurierten alten

10 Die geschändete Forchheimer Synagoge am Morgen des 10.11.1938

Fachwerkhäusern, auch die aus Sandstein gebauten Geschäftshäuser der großen jüdischen Familien bestehen und vermitteln, ebenfalls saniert und gepflegt, den Eindruck wohlhabenden Bürgertums.

Auf ausgedehnten Stadtrundgängen begleitete mich Herr Rolf Kiessling, Autor des Buches *Juden in Forchheim*. Für seine kundigen Führungen bin ich sehr dankbar, denn sie eröffneten mir Einblicke in das Leben der ehemaligen jüdischen Bewohner und ihre Beziehungen untereinander. So wurde vieles von dem vorstellbar, was einst gewesen ist.

Im Pfalzmuseum gedenkt man der jüdischen Vergangenheit mit einer kleinen Dauerausstellung. Die eindrucksvolle Ausstellung »Schalom und Schabbat« zeigte im Sommer 2010 die Geschichte der Verfolgung und Vernichtung der Forchheimer Juden in erschütternden Bildern und Dokumenten. Dazu gehörten auch die in diesem Buch abgedruckten Briefe der Brüder Dr. Wilhelm und Dr. Samuel Kleemann und von dessen Ehefrau Erna Kleemann.

Meier und Elise Grünbaum
1890–1920

Nach ihrer Heirat mit Meier Grünbaum lebte Elise mit ihrem Mann in Geisa, wo sie zwei Kinder gebar, am 06.06.1891 den Sohn Max und am 10.06.1894 die Tochter Meta.[1]

Zu Beginn des Jahres 1906 verzog die Familie nach Wiesbaden, wo Elises Bruder Julius (Isaak Julius) seit 1884 lebte und Teilhaber einer Weinhandlung war.[2]

Am Fuße der Taunushöhen gelegen war die Stadt, mit ihren Thermalquellen, dem milden Klima, den gepflegten Kuranlagen und der reizvollen Umgebung, ein beliebter Kurort, in dem der europäische Adel gern die Sommermonate verbrachte.

Die prachtvollen Wohngebäude, die noch heute das Bild der Stadt prägen, waren seit der zweiten Hälfte des 19. Jahrhunderts entstanden. Bis zum Beginn des Ersten Weltkriegs war Wiesbaden glanzvoller sommerlicher Treffpunkt des Kaisers und seines Hofstaates.

Im eleganten Westend, Yorckstraße 20, hatte Familie Grünbaum eine Wohnung bezogen,[3] zunächst ohne den Sohn Max, der damals knapp sechzehn Jahre alt war. Max war bei den Verwandten in Geisa geblieben, um seine Berufsausbildung abzuschließen.

Aus den Steuerakten von Geisa ist nicht zu erkennen, ob

11 Wiesbaden, Yorckstraße 20,
erste Wohnung der Familie Grünbaum

12 Wiesbaden, Dresdner Bank, Taunusstraße 3 (um 1942)

Meier Grünbaum dort noch im väterlichen Geschäft tätig oder ob er selbständiger Kaufmann war.

Vermutlich war die Anstellung bei der Dresdner Bank der Grund, dass die Familie Grünbaum nach Wiesbaden übersiedelte. Einem Schreiben der Bank vom 08.01.1914 kann man entnehmen, dass Meier Grünbaum ein angesehener Mitarbeiter war. Es handelt sich um die Bescheinigung einer Gehaltserhöhung, die lautet: »Es ist uns angenehm, Ihnen die Erhöhung Ihres Gehalts vom 1. Januar 1914 ab auf RM 1700,– mitteilen zu können. Hochachtungsvoll Direktion der Dresdner Bank in Frankfurt a. M. [Unterschriften]«

Auf dieser Gehaltsbescheinigung vermerkte Meier Grünbaum handschriftlich noch eine Weihnachtsgratifikation in Höhe von RM 450,– .

Im Historischen Archiv der Dresdner Bank in Frankfurt am Main[4] lässt sich leider kein Nachweis finden über die

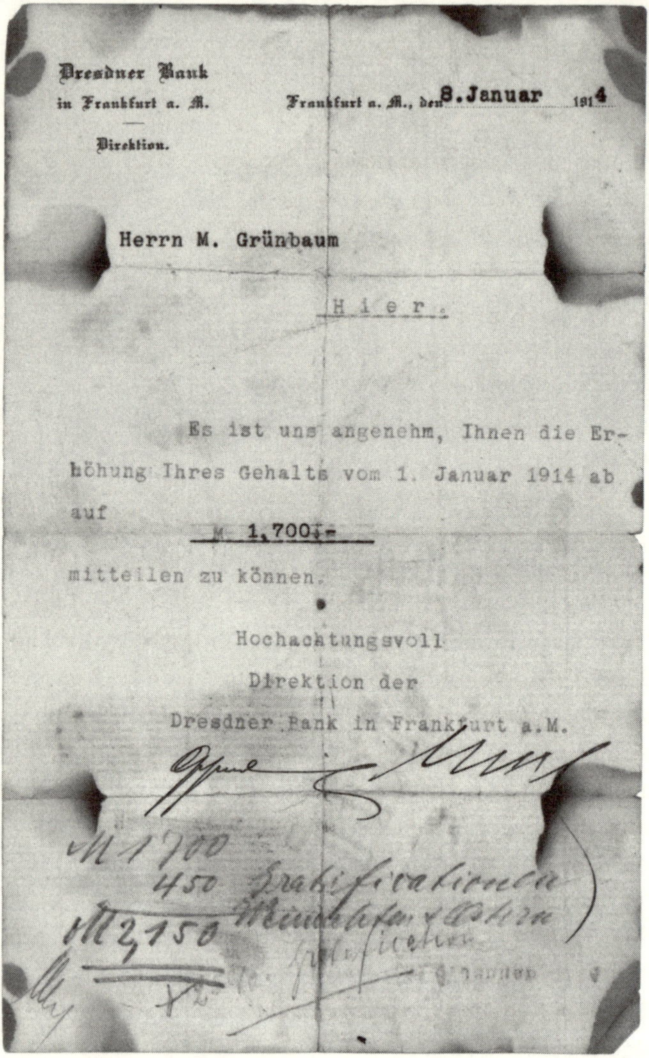

Dresdner Bank
in Frankfurt a. M.

Direktion.

Frankfurt a. M., den 8. Januar 1914

Herrn M. Grünbaum

Hier.

Es ist uns angenehm, Ihnen die Erhöhung Ihres Gehalts vom 1. Januar 1914 ab auf

M. 1,700.-

mitteilen zu können.

Hochachtungsvoll
Direktion der
Dresdner Bank in Frankfurt a.M.

M 1700
450
M 2150

13 Gehaltsbescheinigung der Dresdner Bank für Meier Grünbaum

Dauer von Meier Grünbaums Beschäftigung. Die Personalakte ging in den Wirren des Zweiten Weltkriegs verloren.

Das für damalige Verhältnisse sehr hohe Gehalt spricht für eine gute mittlere Position bei der Bank und erlaubte der Familie ein angenehmes Leben. Besonders die schöngeistige Elise dürfte das Leben in Wiesbaden genossen haben – das kulturelle Angebot, den großen Kurpark, der zu Spaziergängen einlud, die Bäder und die grüne Umgebung der Stadt.

Im Herbst 1909 kam Sohn Max nach Wiesbaden. Er hatte seine kaufmännische Ausbildung in Geisa abgeschlossen, wozu ihm sein Onkel Wilhelm Kleemann am 30.09.1909 eine Glückwunschkarte aus Berlin schickte. Die hübsche Collage aus bunten Briefmarken trägt den Text: »Semper avanti! Herzlichen Glückwunsch Dein Onkel Wilhelm«

Diese Karte ist das einzige Schriftstück, das an Max Grünbaum gerichtet war.

Vermutlich als Existenzgrundlage für seinen Sohn hatte Meier Grünbaum im Jahr 1909 ein Geschäft gegründet. In den Wiesbadener Adressbüchern ist er zwischen 1910 und 1935 durchgehend verzeichnet als Händler für Öle, technische Fette, wasserdichte Decken und Pferdedecken. Eine lukrative Einnahmequelle, wenn man bedenkt, dass zu der Zeit noch die meisten Waren mit Pferdefuhrwerken transportiert wurden.

Leider gibt es über dieses Geschäft weder im Hessischen Wirtschaftsarchiv Darmstadt noch in den Steuerakten im Hessischen Hauptstaatsarchiv Wiesbaden Belege, da in den Jahren 1943 und 1944 alle Unterlagen durch Brände vernichtet wurden.

Es gibt aber Bezüge sowohl zum Geschäft des Vaters in Geisa als auch zum Unternehmen von Meiers Neffen Max

Stein in Eschwege. Letzterer stellte die oben genannten Produkte her bzw. vertrieb sie. Es ist also vorstellbar, dass Meier Grünbaum in Wiesbaden eine Dependance für seinen Sohn gründete.

Tochter Meta war in der Zeit vom 01.09.1912 bis 31.03.1914 bei den Rechtsanwälten Dr. Fritz Bickel und J. Schneider in Wiesbaden, Adelheidstraße 33, als Stenotypistin tätig, was durch ein Zeugnis belegt ist. Sie könnte ihrem Bruder eine wertvolle Hilfe im Geschäft gewesen sein.

Ihr Zeugnis vom 31.03.1914 hat folgenden Text:

»Fräulein Meta Grünbaum ist in der Zeit vom 1. Sept. 1912 bis heute als Stenotypistin bei uns in Stellung gewesen. Sie hat die ihr übertragenen Arbeiten zu unserer Zufriedenheit ausgeführt und war in ihren Dienstleistungen stets fleißig und aufmerksam. Sie verlässt ihre Stellung auf eigenen Wunsch. Die Rechtsanwälte Dr. Fritz Bickel und J. Schneider.«

Im Jahr 1913 war Meier Grünbaum mit seiner Familie von der Yorckstraße in ein nahegelegenes, sehr repräsentatives Wohnhaus in der Seerobenstraße 4 umgezogen.

Der Beginn des Ersten Weltkriegs im August 1914 erschütterte ganz Deutschland, so auch die Familie Grünbaum in Wiesbaden. Die hehre Pflicht, das Vaterland zu verteidigen, stürzte die Deutschen damals in einen wahren Taumel der Begeisterung. Viele junge Männer meldeten sich freiwillig zum Kriegsdienst, darunter auch ein sehr hoher Prozentsatz vaterlandsliebender deutscher Juden.

Ob Max Grünbaum auch zu den Freiwilligen gehörte oder ob er eingezogen wurde, ist nicht bekannt. Seine Rekrutenausbildung erhielt er in Prenzlau bei Berlin. Von dort aus

14 Wiesbaden, Seerobenstraße 4,
zweite Wohnung der Familie Grünbaum

schickte er am 05.09.1914 eine Feldpostkarte an seinen Onkel Wilhelm Kleemann in Berlin, die auf der Rückseite das Foto eines feschen jungen Mannes in Ausgehuniform zeigt. Diese Uniform war ein Geschenk seines Onkels, denn Max schreibt:

»Umstehend die komische Figur – bisher hatte ich aber nur Drillichanzug und da konnte ich aber unmöglich von Deiner Einführung Gebrauch machen – es war aber sehr nett von Dir und ich danke Dir vielmals – ich will nun nächstens hingehen wenn ich [...] Viele Grüße Max.«

Den Kriegsausbruch überlebte Max nur knapp vier Monate. Am 24.12.1914 starb er auf dem »Feld der Ehre«, der Ort ist unbekannt. Sein Tod brachte unendliches Leid, Schmerz und Verzweiflung über die Familie.

Elises jüngere Schwester Julie schrieb am 28.12.1914 aus Nürnberg:

»Meine Lieben! Mit 1000 Fasern meines Herzens zieht es mich zu Euch meine Lieben und ich kann nicht bei Euch sein. Der größte, weheste Schmerz von allen Schmerzen der Welt ist das Mitleid mit lieben Menschen in einem großen, unabänderlichen Leid. Diese Krankheit, das heißt es ist ein menschlich normaler, gesunder Zustand, in so hohem Maße wie jetzt habe ich einige Male im Leben empfunden. Da habe ich immer gemeint, es *müsse* noch eine Hilfe in der Not kommen, aber es ist keine gekommen. Je tiefer das Mitleid desto größer ist die Liebe. Ach was möchte ich [...] um Euch ein bißchen zu trösten. Gestern wollte ich Euch schreiben, aber da hab ich immer auf Hermann gewartet.

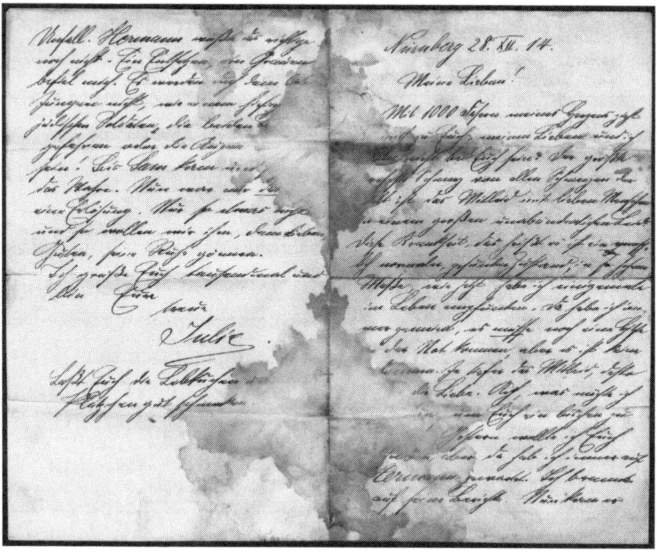

Nürnberg 28. XII. 14.

15 Brief von Julie Kleemann zum Tod von Max Grünbaum, 28.XII.14

Ich brannte auf seine Berichte. Nun kam er aber erst nachts 11 Uhr.

Meine Mußestunden gehören jetzt einzig und allein Euch. Könnte ich mit meinen Tränen helfen. Wie wenig genügt mir das Schreiben. Plaudern möchte ich mit Euch, in meine Arme schließen möchte ich Euch und Euch verwöhnen. Ich darf jetzt nicht an meine eigene Hilflosigkeit denken und nicht aufhören zu schreiben möchte ich.

Als Hermann [Sohn der Schwester Babette] nach Hause kam um mir das Telefongespräch mit Sam [Bruder Samuel] zu melden, glaubte ich, es handele sich um einen schweren Unfall. Hermann wußte das richtige noch nicht. Ein Entsetzen, ein Grauen befiel mich. Es werden doch dem lieben Jungen nicht, wie bei einem hiesigen jüdischen Soldaten, die beiden Beine abgefahren oder die Augen ausgeschossen sein!

Seit Sam kam wissen wir das Wahre. Nun war mir *das* wie eine Erlösung und so wollen wir ihm, dem Lieben Guten, seine Ruhe gönnen. Ich grüße Euch tausendmal und bin Eure treue Julie.

Laßt Euch die Lebkuchen und Plätzchen gut schmecken«

Im gleichen Brief, der durch einige Wasserflecke nicht vollständig zitiert werden kann, schreibt Julie noch über Meta, die zwanzigjährige Tochter von Elise und Meier Grünbaum:

»Morgens erhielten wir einen kurzen Brief von Sam aus Wiesbaden. Dieser enthält den Satz ›und Meta! Das Mädel ist ein Prachtmädchen. Wie sie an ihren Eltern hängt, zu ihnen tapfer und kräftig hält, wie sie Elise tröstet, wie sie mitfühlt und leidet – diese kleine Meta.‹ Ganz die Meta, wie ich mir sie in diesem traurigen Falle vorgestellt habe. Ich wußte, daß Du, mein liebes, gutes, herziges Metale Dein Herzchen und Deinen Kopf am rechten Fleck hast und daß Du verstehst wie kein Mensch auf Erden, Balsam zu träufeln auf die Wunden Deiner lieben Eltern.

Als Hermann kam fand er nicht Worte genug für Dein wunderbares Auftreten, meine liebe Meta! Einfach ideal und das freut mich und gelt, liebe Meta und liebe Elise, das freut Euch doch auch. Und habt Ihr keinen Trost für Euren Schmerz, so habt Ihr doch andrerseits eine Freude an Eurem guten Töchterlein.«

Die von ihrer Tante Julie so enthusiastisch beschriebene Meta lebte zusammen mit ihren Eltern in der Seerobenstraße 4. Sie war offenbar eine äußerst liebenswerte junge Dame, vergöttert von der Familie und von Verehrern umschwärmt.

Sechs an sie gerichtete Postkarten hatte ihre Mutter Elise Grünbaum im Frankfurter Versteck zurückgelassen.

Die Mutter von Metas Berliner Tante Lucie, Frau von Wilhelm Kleemann, Frau Sophie Friedländer, schrieb am 23.11.1912 aus Rom:

»Liebe Meta, wie lange schon möchte ich Ihnen auf Ihre Karte antworten, aber es wurde immer nichts. Inzwischen bin ich auf Reisen gegangen mit Arndts und Frau Dickel. Wir waren schon in Neapel, Sorrent und Amalfi und sind schon fast eine Woche hier. Ich kenne zwar alles schon, aber es ist wieder und wieder toll und man kann sich an all den Schönheiten nicht sattsehen und die Natur ist so schön wie die [...] Aus Berlin höre ich Gott sei Dank Gutes, [...] L. hat sich vor einigen Tagen verlobt. Viele Grüße sendet Ihnen Sophie Friedländer. Es grüßt Sie vielmals Mara Arndt.«

Im Jahre 1913 waren mindestens die vier folgenden Herren Metas Liebreiz erlegen.

Am 26.08.1913 eine Ansichtskarte aus Düsseldorf:

»Sehr geehrtes Fräulein, aus der schönsten Stadt des herrlichen Rheinlandes gestatte ich mir Sie bestens zu grüßen Ihr erg. Arthur Günzburg«

Aus Wiesbaden am 02.09.1913 eine Ansichtskarte mit unleserlicher Unterschrift:

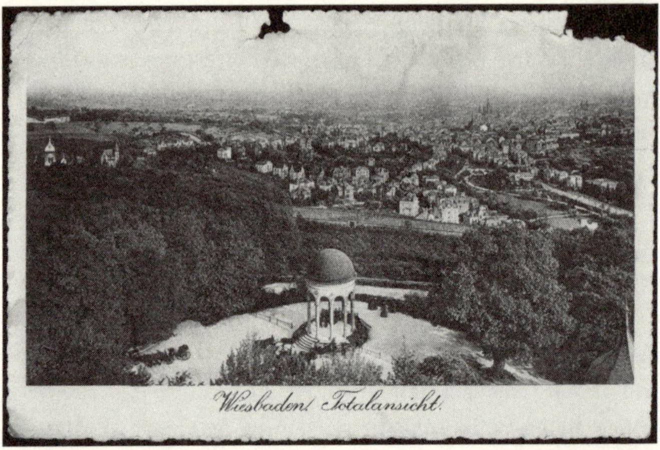

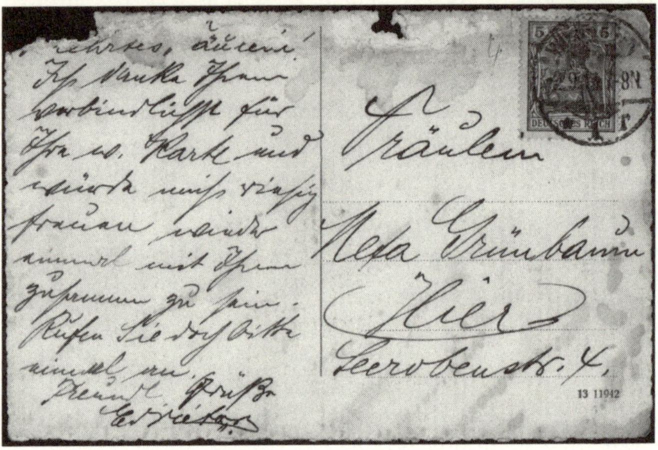

16 Karte eines Verehrers an Meta Grünbaum, 2.9.13

»Sehr geehrtes Fräulein! Ich danke Ihnen verbindlichst für Ihre [...] Karte und würde mich riesig freuen wieder einmal mit Ihnen zusammen zu sein. Rufen Sie doch bitte einmal an. Freundliche Grüße [...]«

Eine Karte vom 05.10.1913 aus Frankfurt, die eine reizende junge Frau mit einem riesigen Blumenstrauß im Arm zeigt, ist leider unleserlich.

Am 19.12.1913 eine Karte aus Wiesbaden:

»Mein liebes Fräulein! Bitte verzeihen Sie mir gütigst, daß ich heute Abend nicht erscheinen konnte, mußte einer Einladung seitens meiner Prinzipale Folge leisten. Wann und wo darf ich Sie wohl erwarten?

Ich erwarte gerne Ihre angenehme Nachricht und begrüße Sie. Ihr erg. Max Heine«

Der letzte Gruß, eine Fotokarte an Meta Grünbaum, wurde am 24.06.1914 in Marienbad abgeschickt. Sie zeigt das Ehepaar Sandmann, wahrscheinlich Freunde der Eltern, die ihr schrieben:

»Herzliche Grüße von uns beiden Vergnügten.

Marienbad im Juni 1914.«

Sechs Monate, nachdem Meta diese Karte erhalten hatte, verlor sie ihren einzigen Bruder Max und kümmerte sich, wie ihre Tante Julie schrieb, in rührender Weise um ihre Eltern Elise und Meier Grünbaum.

Nach dem Tod des Sohnes führte Meier Grünbaum das im

Jahre 1909 gegründete Geschäft weiter. Aus diesem Grund dürfte er seine Tätigkeit bei der Dresdner Bank spätestens Ende Dezember 1914 beendet haben.

Tochter Meta half nicht nur im Geschäft, sie war ihren Eltern auch Stütze und Trost in ihrem großen Leid, bis ein unerbittliches Schicksal den Eltern auch die geliebte Tochter nahm. Im blühenden Alter von vierundzwanzig Jahren starb Meta am 01.12.1918 in Wiesbaden an der Spanischen Grippe. Die Epidemie grassierte seit Mai 1918 in ganz Europa und forderte in den folgenden Jahren weltweit Millionen von Todesopfern.

Und wieder war es ein Brief ihrer Schwester Julie, den Elise Grünbaum aufbewahrt hatte.

Julie schrieb am 02.12.1918 aus Nürnberg:

»Meine Lieben! Jetzt sind schon 2 1/2 Stunden verstrichen, seitdem ich das Entsetzliche gehört habe. Babet [die älteste der Kleemann-Geschwister] kam heim und sagte mir, daß Meta nicht wohl sei, sie habe es von Grünbaums gehört [Meier Grünbaums Bruder Isaak und seine Frau Helene lebten auch in Nürnberg]. Meta nicht wohl, was fehlt ihr denn? Babet, eigentümlich verzagt ›ich weiß nicht‹.

Na, dachte ich, da schreibe ich sofort nach Wiesbaden, ich muß hören was meinem Metale fehlt. Gleich dazu dachte ich: es wird doch Meta nichts passieren. Was fing dann meine gute Elise an! Eine Stunde später kam Hermann. Er war zum ersten Mal früher aus der Bank gekommen. Er sagte, daß der Besuch von Frau Hellmann und Sam [Bruder Samuel und dessen Schwägerin, beide aus Fürth] eine besondere Bedeutung habe. Ich ›hängt es mit Meta zusammen?‹ Er ›ja‹, ›ist Meta gestorben?‹ Er ›ja‹

So ist es und ich lebe noch und habe noch meinen Verstand. Ich habe ihn aber nur um zu begreifen, daß der Verlust dieses geliebten Kindes der größte Schmerz ist den ich noch je empfunden habe, um zu begreifen, daß ich nicht darüber nachdenken darf wie Ihr Euch, wie Du Dich, liebe arme schmerzgeplagte Elise, zu dem erschütternden Herzeleid stellen könnt. Stützt es Euch etwas, daß Euer Schmerz der meinige ist? und wenn es auch nichts nützt, es ist aber so. Kannst Du es fühlen, meine geliebte Schwester, daß ich mit jedem Herzschlag Dein unendliches Leid mitempfinde! und kennst Du meine Riesensorge wirklich? Kann es Euch ein kleiner Trost sein, daß ich aus tiefstem Herzen mit Euch weine und nie den Schmerz verwinden kann um das liebe, herzige Metale?

Hat Euch ein grausames Schicksal so hart geschlagen? oder hat ein gütiger Gott das liebe Kind von irgendeinem Abgrund retten wollen? Selig sind die Entschlafenen. 1000 innige Küsse von Eurer treuen Julie«

Der letzte Satz aus Julies Brief jagte mir einen Schauer über den Rücken. Hatte die sensible Julie gespenstische Vorausahnungen?

Auf der Rückseite dieses Briefes schrieb Elises Bruder Samuel:

»Meine Lieben! Der Zufall führte mich heute zu Grünbaums, wo ich Helene bestürzt und liegend antraf. Sie fragte mich, was ich zu dem Unglück sage. Ich dachte sie meine die politische Erneuerung [nach dem Ende des Ersten Weltkriegs], sie erwiderte sie könne das Entsetzliche nicht aussprechen und war furchtbar erregt, aber auf so furchtbares war ich nicht vorbereitet – Meta, unsere liebe süße Meta dahingerafft von der gräßlichen Seuche. Kann man es denn fassen, daß Ihr das liebe Kind nun auch verloren habt. Kann denn ein Mensch so viel Unglück ertragen und kann das Schicksal so grausam sein? Mein Schmerz um das liebe Kind wäre vielleicht nicht so unaussprechlich, wenn ich sie nicht durch meinen Aufenthalt in Wiesbaden und durch ihr letztes Hiersein so liebgewonnen hätte. Aber Ihr und vor allem Du, liebe arme Schwester, wie werdet Ihr den entsetzlichen Verlust ertragen?

Warum so viel Unglück in einer Familie? Am liebsten eilte ich zu Euch, die Schwierigkeiten der Reise sind groß und es ist fraglich, ob man wieder zurück könnte. Soeben las ich noch ihren letzten Brief vom 25.11., da scheint sie noch wohlgewesen zu sein. Wenn ich denke daß Ihr […] und daß es Meta […] könnte ich vor Schmerz […] Sam«

Der Schluss des Briefes ist leider durch Wasserflecke teilweise zerstört.

Samuel Kleemanns Frau Maria war 1915 gestorben, sein einziger Sohn fiel 1916 im Ersten Weltkrieg.

Als Meta 1918 starb, war Meier Grünbaum 57, Elise Grünbaum 58 Jahre alt. Ein Ehepaar, das mit den Kindern den kostbarsten Teil des eigenen Lebens und alle Hoffnungen auf eine gemeinsame Zukunft verloren hatte. Eine Tragödie, die sich nicht beschreiben lässt. Seelische Qualen, die für ein ganzes Leben ausgereicht hätten!

Beide Kinder fanden auf dem Friedhof der Neuen Jüdischen Gemeinde an der Platterstraße in Wiesbaden ihre letzte Ruhestätte (Abt. J, rechte Seite, Reihe 1, Grab 2–5).[5, 6]

Die gramgebeugten Eltern ließen dort im April 1920 ein Grabdenkmal aus Odenwaldgranit errichten.

Auf dem fast quadratischen Grabstein, gefasst von Säulen im Stil des Art déco, die Inschrift:

Familie Grünbaum
Max Grünbaum
1891–1914
im Dienste des Vaterlandes
Meta Grünbaum
1894–1918

Der untere Teil des Grabsteins blieb unbeschriftet, die Namen der Eltern fehlen.

Der vorstehende Sockel trägt den sehr anrührenden Nachruf:

»Daß Ihr gestorben uns seid konnten nimmer wir fassen, aber daß Ihr gelebt fühlen wir täglich auf's Neue.«

Ausgeführt wurde das Grabmal von der Firma Ph. Guckes, Grabsteingeschäft, Stein- und Bildhauerei, am Südfriedhof, Wiesbaden, Friedensstraße 57a, zum Preis von RM 3131,95.

Am 20.05.1941 hatten Meier und Elise Grünbaum ihr Testament um folgenden Nachtrag ergänzt:

»Da wir inzwischen nach Frankfurt umgezogen sind, bestimmen wir wegen unserer Bestattungen folgendes: wir besitzen seit vielen Jahren auf dem Friedhof der neuen israe-

17 Grab Max und Meta Grünbaum, Jüdischer Friedhof, Platterstraße, Wiesbaden

litischen Kultusgemeinde in Wiesbaden ein Familiengrab, wo noch Platz für uns beide frei und bezahlt ist, und möchten dort bestattet werden. Falls dies aber in heutiger Zeit nicht oder schwer auszuführen ist, wollen wir hier in Frankfurt begraben werden und einen Grabstein gesetzt bekommen.

Meier Israel Grünbaum
Elise Sara Grünbaum geb. Kleemann«

Das Schicksal hat den beiden die Erfüllung ihres letzten Wunsches nicht gewährt.

Die herzzerreißenden Briefe, die ihre jüngere Schwester Julie zum Tod der beiden Kinder schrieb, hatte Elise Grünbaum über all die Jahre aufbewahrt. Sie sind auch ein Zeichen für die innige Beziehung, die die beiden Schwestern verband. Mit großer Herzenswärme, beseelt von tiefster Trauer und

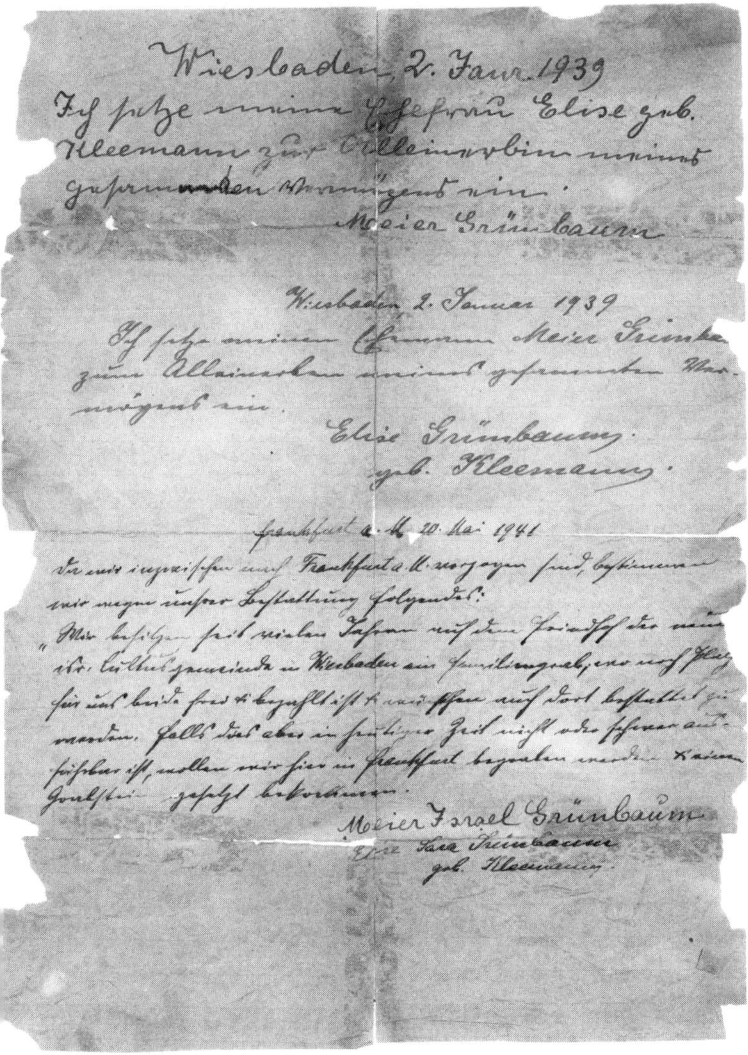
Wiesbaden, 2. Janr. 1939
Ich setze meine Ehefrau Elise geb. Kleemann zur Alleinerbin meines gesammten Vermögens ein.
Meier Grünbaum

Wiesbaden 2. Januar 1939
Ich setze meinen Ehemann Meier Grünbaum zum Alleinerben meines gesammten Vermögens ein.
Elise Grünbaum
geb. Kleemann.

Frankfurt a. M. 20. Mai 1941
Da wir inzwischen nach Frankfurt a. M. verzogen sind, bestimmen wir wegen unserer Bestattung folgendes: „Wir besitzen seit vielen Jahren auf dem Friedhof der neuen isr. Kultusgemeinde in Wiesbaden ein Familiengrab, wo noch Platz für uns beide frei u. bezahlt ist u. wünschen auch dort bestattet zu werden. Falls das aber in späterer Zeit nicht oder schwer ausführbar ist, wollen wir hier in Frankfurt begraben werden u. einen Grabstein gesetzt bekommen."
Meier Israel Grünbaum
Elise Sara Grünbaum
geb. Kleemann.

18 Testament Meier und Elise Grünbaum vom 2. Januar 1939
mit Nachtrag vom 20. Mai 1941

unendlichem Mitgefühl hatte Julie versucht, ihre geliebte Schwester Elise und ihren Schwager Meier zu trösten.

Julie, die jüngste Tochter des Ehepaars Kleemann, wurde am 21.03.1864 in Forchheim geboren.[7] Sie war ein sehr sensibles, musisch begabtes Kind und wurde zur Musiklehrerin ausgebildet.

Im Nachlass ihres Bruders Wilhelm fand ich einen Brief vom 7. Mai 1966, den Wilhelm Kleemann während seines damaligen Besuchs in Forchheim erhielt. Darin schreibt der Forchheimer Dipl.-Architekt Hans Speckner unter anderem:

»Ich habe Ihren Herrn Vater, Ihre Frau Mutter sowie Ihre Schwester, die Musiklehrerin, sehr gut gekannt. Von Fräulein Kleemann erhielt ich Anfangsunterricht im Klavierspiel. Ihr Fräulein Schwester ging fast täglich an unserem Haus vorbei zum Zug, der sie nach Fürth führte. Dort gab sie Unterricht im Klavierspiel. Sie erzählte mir, daß sie strenge Diät halten müsse und in der Hauptsache von einem Liter Milch täglich lebte. Ich erhielt von ihr Anfangsunterricht im Klavierspiel.« Das berichtete Hans Speckner aus seiner Jugendzeit, etwa um 1895.[8]

Die unverheiratete Julie Kleemann lebte bis zum Tod ihrer Mutter im Elternhaus in Forchheim. Am 20.10.1909 verzog die damals Fünfundvierzigjährige nach Nürnberg und wohnte dort in der Gostenhofer Hauptstraße 57.[9]

Von dem bescheidenen Einkommen aus dem Musikunterricht konnte Julie kaum leben und wurde zunächst von ihren Brüdern Julius und Wilhelm, später nur noch von Wilhelm, über viele Jahre finanziell unterstützt.[10]

Ihr um zwei Jahre älterer Bruder Samuel lebte mit seiner

Familie in Fürth, nahe Nürnberg. Auch von ihm dürfte sie Hilfe erhalten haben.

Am 13. März 1915 kam Julies verwitwete Schwester Babette Dirnbach mit ihrem achtundzwanzigjährigen Sohn Hermann von Berlin-Schönefeld nach Nürnberg und zog in die Gostenhofer Hauptstraße 58, wo sie Tür an Tür mit Julie lebte. So blieb die ledige Schwester fest in die Familie eingebunden.

Im Alter von achtundsechzig Jahren starb Julie Kleemann am 10.04.1932 in Nürnberg. Ihre Urne ist dort auf dem Jüdischen Friedhof beigesetzt, Abt. 2, Reihe A, Grab 11.[11]

Von Elise Grünbaums ältester Schwester Babette, genannt. Babet, die am 01.12.1857 in der Lehrerwohnung der Synagoge von Schonungen geboren wurde,[12] gibt es keine Spuren, die Rückschlüsse auf ihre Persönlichkeit zuließen.

Sie ist in den Briefen ihrer Schwester Julie vom 02.12.1918 und ihres Bruders Wilhelm vom 15.08.1938 zwar erwähnt, weitere Anmerkungen fehlen jedoch. Auch in dem umfangreichen Nachlass von Wilhelm Kleemann, in dem ich die Fotos seiner Eltern und Geschwister fand, fehlt ein Bild von Babet.

So kann über sie nur das berichtet werden, was ich in den Archiven von Nürnberg und Berlin fand.

Vermutlich um die Mitte der 1880er Jahre hatte Babette Kleemann den Kaufmann Eduard Dirnbach geheiratet, dessen Herkunft nicht bekannt ist. Mit ihm ging sie nach Jugoslawien und nahm die dortige Staatsbürgerschaft an.

In Pozega/Slawonien wurden die beiden Söhne Hermann am 22.03.1887[13] und Albert am 27.09.1888[14] geboren. Wie lange Babette Dirnbach in Jugoslawien lebte und wann ihr Ehemann Eduard starb, ist nicht bekannt. Unbekannt ist auch, wann sie mit ihren Söhnen nach Deutschland zurückkehrte.

Einige Jahre lebte sie in Berlin-Schönefeld und wurde wahrscheinlich schon hier von ihrem jüngsten Bruder Wilhelm finanziell unterstützt, der in Berlin am Anfang einer großen Karriere als Bankier stand.

Wie schon berichtet, kam sie am 13. März 1915 mit ihrem Sohn Hermann nach Nürnberg und wohnte in enger Nachbarschaft mit ihrer jüngsten Schwester Julie.

Etwa zwei Jahre nach Julies Tod meldete Babette Dirnbach sich am 06.06.1934 in Nürnberg ab und ging zurück nach Berlin, wo sie in der Schlangenbader Straße 77 wohnte.

Ihr Umzug nach Berlin hängt ganz sicher zusammen mit der Tatsache, dass ihr Sohn Hermann sich und seine Familie ebenfalls am 06.06.1934 in Nürnberg abmeldete, um nach Zagreb/Jugoslawien auszuwandern.[15]

In Berlin lebte Babette Dirnbach nur noch wenige Wochen, bis sie am 13.07.1934 starb. Sie wurde am 17.07.1934 auf dem Jüdischen Friedhof Berlin-Weißensee beerdigt, Grab in Feld H Abteilung III, Reihe 2.[16]

Ihr schlichter Grabstein trägt die Inschrift: »Unsere Mutter Babette Dirnbach, geb. 1.12.1857 gest. 13.7.1934«[17]

Meier und Elise Grünbaum
1920–1942

Aus den Jahren zwischen 1918 und 1936 hat Elise Grünbaum keine persönliche Korrespondenz im Versteck zurückgelassen.

Aus späteren Briefen geht jedoch hervor, dass Meier und Elise Grünbaum mit den Kindern von Meiers Schwester Bertha Stein, die in Reichensachsen, Kreis Eschwege lebte, eine sehr liebevolle, innige Beziehung pflegten. Deren Sohn Max Stein, gleichen Vornamens und neun Jahre älter als der 1914 gefallene Sohn Max, und die Tochter Amalie Stein, ein Jahr älter als die 1918 verstorbene Tochter Meta, ersetzten dem vereinsamten Paar in gewisser Weise die verlorenen Kinder. Besonders der Neffe Max schien sich in hohem Maße für das Wohlergehen von Onkel Meier und Tante Elise verantwortlich gefühlt zu haben. Dies wird deutlich in seinen Briefen vom 29.08. und 10.11.1941 aus New York. Doch dazu später.

Als Bertha Stein im Oktober 1919 an Arterienverkalkung starb – sie war nur sechzig Jahre alt geworden –, war es Elise Grünbaum, die den Nichten und Neffen jetzt über den Verlust der Mutter hinweghalf.

Zwei große Familienfeste wurden im Jahr 1920 gefeiert; am 12. Juli heiratete Amalie den Würzburger Tuchhändler Adolf Vorchheimer und am 30. November nahm Max die aus Unsleben stammende Martha Lustig zur Frau.

Ihrer damals achtzehnjährigen Lieblingsnichte Amalie hatte Elise Grünbaum 1911 ein Gedicht gewidmet. Anlass war die Verlobung der Schwester Rosa Stein mit Sigmund Weinstock aus Neustadt a/d Saale. Die älteste der Stein-Töchter, Gida, war bereits mit David Lomnitz verheiratet, nur die jüngste, Amalie, war noch nicht unter der Haube und Tante Elise schrieb für sie:

»*Gedicht für Amalie Stein gewidmet von Elise – Schiller*

Er ist bekannt
In jedem Land
Der lose Knabe
Mit der Gabe,
Menschenherzen
In Freud & Schmerzen
Zu vereinen.
Die Großen, die Kleinen,
Die Armen, die Reichen
Sie können nicht weichen
Dem göttlichen Pfeil,
Der rastlos in Eil
Die Herzen durchbohrt
Sein Köcher & Bogen
Straff angezogen
Hat glücklich verbunden
Die in Lieb sich gefunden.
Unzählige Paare
In jedem Jahre
Verdanken ihr Glück
Dem Meisterstück
Des schelmischen Knaben.

In kluger Weise
Schleicht er sich leise
An die Jugend heran
Und verschafft manchem Mädchen
Den heiß ersehnten Mann.

Auch in dem Haus der Steine
Hat der Kleine
Seine Kunst schon gezeigt
Und vieles erreicht.
Das ging wie am Härchen,
Die Gida, das Klärchen
Paulchen & Zilla
(Mutter Jettchens schönste Villa)
Er führte im Nu
Den Mann Jeder zu.
Und Amor denkt heiter,
Das geht flott so weiter
Lenkt nun seinen Blick
Mit großem Geschick
Auf die nächste der Steine
auf »Rosa« die Kleine.

Manch Jünglings Herz
War ergriffen von Schmerz
Wenn er Rosa sah,
Und es unterblieb ihr »Ja«.
Der eine war zu klein,
Der andere gar nicht fein,
Der Dritte trägt den Kragen,
Ich muß es sagen,

Nur 10 Centimeter hoch,
Und das ist doch
Nicht chick und nett,
Denn ich wett',
Rosas Mann
Muß den Kragen
Bis an's Kinn hinauf ertragen.
Beim Vierten wäre alles gut
Aber er trägt den Hut
Nicht nach neuster Facon
Und das ist schon
Grund zum Refüsieren?
Ja ein Doctorhut
Der stünde gut!

Doch wir gratulieren
Noch lange nicht,
Denn es gebricht
Noch immer viel
Und Amor kommt nicht an sein Ziel.
Jetzt trifft er einen, der gefällt,
Der hat aber zu wenig Geld,
Ein anderer am Schabbes schellt,
Will er am Schabbes gar verkaufen
Dann wird gleich davongelaufen.
Bald hätt sie sich einen erkoren
Doch der will nicht Mincha ohren [hören?].
Es steht nun unser Gott Amor
Ratlos vor dem Himmelstor,
Wohin er seine Blicke sendet
Rosa hat sich abgewendet.

Doch plötzlich wie mit einem Male
Blickt er nach Neustadt a/d Saale,
Wo an der Saale Strand,
Im Bayernland
Der Weinstock blüht,
Des Kraft durch alle Adern zieht.
Der lose Knabe
Mit seiner Gabe
Hat's gefunden
Das Herzchen der Kleinen.
Sie wird weinen
Vor Freude
Wenn sich heut
Ranket der Wein
Hinauf an den Stein
Der nicht wankt,
Gott sei's gedankt.
Das Bündnis von heute
Macht glücklich Euch beide

Nun stoßet an
Alle Mann
Mit dem Saft der Rebe
Es lebe
Das junge Paar!
Und nächstes Jahr,
Du süßer Liebesgott,
Denk an mich,
Denn auch ich
Zähle schon 18 Jahr.«

Adressiert an Rosa Stein, Eschwege
und Sigmund Weinstock, Neustadt a/d Saale
Verlobte

Aus diesem Gedicht sprechen viel Humor, leiser Spott, Herzlichkeit, Belesenheit und eine wache Beobachtungsgabe; Eigenschaften, für die Elise Grünbaum geliebt und bewundert wurde. Leider ist keiner ihrer vielen persönlichen Briefe erhalten, die den Verwandten stets so viel Freude bereiteten, und so lässt sich auch kein Eindruck gewinnen vom privaten Alltag des Ehepaars in Wiesbaden. Die gefundenen Dokumente lassen jedoch darauf schließen, dass Meier und Elise Grünbaum in guten wirtschaftlichen Verhältnissen lebten.

Am 10.10.1920 sandte die »Preußische National-Versicherungs-Gesellschaft in Stettin, Agentur Wiesbaden« einen Verlängerungsschein für bewegliche Gegenstände, die mit RM 9200,– versichert waren, was eine sehr gediegene Wohnungseinrichtung vermuten lässt.

Im März 1930 sowie im Juni und Dezember 1932 sind Ankäufe von Kommunalanleihen und Goldpfandbriefen bei der Nassauischen Landesbank und dem Bankhaus Gebrüder Krier Wiesbaden belegt. Ein Zeichen für das gewinnbringende Handelsgeschäft von Meier Grünbaum, das neben einem guten Lebensstandard auch Sparanlagen ermöglichte.

Ein Feriengruß ihres Bruders erreichte Elise Grünbaum in den ersten Augusttagen 1932. Auf einer Fotokarte, die ihn mit seiner Frau Lucie zeigt, schrieb Wilhelm Kleemann am 06.08. aus Marienbad:

»Liebe Schwester! Wir sind Marienbad so verfallen, daß wir auch in diesem Jahr wieder unseren Urlaub hier verbringen.

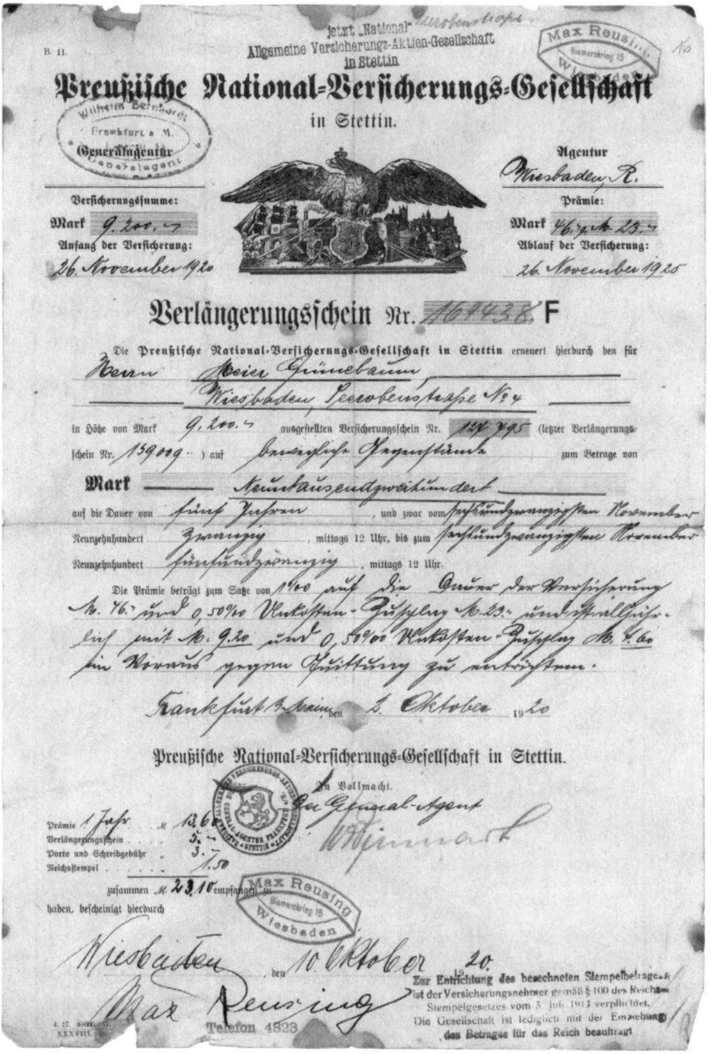
B. 11.

jetzt „National" Allgemeine Versicherungs-Aktien-Gesellschaft in Stettin

Preußische National-Versicherungs-Gesellschaft

in Stettin.

Generalagentur

Agentur Wiesbaden R.

Versicherungssumme: Mark 9.200.–

Prämie: Mark 46,–, M. 23.–

Anfang der Versicherung: 26. November 1920

Ablauf der Versicherung: 26. November 1925

Verlängerungsschein Nr. 169438 F

Die Preußische National-Versicherungs-Gesellschaft in Stettin erneuert hierdurch den für Herrn Meier Grünebaum Wiesbaden, ... No. 4

in Höhe von Mark 9.200.– ausgestellten Versicherungsschein Nr. ... (letzter Verlängerungsschein Nr. 159009) auf ... zum Betrage von

Mark Neuntausendzweihundert

auf die Dauer von fünf Jahren, und zwar vom sechsundzwanzigsten November Neunzehnhundert zwanzig, mittags 12 Uhr, bis zum sechsundzwanzigsten November Neunzehnhundert fünfundzwanzig, mittags 12 Uhr.

Die Prämie beträgt zum Satze von ...

Frankfurt a. Main, den 2. Oktober 1920

Preußische National-Versicherungs-Gesellschaft in Stettin.

In Vollmacht.

Der General-Agent

Prämie 1 Jahr	M. 13.60
Verlängerungsschein	5.–
Porto und Schreibgebühr	3.–
Reichsstempel	1.50
zusammen	M. 23.10

empfangen zu haben, bescheinigt hierdurch

Max Reusing, Wiesbaden

Wiesbaden, den 10. Oktober 1920.

Max Reusing

Telefon 4823

Zur Entrichtung des berechneten Stempelbetrages ist der Versicherungsnehmer gemäß § 100 des Reichsstempelgesetzes vom 3. Juli 1913 verpflichtet. Die Gesellschaft ist lediglich mit der Einziehung des Betrages für das Reich beauftragt.

19 »Preußische National-Versicherungs-Gesellschaft«
Police Verlängerungsschein 169438F

Leider haben wir es mit dem Wetter schlecht getroffen. Habt Ihr keine Reisepläne? Herzlichen Gruß Dir und Meier

Dein Wilhelm

Beste Grüße für Dich und Deinen Mann Deine Lucie«

Über Ferienreisen von Meier und Elise Grünbaum ist leider nichts bekannt.

Im August 1932 bestätigte die »Reichsschuldenverwaltung – Schuldbuch Berlin« die Eintragung des Testaments von Meier Grünbaum. Es lautet zugunsten von a) Ehefrau Elise geb. Kleemann, b) Kaufmann Max Stein in Eschwege nacheinander.

Am 06.01.1933 teilt die »National Allgemeine Versicherungs-Aktien-Gesellschaft« die Neubesetzung der Agentur mit. Auf der Rückseite dieser Mitteilung entwarf Elise Grünbaum im September 1941 einen Brief an ihre Vermieter Moses Israel und Erna Sara Nussbaum in Frankfurt.

Am 09.12.1932 hatte Meier Grünbaum einen Mietvertrag zum 01.04.1933 mit Herrn Benoit Israel, vertreten durch das Bankhaus Gebrüder Krier Wiesbaden, abgeschlossen. Hierin wird gestattet, 8–14 Tage früher in die Wohnung einzuziehen.

Ende März 1933 verzogen Meier und Elise Grünbaum von der Seerobenstraße 4 zum nahegelegenen Bismarckring 27. Im zweiten Stockwerk dieses Hauses bewohnten sie eine Vierzimmerwohnung mit Küche, einer Mansarde und zwei Kellern, zum Jahresmietpreis von RM 960,– . Besondere Verabredungen wurden getroffen für die Aufstellung eines weiteren Zimmerofens, eines Gasbadeofens und einer Badewanne. Das Anlegen einer Radio-Dachantenne wird nicht gestattet.

Eine glückliche Zeit war den Grünbaums in dieser Wohnung nicht beschieden. Bereits in der Zeit um 1920 hatte sich,

20 Wiesbaden, Bismarckring 27, dritte Wohnung der Familie Grünbaum

mit der Gründung der »Deutschen Arbeiterpartei« in München, später umbenannt in »Nationalsozialistische Deutsche Arbeiterpartei« NSDAP, wieder antisemitisches Gedankengut in Deutschland ausgebreitet. Die Nationalsozialisten lehnten Demokratie und Marxismus ab, ihre Ideologie war von einem kompromisslosen Antisemitismus geprägt. Die Weltwirtschaftskrise von 1929 lieferte der NSDAP unter ihrem Parteivorsitzenden Adolf Hitler den Vorwand, das »Internationale Finanzjudentum« anzuprangern und die Juden als Urheber der Massenverelendung darzustellen.

Als Hitler am 30. Januar 1933 zum Reichskanzler ernannt wurde, hatte die NSDAP bereits 2,5 Millionen Mitglieder aus allen gesellschaftlichen Schichten der deutschen Bevölkerung. Unmittelbar nach der sogenannten »Machtergreifung« begannen sich die Lebensumstände der Juden in Deutschland drastisch zu verändern. Mit dem nun unverhohlen zutage tretenden nationalsozialistischen Rassenhass begann eine systematische Ausgrenzung, Entwürdigung und Beraubung der jüdischen Bevölkerung.

Offiziell begann dies am 1. April 1933 mit dem befohlenen Boykott und der Zerstörung jüdischer Geschäfte und Lokale. Schaufensterscheiben wurden eingeworfen, vor den Geschäftseingängen waren SA-Leute postiert mit Schildern wie: »Deutsche wehrt Euch, kauft nicht bei Juden!«, die Einkaufswillige am Betreten der Läden hinderten.

Der Abbruch des persönlichen Verkehrs mit Juden wurde zur »moralischen und völkischen Pflicht« erklärt, und die einschlägige Presse schürte die Volksverhetzung nach Kräften.

Anfang April 1933 wurden die Grundrechte der jüdischen Bürger durch den »Arierparagraphen« (Gesetz zur Wiederherstellung des Berufsbeamtentums), der zur »Entjudung der deutschen Wirtschaft und des deutschen Volkes« führen sollte, massiv eingeschränkt.[1] Die beruflichen Einschränkungen betrafen nicht nur Juden in leitenden Wirtschaftspositionen, mittelständische Unternehmer, Beamte, Rechtsanwälte, Ärzte usw., sondern auch Gewerbetreibende und Händler wie Meier Grünbaum, dessen Einnahmen dadurch drastisch weniger wurden. Im Steuerrecht wurden Sonderregelungen für Juden geschaffen. Die Auswanderung von Personen jüdischer Abstammung war gegen Zahlung einer »Reichsfluchtsteuer« ausdrücklich erwünscht.[2] Die Grünbaums haben in ihrem Alter vermutlich nicht die Absicht gehabt auszuwandern, da ihre finanziellen Mittel dazu nicht ausreichten und sie ihre Verwandten nicht belasten wollten.

Am 17. August 1935 ordnete die Gestapo die Einrichtung einer reichsweiten »Judenkartei« an, um alle Juden zu erfas-

21 Wiesbadener SA, vermutlich auf dem Weg in den Rheingau

sen und zu überwachen. Als Datenmaterial wurden Mitgliederlisten jüdischer Vereine und Kultusgemeinden ausgewertet.[3] 1937 sollte diese unvollständige Kartei weiter ausgebaut werden, um auch alle zum Christentum übergetretenen »Rassejuden« wie auch »jüdische Mischlinge« und »jüdisch Versippte« namentlich zu machen.

Mit dem Erlass der »Nürnberger Gesetze« am 15. September 1935 wurde jüdischen Staatsangehörigen die »Reichsbürgerschaft« aberkannt, und im »Gesetz zum Schutze des deutschen Blutes und der deutschen Ehre« (Rassegesetze) wurden Eheschließungen bzw. außerehelicher Verkehr zwischen Juden und Staatsangehörigen deutschen oder artverwandten Blutes verboten. Darauf standen Zuchthaus- oder Gefängnisstrafen.[4]

Mitgliedern der NSDAP war es verboten, bei Juden zu kaufen oder Cafés und Restaurants zu besuchen, in denen Juden verkehrten. Viele Geschäfte und Lokale stellten Tafeln mit der Aufschrift »Juden sind hier nicht erwünscht« vor ihre Läden. Kamen sie dennoch, so wurden sie nicht bedient.

Den jüdischen Gymnasien wurde der Unterricht der englischen Sprache untersagt, deren Kenntnis eine wichtige Voraussetzung zum Leben in der Emigration war.

An die vielen jüdischen Soldaten, die im Ersten Weltkrieg für Deutschland gestorben waren, durfte nicht mehr erinnert werden.

Organisationen und jüdische Zeitungen, die für das Verbleiben von Juden in Deutschland eintraten, wurden verboten. Zionistischen Organisationen, die zur Auswanderung nach Palästina aufriefen, wurden dagegen Erleichterungen gewährt.[5] Der Verkauf von jüdischen Zeitungen auf den Straßen wurde verboten.

Auch der Zutritt zu Schwimmbädern und Sportanlagen wurde den Juden untersagt. Folge war die Gründung von zwei jüdischen Sportorganisationen, »Schild« und »Makkabi«, die von den entsprechenden Ministerien und von der Gestapo anerkannt wurden. Den Mitgliedern dieser Organisationen war die Abhaltung von sportlichen Wettkämpfen mit »arischen« Sportverbänden erlaubt, denn das Verbot des Verkehrs mit Juden galt vorläufig noch nicht auf dem Gebiet des Sports und für die Vorbereitung auf die Olympiade 1936.[6] Es gab zu viele brillante jüdische Sportler, auf die man im internationalen Wettkampf nicht verzichten konnte.

Im Hinblick auf die Olympischen Spiele, die 1936 in Berlin und in Garmisch-Partenkirchen ausgetragen werden sollten, verfügte der preußische Innenminister schon Mitte 1935, dass die Tafeln mit dem Text »Juden unerwünscht« unauffällig aus dem Gesamtbild der Städte zu entfernen seien.

Auch Tätlichkeiten gegen Ausländer und Juden waren der SS anlässlich der Olympiade ausdrücklich verboten![7]

Dies war der Anfang und nur ein kleiner Auszug der Judenpolitik des NS-Regimes, das nach Diskriminierung und Entrechtung die Verfolgung und Vernichtung der Juden zum Ziel hatte.

Wer die Zeichen der Zeit erkannte und wer die finanziellen Mittel dazu hatte, verließ die Heimat. Aber der überwiegende Teil der jüdischen Bevölkerung war außerstande, sich in einer Kulturnation wie dem Deutschen Reich, weitergehende Maßnahmen vorzustellen.

Wahrscheinlich hatte Meier Grünbaum sein Geschäft im Jahr 1935 geschlossen, wenngleich er in den Wiesbadener Adressbüchern von 1936–1938 noch als Kaufmann geführt wurde.

Elise Grünbaums Bruder Dr. Wilhelm Kleemann, ehemals Bankier in Berlin, war bereits am 29. März 1934 mit seiner Familie emigriert, zunächst in die Schweiz, 1937 dann nach Amsterdam. Die Wintermonate verbrachte er, zusammen mit seiner Frau Lucie, seit mehreren Jahren in Meran. Durch seine frühe Emigration hatte er den größten Teil seines beträchtlichen Vermögens vor dem Zugriff der Nationalsozialisten retten können und lebte in sehr guten finanziellen Verhältnissen.

Von den vielen Briefen, die Wilhelm Kleemann seiner Schwester nach Wiesbaden, später nach Frankfurt, schrieb, hat Elise elf im Frankfurter Versteck aufbewahrt.

Der erste ist datiert am 22.09.1937 und kam aus dem Hotel Bristol in Meran. Leider sind große Teile durch Wasserflecke nicht lesbar […], kleine Ergänzungsversuche sind mit (?) gekennzeichnet.

Wilhelm Kleemann schrieb nach Wiesbaden:

»Liebe Elise! Als ich Deinen Brief vom 31. August erhielt, stand unser Marienbader Aufenthalt schon etwas unter dem Zeichen des Abbruchs. Da drängten sich die mit einem Abschied verbundenen vielerlei Vorbereitungen, sodaß ich dort keine Zeit mehr fand zu danken für Deine Zeilen und sie zu beantworten. Dazu kam noch, daß am 1. Sept. meine Schwiegermutter mit ihren beiden beinahe ebenso alten und ebenso alleinstehenden Schwestern eintraf um ihren 80. Geburtstag mit uns zu feiern (?) [...]

Wir sind (?) früh in Marienbad aufgebrochen, fuhren über (?) Linz a. d. Donau und haben gegen 5 Uhr Nachmittag Einzug in Salzburg gehalten. Leider wurden wir dort mit dem im Salzkammergut eigentlich üblichen Regen empfangen, der uns auch am folgenden Tag nicht verließ, als wir über Gastein, Zell am See, Innsbruck, unserem Meraner Winterquartier zusteuerten. Wir kennen die entzückenden Reize dieses Landschaftsgebietes und waren deshalb weniger betrübt als unsere Mitreisenden, die zum ersten Mal diese Tour machten und natürlich lieber Sonnenschein angetroffen hätten. Klagen darf man aber auf einer Vergnügungsreise überhaupt nicht, auch wenn der Genuß einmal etwas beeinträchtigt wird. Man sollte stets daran denken, daß die meisten Mitmenschen darauf verzichten müssen.

Hier dauerte es nur Stunden, bis ich wieder eingewöhnt war. Allerdings sind es jetzt schon 4 Jahre gewesen, die ich mit Unterbrechung monatelang hier verlebt habe. Da entsteht schon eine Art Heimatgefühl. So klingt es wahrscheinlich nicht übertrieben wenn ich sage, daß wir von den altbekannten Menschen des Hotels mit seiner Umgebung mit offenen Armen empfangen worden sind. Von unserem Fenster aus blicken [...] in der wunderbaren Natur, in Obstplantagen, die von nie versiegbarer Fruchtbarkeit zu sein scheinen. Im Laufe der Zeit ist aber auch ein Kreis von Menschen hier entstanden der, aus gleichen Motiven wie wir, hier Aufenthalt genommen hat. Darunter gibt es genug, mit denen man freundnachbarlich verkehren kann, die geistige Anregung bieten und die auch gegebenen Falles nicht nur Freud, sondern auch Leid mit einem teilen. So vergeht die Zeit, auch wenn es hier still geworden ist, wenn die Saisongäste längst wieder in alle Teile der Welt zerstreut sind und wenn der Winter seinen Einzug hält, der vorübergehend auch kalt sein kann, der aber nur selten Schnee bringt. Da muß man schon hinauf fahren auf die Berge und das tue ich manchmal, wenn blauer Himmel lacht, um die großartige winterliche Natur des Hochgebirges in erhabender Einsamkeit zu genießen. Und wenn ich Sehnsucht nach der geräuschvollen Welt bekomme, was selten der Fall ist, dann setze ich mich auf die Bahn und fahre zu Tochter und Schwiegersohn und zur Enkelin nach Amsterdam, wo ich mit offenen Armen empfangen werde. Diese Ausflüge macht meine Frau nicht mit. Sie liebt die Gleichmäßigkeit des Meraner Lebens und findet volle Befriedigung in unserem Bekanntenkreis (?) [...] allerhand Plänen, was ja auch ganz unterhaltend ist auch wenn sie (?) nicht zur Ausführung kommen können. Jedenfalls hat man [...] und deshalb möchte ich Dir sehr empfehlen, den Gedanken, allein oder mit Deinem Mann wieder einmal eine schöne Reise zu machen, trotz der zweifellos bestehenden, schwierigeren Verhältnisse, ja nicht aufzugeben. Hier könnte Dein Mann sogar zurückkehren zu seiner alten rituellen Liebe, dieses Problem ist hier glänzend gelöst, wovon ich mich erst gestern überzeugen konnte, als ich der Laubhütte des hiesigen jüdischen Hotels einen Besuch abstattete. Sie gewährt etwa 70 Personen gleichzeitigen Aufenthalt während (?) der Mahlzeit und bietet, mit ihren herrlichen Trauben und Obstsorten aller Art besäten Wänden, einen eigenartigen, entzückenden Reiz. Die Frequenz ist aber auch so stark, daß in 2 Schichten gespeist werden muß. Auch sonst hat sich hier ein lebhaftes jüdisches Leben entwickelt. [...] Erinnerungen an meine Berliner Tätigkeit und auf Wunsch der großen Anzahl von deutschen Emigranten manches Interesse entgegen [...] kann ich doch einzelnen, die das grausame Schicksal aus der Bahn geworfen (?) hat ein wenig erleichtern und auf diese Weise dazu beitragen [...]

[...] Broadway 22nd Floor erreicht. Herr Stein braucht sich nur auf mich zu beziehen. Auch mein New Yorker Freund, der Bankier Ludwig Bendix, steht sicher gerne zur Verfügung. Dessen Adresse findet Herr Stein entweder im Telefonbuch oder durch Herrn Nathan. Wenn Herr Stein über Amsterdam fahren sollte, dann soll er meinen Schwiegersohn besuchen, Moritz Schloss, Emma Straat 32. Dieser ist sehr bekannt in New York. Viele herzliche Grüße auch von Lucie für Dich und Deinen Mann

Dein Wilhelm«

Bei dem erwähnten Max Stein handelt es sich um den Neffen von Meier Grünbaum. Max Stein beabsichtigte, mit seiner Familie in die USA auszuwandern, da sein Unternehmen in Eschwege durch die nationalsozialistischen Boykottmaßnahmen ruiniert war.

Was Elises Bruder als bestehende schwierige Verhältnisse bezeichnete, waren die scharfen Passbestimmungen für die deutschen Juden. Die ersten Beschränkungen für Reisepässe gab es bereits im April 1933. Ab Mai 1936 wurden die Anträge auf Auslandsreisepässe nach besonders strengen Maßstäben geprüft. Nur Auswanderer oder Geschäftsreisende, deren Reisen den deutschen wirtschaftlichen Interessen dienten, erhielten noch einen Auslandsreisepass.[8]

Wie also sollten Meier und Elise Grünbaum es bewerkstelligen, Pässe zu bekommen, um nach Meran zu reisen und zu erleben, was Bruder Wilhelm beschreibt:

»Hier könnte Dein Mann sogar zurückkehren zu seiner alten rituellen Liebe, dieses Problem ist hier glänzend gelöst [...]«

Den Grünbaums in Wiesbaden muss dies wie ein Märchen geklungen haben, das sie umso härter in die Realität ihres Alltags zurückwarf, der immer stärker durch Repressalien und Schikanen geprägt war.

Von Meier Grünbaum ist bekannt, dass er ein frommes Mitglied der liberalen jüdischen Gemeinde war. In der großen Synagoge am Michelsberg soll er häufig Gespräche mit dem Rabbiner Dr. Paul Lazarus geführt haben.

Im Frühjahr 1938, Meier Grünbaum war siebenundsiebzig, seine Frau Elise achtundsiebzig Jahre alt, begannen sie, unterstützt von Verwandten, eine Bleibe in einem Altersheim zu suchen. Am 08.07.1938 erhielten sie eine Absage vom Israelitischen Mädchen- und Altersheim Rheydt, da alle Plätze besetzt waren. Ein Jahr später, am 05.07.1939 schrieb das Jüdische Altersheim der »Ariowitsch-Stiftung« in Leipzig: »Unser Haus ist gegenwärtig voll besetzt.«

Der in Frankfurt lebende Robert Strauß, hatte sich im Juli 1939 bei der Frankfurter Jüdischen Wohlfahrtspflege, die für

22 Wiesbaden, Synagoge am Michelsberg

Wiesbaden zuständig war, um Heimplätze für die Grünbaums bemüht. Vergeblich! Er schreibt:

»Die sonst im Leben angenehme Tatsache, Geld zu haben, ist in diesem Falle direkt hinderlich, denn es werden die sogenannten Notfälle, in denen alte Leute gar nichts mehr haben & nicht wissen wohin, bei Unterbringungsmöglichkeiten bevorzugt.«

Abschließend schreibt er an seine Verwandten Vorchheimer in Würzburg:

»Persönlich darf ich Euch noch sagen, daß die mir beigefügten Zeilen Eurer Tante ganz ausnehmend schön sind und von einer sehr gesunden Vernunft und richtiger Auffassung des Lebens zeugen.«

Ähnliche Bemerkungen tauchen auch in anderen Briefen der Verwandten auf. Die gebildete, vielseitig interessierte Elise Grünbaum muss eine begnadete Briefschreiberin gewesen sein. Umso bedauerlicher ist es, dass von ihr nur offizielle Schreiben an verschiedene Dienststellen vorhanden sind. In dem großen Nachlass ihres Bruders Wilhelm befindet sich leider kein einziger ihrer persönlichen Briefe.

Zurück in das Jahr 1938. Ende April 1938 wurde die Anmeldung jüdischen Vermögens verordnet: jeder Jude hatte sein gesamtes in- und ausländisches Vermögen anzumelden und zu bewerten, ausgenommen waren Gegenstände des persönlichen Gebrauchs und Hausrat, der kein Luxusgegenstand war.[9]

Das Reichsministerium des Innern veröffentlichte am 23.07.1938 die Bekanntmachung zur Einführung des Kennkartenzwangs (RGBl. I S. 921 ff.). Danach hatten Juden, die deutsche Staatsangehörige sind und das 15. Lebensjahr erreicht haben, bis zum 31.12.1938 die Ausstellung einer Kennkarte zu beantragen. Diese Kennkarte hatten sie stets bei sich zu tragen, und sich auf amtliches Verlangen durch eine solche auszuweisen. Bei allen mündlichen Anträgen an Behörden hatten sie die Kennkarte unaufgefordert vorzulegen, bei schriftlichen Anträgen auf ihre Eigenschaft als Juden hinzuweisen und Kennwort und Kennnummer der Kennkarte anzugeben.[10]

Die Einführung der Kennkarte im Jahre 1938 steht in einem direkten Zusammenhang mit der zu dieser Zeit einsetzenden neuen Phase der Diskriminierung und Verfolgung der deutschen Juden. Auch Juden, die in »privilegierter Mischehe« lebten, mussten eine Kennkarte beantragen.

Nichtjuden waren nicht verpflichtet eine Kennkarte zu beantragen. Davon ausgenommen war der Kennkartenzwang für Männer ab 18 Jahren, zur Musterung für den Militärdienst bzw. der Verbesserung der Wehrüberwachung im Rahmen der Kriegsvorbereitungen, und deutsche Staatsangehörige über 15 Jahre, bei Antragstellung für Ausweise für den »Kleinen Grenzverkehr«.

Vorbereitet durch die Registrierung jüdischen Vermögens, wurden vorbeugende Maßnahmen gegen die Umgehung der Devisenbestimmungen (Devisenbewirtschaftung) ergriffen. Dies geschah in Form einer »Sicherungsanordnung« über jüdisches Vermögen.

In einem vertraulichen Erlass vom Mai 1938 zum Thema »Sicherungsanordnung« hieß es:

»Die Entwicklung der Judengesetzgebung hat zur Folge, daß die Juden in verstärktem Umfang bestrebt sind, aus Deutschland auszuwandern. Da ihnen auf Grund der Devisenbestimmungen für den Transfer ihres Vermögens nur beschränkte Möglichkeiten offenstehen, versuchen sie – wie die Erfahrung gezeigt hat – auf ungesetzlichem Wege Vermögensteile ins Ausland zu verbringen oder schon im Ausland befindliche Werte, insbesondere Exportforderungen, der Devisenbewirtschaftung zu entziehen. Es sind dies Tatsachen im Sinne des § 37a DevG [Devisengesetz], die es bei den gegenwärtigen Zeitverhältnissen regelmäßig erforderlich machen, in allen Fällen rechtzeitig Sicherungsanordnung zu treffen, in denen bekannt wird, oder die Umstände darauf schließen lassen, daß Juden auszuwandern beabsichtigen.«

Ein Jahr später, im August 1939 schrieb das Reichswirtschaftsministerium die Einzahlung der baren Geldmittel auf sogenannte »beschränkt verfügbare Sicherungskonten« für alle Juden verbindlich vor.[11]

Im Hessischen Staatsarchiv Wiesbaden fand ich die »Devisenakte HHStAW, Abt. 519/3 Nr. 2033« von Meier und Elise Grünbaum, die Aufschluss gibt über das Verfahren einer »Sicherungsanordnung«.

Eingeleitet wurde das Verfahren durch ein Schreiben der Zollfahndungszweigstelle Mainz, Bingerstraße 2, an den Herrn Oberfinanzpräsidenten Kassel – Devisenstelle Frankfurt am Main am 31. August 1938, das eine Aufstellung von Wertpapieren und Sparguthaben enthält. Um eine Verletzung der Devisenbestimmungen zu verhindern, wurden die in eigener Verwahrung befindlichen Wertpapiere am 30. August 1938 in ein offenes Depot umgelegt und eine vorläufige

Sicherungsanordnung über dieses Depot bei der Nassauischen Landesbank getroffen. Es folgt der Vorschlag, auch eine Sicherunganordnung über Sparguthaben zu treffen.

»Betr. Sicherungsanordnung gemäß § 37a DevGes. gegen den Juden Meier Grünbaum, Wiesbaden, Bismarckring 27

Dokument Zollfahndungszweigstelle«

Per Einschreiben gegen Rückschein erhielt Meier Grünbaum folgendes Schreiben vom 07.09.1938:

»Der Oberfinanzpräsident Kassel (Devisenstelle) Zweigstelle Frankfurt am Main, Gesch. Nr. S XVII-E 3023/38

Verfügung 1. Sicherungsanordnung gemäß § 37a des Devisengesetzes

Dem Meier Grünbaum, Wiesbaden, Bismarckring 27 wird auf Grund des § 37a des Devisengesetzes untersagt, ohne Genehmigung der Devisenstelle, Frankfurt am Main, Abteilung S, zu verfügen: über seine Konten und Depots bei der Nassauischen Landesbank, Wiesbaden und der Wiesbadener Bank, Wiesbaden. Die Erträgnisse aus den sichergestellten Vermögenswerten werden freigestellt.

Gründe: Es ist zu befürchten, daß die sichergestellten Vermögenswerte unter Umgehung der bestehenden Vorschriften der Devisenbewirtschaftung entzogen werden.

Gegen diese Anordnung ist das Rechtsmittel der Beschwerde an den Herrn Reichswirtschaftsminister zulässig. Die Beschwerde ist bei der Devisenstelle Frankfurt am Main, Abteilung S, einzureichen. Durch die Beschwerde werden die Auswirkungen der Anordnung und ihre Vollziehung nicht gehemmt. Zuwiderhandlungen gegen diese Sicherungsanordnung sind gemäß § 42 Abs. l Ziffer 8 des Devisengesetzes strafbar.

2. Betr: Sofort! [Unterschrift nicht leserlich].

Formblatt 1026«

Rückseite: »Wertpapiertauschgeschäfte sind ohne Genehmigung zulässig; Wertpapierverkäufe jedoch nur mit der Maßgabe, dass der Verkaufserlös auf ein durch diese Sicherungsanordnung gesperrtes Konto gelegt wird.«

Am 16.09.1938 bestätigt die Nassauische Landesbank Nassauische Sparkasse der Devisenstelle Frankfurt am Main, Bethmannstraße 19:

»Betr.: Sicherungsanordnung gemäß § 37a Dev. Ges. gegen Meier Grünbaum, Wiesbaden, Bismarckring 27

Unter Bezugnahme auf unser Schreiben vom 18.8. ds. Jrs. – Sekr. Sp/K- teilen wir Ihnen mit, daß wir für Herrn Grünbaum zurzeit das offene Depot Nr. 99441 mit einem Gesamtwert von RM 18925 Stück 1 führen. Diese Vermögenswerte haben wir im Sinne Ihrer obigen Sicherungsanordnung gesperrt. Direktion der Nassauischen Landesbank«

Im Klartext heißt das, dass Meier und Elise Grünbaum, so wie alle Juden, ihres gesparten Vermögens beraubt wurden. Es stand ihnen lediglich ein von der Behörde festgesetzter monatlicher Betrag zur Verfügung und auch für diese Beantragung und Auszahlung waren sie vom Wohlwollen der Behördenmitarbeiter abhängig. Die Schlinge zog sich immer enger zusammen.

Zwischenzeitlich hatte Elise Grünbaum ihrem Bruder Wilhelm in Amsterdam mitgeteilt, dass die gemeinsame Schwägerin Ernestine Kleemann, Witwe des bereits 1925 verstorbenen Bruders Isaak Julius, am 29. Juni 1938 in Wiesbaden gestorben war. Wilhelm Kleemann beantwortete den Brief seiner Schwester am 26. Juli 1938. Ein großer Teil des Textes ist durch Wasserflecke zerstört. Leserlich ist:

»Liebe Elise! Die Mitteilung von Ernestines Ableben ist mir gleichzeitig auch von Herrn Dr. Hirsch, dort, zugegangen. Meine Beziehungen zu der Verstorbenen haben sich schon seit Jahren auf die gegenseitige kurze Beglückwünschung zu den Geburtstagen beschränkt, sodaß meine Trauer keineswegs überwältigend gewesen ist. Ihr stark schwankendes Charakterbild war vorher schon recht verblaßt und ihre letztwillige Verfügung überrascht mich auch nicht weil ich mir im Zweifel war, daß sie der Familie ihres Mannes keinen Pfennig hinterlassen würde. Ich weiß nicht ob wir eine Kopie [...] des Testaments kennen lernen. Bezahlen [...] man dies verlangen um nachprüfen zu können [...] daß noch etwas im Interesse von Sam verfügt werden könnte.

Einstweilen habe ich Ignaz ersucht, etwa vorhandene Andenken an unsere Familie für mich zu reservieren, was er befürwortend an Theodor weiterzugeben versprochen hat. Sonst müssen wir eben die unerfreulichen Akten über diese Frau schließen, der jedenfalls nicht nur ein selten angenehmes Leben, sondern auch ein glücklicher Tod beschieden war. Hoffentlich meint es das Schicksal auch mit uns einmal so gut, wenn die Stunde des Abschieds kommt. Auf dieses Thema will ich aber nicht weiter eingehen, da wir ja Gott sei

Dank noch alle gesund sind. Wie die Verhältnisse sich entwickelt haben [...]

Würde meine Frau nicht eine so große Abneigung gegen Seefahrten haben, dann würde ich am liebsten eine große lange Meeresfahrt machen und neue Länder kennen lernen. Dadurch, daß so Viele nach allen möglichen Ländern ausgewandert sind und die Anderen diesem Beispiel ja jetzt folgen müssen, finde ich überall Anschluß. Wenn es Dir nicht zu viel Mühe macht, dann wäre es mir sehr erwünscht, von Dir dasjenige über die Familienchronik zu erfahren was Du weißt und was Du aus Aufzeichnungen von unserem Vater besitzt. Einiges wenige hat mir früher einmal Sam schon mitgeteilt, sodaß ich eventuell feststellen kann, was noch ergänzt werden kann. Unser Neffe Albert hat sich an einem Unternehmen in Laibach (Jugoslawien) beteiligt, das Kreide und Ockerfarben bearbeitet, die dort auf gepachtetem Boden gewonnen werden. Hoffentlich wird es eine Existenz für ihn und für [...]

Auch von mir für Euch Beide beste Grüße

Deine Lucie«

Der in dem Brief erwähnte Dr. Hirsch war der Neffe, Ignaz und Theodor waren Halbbrüder von Ernestine Kleemann.[12]

Am 15. August 1938 dankte Wilhelm Kleemann seiner Schwester und berichtete aus Amsterdam:

»Liebe Elise! Dein letzter Brief ist besonders inhaltsreich gewesen und darf deshalb den Anspruch erheben, auch ebenso beantwortet zu werden. Der heutige Sonntag paßt mir gut dazu, obwohl er sich von den übrigen Tagen eigentlich garnicht unterscheidet. Man ist aber von Altersher ein

Gewohnheitstier geblieben und meint unwillkürlich, daß man an diesen Tagen eine Art Feiertagsstimmung hätte. Auf der Straße, auf die ich von unserem Wohnzimmer aus herunterblicke, drückt sich der Unterschied zwischen dem Alltag und dem Sonntag allerdings stark aus. Während in der Woche eine ununterbrochene Kette von Radfahrern die Straße bevölkert und zahlreiche Autos im Renntempo der inneren Stadt zustreben, ist es am Sonntag mäuschenstill und leer wie auf dem Dorf. Nicht einmal die Kinder, die sonst ein starkes Kontingent auf dem Bürgersteig darstellen, tummeln sich heute. Wenn nicht ab und zu das Geräusch der Straßenbahn zu mir dringen würde, die gerade an unserer Ecke immer mit Gequietsche um die Kurve fährt, könnten wir uns in das stille Meran versetzt fühlen, das uns, infolge der neuen Entwicklung in Italien, wahrscheinlich nun auch verschlossen werden dürfte. So entsteht auch für uns immer wieder das Wanderungsproblem, wenngleich es für uns nicht diejenigen Schwierigkeiten bereitet wie den vielen armen Menschen, die dort vor dieser Frage stehen. Unter den obwaltenden Umständen begrüße ich es natürlich, daß Nürnberg [Familie Isaak Grünbaum] und Eschwege [Familie Max Stein] anscheinend die Möglichkeit haben, eine neue Heimat zu finden. Dann wird es allerdings still um Dich werden und ich begreife die elegische Stimmung, in welche Dich solche Gedanken versetzen. Wollen wir wenigstens hoffen, daß Ihr in den Räumen bleiben könnt, die fast Eure Welt bedeuten und daß Ihr von Krankheit und Siechtum bewahrt bleibt!

Weiter wünsche ich auch für uns persönlich nichts. Wir stehen für den Rest unseres Lebens auf demselben fatalistischen

Standpunkt wie Du und hoffen nur, daß es unseren Kindern nicht schlechter gehen möge als bisher. Sie kommen, so denken wir, in der übernächsten Woche wieder und werden im übrigen erst dann erfahren, daß ihre Tante Ernestine inzwischen das Zeitliche gesegnet hat. Groß wird weder Hertas Trauer sein, noch die ›Überraschung‹, daß sie nichts erbt. Deine Mitteilungen über den Inhalt des Testaments und über die Lebensweise von Ernestine runden das hübsche Bild über diese Frau gut ab. Allerdings werfen sie auch ein eigentümliches Licht auf unseren verstorbenen Bruder, denn seine Hörigkeit darf doch nicht voll und ganz als Entschuldigung gelten für die kleinliche, gehässige Begründung der Enterbung seiner Schwestern. Ich erinnere mich noch, wie Julius mir einmal in Berlin nahelegte, die Unterstützung von Babet, die bis dahin von uns beiden mit je 20 Mark per Monat erfolgte, nun allein zu übernehmen, weil sonst seinem häuslichen Frieden Gefahr drohe. Von jenem Zeitpunkt an, und der liegt ewig weit zurück, hat sich Julius nie mehr an irgendwelchen finanziellen Leistungen beteiligt, weder an solchen für unsere Eltern, noch an denen für Babet, Julie etc. Mir erschienen diese Zuwendungen niemals als Opfer, ich denke mit Genugtuung zurück an jene Zeiten, wo ich der Familie, die leider nicht einmal einen großen Genuß davon hatte, die geldlichen Sorgen des Alltags nehmen konnte. In dem aufregenden und aufreibenden Beruf in dem ich lebte, hatte ich keine Zeit, über diese selbstverständlichen Dinge viel nachzudenken und deshalb weiß ich auch heute nicht mehr, was wir zur Silbernen Hochzeit geschenkt haben. Mögen die lachenden Erben auch damit glücklich werden! Bei dem Mißtrauen, das da untereinander stets bestand, wird es wohl ohne Streitigkeiten doch nicht abgehen.

Die Photographien unserer Eltern brauchst Du mir nicht zu schicken. Wir haben sie schon und zwar in einer besseren Ausführung. Du begehst keine Pietätlosigkeit, wenn Du die beiden Exemplare, die man Dir jetzt großmütig angeboten hat, eines Tages den Flammen übergibst. Damit will ich dieses leidige Kapitel abschließen und zu den übrigen Themen Deines Briefes übergehen.

Da möchte ich zunächst meiner Freude Ausdruck geben, dass Du Else Dirnbach [Schwiegertochter der Schwester Babet] eingeladen hast und daß es ihrer Familie wirtschaftlich gut geht. Anscheinend war es ein Glück für Hermann, daß er zu den allerersten Abbau-Opfern gehörte und daß er infolgedessen schon frühzeitig gezwungen war, eine neue Existenz zu suchen. Damals war alles noch lange nicht so übersetzt wie heute. Irgendwelche Ersparnisse werden wohl aber noch nicht möglich gewesen sein, denn sonst hätte ja Albert das benötigte Kapital für seine Laibacher Beteiligung nicht von mir erbeten, sondern von seinem Bruder. Deine Bemerkung, daß *ich* zu Hermann die Beziehung abgebrochen hätte, muß auf bewusst falscher Information beruhen. Das Gegenteil ist richtig und die große Undankbarkeit Hermanns hat mich anfangs sehr geschmerzt. Heute bin ich darüber, wie über vieles Andere, hinweg und es kann garkeine Rede davon sein, dass ich in diesem Falle […]« Anschlussblatt fehlt leider.

Aus den Zeilen von Wilhelm Kleemann ist zu schließen, dass die Geschwister sich enttäuscht von ihrem Bruder Julius und dessen Frau abgewandt hatten. Nur Elise Grünbaum scheint den Kontakt aufrechterhalten zu haben, da sie in Wiesbaden nicht weit entfernt von Julius und Ernestine wohnte.

Isaak Kleemann – so der Eintrag im Geburtenbuch – wurde am 18.03.1856 in Schonungen/Unterfranken als erstes Kind von Michael Löb und Amalie Kleemann geboren.

Im Jahre 1873 ermöglichten die Eltern dem jungen, intelligenten Kaufmannsgehilfen die Auswanderung nach Amerika. Isaak war ehrgeizig und sah, wie viele andere seiner Generation, in Deutschland keine Chance für ein berufliches Fortkommen. Neben der elterlichen Einwilligung war eine Vielzahl von Formalitäten zu erledigen und der Nachweis zu erbringen, dass der Auswanderer über genügend finanzielle Mittel für die Reise verfügte. Isidor Lederer, ein tüchtiger jüdischer Leder- und Papierhändler, hatte in Forchheim ein Auswanderungsbüro eröffnet, in dem man die Überfahrt mit Dampf-, Post- und Segelschiffen von Hamburg oder Bremen nach allen amerikanischen Seehäfen buchen konnte.[13]

Wann genau der siebzehnjährige »Handlungskommis« Isaak Kleemann Deutschland verließ, aus welchem Hafen er abreiste und in welchem amerikanischen Hafen er an Land ging, ist nicht bekannt. Auch seine weitere Existenz war lange im Unklaren geblieben, da der Name Isaak in den gefundenen Briefen nicht erscheint, wohl aber der Bruder Julius, dessen Name wiederum nicht im Geburtenregister verzeichnet ist.

Nach endloser Suche fand ich die Lösung in einem Familien-Almanach aus dem New Yorker Nachlass des Bruders Wilhelm Kleemann. Hier war das Geburtsdatum von Julius mit dem 18.03.1856 eingetragen. Es war identisch mit dem von Isaak.

Isaak war offensichtlich nach Deutschland zurückgekehrt und hatte einen deutschen Vornamen angenommen, was nicht selten geschah. Auch das Geburtsdatum seiner Frau

Ernestine stimmte mit meinen Nachforschungen überein. Die Wiesbadener Adresse Kaiser-Friedrich-Ring 47 fand ich auf einer Fotokarte, die Wilhelm Kleemann 1937 aus Marienbad an seine Schwägerin Ernestine geschrieben hatte.

Die Suche in Wiesbadener Archiven blieb erfolglos, da das Polizeipräsidium 1944 durch Bombardements völlig niederbrannte und alle Akten verloren waren. So muss leider offen bleiben, wann und woher Julius Kleemann nach Wiesbaden kam und wann er Ernestine Hirsch heiratete.

Auskünfte über seinen Beruf gaben die Adressbücher der Stadt Wiesbaden im Hessischen Hauptstaatsarchiv. Hier ist Julius Kleemann von 1884–1890 eingetragen als Mitarbeiter der Weinhandlung Heinrich Hirsch & Co, Karlstraße 17.

Wahrscheinlich um 1890 heiratete Julius Kleemann Heinrich Hirschs Schwester Ernestine.

1890/91 war er Teilhaber der Weinhandlung Hirsch & Kleemann, Karlstraße 17, Privatadresse Jahnstraße 1. Heinrich Hirsch wohnte im selben Haus.

Auf den geschäftlichen Erfolg der Firma lassen die Einträge von 1897–1903 schließen: »Julius Kleemann, Weinhändler, Großh. Sächsischer Hoflieferant, Teilhaber der Fa. Hirsch & Kleemann, Privatwohnung Adolfsallee 49« (ab 1900).

Von 1904–1909 ist er dann als Privatier, Kaiser-Friedrich-Ring 47, verzeichnet.

Dass er weiter Mitinhaber des Geschäfts war, bestätigt die Eintragung von 1910: »Hirsch & Kleemann, Weingroßhandlung, Großh. Sächs. Hoflieferant, Inh. Heinrich Hirsch, Bahnhofstr. 6 und Julius Kleemann, Privatier, Kaiser-Friedrich-Ring 47«.

Bis zu Julius Kleemanns Tod im Jahr 1925 bleibt die Eintragung gleichlautend.

Von 1926–1938 ist dann »Kleemann Ernestine, Wwe., Rentnerin, Kaiser-Friedrich-Ring 47« verzeichnet.

Julius Kleemann wurde in Wiesbaden auf dem Friedhof der neuen jüdischen Gemeinde an der Platterstraße begraben. Sein Urnengrab hat die Nr. v/E/l 3–4, der Grabstein ist verschwunden.[14] Das Grab von Heinrich Hirsch, der am 12.10.1937 starb, existiert dort noch.

Ernestine Kleemann geb. Hirsch wurde am 30.06.1860 in Frankenwinheim/Unterfranken geboren.

Ihr Vater Mayer Hirsch, am 14.01.1824 ebendort geboren, war Eisen- und Produktenhändler (Getreidehändler).[15]

Seine erste Frau, Hanne Süß von Aschbach, 1828 in Neuses am Sand geboren, hatte er am 02.11.1853 in Schweinfurt geheiratet.[16] Das Paar lebte in Frankenwinheim, wo Hanne Hirsch sieben Kinder zur Welt brachte.

Das vierte Kind war Heinrich Hirsch, geb. am 14.07.1858. Er wurde später Weinhändler in Wiesbaden und heiratete die am 27.08.1865 in Frankfurt geborene Amalie Luise Ballin, mit der er vier Kinder hatte.[17]

Nach Heinrich wurde Ernestine (Esther) Hirsch geboren, sie heiratete später Julius Kleemann.

Als die Mutter am 12.06.1865, sechs Wochen nach der Geburt ihres siebten Kindes, im Alter von 37 Jahren starb, war Ernestine fünf, ihr Bruder Heinrich sieben Jahre alt.

Kurz nach dem Tod seiner ersten Frau heiratete Mayer Hirsch die achtzehn Jahre jüngere Bertha Ganzmann, geb. am 02.07.1841 in Burgpreppach.[18]

Mit Bertha hatte Mayer Hirsch acht weitere Kinder, von denen hier nur die Tochter Helene Hirsch, geb. am 16.08.1877, erwähnt werden soll. Sie heiratete 1898 Isaak Grünbaum, den Bruder von Meier Grünbaum.

Mayer Hirsch starb am 19.03.1893 in Schweinfurt, seine Frau Bertha starb am 09.04.1905 in Rastatt.[19]

Ernestine Kleemann, seit 1925 verwitwet, überlebte ihren Mann Julius um dreizehn Jahre. Wie aus den Briefen vom 26.07. und 15.08.1938 hervorgeht, die Wilhelm Kleemann seiner Schwester Elise nach Wiesbaden schrieb, war das Verhältnis zu seiner Schwägerin Ernestine sehr distanziert und beschränkte sich auf kurze Grüße.

Am 29.06.1938, einen Tag vor ihrem achtundsiebzigsten Geburtstag, starb Ernestine Kleemann in Wiesbaden. Ihr beträchtliches Vermögen, das in Aktien usw. angelegt war, und ihr Besitz von sehr wertvollem Schmuck sind in der Entschädigungsakte aufgelistet. In ihrem Testament bedachte sie nur ihre eigene Familie, die Familie ihres Mannes ging leer aus.

Im Entschädigungsverfahren begründen ihre Erben die Todesursache von Ernestine Kleemann so: »Unsere Tante erlag den Aufregungen über die gegen ihr Vermögen gerichteten nationalsozialistischen Maßnahmen.«[20]

Ernestine und Julius Kleemann waren kinderlos.

Ernestine Kleemanns Urnengrab auf dem Friedhof der neuen jüdischen Gemeinde an der Platterstraße in Wiesbaden steht nahe der Trauerhalle und ist stark beschädigt.

Eine Flut von antisemitischen Verordnungen, Erlassen und Gesetzen hatten die Lebensbedingungen jüdischer Menschen bereits stark beschränkt und das Fanal der Pogromnacht am 09./10. November 1938 kündigte eine Katastrophe ungeahnten Ausmaßes an.

Den Tod des deutschen Legationssekretärs Ernst Eduard vom Rath, der am 7. November 1938 in der Deutschen Botschaft in Paris von dem jungen polnischen Juden Herschel

Grynszpan angeschossen wurde und diesen Verletzungen zwei Tage später erlag, nahm die NS-Führung als willkommenen Anlass, das Attentat für eine massive antisemitische Kampagne zu nutzen.

Auf Anweisung des Deutschen Nachrichtenbüros wurde am 8. November in allen Zeitungen herausgestellt, dass das Attentat die schwersten Folgen für die Juden haben muss. Der *Völkische Beobachter* schrieb an diesem Tag:

»Es ist klar, daß das deutsche Volk aus dieser Tat seine Folgerungen ziehen wird.« Damit war gewalttätigen Aktionen Tür und Tor geöffnet.

Schon am 7. und 8. November erfolgten in verschiedenen Orten in Deutschland die ersten schweren Übergriffe gegen Juden durch Angehörige der SA und SS.

Am Abend des 9. November gab Reichspropagandaminister Goebbels die Nachricht vom Tod des Diplomaten vom Rath vor den versammelten Partei- und SA-Führern bekannt und lobte die angeblich »spontanen« judenfeindlichen Aktionen, was von den Anwesenden als Aufforderung zum organisierten Handeln verstanden werden sollte.

Kurz nach 22 Uhr wurden Gauleiter, untergeordnete Behörden und die Gestapo-Stellen im Reich durch Telegramme und Telefonate folgendermaßen informiert:

10.11.1938
Fernschreiben von Reinhard Heydrich zur Reichspogromnacht (»Reichskristallnacht«)

F e r n s c h r e i b e n

Blitz München 47 767 10.11.38 0120 – Chu –.

An alle Stapoleit- und Stapostellen, an alle SD.OA. und alle UA.

Blitz, dringend, sofort vorlegen! –

Dringend sofort dem Leiter oder seinem Stellvertreter vorlegen.

Betrifft: Maßnahmen gegen Juden in der heutigen Nacht.

Auf Grund des Attentats gegen den Leg. Sekr. v. Rath in Paris sind im Laufe der heutigen Nacht – 9./10.11.38 – im ganzen Reich Demonstrationen gegen die Juden zu erwarten.

Für die Behandlung dieser Vorgänge ergehen folgende Anordnungen

1.) Die Leiter der Staatspolizeistellen oder ihre Stellvertreter haben sofort nach Eingang dieses Fernschreibens mit den für ihren Bezirk zuständigen Politischen Leitungen – Gauleitung oder Kreisleitung – fernmündlich Verbindung aufzunehmen und eine Besprechung über die Durchführung der Demonstrationen zu vereinbaren, zu der der zuständige Inspekteur oder Kommandeur der Ordnungspolizei zuzuziehen ist. In dieser Besprechung ist der Politischen Leitung mitzuteilen, daß die Deutsche Polizei vom Reichsführer der SS. und Chef der Polizei die folgenden Weisungen erhalten hat, denen die Maßnahmen der Politischen Leitungen zweckmäßig anzupassen wären:
   a) Es dürfen nur solche Maßnahmen getroffen werden, die keine Gefährdung deutschen Lebens oder Eigentums mit sich bringen (zB. Synagogenbrände nur, wenn keine Brandgefahr für die Umgebung ist).

b) Geschäfte und Wohnungen von Juden dürfen nur zerstört, nicht geplündert werden. Die Polizei ist angewiesen, die Durchführung dieser Anordnung zu überwachen und Plünderer festzunehmen.
c) In Geschäftstraßen ist besonders darauf zu achten, daß nicht jüdische Geschäfte unbedingt gegen Schäden gesichert werden.
d) Ausländische Staatsangehörige dürfen – auch wenn sie Juden sind – nicht belästigt werden.

2.) Unter der Voraussetzung, daß die unter 1) angegebenen Richtlinien eingehalten werden, sind die stattfindenden Demonstrationen von der Polizei nicht zu verhindern, sondern nur auf die Einhaltung der Richtlinien zu überwachen.

3.) Sofort nach Eingang dieses Fernschreibens ist in allen Synagogen und Geschäftsräumen der jüdischen Kultusgemeinden das vorhandene Archivmaterial polizeilich zu beschlagnahmen, damit es nicht im Zuge der Demonstrationen zerstört wird. Es kommt dabei auf das historisch wertvollere Material an, nicht auf neuere Steuerlisten usw. Das Archivmaterial ist an die zuständigen SD-Dienststellen abzugeben.

4.) Die Leitung der sicherheitspolizeilichen Maßnahmen hinsichtlich der Demonstrationen gegen Juden liegt bei den Staatspolizeistellen, soweit nicht die Inspekteure der Sicherheitspolizei Weisungen erteilen. Zur Durchführung der sicherheitpolizeilichen Maßnahmen können Beamte der Kriminalpolizei sowie Angehörige des SD., der Verfügungstruppe und der allgemeinen SS. zugezogen werden.

5.) Sobald der Ablauf der Ereignisse dieser Nacht die Verwendung der eingesetzten Beamten hierfür zuläßt, sind in allen Bezirken so viele Juden – insbesondere wohlhabende – festzunehmen, als in den vorhandenen Hafträumen untergebracht werden können. Es sind zunächst nur gesunde, männliche Juden nicht zu hohen Alters festzunehmen. Nach Durchführung der Festnahme ist unverzüglich mit den zuständigen Konzentrationslagern wegen schnellster Unterbringung der Juden in den Lagern Verbindung aufzunehmen. Es ist besonders darauf zu achten, daß die auf Grund dieser Weisung festgenommenen Juden nicht mißhandelt werden.

6.) Der Inhalt dieses Befehls ist an die zuständigen Inspekteure und Kommandeure der Ordnungspolizei und an die SD-Ober- und Unterabschnitte weiterzugeben mit dem Zusatz, daß der Reichsführer SS. und Chef der Deutschen Polizei diese polizeilichen Maßnahmen angeordnet hat. Der Chef der Ordnungspolizei hat für die Ordnungspolizei einschließlich der Feuerlöschpolizei entspr. Weisungen erteilt. In der Durchführung der angeordneten Maßnahmen ist engstes Einvernehmen zwischen der Sicherheitspolizei und der Ordnungspolizei zu wahren.

Der Empfang dieses Fernschreibens ist von den Stapoleitern oder seinen Vertretern durch FS. an das Geheime Staatspolizeiamt – z.Hd. SS- Standartenführer Müller – zu bestätigen.

gez. Heydrich SS-Gruppenführer[21]

Die Pogrome hatten gegen 23 Uhr begonnen. Die örtlichen Propaganda-Ämter der NSDAP leiteten die Zerstörungen, die SA-Ortsgruppen führten die Befehle aus. Viele der SA-Männer trugen Zivilkleidung, um wie normale Bürger zu wirken und die übrige Bevölkerung zum »Volkszorn« wegen des Attentats in Paris aufzuhetzen. Mit Brechstangen, großen Hämmern, Äxten und Messern ausgestattet, vollbrachten sie ihr Zerstörungswerk.

Polizei und SS sollten die Ausschreitungen auch für die längst geplante Internierung wohlhabender Juden nutzen.

Dazu wurde kurz vor Mitternacht ein Blitzfernschreiben von Gestapochef Heinrich Müller an alle Leitstellen der Staatspolizei versandt: »Die Festnahme von etwa zwanzig- bis dreißigtausend Juden im Reiche ist vorzubereiten. Auszuwählen sind vor allem vermögende Juden.«[22]

Ein Blitztelegramm von Heinrich Himmler, weitergeleitet von Reinhard Heydrich, erreichte die untergebenen Dienststellen gegen 01:30 Uhr. Darin wird bekräftigt, dass Plünderungen verboten seien. Weiter heißt es: »Sobald der Ablauf der Ereignisse dieser Nacht die Verwendung der eingesetzten Beamten hierfür zuläßt, sind in allen Bezirken so viele Juden – besonders wohlhabende – festzunehmen, als in den vorhandenen Hafträumen untergebracht werden können.«[23]

Es war zwar verboten worden, jüdische Wohnungen zu zerstören (wie es an anderer Stelle hieß[24]), doch die rasenden Nazihorden hielten sich keineswegs an dieses Verbot. Bei der Verhaftung jüdischer Männer wüteten sie auch dort.

Die Festgenommenen wurden verprügelt, getreten und unter dem Gejohle der aufgebrachten Menge durch die Straßen gejagt. Aus den Gefängnissen wurden sie am nächsten

Morgen weitertransportiert in die Konzentrationslager Dachau, Buchenwald und Sachsenhausen, die bis Oktober 1938 stark ausgebaut worden waren.

Während der sogenannten »Schutzhaft« starben viele Männer an den Folgen von Misshandlungen und Folter. Die Mehrzahl der Häftlinge wurde jedoch nach einigen Wochen bzw. Monaten wieder entlassen, physisch und psychisch gebrochen.

Zweck dieser furchtbaren Aktion war, die wohlhabenden jüdischen Familien zur Auswanderung zu veranlassen und dadurch eine immens hohe »Reichsfluchtsteuer« zu kassieren. Die Auswanderer durften 1938 nur noch einen geringen Teil ihres Vermögens ausführen, der Rest wurde beschlagnahmt und nach dem Entzug der deutschen Staatsbürgerschaft enteignet. Dieser Raubzug brachte dem NS-Staat nahezu eine Milliarde Reichmark ein.

Am 12. November 1938 gab Hermann Göring eine Verordnung über eine Sühneleistung der Juden deutscher Staatsangehörigkeit heraus:

»Die feindliche Haltung des Judentums gegenüber dem deutschen Volk und Reich, die auch vor feigen Mordtaten nicht zurückschreckt, erfordert entschiedene Abwehr und harte Sühne.

Ich bestimme daher auf Grund der Verordnung zur Durchführung des Vierjahresplans vom 18. Oktober 1936 das Folgende:

§ 1

Den Juden deutscher Staatsangehörigkeit in ihrer Gesamtheit wird die Zahlung einer Kontribution von 1 000 000 000 Reichsmark an das Deutsche Reich auferlegt.«[25]

Auch am 12. November 1938 wurde damit begonnen, die noch existierenden jüdischen Geschäfte und Gewerbebetriebe zu schließen bzw. zu »arisieren«. Es war nichts anderes als eine Enteignung, denn bei der »Arisierung« kauften »Deutsche« die jüdischen Geschäfte und Unternehmen zu Spottpreisen, die jedoch nicht direkt ausgezahlt werden durften, sondern auf die Sicherungskonten überwiesen werden mussten.

Juden wurde der Besuch von Theatern, Kinos, Konzerten und Ausstellungen verboten, jüdische Kinder durften in deutschen Schulen nicht mehr unterrichtet werden.

Juden durften keine Uniform mehr tragen, sie durften bestimmte Bezirke nicht mehr betreten und sich zu bestimmten Zeiten nicht mehr in der Öffentlichkeit zeigen, Führerscheine und Zulassungspapiere für Kraftfahrzeuge wurden für ungültig erklärt und mussten abgeliefert werden, die Kraftfahrzeuge mussten zu niedrigsten Preisen an »Deutsche« verkauft werden.[26]

Dass kein Bereich außer Acht gelassen wurde, zeigt die »Erste Verordnung zur Durchführung und Ergänzung des Brieftaubengesetzes« vom 29. November 1938:

§ 8 Das Abrichten von Tauben aller Art für Zwecke der Nachrichtenübermittlung oder zu Preisflügen ist nur den privaten Brieftaubenhaltern gestattet, die Mitglieder des Reichsverbandes für Brieftaubenwesen e. V. sind.

In diesem Sinne wurde den Juden natürlich das Halten von Brieftauben verboten.

Bereits im August 1938 war per Reichsgesetzblatt verfügt worden, dass Juden ab dem 1. Januar 1939 »zusätzlich einen weiteren Vornamen annehmen, und zwar männliche Personen den Vornamen Israel, weibliche den Vornamen Sara.«

Diese Namen wurden in die Kennkarte eingetragen, die überdies mit einem gestempelten »J« gekennzeichnet wurde.

Gemäß Anordnung vom 21.02.1939 waren alle im Eigentum von Juden befindlichen Gegenstände aus Gold, Platin oder Silber sowie Perlen und Edelsteine an die vom Reich eingerichteten Ankaufsstellen abzuliefern.

Die städtischen Pfandleihanstalten wurden zu zentralen Ankaufs- und Sammelstellen des Reiches ernannt. Sie erstatteten nach einem vom Deutschen Reich festgesetzten Tarif nur 60 % des üblichen »Beleihungswertes der Pfandleihanstalten«, der weit unterhalb des wahren Wertes lag. Dabei wurde nur der reine Materialwert berücksichtigt. Neuere Untersuchungen sprechen davon, dass für Silber nur ein Zehntel des Marktpreises erstattet wurde. Außer dem Ehering, einer silbernen Armband- oder Taschenuhr und zwei vierteiligen Essbestecken aus Silber je Person mussten alle Wertgegenstände aus Edelmetall abgeliefert werden.[27]

Am 08.05.1939 lieferte Meier Grünbaum laut Aufstellung Folgendes ab:

Silbersachen:

1 Handtäschchen
1 Zuckerdose
1 Untergestell (Bruch)
1 Tablett
1 Teekanne
1 Kaffeekanne
1 Körbchen

---

7 Stck.

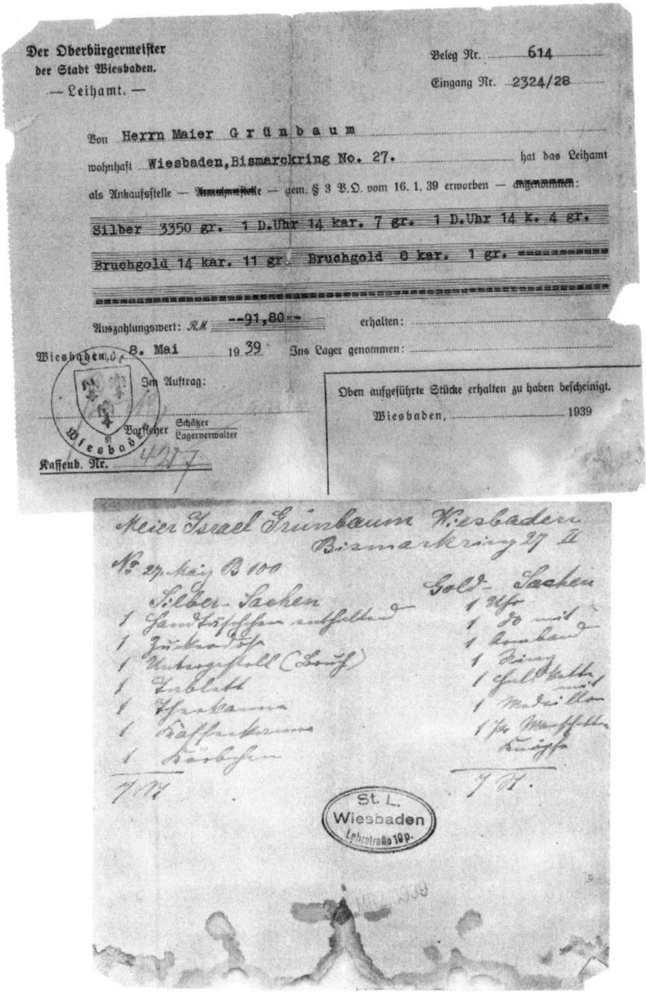

Der Oberbürgermeister
der Stadt Wiesbaden.
— Leihamt. —

Beleg Nr. 614
Eingang Nr. 2324/28

Von Herrn Maier Grünbaum
wohnhaft Wiesbaden, Bismarckring No. 27. hat das Leihamt
als Ankaufsstelle — gem. § 3 V.O. vom 16. 1. 39 erworben —:

Silber 3350 gr. 1 D.Uhr 14 kar. 7 gr. 1 D.Uhr 14 k. 4 gr.

Bruchgold 14 kar. 11 gr. Bruchgold 8 kar. 1 gr.

Auszahlungswert: RM --91,80-- erhalten:

Wiesbaden, d. 8. Mai 1939 Ins Lager genommen:

Im Auftrag:

Vorsteher Schätzer Lagerverwalter

Kassenb. Nr.

Oben aufgeführte Stücke erhalten zu haben bescheinigt.
Wiesbaden, 1939

Meier Israel Grünbaum Wiesbaden
Bismarckring 27 II

Silber-Sachen

Gold-Sachen

St. L.
Wiesbaden

23 Beleg vom 8. Mai 1939 über den Zwangsverkauf von Silber und Gold

Goldsachen:

1 Uhr
1 Damenuhr mit
1 Armband
1 Ring
1 Goldkette
1 Medaillon
1 Paar Manschettenknöpfe

---

7 Stck.

Dafür erhielt er vom Oberbürgermeister der Stadt Wiesbaden – Leihamt – am 8. Mai 1939 eine Quittung über RM 91,80.

Behalten durften Meier und Elise Grünbaum ihre Eheringe, als Weiteres durften sie je eine silberne Uhr besitzen.

Nichts sollte Juden bleiben, was sie noch hätten verkaufen können. Bestohlen, erniedrigt und im wahrsten Sinne des Wortes ausgehungert, mussten sie mit dem vorliebnehmen, was man ihnen zubilligte.

Jede benötigte Reichsmark musste genau belegt werden. Wie eng die Sicherungsanordnung über das Vermögen ausgelegt wurde, zeigt ein Schreiben aus der Devisenakte der Grünbaums.[28]

Am 29.03.1939 hatte Elise Grünbaum der Devisenstelle Frankfurt, wohl auf eine Anfrage, mitgeteilt:

»Das abgehobene Guthaben an der Sparkasse der Nassauischen Landesbank, hier Zweigstelle Bismarckring, betrug einschl. Zinsen RM 1136,–

davon verbrauchte ich für Finanzkasse		
Wiesbaden laut Quittungen	RM 805,85	
für Lebensmittel und Miete	300,–	1 105,85
	Rest RM 30,–	

Das Guthaben an der Sparkasse der Landesbank [...] ist nach Aussage des zuständigen Beamten schon am 16.09.38 entsperrt worden und ist noch vorhanden.

Bei unserem hohen Alter von 78 und 79 Jahren ist es uns leider unmöglich auszuwandern. Bei unseren bedenklichen Alterserscheinungen müssen wir über täglich greifbare Mittel verfügen können, da wir infolge Auswanderung von Verwandten ganz allein stehen und auch keiner Kranken- und Sterbekasse angehören. Hochachtungsvoll für Meier Israel Grünbaum

Ehefrau Elise Sara Grünbaum«

Erläuterung: Die bereits beschriebene Sicherungsanordnung über jüdisches Vermögen umfasste alle Depots und Konten, die von den Banken als Sperrkonten geführt werden mussten. Die Erträge aus den gesperrten Vermögen wurden im Falle von Meier Grünbaum freigestellt, waren aber nicht frei verfügbar. Eine Entsperrung dieser Guthaben musste bei der Devisenstelle beantragt werden. Erst wenn dem Antrag stattgegeben wurde, konnte die Bank auszahlen.

Im ersten Teil des Schreibens handelt es sich um die Belegung von Ausgaben.

Dem zweiten Teil ging vermutlich ein Antrag auf Auszahlung von Guthaben aus einem weiteren Sparbuch voraus, das bereits entsperrt war, aber noch nicht in Anspruch genommen war. Insgesamt sind in der Grünbaum'schen Sicherungsanordnung vier verschiedene Sparguthaben notiert.

Eine weitere gravierende Einschränkung ihrer persönlichen Freiheit traf die Juden am 30. April 1939 mit dem »Gesetz über Mietverhältnisse mit Juden«, das den Mieterschutz für Juden lockerte. Eine langfristig vereinbarte Mietdauer konnte auf die gesetzliche Kündigungsfrist reduziert werden. Die am 3. Dezember 1938 erschienene »Verordnung über den Einsatz jüdischen Vermögens« zwang jüdische Hauseigentümer, ihre Immobilien zu verkaufen.

Einige solcher Häuser wurden der Reichsvereinigung der Juden in Deutschland überlassen, die auch die Verwaltung dieser Gebäude übernahm. Jüdische Mieter konnten angewiesen werden, weitere Juden als Untermieter in ihrer Wohnung aufzunehmen. Dies geschah oft auch auf Anweisung der Gestapo.[29] Die ideologische Begründung für die Zusammenlegung jüdischer Familien lautete: »Es widerspricht nationalsozialistischem Rechtsempfinden, wenn deutsche Volksgenossen in einem Haus mit Juden zusammenleben müssen.«

Auch Meier und Elise Grünbaum mussten nun ihre Mansarde und ein Zimmer ihrer Wohnung vermieten. Die Nachweise fand ich in der bereits erwähnten Devisenakte der Grünbaums.

Am 24. Februar 1940 teilte Elise Grünbaum Herrn Albert Bauer per Einschreiben mit, dass die monatliche Miete für die Mansarde in Höhe von RM 3,– auf das beschränkt verfügbare Sicherungskonto beim Bankhaus Gebrüder Krier einzuzahlen sei, da Barzahlungen nicht zulässig seien und Zuwiderhandlung hohe Freiheitsstrafen nach sich ziehe. Ein gleiches

Schreiben ging an Frau Bertha Strauß. Die monatliche Miete für das untervermietete Zimmer betrug RM 26,–.

Am 25.06.1939 wandte sich Elise Grünbaum erneut an die Devisenstelle, Frankfurt am Main, Goethestraße 9, mit einem Gesuch:

»Da ich nach etwa erfolgter Genehmigung an unseren nach Antwerpen ausgewanderten, nun mittellosen Neffen mit Familie 4 Personen, aus meinem alten Bestand gebrauchte Wäsche senden möchte, bitte ich ergebenst um bald genehmigte Zusendung eines Formulars, damit ich solches mit den nötigen Erklärungen ausfüllen und zwecks Genehmigung wieder zurücksenden kann. Im Voraus verbindlichst dankend zeichnet

Hochachtend Frau Elise Sara Grünbaum.«

Meiers und Elises geliebter Neffe Max Stein hatte in der »Pogromnacht« in Eschwege Furchtbares erlebt. Während in seiner Wohnung alles kurz und klein geschlagen wurde, zerrte man ihn um zwei Uhr nachts im Nachthemd auf die Straße, jagte ihn unter Beschimpfungen hin und her und verprügelte ihn, bis er leblos liegenblieb. Nur durch einen glücklichen Zufall blieb er am Leben. Ende Januar 1939 floh er, ohne Ausreisepapiere, mit kleinem Gepäck, Hals über Kopf mit seiner Frau und zwei Kindern nach Antwerpen. Völlig mittellos war er auf jede noch so kleine Hilfe angewiesen. Die Genehmigungen für Geschenksendungen ins Ausland wurden von den Devisenstellen nur in ganz besonderen Ausnahmefällen erteilt. Elise Grünbaum hatte eine solche erhalten. Max Steins in New York lebende Schwiegertochter, Frau Anita Stein, fand in seinem Nachlass eine »Exportvaluta-Erklärung« vom 25. Juli 1939 und

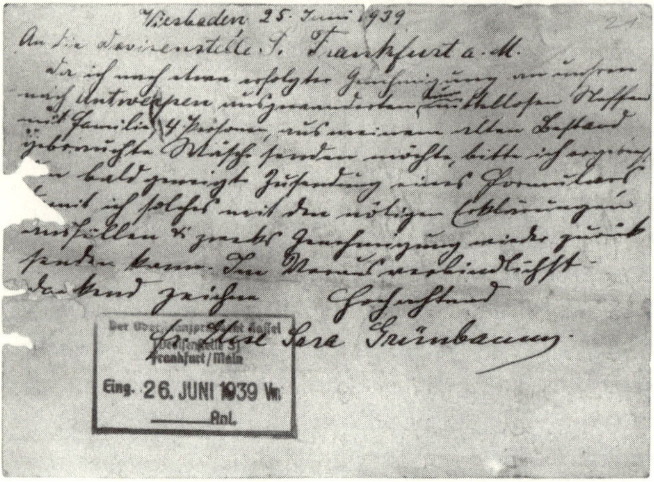

Wiesbaden 25. Juni 1939

An die Devisenstelle S. Frankfurt a. M.

Da ich nach einer erfolgten Genehmigung an unseren nach Antwerpen ausgewanderten mittellosen Neffen mit Familie 4 Personen, aus meinem alten Bestand gebrauchte Wäsche senden möchte, bitte ich ergebenst um baldgeneigte Zusendung eines Formulars damit ich solches mit den nötigen Erklärungen ausfüllen & zwecks Genehmigung wieder zurücksenden kann. Im Voraus verbindlichst dankend zeichnen

Hochachtend

Elise Sara Grünbaum

Der Ob[illegible] Kassel
Devisenstelle S
Frankfurt/Main
Eing. 26. JUNI 1939 Vm.
Anl.

24 Karte an die Devisenstelle Frankfurt, 25. Juni 1939

eine »Zollinhaltserklärung«, beide unterschrieben von Elise Sara Grünbaum. Danach hatte Elise einen Koffer mit folgendem Inhalt nach Antwerpen gesandt: »Gebrauchte Wäsche und Kleidungsstücke – Stückzahl 58«. Da er im Besitz der Erklärungen war, hat Max Stein den Koffer offenbar erhalten.

Mit dem Beginn des Zweiten Weltkriegs am 1. September 1939 verfügte die Reichsregierung die Rationierung von Lebensmitteln, Textilien und Schuhen. Es wurden Lebensmittelkarten und Bezugsscheine ausgegeben, die zum Kauf der beschränkten Waren berechtigten. Die Rationen für den jüdischen Bevölkerungsanteil waren von Beginn an niedriger bemessen. Um Hamsterkäufe zu unterbinden, erfolgten in den jüdischen Wohnungen willkürliche Durchsuchungen, bei denen die Bewohner von Gestapobeamten beleidigt, bespuckt, geschlagen und bestohlen wurden, wie Victor Klemperer in seinen Tagebüchern schrieb. Gefundene Waren wurden beschlagnahmt, der Besitzer in Schutzhaft genommen.

Ihre mit »J« gekennzeichneten Lebensmittelkarten durften Juden seit Mitte September 1939 nur noch in ihnen zugewiesenen Geschäften, die von »zuverlässigen arischen Kaufleuten« geführt wurden, einlösen. Die Adressen wurden schriftlich mitgeteilt.

Eine solche Mitteilung hat Elise Grünbaum aufbewahrt:

»Der Oberbürgermeister, Ernährungsamt und Wirtschaftsamt, Wiesbaden den 28. Mai 1940

Herrn Meier Israel Grünwald, Wiesbaden, Bismarckring 27

Zum Einkauf von Lebensmitteln und Waschmitteln für Sie und Ihre Haushaltsangehörigen sind für die Zeit ab 3. Juni 1940 folgende Geschäfte bestimmt worden:

Backwaren: Jean Kußmehl, Karl Ludwig Str. 1

Fleisch und Fleischwaren: Kluck, Nerostr. 4

Sonstige Lebensmittel und Waschmittel: Karl Berkers, Kaiser Friedrich Ring 15

Die Einkäufe von Backwaren dürfen nur in der Zeit von 7 bis 9 Uhr werktäglich (außer Samstag) und von Fleisch und Fleischwaren nur in der Zeit von 14.30 bis 16 Uhr werktäglich (außer Samstag) vorgenommen werden.

Nur in den vorgenannten Geschäften dürfen Sie die Bestellscheine abgeben (soweit die Lebensmittelkarten mit Bestellscheinen versehen sind) und Ihre Einkäufe erledigen.

Auch die Fleischwaren, die auf die Abschnitte der rechten Seite der Fleischkarte abgegeben werden, sind lediglich in dem für Fleisch- und Fleischwareneinkauf bestimmten Geschäft zu kaufen. Die Abschnitte der rechten Seite der Fleisch-

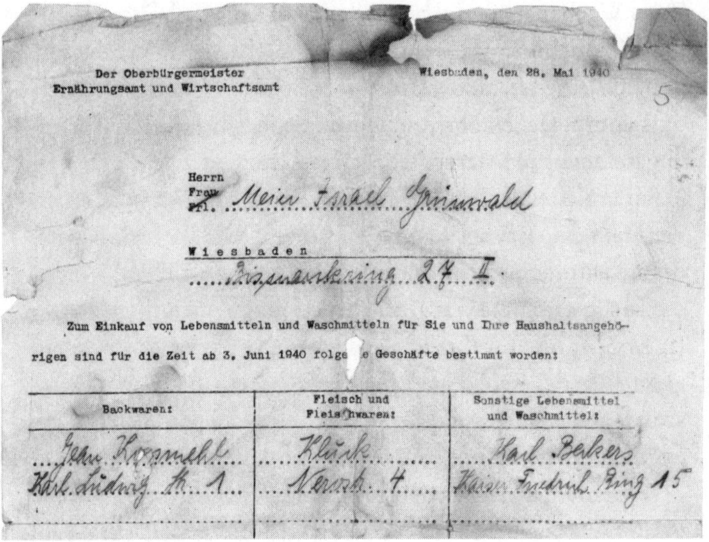

Der Oberbürgermeister
Ernährungsamt und Wirtschaftsamt

Wiesbaden, den 28. Mai 1940

5

Herrn
Frau
Frl. Meier Israel Grünwald

Wiesbaden
Bismarckring 27 II

Zum Einkauf von Lebensmitteln und Waschmitteln für Sie und Ihre Haushaltsangehörigen sind für die Zeit ab 3. Juni 1940 folgende Geschäfte bestimmt worden:

Backwaren:	Fleisch und Fleischwaren:	Sonstige Lebensmittel und Waschmittel:
Jean Kossmehl	Kluck	Karl Bekers
Karl-Ludwig-Str. 1	Nerostr. 4	Kaiser-Friedrich-Ring 15

25 Bekanntmachung zum Einkauf von Lebensmitteln u. Waschmitteln

karte dürfen daher von Ihnen nicht abgetrennt werden. Das Gesagte gilt sinngemäß für die übrigen Lebensmittelkarten, deren Abschnitte abtrennbar sind.

Der Bedarf an Gemüse ist auf dem Wochenmarkt zu decken. Der Einkauf der vorgenannten Waren in anderen als den vorgeschriebenen Geschäften ist untersagt. Zuwiderhandlungen sind strafbar.

im Auftrag [unleserlich]«

Vom Reichsministerium für Ernährung und Landwirtschaft wurden Mitte Dezember 1939 die Lebensmittelrationen für Juden gekürzt. Es gab weniger Fleisch und Butter, keinen Kakao und keinen Reis. Hühner, Fische und geräucherte Lebensmittel durften nicht mehr an sie verkauft werden.

Zwei Wochen später gab es dann auch kein Fleisch und kein Gemüse mehr für sie.

Nach einem Runderlass des Reichswirtschaftsministeriums vom 7. Dezember 1939 wurden Kleiderkarten, die Juden zugeteilt worden waren, sofort entzogen.

Sie erhielten keine Reichskleiderkarte mehr und grundsätzlich keine Bezugsscheine für Schuhe und Sohlenmaterial.

Im Oktober 1939 verfügte das Reichssicherheitshauptamt die Beschlagnahme von Rundfunkapparaten. Der Besitz von Radios wurde für Juden verboten. Die Apparate wurden zugunsten des Reiches eingezogen, ohne dass dafür eine Entschädigung geleistet wurde. Neue Geräte durften nicht mehr angeschafft werden.[30]

Wie lang wurden die Abende, wenn man nach 20 Uhr das Haus nicht mehr verlassen durfte, kein Kino, Theater, Konzert oder andere öffentliche Veranstaltungen mehr besuchen durfte, kein Treffen mit Verwandten oder Freunden möglich war, ein Spaziergang an Sommerabenden verboten war? Und dazu die Angst als ständigen Begleiter.

Der Kontakt zur Außenwelt beschränkte sich auf Briefe.

Elises Bruder Wilhelm Kleemann war mit seiner Frau Lucie, wenige Wochen vor dem Einmarsch deutscher Truppen in Holland, von Amsterdam nach New York emigriert, wo sie Ende Februar 1940 eintrafen und eine Suite im Hotel *The Croydon* bezogen.

Am 04.03.1940 schrieb er von dort:

»Liebe Elise! Wir sind zwar schon 10 Tage hier, befinden uns aber noch in einem Traumzustand und wissen kaum, wie die Zeit vergangen ist. Die Schilderung unserer Herreise wird Dir von Sam zugehen, dem ich sie via Holland geschickt habe. Vielleicht bist Du so freundlich, sie dann an unsere Tante, Frau Elise Lippmann, Charlottenburg 2, Clausewitzstr.7, weiterzuleiten.

Unsere Ankunft hier erfolgte gerade als der Sonnenball mit unglaublicher Glut aus dem Meer auftauchte. Wir standen staunend an der Reeling und werden den Eindruck, den die Einfahrt in den Hafen machte, nie vergessen.

Die Einwanderungsformalitäten wickelten sich in wenigen Minuten unter den freundlichsten Umständen ab und ich brauche Dir nicht die Freude zu schildern von der wir erfüllt waren, als wir von unserem Trio [der Tochter Herta Schloss mit Ehemann Moritz und Enkelin Ruth, die schon früher nach New York emigriert waren] in Empfang genommen wurden.

Nach der etwa 2 Stunden dauernden Kontrolle unserer 239 Gepäckstücke, die übrigens auch außerordentlich loyal war, fuhren wir wie in einem Triumphzug in unser Hotel, wo wir nach unseren Begriffen fürstlich aufgehoben sind. Die Hauptmahlzeit am Abend nehmen wir vorerst bei unseren Kindern ein, die etwa 10 Minuten entfernt ihr wunderschönes Heim haben.

Schon auf dem Schiff und mehr noch im Hotel, fanden wir Aufmerksamkeiten von Bekannten vor und bisher verging auch noch kein Tag, an dem sich nicht irgendeiner der alten Freunde meldete. Leider konnten wir noch nicht beginnen Besuche zu machen, aber auch das wird bald möglich sein. Deinen Freunden aus E. habe ich unsere Ankunft inzwischen schriftlich mitgeteilt.

Wenn ich etwas länger hier bin erzähl' ich Dir noch von meinen Eindrücken. Es ist fast alles anders hier als in Europa. Man wird viel Mühe haben sich einzugewöhnen.

Besonders schwer wird dies für die Jungen sein, die hier in

diesem harten Lande sich eine Existenz aufbauen müssen. Und jedes ankommende Schiff bringt einige hundert Menschen, die vor dieser Frage stehen. Unsere Enkelin, die groß und selbstständig geworden ist, dient mir glänzend als Führer und Dolmetscher.

Herzlichste Grüße von uns Beiden für Dich und Meier
Dein Wilhelm«

Wilhelm Kleemann schrieb wohl mit der gleichen Mitteilungsfreude, für die auch seine Schwester Elise im Verwandtenkreis bekannt war. Sein nächster Brief folgte bereits sechs Tage später, am 10.03.1940, und umfasst mehrere Seiten.

Er schilderte Elise seine ersten Eindrücke von der schönen näheren Umgebung des Hotels zwischen Park Avenue und Fifth Avenue, erwähnte, dass nichts vergleichbar sei mit europäischen Verhältnissen, und hofft doch, seine europäischen Lebensgewohnheiten in New York fortsetzen zu können. Er beschrieb den Luxus, den er und seine Frau im Hotel genießen, die Nähe der Familie Schloss, die Bekanntschaft mit Max Stein, dem Neffen von Meier und Elise Grünbaum, und das Wiedersehen mit Bekannten aus Meran. Noch war Winter in New York. Dazu bemerkte er: »Umso wohliger ist es in unseren Räumen und ich möchte wünschen, daß wir Dir von der wundervollen Wärme etwas abgeben könnten. In der Annahme daß es Dich interessiert werde ich laufend berichten.«

Für Elise, die im nationalsozialistischen Deutschland unter bedrängendsten, demütigendsten Umständen lebte, waren die Briefe ihres Bruders Lichtblicke. Bei ihrem stets wachen Interesse und ihrer geistigen Aufgeschlossenheit kamen die Berichte aus New York wie ein Geschenk, das ihr Einblicke bot in eine neue, fremde Welt. Wilhelm, der seiner Schwester liebevoll zugetan war, wusste darum und sandte schon bald seinen nächsten großen Erlebnisbericht nach Wiesbaden.

Elise hatte ihm am 1. April 1940 eine Karte geschrieben, die am 16. schon in New York eingetroffen war. Sie hatte ihm scheinbar in kurzer Form über ihre Lebensumstände berichtet. Wilhelm antwortete bereits einen Tag später und setzte seine Beschreibungen über das neue Leben in New York fort. Am 17.04.1940 schrieb er:

»Liebe Elise! Aus Deiner Karte vom 1. ds. M., die den dortigen Poststempel vom 7. April trägt und die am 16. ds. M. hier eingetroffen ist erfuhr ich, daß meine beiden Briefe damals noch nicht in Deinem Besitz waren. Inzwischen hast Du aber vielleicht einen Reisebericht bekommen, sodaß ich mit der Schilderung unserer ›Erlebnisse‹ da beginnen kann, wo ich in diesem Tagebuch aufgehört habe. Ich übergehe die Schilderung unserer Landung und der Wiedersehensfreude und wende mich gleich denjenigen Punkten zu, die sich dem Neuankommenden zunächst aufdrängen.

Das ist das Straßenbild, der Verkehr und die Lebensweise. Selbst der größte europäische Großstädter muß überwältigt sein von den Eindrücken, die er auf den beiden erstgenannten Gebieten empfängt und er wird, wenn er halbwegs ehrlich ist, eingestehen, daß er sich wie der kleinste Provinzler vorkommt. Alles, was man früher darüber gehört und gesehen hat, bleibt weit zurück hinter der Vorstellung, die dadurch bei dem Einzelnen entstehen konnte. Wo ich mich bisher befand, überall galt mein Interesse in erster Linie dem Leben auf der Straße und unter meinen Bekannten war ich immer als Beobachter des Verkehrs und des Straßenlebens besonders berüchtigt. So bildet das Schlendern durch die Straßen auch hier meine Lieblingsbeschäftigung, wenn auch der Radius meiner Wanderungen noch klein ist, weil ich bei der Ortsunkenntnis die Forschungen nur tastend anstellen kann. Die Fortschritte sind aber schon bemerkenswert und ich hoffe, daß wenn erst endlich einmal der Frühling kommt, das Tempo noch schneller wird. An schulfreien Tagen leistet mir unsere Enkeltochter Gesellschaft, die mir gleichzeitig als Dolmetscher dient, nachdem sie englisch ebenso fließend spricht wie holländisch. Durch ihre Kenntnisse erweitere ich auch die meinigen in amerikanischer Geschichte und Geographie, was in den hiesigen Schulen anscheinend zu den Hauptfächern gehört. Es kommt bei diesen Spaziergängen überhaupt kein Augenblick der Langeweile auf, weil sie sehr intelligent ist, für alles Interesse besitzt. Ihre Schule befindet sich in unmittelbarer Nähe unserer Wohnung, weshalb mit den Eltern vereinbart worden ist, daß sie täglich bei uns luncht. Ich würde gern den alten Ausdruck ›Mittagessen‹ schreiben, aber dieses trifft nicht zu, weil es kein Mittagessen ist sondern ein reiches Frühstück, das Lucie ebenso wie das erste, selbst zubereitet. Die Hauptmahlzeit am Abend gewöhnlich bei Schlossens [Herta und Moritz Schloss]. Deren Wohnung ist ebenso schön wie diejenige, die sie einmal in Berlin in der Lietzenburger Straße hatten. Aber auch wir sind glänzend aufgehoben und wollen es garnicht besser haben. Wohnzimmer, Schlafzimmer, Speiseraum, Küche und Bad, alles mit dem letzten Comfort ausgestattet, stehen uns zur Verfügung, dazu die allgemeinen fantastischen Repräsentationsräume des Hotels mit seinen 6 Fahrstühlen. Wahrscheinlich werden wir davon absehen, eine eigene Wohnung zu mieten, obwohl unser Hausrat aus Holland wohlbehalten eingetroffen ist.

Wir sind in der jetzigen Lage unabhängiger und können ohne Mehrkosten die heißen Sommermonate in die kühleren Berge ziehen. Wahrscheinlich wird man Ruth uns mitgeben, weil unser Schwiegersohn sein junges Geschäft nicht verlassen möchte und Herta natürlich bei ihm bleiben will.

Trotz des ungewöhnlich harten hiesigen Bodens entwickelt sich dieses Geschäft recht befriedigend, was nur ganz wenige der Neuangekommenen von sich sagen können. Wir kommen mit vielen zusammen die es sehr schwer haben und die manchmal nicht wissen, womit sie ihre Miete bezahlen sollen. Vielfach finden Frauen eher eine bescheidene Tätigkeit als Männer und nicht selten hören wir, daß der weibliche Teil allein die Familie knapp ernährt. Wenn ich dem jungen Fräulein Stein [Tochter von Max Stein] irgendwie helfen kann, dann will ich es gern tun und natürlich darauf bedacht sein, so zu operieren, daß Deine Intervention in keiner Weise in Erscheinung tritt. Zunächst habe ich die Familie heute gebeten einmal zu uns zu kommen, weil ich glaube, daß dieses Problem am harmlosesten bei einer Tasse ventiliert wird. Der Vater verfolgt allerlei Pläne, ohne bisher das Richtige gefunden zu haben. Ich gewann den Eindruck, daß er sehr vorsichtig ist, was man bei den vielen Gefahren hier auch sein muß und daß er letzten Endes zur Fabrikation von Decken oder wenigstens zur Reparatur von solchen zurückkehren dürfte. Fast jeder muß hier von vorn anfangen ohne zu wissen, ob er über dieses Stadium je hinaus kommt. Der Leiter des hiesigen Jew Refugies comite [Jüdisches Flüchtlingskommitee] sagte mir gestern, daß 550 bezahlte Angestellte jetzt nötig seien um die Arbeit zu bewältigen und daß jede Woche 6000 Besucher abgefertigt werden müssen. Da bekommt man einen Begriff von der Not, die die Emigranten betrifft und von den Restriktionen [...] zur Unterstützung derselben aufgebracht werden müssen, wenigstens mit [...] wenn sie hier eintreffen. Wenn die allgemeine Wirtschaftslage besser wäre, würde das noch nicht einmal so schlimm sein.

Aber die europäischen Verhältnisse werfen ihre Schatten bis hierher und beeinträchtigen, auch stimmungsmäßig, jeden Keim der Zuversicht. Wie auf allen Gebieten, so bestehen auch auf dem wirtschaftlichen die schärfsten Kontraste. Wer heute noch einen Posten hat, kann ihn morgen verlieren. Trotzdem werden immer wieder neue Versuche gemacht und ich bewundere oft den Mut und die Ausdauer, die dabei zum Ausdruck kommen. Niemand denkt an die Vergangenheit, alle sehen in eine bessere Zukunft, verlieren dabei doch nicht den Blick für die Gegenwart. Ich habe ja auch einmal eine andere Vorstellung von meinem Leben im Alter gehabt, aber ich darf garnicht mitreden, wenn ich die vielen Schicksale sehe und höre. Ich darf und kann dem Himmel dankbar sein, daß wir alle vereinigt sind und daß wir die Zahl derer nicht zu vermehren brauchen, die auf die Hilfe der Allgemeinheit angewiesen ist. So bin ich denn auch glücklich und zufrieden und nur bestrebt, zu meinem Teil und im Rahmen meiner Kräfte mitzuwirken an der Verbesserung des Loses unserer Mitmenschen.

Daß es Dir und Meier leidlich geht und daß das Leben noch tragbar erscheint, ist leider alles, was man unter den heutigen Verhältnissen verlangen kann. Wenn es nur wenigstens so bleiben möge! Die Einschränkung im eigenen Heim [durch Untermieter Strauß] ist freilich eine sehr einschneidende Beeinträchtigung, wenn man so alt geworden ist und für die Enge des Raums keinen Ersatz in der Natur finden kann. Ich hoffe, daß noch einige Bekannte dort sind und Du dadurch manchmal eine Anregung hast. Deine Handschrift zeigt jedenfalls keine Alterserscheinung, sie ist so unverändert wie zu [...] früheren Zeiten (?)

Schreibe bald wieder einmal und sei mit Deinem Mann herzlich von uns gegrüßt Dein Wilhelm«

Elise hatte ihrem Bruder also geschrieben, dass sie ein Zimmer ihrer Wohnung untervermieten musste und dass Juden in Deutschland keine Parks und öffentlichen Anlagen mehr betreten und nach 20 Uhr abends nicht mehr ausgehen durften. Wilhelm reagierte recht verhalten auf Elises persönliche Lebensumstände, denn alles, was die Diskriminierung der Juden in Deutschland betraf, musste vorsichtig beschrieben werden, da man nicht wusste, in welche Hände die Briefe gelangen würden. Wie Wilhelm einmal erwähnte, kamen seine Briefe auf Umwegen zu seinen Geschwistern, und Elise hatte kein Briefkuvert aufbewahrt, das Rückschlüsse auf den oder die Überbringer erlaubt hätte.

Elise Grünbaums Neffe Max Stein, der in Belgien mit seiner Familie lange auf Visa für die USA warten musste, hatte New York schließlich Ende Februar 1940 erreicht. Max Steins Schwester Amalie Vorchheimer lebte mit ihrem Mann noch in Würzburg. Auch sie planten ihre Ausreise nach New York. Da die Postzustellung immer schwieriger wurde, vielleicht aber auch der Kosten wegen, schrieb Max Stein abwechselnd an seine Schwester bzw. an Tante und Onkel Grünbaum, die die Briefe gegenseitig austauschten.

In New York hatte er auch Kontakt zu Wilhelm Kleemann aufgenommen. Der erste Brief von Max, den Elise im Versteck aufbewahrt hatte, war an »Meine Lieben Alle!« nach Würzburg gesandt.

Hierin schrieb Max Stein am 21.06.1940:

»Bei Dr. Kleemann war ich dieser Tage auch, er gab mir Deine liebe Karte, liebe Tante und wir freuten uns wieder von Euch zu hören. Die Post von Euch ist sehr spärlich, vielleicht schreibt Ihr uns mit Würzburg zusammen per Luftpost.«

Seine Frau Martha ergänzte: »Meine Lieben Alle! wir haben mal wieder länger nichts von Euch gehört, freuen uns sehr mit Euren Nachrichten, besonders mit Deinen geistreichen Karten von Dir, liebe Tante. Es können sich manche junge Menschen ein Beispiel an Dir nehmen, daß Du trotz Eurer harten Schicksalsschläge und der Schwere der Zeit, Deinen Geist und Humor nicht verloren hast denn es ist doch schwer, mit diesem Leben fertig zu werden. Unsere Gedanken sind immer bei Euch, wenn wir damit helfen könnten wäre es gut. Bleibet alle gesund und stark und seid innigst gegrüßt, auch von den Kindern, Eure Martha.«

Die Sorge um seine Schwester ließ Wilhelm Kleemann oft zur Feder greifen. Im Frühsommer 1940 ohne Datum schreibt er (Auszüge):

»Liebe Elise! Deine Karte vom 14.5. war die erste direkte Nachricht die von Dir eintraf. Ich hörte aber zwischenzeitlich von Herrn Stein, der mich manchmal besucht. [...]

Zunächst möchte ich aber sagen, daß mich Deine Zeilen einigermaßen befriedigt haben, weil ich Ihnen entnehme, daß Abgeklärtheit und Bedürfnislosigkeit die einzigen Mittel sind, um über die jetzige Situation zu kommen. Die schwere Zeit wirft ihre scharfen Schatten auch hierher und wenn die

Letzteren auch nicht einschneidend wirken, so kann doch eines Tages die amerikanische Truppe, die von Sentimentalitäten nicht angekränkelt ist, zu starken Veränderungen führen. Einstweilen wetteifern die verschiedenen Radiogesellschaften, die hier alle Privatunternehmen sind, von Früh bis Nacht mit den Nachrichten aus Europa. Manchmal streike ich, weil es die Nerven nicht aushalten. Dabei verstehe ich nicht einmal sehr viel, weil meine englischen Kenntnisse leider noch recht mangelhaft sind. [...]

Von Sam hören wir in regelmäßigen Abständen. Ebenso wie Du hat er sich mit den Verhältnissen abgefunden und führt ein bescheidenes, inhaltsloses Leben.«

In welchem Umfang Elise und Samuel ihrem Bruder Wilhelm über den Alltag im nationalsozialistischen Deutschland geschrieben haben, wissen wir nicht, denn es ist zu bedenken, dass Briefe ins Ausland stichprobenweise zensiert wurden. Sie mussten sich also in ihren Berichten sehr vorsichtig ausdrücken. Vielleicht wollten sie aber auch nicht von ihren leidvollen Erfahrungen, ihrem zermürbenden Kampf um die einfachsten Dinge des Lebens, ihrer Angst vor der Zukunft berichten.

Zum 30. September 1940 wurden auch die Fernsprechanschlüsse von Juden gekündigt.[31] Keine Möglichkeit mehr, eine vertraute Stimme zu hören, Hilfe in der Not zu rufen, Wichtiges schnell zu übermitteln.

Briefe wurden zum einzigen Kommunikationsmittel. Aus seinem Ferienaufenthalt in Pine Hill N. Y. bestätigt Wilhelm Kleemann am 01.08.1940 den Empfang von zwei Karten seiner Schwester:

»Liebe Elise! Gleichzeitig mit Deiner Klipperkarte vom 8. Juli gelangte auch Deine Karte vom 29. April in unseren Besitz. Bei der Unregelmäßigkeit der Postbeförderung geht es uns ebenso wie Dir, ich weiß nicht mehr worauf ich Antwort schuldig bin und von wem ich Antwort zu erwarten habe. Ganz so lebhaft wie meine Korrespondenz in Meran und in Amsterdam war ist sie nicht mehr. Viele aus dem ehemaligen Kreis sind verstorben und andere scheiden aus weil ich sie hier wiedergetroffen habe.«

Nach Beschreibungen der interessanten Aussicht vom Büro seines Schwiegersohns im zweiundzwanzigsten Stockwerk eines Bürohauses nahe dem Hudson River, der sommerlichen Hitze in New York und dem Ferienort, in dem er mit seiner Frau Lucie die Monate Juli bis Anfang September verbringt, fährt er fort:

»Unser Hotel ist sehr primitiv, dafür sind seine Preise erschwinglich. Die Gäste rekrutieren sich zu 99 % aus jüdischen Kreisen und wir hören hier weit mehr deutsche Laute als englisch. Das ist aber nicht nur in unserem Hause so, sondern in den vielen Dutzenden Hotels, die sich in dieser Gegend befinden. Die meisten Häuser werden sogar streng rituell geführt und wir hören, daß man da besonders gut verpflegt wird. Wir sind mit einigen Ehepaaren zusammen, die schon in Meran zu unserem ständigen Kreis gehört haben und das genügt uns.«

Weiter berichtet er über den erwarteten Besuch von Tochter, Schwiegersohn und Enkelin, erwähnt, dass Elise mit einer guten Lektüre beschäftigt sei und berichtet, dass es ihren Verwandten, der Familie Stein, soweit gut gehe. Er schließt seinen Brief mit dem Satz:

»Hier in der Sommerfrische bin ich allerdings schon von einem Dutzend Menschen angesprochen worden, die mich von Deutschland kennen, an die ich mich aber nicht mehr erinnert habe. Es gibt eben doch noch merkwürdige Zufälle im Leben.«

Über Erlasse, Verordnungen und Verbote, die zunehmend die kaum noch vorhandenen Rechte beschnitten, wurden die jüdischen Bürger von den jeweils zuständigen Israelitischen Kultusgemeinden unterrichtet, die der Aufsicht des Reichsministeriums des Innern unterstanden.

So erhielten Meier und Elise Grünbaum im September 1940 ein Schreiben von der Israelitischen Kultusgemeinde Wiesbaden:

»An unsere Gemeindemitglieder! Die Polizeibehörde hat folgende Anordnungen erlassen:

1. Die Juden haben von Ariern getrennte Luftschutzräume zu nutzen, die zu diesem Zweck geeignet sind.

Der Vorstand der Israelitischen Kultusgemeinde«

Ein Erlass des Reichsministers der Luftfahrt und Oberbefehlshaber der Luftwaffe zur Benutzung der Luftschutzräume am 07.10.1940 besagt:

»Die Benutzung von Luftschutzräumen durch Juden kann praktisch nicht verhindert werden, doch soll auf ihre Abtrennung von den übrigen Bewohnern geachtet werden, ent-

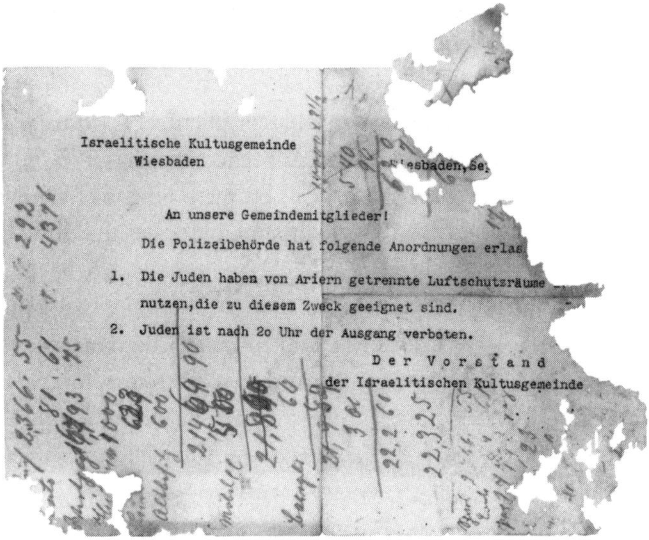
Israelitische Kultusgemeinde
Wiesbaden Wiesbaden,Se

An unsere Gemeindemitglieder!

Die Polizeibehörde hat folgende Anordnungen erlas

1. Die Juden haben von Ariern getrennte Luftschutzräume
nutzen,die zu diesem Zweck geeignet sind.
2. Juden ist nach 2o Uhr der Ausgang verboten.

Der Vorstand
der Israelitischen Kultusgemeinde

26 Benachrichtigung der Israelitischen Kultusgemeinde betr. Luftschutzräume und Ausgang, September 1940

weder durch Schaffung eines besonderen Raumes für sie oder durch Trennung in demselben Raum.«[32]

Auch die Luftschutzübungen hatten Juden von Ariern getrennt durchzuführen.

Im Jahre 1940 hatte Veit Harlan den Film *Jud Süß* gedreht, ein antisemitisches Werk, das die Nationalsozialisten zu Propagandazwecken in Auftrag gegeben hatten, um den Hass der Deutschen auf das Judentum zu schüren.

Die Titelfigur des Films ist angelehnt an die historische Figur des Joseph Süß Oppenheimer, eines jüdischen Finanzbeamten, der von 1698–1738 lebte und 1733 unter Herzog Karl Alexander von Württemberg Geheimer Finanzrat wurde. Durch Zuwendungen aller Art gewann Oppenheimer die Gunst des Herzogs, den er immer wieder überredete, gegen die Interessen des Volkes zu handeln, um daraus Nutzen für sich selbst zu ziehen. Als der Herzog ihm das Recht gewährte, zur Rückzahlung der angehäuften Schulden Straßenzoll zu erheben, führte Oppenheimer diesen ohne die Zustimmung der Stände ein, die heftig dagegen opponierten und ihm Verfassungsbruch und Bereicherung im Amt vorwarfen. Den Herzog trieb Oppenheimer zum Widerstand gegen die Stände und riet ihm zu einer gewaltsamen Niederschlagung der drohenden Revolution. Neben seinen politischen Machenschaften versuchte er, die christliche Dorothea für sich zu gewinnen, deren Mann zu den Gegnern des Herzogs gehörte. Oppenheimer vergewaltigte Dorothea – die in dem Film als »arisch« bezeichnet wird –, während ihr Mann in seinem Auftrag gefoltert wurde. Dorothea beging Selbstmord, ihren Leichnam barg der Ehemann aus dem Fluss. Es kam zum Aufstand. Als der Herzog plötzlich starb, wurde Oppenheimer verhaftet und wegen Geschlechtsverkehrs mit einer Christin zum Tode verurteilt.

Der Judenbann wird ab dem 04.02.1738 wieder erneuert und alle Juden müssen das Land verlassen.

Für den Propagandaminister Joseph Goebbels, der sich persönlich für diesen Film engagierte, war es nach Schilderung vieler Beteiligter schwierig, einen Regisseur zu finden und die Rolle des Joseph Süß Oppenheimer zu besetzen. Nachdem so hervorragende Schauspieler wie Emil Jannings, Willi Forst, Gustaf Gründgens, René Deltgen und Paul Dahlke die Hauptrolle abgelehnt hatten, wurde der beim Publikum sehr beliebte Ferdinand Marian von Goebbels mehr oder weniger zur Übernahme der Rolle gezwungen. Unter der Regie von Veit Harlan stellte er einen niederträchtigen, skrupellosen und geldgierigen Juden dar, eine abscheuerregende Gestalt, die Verachtung und Hass provozierte. Joseph Goebbels war zufrieden und notierte am 18. August 1940 in seinem Tagebuch: »Ein ganz großer, genialer Wurf. Ein antisemitischer Film, wie wir ihn uns nur wünschen können. Ich freue mich darüber.«

Bis heute ist *Jud Süß* ein Vorbehaltsfilm. Vorbehaltsfilme dürfen aufgrund ihres kriegsverherrlichenden, rassistischen oder volksverhetzenden Charakters nur in geschlossenen Veranstaltungen, etwa im Rahmen der politischen Bildungsarbeit, gezeigt werden mit vorangehender Einführung eines Referenten und anschließender Diskussion. Eine gewerbliche Auswertung findet nicht statt.

Am 15. November 1940 erschien ein Runderlass vom Reichsführer SS und Chef der Deutschen Polizei Heinrich Himmler. Danach sollten alle Angehörigen der Polizei und der SS-Einheiten sowie die außerhalb der Reichsgrenzen stationierten Soldaten und Wachmannschaften diesen Film im Laufe des Winters zu sehen bekommen.[33] Die Propaganda in Rundfunk und Presse sorgte dafür, dass auch die große Mehrzahl der Deutschen diesen Film sah – bis 1943 waren es über 20 Millionen Zuschauer –, um sich von der abgrundtiefen Schlechtigkeit des jüdischen Charakters überzeugen zu lassen. Dieses Gift wirkte und führte dazu, dass Juden sich kaum noch aus dem Haus wagten aus Angst vor Pöbeleien und körperlichen Angriffen. Ehemalige Nachbarn grüßten nicht mehr, Freunde vermieden Begegnungen.

Robert Strauß aus Frankfurt, der Schwager von Meier Grünbaums Nichte Amalie Vorchheimer, hatte seinen Verwandten in Würzburg am 26.07.1939 mitgeteilt, dass er sich um eine Unterbringung von Meier und Elise Grünbaum in einem Altersheim bemühe.

Mehr als ein Jahr später hatte seine Bemühung zum Erfolg geführt. Wahrscheinlich Ende November 1940 erreichte die Grünbaums die Nachricht, dass im Jüdischen Altersheim, Feuerbachstraße 14 in Frankfurt ein Zimmer für sie frei ist.

Vermutlich hatte Elise Grünbaum einen Brief mit verschiedenen Anfragen dorthin gesandt, denn am 18.12.1940 erhielt sie Antwort von der Bezirksstelle Hessen-Nassau der Reichsvereinigung der Juden in Deutschland, Frankfurt am Main, Oberlindau 7:

»Herrn Meier Israel Grünbaum, Wiesbaden, Bismarckring 27

Betrifft Ihre Altersheimaufnahme

Wir empfingen Ihr Schreiben vom 17. ds. und beantworten Ihre Anfragen nach Rücksprache mit der Leiterin des Heims Feuerbachstr. 14 wie folgt:

1) Die bestellten Mazzoth wollen Sie bitte an Ihre neue Adresse, Jüdisches Altersheim Feuerbachstr. 14 senden lassen.
2) Die Gartenmöbel sind in der Feuerbachstraße willkommen.

Hochachtungsvoll«

Auch wenn man die schweren Belastungen bedenkt, die die Besorgung des Alltags mit sich brachte, wie traurig mag es für Elise Grünbaum gewesen sein, ihren Haushalt nach fünfzig Jahren aufzulösen, sich von so vielen lieb gewordenen Dingen trennen zu müssen. Wie groß war auch die körperliche Anstrengung für eine achtzigjährige entkräftete Frau, alles zu verpacken, was künftig noch gebraucht wurde.

Wie alles andere war auch Verpackungsmaterial in den Kriegsjahren knapp, und so wandte Elise sich mit einer Bitte an ihre Untermieterin. Auf der Rückseite eines kleinen Kärtchens, das eine Jagdszene zeigt, schrieb sie:

»Liebe Frau Strauß! Vielleicht sind Sie so liebenswürdig, meinem Mann die größeren weißen Säckchen und das alte Netz zu geben, ich könnte sie jetzt zum Einpacken gut gebrauchen. Hoffend, daß Sie meine Bitte nicht übelnehmen begrüßt Sie und Herrn Gemahl auf's Herzlichste Ihre ergebene E. G.«

Über den Verkauf einiger Möbelstücke erstellte sie eine Liste:

»Büffett 100
Küche 120
Stühle 10
Rauchtisch 30
Konsole 20
280 + 6
———
286
Anzahlung 50 Mark bleibt Rest 236 Mark«

Weitere Möbelstücke hatte Elise mit dem Umzugsgut nach Frankfurt gebracht. Etwas davon verkaufte sie hier an Frau Seligmann, die ihr am 20.02.1941 schrieb:

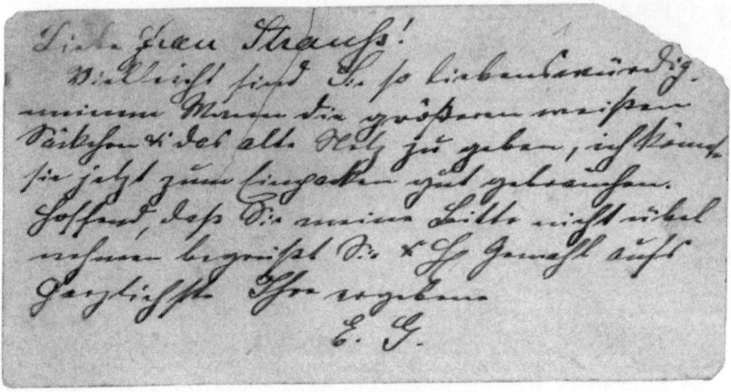
Liebe Frau Strauß!
Vielleicht sind Sie so liebenswürdig meinem Manne die größeren weißen Säckchen & das alte Holz zu geben, ich könnte sie jetzt zum Einpacken gut gebrauchen. Hoffend, daß Sie meine Bitte nicht übel nehmen begrüßt Sie & Ih. Gemahl aufs herzlichste Ihre ergebene
E. G.

27 Karte von Elise Grünbaum an Frau Strauß

»Sehr geehrte Frau Grünbaum! An dem von Ihnen gekauften Sofa mit Umbau habe ich viel Freude und ich danke Ihnen, daß Sie mir das Ihnen sicher sehr lieb gewesene Möbelstück überlassen haben! Wie mir mein Mann mitteilte, will Frau Blum das Schränkchen und Frisiertoilette nicht im Keller stehen haben; falls Sie keinen anderen Platz finden, stellen wir es Ihnen gern bei uns unter. Selbstverständlich *ohne* jede Vergütung. Der Transport wird sich auf etwa 4 Mark stellen. Wenn Sie nun Sehnsucht nach Ihren Sachen haben, besuchen Sie uns in der Habsburger Allee 37 ptr. und da werden Sie alles hübsch gepflegt, wie es bei Ihnen auch war, zusammen finden. Der Sessel dient meiner Mutter jetzt für ihre Ruhestunden. Sie ist 78 Jahre alt und hat auch ihre Freude daran.

Mit herzlichen Grüßen an Sie und Ihren Gatten bin ich Ihre Frau Frieda Seligmann«

Frieda Seligmann geb. Katzenstein, geb. am 17.06.1886 in Bleckede, wurde am 01.09.1942 von Frankfurt über There-

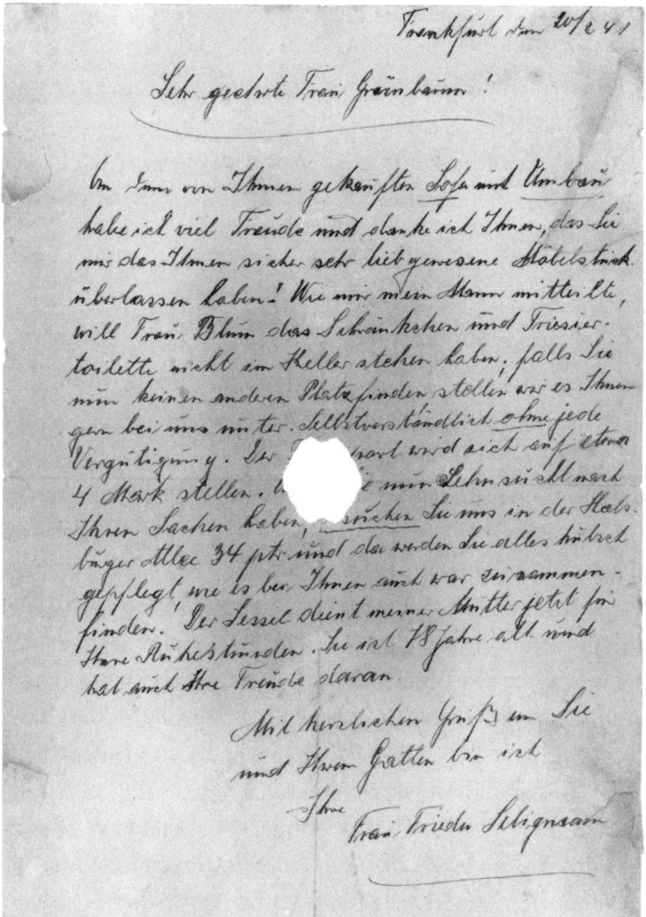

Frankfurt den 20/2 41

Sehr geehrte Frau Grünbaum!

An dem von Ihnen gekauften Sofa mit Umbau habe ich viel Freude und danke ich Ihnen, das Sie mir das Ihnen sicher sehr lieb gewesene Möbelstück überlassen haben! Wie mir mein Mann mitteilte, will Frau Blum das Schränkchen und Frisier-toilette nicht im Keller stehen haben; falls Sie nun keinen anderen Platz finden stellen wir es Ihnen gern bei uns unter. Selbstverständlich ohne jede Vergütigung. Der [illegible]port wird sich auf etwa 4 Mark stellen. [illegible]e nun Sehnsucht nach Ihren Sachen haben, besuchen Sie uns in der Hals-burger Allee 34 pt. und da werden Sie alles hübsch gepflegt, wie es bei Ihnen auch war zusammen-finden. Der Sessel dient meiner Mutter jetzt für ihre Ruhestunden. Sie ist 78 Jahre alt und hat auch ihre Freude daran.

Mit herzlichen Grüß an Sie und Ihren Gatten bin ich

Ihre

Frau Frieda Seligmann

28 Brief von Frieda Seligmann an Elise Grünbaum, 20.2.41

sienstadt nach Auschwitz deportiert und dort am 15.05.1944 ermordet.[34]

Das Meldeblatt von Wiesbaden verzeichnete am 03.02.1941 die Abmeldung von Meier und Elise Grünbaum nach Frankfurt a/M, Feuerbachstraße 14. Damit begann für die beiden ein streng reglementierter Alltag im Jüdischen Altersheim. Dort empfing Elise bald einen Brief ihres Bruders Wilhelm, der am 04.01.1941 aus New York schrieb:

»Liebe Elise! Mit einer, für die heutigen postalischen Verhältnisse eigentlich kurzen Laufzeit, kam Deine Karte vom 13. Nov. hier an, gerade an dem Tag, wo wir zum ersten Mal bei Euren Verwandten [der Familie Max Stein] zu Besuch waren, die sich in einem schönen Stadtteil ein recht behagliches eigenes Heim geschaffen haben. Wir bekamen den Eindruck, dass die Familie im Rahmen der allgemeinen hiesigen Emigrantenverhältnisse, ein zufriedenes Leben führt und daß die sehr wohlgeratenen Kinder mit großer Wahrscheinlichkeit ihren Weg hier machen werden. Die Jugend hat ja auch weniger Hemmungen und ist nicht belastet durch Erinnerungen an die Vergangenheit. Sie fügt sich frisch, fromm, fröhlich, frei in die neue Umgebung und es ist für mich jedes Mal ein Vergnügen, mit solch jungen Menschen zusammenzukommen. Sie lernen spielend die Sprache und die Lebensgewohnheiten der Amerikaner, freilich auch die schlechten, was bekanntlich noch schneller geht. Auf eine Kritik der Letzteren möchte ich aber nicht weiter eingehen, weil sie erstens einmal vielleicht nicht ganz angebracht sein würde und weil ich zweitens mir immer wieder sage, daß wir dankbar sein müssen, hier in diesem freien Lande leben zu können. Je länger ich hier bin, desto mehr weiß ich das zu schätzen, namentlich wenn ich berücksichtige, wie Krieg und Feindschaft in Europa wüten. Natürlich kann man sich davon nicht freimachen, dazu wird man von Presse und Radio viel zu sehr unterrichtet, aber wir brauchen weder in Keller zu flüchten um uns vor Bomben zu schützen, noch müssen wir auf irgendetwas verzichten, was zum Lebensunterhalt gehört. Nun hat ein neues Jahr begonnen und da möchte ich halt hoffen, daß es dem armen Europa die Segnungen des Friedens bringen möge.«

Es folgt ein umfangreicher Bericht über amerikanische Lebensgewohnheiten, die Verkehrsverhältnisse und kulturelle Einrichtungen. Am Ende des Briefes schreibt er:

»Die große Masse lebt hier unbeschwert und kümmert sich einen Teufel um Krieg und Schrecken in Europa. Wir können da natürlich nicht mit, wir stecken noch zu sehr im europäischen Boden, wenngleich uns dies nicht leicht gemacht wird. Anders denkt, wie ich am Eingang meiner Plauderei schon sagte, die Jugend, für welche die ehemalige Heimat nur noch ein nebelhaftes Gebilde ist.«

Es folgen zwei mit Tinte gestrichene Zeilen:

»Die Firma L […] Päckchen […] [Zensur?]

Ich hoffe, daß Du damit Deinen Lebensabend ein wenig aufzubessern imstande bist. Herzliche Grüße Dir und Meier von uns Beiden

Dein Wilhelm«

Es ist anzunehmen, dass Elise dieses Päckchen, das sie sicher sehnlichst erwartete, nie erhalten hat.

Am 21.02.1941 schrieb das Finanzamt Frankfurt (Main)-West, Moltke-Allee 22/24, an Herrn und Frau Meier Israel Grünbaum, Kap. Rentner, Feuerbachstr. 14, Frankfurt a/M:

»Im eigenen Interesse aufbewahren!

Sie werden künftig bei dem unten bezeichneten Finanzamt unter der Steuernummer 1/226 geführt.

Sie werden gebeten, diese Steuernummer bei allen Einzahlungen an die Finanzkasse neben der Steuerart, für die die Einzahlung bestimmt ist, und bei allen Eingaben an das Finanzamt anzugeben, um dadurch die richtige Buchung Ihrer Einzahlungen und die geschäftsmäßige Behandlung zu erleichtern.

Fördern Sie den unbaren Zahlungsverkehr, er erspart längeres Warten in der Finanzkasse!

Das Finanzamt/Finanzkasse hat folgende Konten:
Postscheckkonto Frankfurt (Main) 56 610
Girokonto Reichsbank
Finanzamt Frankfurt a/M. West, Moltke-Allee 22/24«

Das Bankhaus Gebrüder Krier, Wiesbaden, Rheinstraße 95, teilte den Eheleuten Meier Israel Grünbaum am 26.02.1941 mit:

»Infolge Arbeitsüberlastung durch Einberufung eines unserer Teilhaber und unserer meisten Mitarbeiter haben sich dieses Mal die Jahresabschlussarbeiten verzögert.

Anbei überreichen wir Ihnen Depot-Auszug und Konto-Auszug Ihres laufenden Kontos, ferner die nunmehr geprüften Abrechnungen der zahlreichen Pfandbriefumtäusche.

2 Umtäusche (Verloste 200,– Rhein. Hypothekenbank

und 700,– Dt. Hypothekenbank Weimar) stehen noch aus; wir erteilen sie Ihnen in den nächsten Tagen in neuer Rechnung. Die Stücke sind schon Ihrem Depot beigefügt.

Ihrem ursprünglichen Auftrag gemäß hatten wir bei den Kündigungen einen Betragt von RM 1000,– nicht wieder angelegt. Der Gegenwert steht seither auf dem für die Effekten-Umsätze eingerichteten laufenden Konto. Sofern Sie wünschen, einen Teil des Guthabens doch wieder in Wertpapieren anzulegen, bitten wir um Mitteilung. Immerhin empfiehlt es sich, zur Deckung der laufenden Ausgaben auf dem laufenden Konto ein genügendes Restguthaben zu belassen.

Ihr Sparkonto führen wir gern weiter, ebenso wie wir Ihr Depot unverändert weiter verwalten. Nach den gesetzlichen Vorschriften für Sparkonten dürfen auf diesen zwar eingehende Überweisungen gutgeschrieben, aber ausgehende Überweisungen nicht belastet werden, da für letzteres nur laufende Konten zu benutzen sind. Wir schlagen Ihnen vor, vorerst die monatlichen Überweisungen an das Heim vom Guthaben des laufenden Kontos zu entnehmen, dagegen die zu erwartende monatliche Unterstützungs-Überweisung Ihrem Sparkonto gutzuschreiben. Ihr Sparbuch können Sie uns von Zeit zu Zeit durch die Post zum Nachtragen senden.

Die erbetene Überweisung an das Heim zum 1. März ist vorgemerkt. Belastungsaufgabe werden wir Ihnen erteilen.

Hochachtungsvoll Gebrüder Krier«

Dieses Schreiben der Bank belegt, dass es innerhalb der Sperrkonten möglich war, Wertpapiere zu verkaufen und zu tauschen, und dass die Erträge aus den Effekten einem laufenden Konto gutgeschrieben wurden. Von diesem Konto musste die Freigabe benötigter Beträge beantragt werden.

An Herrn u. Frau Meier Israel Grünbaum, Privatier, Bismarckring 27, Wiesbaden, Hebebuch-Nr. 7/670 573, sandte das Steueramt der Stadt Wiesbaden am 1. März 1941 den Bürgersteuerbescheid 1941 mit der »Anforderung der Bürgersteuer.

Der Berechnung der Bürgersteuer für das Kalenderjahr 1941 wurde c) Ihr Vermögen im Sinne des § 7 Ziffer 1a des Vermögenssteuergesetzes in Höhe von 19 000,– RM nach § 7 des Bürgersteuergesetzes zugrunde gelegt. Hiernach beträgt nach § 8 Absatz 4 des Bürgersteuergesetzes der Steuermeßbetrag 6,– RM.

Die Stadt Wiesbaden erhebt für das Kalenderjahr 1941 eine Bürgersteuer in Höhe von 500 v. H. des Steuermeßbetrages. Die danach von Ihnen zu entrichtende Bürgersteuer für 1941 beträgt 30,– RM.

Dieser Betrag ist zu je einem Viertel mit 7,50 RM bis zum 10. Februar (bei späterer Zustellung innerhalb 8 Tagen nach Empfang dieses Bescheids), 10. Mai, 10. August und 10. November 1941 an die städtische Steuerkasse Wiesbaden, Rathaus, Zimmer 16, zu entrichten. Zahlungen werden auch bei den städtischen Zahlstellen der eingemeindeten Stadtbezirke entgegengenommen. [...]

Wiesbaden, den 1. Mrz. 1941, Rheinstraße 22.

Der Oberbürgermeister – Steueramt – «

Da Meier und Elise Grünbaum seit dem 3. Februar in Frankfurt lebten und dort noch einmal umgezogen waren, hatte Elise der Steuerkasse offensichtlich die neue Anschrift mitgeteilt, denn am 29.04.1941 erhielt Herr M. Israel Grünbaum,

Frankfurt a/M., Liebigstraße 27B, ein weiteres Schreiben der Steuerkasse:

»Ihr Schreiben vom 28.04.41. Zeichen Steka

Betrifft Bürgersteuer

Sie werden ersucht, die Bürgersteuer für das Kalenderjahr 1941 gemäß § 3 des Bürgersteuergesetzes nach hier, unter Angabe der Hebebuchnummer 670 573 an die Städt. Steuerkasse zu zahlen. Die 1. Rate war bereits fällig, die 2. Rate ist spätestens am 10.05.1941 zahlbar.

Im Auftrage«

Der Aufenthalt von Meier und Elise Grünbaum im Jüdischen Altersheim Feuerbachstraße hatte nur sehr kurze Zeit gewährt. Während Elise die schwierigen Lebensumstände offenbar mit Lebensklugheit und innerer Stärke meisterte, war ihr Mann Meier daran zerbrochen und litt unter schweren Depressionen, was für Elise eine zusätzliche große Belastung war. In der Hoffnung, ihm damit zu helfen, begab sie sich auf die Suche nach einer Privatunterkunft. Nicht weit von der Feuerbachstraße entfernt fand sie dann auch eine jüdische Pension, in die sie am 1. April 1941 mit ihrem Mann einzog.

Die »Pension Nussbaum« befand sich in der Liebigstraße 27B, in einem der Westendhäuser, in denen ab Frühjahr 1939 nur jüdische Menschen lebten.

Damaliger Besitzer war der jüdische Kaufmann Fritz Bieler. Am 20.12.1938 ging es, im Rahmen einer Zwangsversteigerung, in den Besitz einer Schweizer Versicherungsgesellschaft über.[35]

Der großbürgerliche Bau verfügt im Erdgeschoss und in

drei Etagen jeweils über 210 qm große Wohnungen, die sich auf sieben Zimmer, eine große Küche, ein Bad und eine Toilette verteilen. In der ersten Etage führte das Ehepaar Nussbaum seine Pension.

Moses Nussbaum und seine Frau Erna geb. Sichel, beide Jahrgang 1891, kamen mit ihren Kindern Hilde, damals vierzehn Jahre, und Heinz Walter, zwölf Jahre alt, am 5. November 1935 aus dem hessischen Büdingen nach Frankfurt und wohnten zunächst in der Eppsteiner Straße 30.

Moses Nussbaum war Kaufmann und Händler, der bis dahin in Büdingen, Marktplatz 6, gelebt hatte. Das Haus wurde bereits im Jahr 1933 verkauft.

Schon im Frühjahr, besonders aber im September 1935, nach dem Erlass der »Nürnberger Gesetze« (Rassegesetze), fanden in Büdingen verstärkt Ausschreitungen der SA, Sturmabteilung der Nationalsozialisten, und antisemitischer Bürger gegen die jüdische Bevölkerung statt. Aus Angst vor Bedrohungen, Nötigungen und Misshandlungen flüchtete die Familie Nussbaum und weitere einundzwanzig Büdinger Juden am 5. November 1935 nach Frankfurt.[36] In der Anonymität der Großstadt glaubte man sich sicherer, fand vielleicht noch Arbeit. Besonders jüdische Frauen waren als Hausangestellte gefragt, nachdem »arische« Frauen nicht mehr in jüdischen Haushalten arbeiten durften.

Am 17.05.1939, dem Tag der Volkszählung, war Familie Nussbaum bereits in der Liebigstraße 27B gemeldet und hatte hier eine Pension eröffnet. In der Wohnung lebten, neben der dreiköpfigen Familie Nussbaum – Tochter Hilde war 1938 die Flucht in die USA gelungen –, in den Jahren 1941/42 noch zehn weitere Personen im Alter zwischen neunundzwanzig und achtzig Jahren.

Nach Auskunft von Herrn Michael Lenarz, Jüdisches Museum Frankfurt am Main, waren es:

Meier und Elise Grünbaum

Birkenstein, Ferdinand,	geb. 21.09.1861 in Offenbach/Main gest. 18.12.1941 in Frankfurt/Main
Birkenstein, Bertha,	geb. 31.01.1870 in Frankfurt/Main deportiert 18.08.1942 nach Theresienstadt gest. 23.09.1942 in Treblinka
Kayem, Berthold,	geb. 25.12.1888 in Idesheim/Landau Verbleib unbekannt
Kayem, Johanna, geb. Reis,	geb. 14.05.1904 in Rülzheim/Germersheim Verbleib unbekannt
Oppenheim, Hermann,	geb. 23.05.1862 in Hanau Verbleib unbekannt
Oppenheim, Lotte,	geb. 26.08.1893 in Hanau Verbleib unbekannt
Reis, Luise geb. Stettauer,	geb. 21.01.1878 in Amberg Verbleib unbekannt
Reis, Martin (Sohn),	geb. 30.11.1912 in Bad Neustadt/Saale Verbleib unbekannt[37]

Die Raumverhältnisse in der Pension waren relativ komfortabel, wenn man bedenkt, dass jeweils zwei Personen ein etwa 25 qm großes Zimmer bewohnten und in der großen Diele einiges abgestellt werden konnte.

Meier und Elise Grünbaum bewohnten einen etwa 28 qm großen Raum, zur Straße gelegen, mit Aussicht auf eine von Lindenbäumen gesäumte Grünanlage. Die Wände des Zimmers waren mit einer achtzig Zentimeter hohen Holzvertäfelung versehen, die sich auch unter dem großen Fenster hinzog und mit einer schmalen, hölzernen Fensterbank abgedeckt war. Löste man diese Fensterbank vorsichtig, bot sich darunter ein zwar schmales, aber ideales Versteck für Dinge, die man vor der Gestapo, deren Hausdurchsuchungen gefürchtet waren, verbergen musste oder verbergen wollte. Elise Grünbaum nutzte dieses Versteck für die schriftlichen Hinterlassenschaften, die ich im Jahre 1986 entdeckte.

Zu den Schriftstücken gehört auch ein Schreiben an Herrn Meier Israel Grünbaum vom 2. Mai 1941, in dem das Finanzamt Frankfurt (Main)-West anfragt:

»Ich bitte in einer Woche um Mitteilung, ob Sie innerhalb Jahresfrist die Absicht haben auszuwandern. Der Einkommensteuerbescheid für 1940 wird Ihnen in den nächsten Tagen zugehen.

Im Auftrag Kirsch«

Ob eine undatierte Benachrichtigung der »Reichsvereinigung der Juden in Deutschland Abt. Wanderung (Hilfsverein)« Frankfurt a. M., Unterlindau 21–25, damit zusammenhängt, ist nicht zu beantworten. Der Text des Schreibens lautet:

»Betrifft: U. S. A. Das amerikanische Konsulat in Stuttgart hat uns gebeten, Ihnen das inliegende Schreiben zuzustellen. Wir empfehlen Ihnen, dem Wunsch des Konsulats zu entsprechen und stehen Ihnen zur Erteilung von Auskünften – nach vorheriger Anmeldung – zur Verfügung.

Hochachtungsvoll Beratungsstelle Frankfurt am Main

Anlage«

Das Schreiben ist ohne Anschrift und ohne Anrede verfasst. Bei der – nicht vorhandenen – Anlage handelte es sich möglicherweise um eine Anfrage des Amerikanischen Konsulats zur Auswanderung von Meier Grünbaums Nichte Amalie Vorchheimer und deren Mann Adolf aus Würzburg. In einem Brief vom 22.05.1941 schrieb Amalie Vorchheimer an die Grünbaums:

»In Stuttgart war es leider Essig, was ja bei der Häufung von so vielen Umständen zu verstehen ist. Nun haben unsere Lieben wieder für Cuba umgebucht, so Gott will klappt es diesmal.«

Eine Pensionsabrechnung für den Aufenthalt im Altersheim Feuerbachstraße sandte die »Bezirksstelle Hessen-Nassau der Reichsvereinigung der Juden in Deutschland, Frankfurt am Main, Oberlindau 7« am 5. Mai 1941 an Herrn und Frau Meier Grünbaum, Frankfurt/M., Liebigstr. 27B bei Nussbaum:

»Unter Bezugnahme auf die mit Ihnen getroffene Vereinbarung teilen wir Ihnen mit, daß das im Altersheim Feuerbachstr. von Ihnen innegehabte Zimmer erst am 25.4. bezogen wurde. Die mit Ihnen getroffene Abmachung lautet [...] daß Sie für den Monat M 50,– zu zahlen hätten. Wir wollen jedoch in Ihrem Interesse Ihnen nur einen halben Monat mit M 25,– berechnen.

Wir bitten Sie, den Betrag von M 25,– auf das Postscheckkonto der Jüdischen Kultusvereinigung, Jüdische Gemeinde, Heimverwaltung 54 893 zu überweisen. Hochachtungsvoll [unleserlich]«

»27. Mai an Gemeinde bezahlt« (handschriftliche Notiz)

Am 14. Juni 1941 teilte das Bankhaus Gebrüder Krier Wiesbaden mit, dass die von Berlin erwartete Überweisung von RM 200,– bis jetzt noch nicht eingetroffen sei. Meier und Elise Grünbaum mussten einmal wieder auf das Geld warten, das sie zum Lebensunterhalt dringend benötigten. Außerdem bat die Bank um Information, ob verschiedene Unterlagen eingetroffen seien.

Obwohl das Leben in der Pension für Elise manche Erleichterung brachte – sie musste vor den Geschäften nicht mehr in langen Warteschlangen stehen, um das Wenige zu besorgen, was sie auf die Lebensmittelkarten noch bekam, keine weiten Wege mehr gehen, die sie in Wiesbaden dafür auf sich nehmen musste, keine Schuhsohlen mehr ablaufen, die so kostbar waren, weil es für Juden keine neuen mehr gab –, jetzt waren es Geldsorgen, die sie plagten.

Dem Fürsorgeamt Wiesbaden hatte sie Wertpapiere aus dem Sicherungskonto übereignet bzw. verpfändet und musste die daraus erwirtschafteten Zinsen, die ihrem Girokonto gutgeschrieben wurden, an das Amt abführen. Dafür wurden ihr regelmäßige Beihilfen gewährt.

Am 19.06.1941 erhielt sie von ebendiesem Amt eine komplizierte Aufrechnung, aus der hervorging, dass die verpfändete Sicherheitsleistung aufgebraucht war und sie dem Amt noch Geld schuldete.

Bedingt durch die unregelmäßigen Überweisungen der von

Berlin monatlich freigegebenen Beträge zum Lebensunterhalt, konnte Elise ihre Miete für August 1941 nicht pünktlich zahlen.

Dazu ein Schreiben vom Bankhaus Gebrüder Krier vom 8. August 1941 (durch Wasserflecke teilweise nicht lesbar):

»Herrn Meier Israel Grünbaum, Liebigstraße 27B, Frankfurt a. Main

Wir empfingen Ihr gefl. Schreiben vom 6.d. M. und haben, da [...] Erhöhung Ihrer Freigrenze von RM 250,– noch nicht vorlag, [...] Barscheck an Frau Erna Sara Nussbaum in [...] RM 250,– [...] Der Betrag dürfte morgen dort [...]

[...] die durch Aufgabe Ihres eigenen Haushalts und Ihre Einmietung (?) in eine Pension eingetretene Erhöhung Ihrer Lebenshaltungskosten haben wir bei der Devisenstelle eine entsprechende Erhöhung der für Sie festgesetzten Freigrenze beantragt. Nach Erhalt dieses Bescheides können wir den Rest zu Gunsten von Frau Nussbaum und Ihrem Wunsche gemäß monatlich RM [...] zugehen lassen. Eine Zuwendung aus Berlin ist auch in diesem Monat nicht eingetroffen.

Was eine Zuwendung von Ihren Würzburger Verwandten zu Gunsten Ihres bei uns geführten Sicherungs-Konto anbetrifft, so ist für den Eingang und die Gutschrift hier bei uns eine Genehmigung nicht erforderlich. Dagegen bedarf es wahrscheinlich einer Genehmigung für den Ausgang aus dem Guthaben Ihres Verwandten, da nach seiner Auswanderung seine Vermögenswerte devisenrechtlichen Einschränkungen unterliegen. Eingetroffen ist von dort bisher noch nichts. Wir sind bereit, für Sie die nötigen Anträge zu stellen, wenn Sie uns genaue Angaben liefern darüber wo das Geld liegt, welche Devisenstelle bisher zuständig war, Akt. Zeichen usw.

Die Absendung des Betrages an Frau Nussbaum hatte sich aus dem obigen Grunde verzögert. Da einige unserer Mitarbeiter beurlaubt waren, unterblieb eine kurze Benachrichtigung in der Zwischenzeit. Wir sind jetzt mit mehr Hilfskräften versehen und wieder in der Lage, prompt zu korrespondieren.

Gebrüder Krier«

Die in dem Schreiben der Bank erwähnten Verwandten waren Meiers Nichte Amalie geb. Stein und ihr Mann Adolf Vorchheimer aus Würzburg. Ihre Auswanderung über Kuba nach den USA stand kurz bevor, als Amalie am 2. Juli 1941 an Meier und Elise schrieb:

»Schreibt nur bitte gleich Eure Bankverbindung und Sicherungskonto. Wir haben für Euch 300,– Mark genehmigen lassen, auszahlbar in Raten von 100 Mark.«

Sie berichtet über die bevorstehende Reise von Berlin nach Cadiz (Spanien), wo das Schiff »Navemar« am 18. Juli auslaufen sollte.

Elise las diesen Brief sicher mit sehr gemischten Gefühlen; die geliebten Verwandten hatten zwar das große Glück, dem Naziterror noch rechtzeitig entfliehen zu können, waren aber in unerreichbare Ferne entschwunden und ein Wiedersehen würde niemals mehr möglich sein. Im September 1941 schickte Amalie gute Wünsche zum jüdischen Neujahrsfest aus Havanna, sie hatten ihr Ziel fast erreicht.

Zum Neujahrsfest schrieb auch Elises Bruder Wilhelm Kleemann am 19.08.1941 aus der Sommerfrische in Pine Hill N. Y.:

»Liebe Elise! Deine Karte vom 23. Juni ist mir heute nachgeschickt worden, wo wir, ebenso wie im vergangenen Jahr, die Sommermonate verbringen, die in N. Y. unerträglich sind, weil meist eine tropische Hitze da herrscht, an welche sich Europäer nur sehr schwer gewöhnen. Diesmal brauchte ich allerdings, ganz unabhängig von diesen Witterungsverhältnissen, die Erholung mehr als sonst, da mir der schmerzhafte Ischiasanfall, von dem Dir Deine Verwandten schrieben, 5 Wochen zu schaffen machte. Hier in der würzigen Waldluft fühle ich mich wohl, wenn auch die Unterbringung und Verpflegung nicht den Anforderungen entsprechen, die wir von drüben her gewohnt sind.

Der Brief, den Du mir aus dem Heim geschrieben hast, ist nicht bei mir eingetroffen. Ich wußte also zunächst garnicht, daß Ihr in ein Heim gezogen seid und habe dies erst sehr viel später von Herrn Stein erfahren, der mich ab und zu einmal aufsucht. Den Wechsel vom Heim in die jetzige Pension teilte mir Frau Vorchheimer mit, die mich mit Grüßen von Dir aufsuchte, als ich zu Bett lag. Das, was sie mir erzählte wird nun von Dir bestätigt. Ihr seid zwar gut aufgehoben, was die äußeren Umstände anlangt, aber Deine seelische Stimmung scheint eben unter dem Druck der begleitenden Verhältnisse sehr stark zu leiden und das bedaure ich von ganzem Herzen. Leider wird darin so bald keine Änderung eintreten, denn ich habe so garkeine Möglichkeit, heute noch die Übersiedlung nach Übersee zu erreichen, obwohl die brave Familie Stein gewiß gern alles versuchen möchte, was diesem Ziel dienen könnte. Ich freue mich aufrichtig, daß deren Emigrantenlos kein so trübes ist wie das der meisten anderen neu Angekommenen. Besonders gut gefällt mir Brigitte [Tochter von Max Stein], die zu einer hübschen, zierlichen jungen Dame aufgeblüht ist. Moritz und Herta haben sie und ihre Eltern jüngst mit hierher genommen. Die Letzteren fuhren nach wenigen Tagen mit unseren Kindern wieder nach N. Y. zurück, während Brigitte sich 14 Tage lang hier erholen konnte. Überall war sie beliebt, weil sie ein nettes Wesen hat und sich anscheinend leicht aufschließt. Ruth ist mit ihr spazieren gegangen und hat mit ihr geschwommen.

Von Dirnbachs [Söhne und Familien der 1934 verstorbenen Schwester Babet] haben wir, seitdem auch Jugoslawien mit in den Krieg verwickelt worden ist, direkt nichts mehr gehört. In einem vor wenigen Tagen eingetroffenen Brief Sams stand, daß er zwar vor kurzem Nachricht erhalten hatte, daß dies aber keinerlei Rückschlüsse zuließe.

Wahrscheinlich war sie inhaltslos und beschränkte sich nur auf die Meldung, daß sie sich alle noch in Ihren Domizilen befinden. Ich rechne damit, daß auch ich in nächster Zeit ein Lebenszeichen erhalte und daß dies ein SOS-Ruf sein wird, weil ich es für ausgeschlossen halte, daß ihnen die Fortsetzung ihrer wirtschaftlichen Existenz auf die Dauer erlaubt werden wird. Leider haben auch hier meine frühen Warnungsrufe kein Echo gefunden, dabei ist die Entwicklung noch viel trauriger geworden, als ich in meinem damaligen Pessimismus ahnte.

Die Sperrung unserer Guthaben bedaure ich weniger in unserem Interesse, als in denjenigen der Vielen, die wir aus diesen Mitteln unterstützt haben. Wenn ich auch keine allzu große Hoffnung auf die Zurücknahme setze, so habe ich doch gegen die Maßnahme Einspruch erhoben, weil sie völlig grundlos ist. Es giebt und gab seit unserer Auswanderung keine Verpflichtung, die wir nicht erfüllt haben.

Anfang September wollen wir nach N. Y. zurückkehren und zwar wieder in das ›Croydon Hotel‹, dessen Adresse Dir ja bekannt ist.

Leschanno Taufo! [Gutes neues Jahr]

Viele herzliche Grüße von uns Beiden an Dich und Meier

Dein Wilhelm«

Nach seiner Emigration im Jahre 1934 hatte Wilhelm Kleemann ein Konto in Deutschland aufrechterhalten, um, wie er schrieb, noch viele Bedürftige unterstützen zu können. Auch dieses Konto unterlag seit Herbst 1938 einer Sicherungsanordnung, so dass das Guthaben nur noch sehr eingeschränkt verfügbar war.

Der zu Beginn seines Briefes erwähnte seelische Druck, unter dem Elise Grünbaum litt, hing mit der gespannten Atmosphäre in der »Pension Nussbaum« zusammen. Ihre finanziellen Probleme waren der Auslöser für den folgenden unerfreulichen Schriftwechsel zwischen den Pensionsinhabern Moses und Erna Nussbaum und Elise Grünbaum.

Am 3. September 1941 schrieb Moses Nussbaum:

»An die Eheleute Herrn und Frau Grünbaum *Hier*:

Ihre Zahlungsweise ist im letzten Monat am 10ten erfolgt, bis heute haben Sie auch noch nicht bezahlt, mache Sie höfl. darauf aufmerksam, daß ich meinen Verpflichtungen pünktlich nachkommen muß, und ich erwarte auch von Ihnen *pünktliche* Zahlung und zwar stets *spätestens am ersten* eines jeden Monats – jede Ausrede von Ihnen erübrigt sich, dies zu Ihrer Kenntnis!

Sie haben monatl. rückwirkend Getränkesteuer zu zahlen pro Kopf 78 Pfg., die Rechnung erfolgt anbei.

Mache Sie darauf aufmerksam, daß unsere Hausgehilfinen pro Zimmer MK 3,00 Bedienungsgeld erhalten, u. zwar für den ganzen Monat, was tägl. ca 10 Pfg Bedienungsgeld wäre!

Hochachtungsvoll!
für Erna Sara Nussbaum
Moses Nussbaum

April–Septbr. 1941

Getränkesteuer	
6 Monate à 1,56 MK	9,36
Abzügl. für Brotkarten	6,54
zu meinen Gunsten!	2,82 MK

den 3. Septbr.
Hier«

Elise Grünbaums Antwort auf diesen Brief blieb glücklicherweise erhalten, weil sie, auf der Rückseite eines Schreibens der »National Allgemeine Versicherungsgesellschaft« vom 06.01.1933, eine Kopie angefertigt hatte:

»H. u. Fr. N. Frankfurt

Wozu Ihre brieflichen Vorwürfe. Sie wissen ganz genau, daß die zu unserem Leidwesen eingetretene Verzögerung der Zahlung nicht unsere Schuld, sondern eine traurige Erscheinung der heutigen Zeit ist. Ich würde persönlich mit Ihnen sprechen, aber ich vertrage, als nahezu 82-jährige, entkräftete Frau Ihr aufregendes, wenig höfliches Benehmen nicht.

Sie haben uns durch Versprechungen aller Art hereingelockt mit der immer und immer wiederholten Versicherung, daß wir alten Leute es gut bei Ihnen haben sollten, daß wir uns bei Ihnen wohlfühlen würden und endlich satt würden, und zeigen beide nun das Gegenteil. Es waren uns noch schönere und billigere Zimmer angeboten worden, aber im blinden Vertrauen auf Ihre Versprechungen und aus Anstandsgefühl, weil Sie sich so viel Mühe gaben die polizeiliche Genehmigung zu erlangen, fühlten wir uns verpflichtet, zu Ihnen zu ziehen. Ich hatte ausdrücklich mit Ihnen vereinbart, wir wollen uns gegenseitig das ohnehin schwere Leben nicht noch mehr erschweren, sondern zu erleichtern suchen.

Daß Sie beide als Yehudim dies nicht beherzigen von zwei der Grube nahen, hochbetagten Greisen, versündigen Sie sich schwer. Ich habe letzteres in jeder Weise versucht, sparte Ihnen fast alle Arbeit und stellte doch wahrlich nie einen Anspruch außer dem einen, berechtigten, daß wir satt würden. Sie versagten uns, bei unzureichendem Mittagsmahl, das vorher verabreichte Stück Brot, ein andermal noch etwas Weißkraut, das es in Hülle und Fülle jetzt noch gibt, das Pfund zu 8 Pfennig. Sie haben nicht einmal den bescheidenen Wunsch des 80-jährigen Mannes erfüllt, ihm am Freitagabend ein bißchen warme Suppe zu verabreichen und erschweren ihm den seit seiner Kindheit gewohnten Synagogenbesuch, von Ihren unzähligen anderen Rücksichtslosigkeiten und Zurücksetzungen garnicht zu sprechen. Ich empfehle Ihnen, statt Ihrer schroffen schriftlichen Werke eine persönliche, versöhnliche, ruhige Aussprache. Sie sind bei mir jederzeit eines höflichen Empfangs sicher. Sie riskieren auch nicht, die Türe gewiesen zu bekommen, vor solch unerhörtem Benehmen schützt Sie meine gute Erziehung. Hochachtend

Frau E. S. G.«

In die nahegelegene Unterlindau 21/23 war der Jüdische Hilfsverein im Januar 1939 eingezogen. Einer der Räume diente der Jüdischen Gemeinde als Synagoge, in der freitagabends um 18 Uhr und samstagmorgens, 10.20 Uhr, Gottesdienste stattfanden. Für den gläubigen Meier Grünbaum war es ein kurzer Weg dorthin, doch nach den Äußerungen von Elise erschwerten ihm wahrscheinlich die festgesetzten Essenszeiten in der Pension den Besuch des Sabbat-Gottesdienstes.

Anders als seine zurückhaltende Frau Elise schrieb sich Meier Grünbaum auf einigen seiner vielen Klagezettel seinen Zorn von der Seele:

»Ach Leute ich bin ja so unglücklich Ihr glaubt es nicht. Ich glaube ich weiß es aber nicht. Es gibt kein unglücklicher Mensch. Ich bin hier, war erst im Altersheim, von da bin ich in einer Pension und da gefällt es mir so miserabel wie Ihr es Euch garnicht denken könnt. Mittags schicken sie ein bißchen Essen, das kann einer allein fressen. Es missfällt mir schrecklich hier Leute. Leute sagt mir, was soll ich anfangen, ich weiß mir keinen Rat.«

»Leute ich bin zu unglücklich, bin in einer Pension und muß Hunger und Kummer leiden.«

»Was mich das Mensch [...] schon geärgert hat, das spottet jeder Beschreibung. Sie ist eine Xantippe, der größte Teufel den ich mir nur denken kann. Ein böses, ein bitterböses Mensch ist sie.«

»Was ist das ganze Leben ein Unglück. Wenn man nicht

geboren wäre. Leute ich kann Euch sagen ich bin der todunglücklichste Mann Ihr glaubt es kaum. Pfui Leute, die Frau kann ich nicht leiden.«

Die Pension wurde offenbar mit harter Hand geführt. Die Ernährung der Pensionsinsassen, die ihre Marken zum Einkauf der Lebensmittel an Nussbaums abgeben mussten, war äußerst mangelhaft. Es wurden wohl nicht alle Möglichkeiten ausgeschöpft, die noch an Juden verkäuflichen Esswaren zu besorgen.

Bei dem Hunger, den Meier und Elise Grünbaum litten, ist es deshalb unverständlich, dass Elise Brot- und Lebensmittelmarken im Versteck zurückließ.

Zum Verständnis der ständigen Geldsorgen, die Elise Grünbaum wohl oft den Schlaf geraubt haben, fand ich eine Erklärung in der Devisenakte der Grünbaums.

Am 11.08.1941 schrieb Elise Grünbaum an die Devisenstelle S, Frankfurt a. M.:

»Das Bankhaus Gebr. Krier Wiesbaden hat Anfang August dieses Jahres eine Erhöhung von RM 100,– der seither RM 200,– betragenden Freigrenze, also jetzt RM 300,– monatlich bei Ihnen für uns beantragt, aber scheinbar Ihre Genehmigung noch nicht erhalten.

Gestatten Sie mir gütigst, die Gründe unseres leider dringend gewordenen erhöhten Anspruchs zu erläutern.

Als wir noch in Wiesbaden, Bismarckring 27 unseren Wohnsitz hatten, bewilligten Sie uns am 20. Febr. 1940 RM 250,–. Nach meiner Mitteilung, daß wir für unseren Lebensunterhalt nur RM 200,– bedürfen, wurde die Freigrenze auf diesen Betrag herabgesetzt.

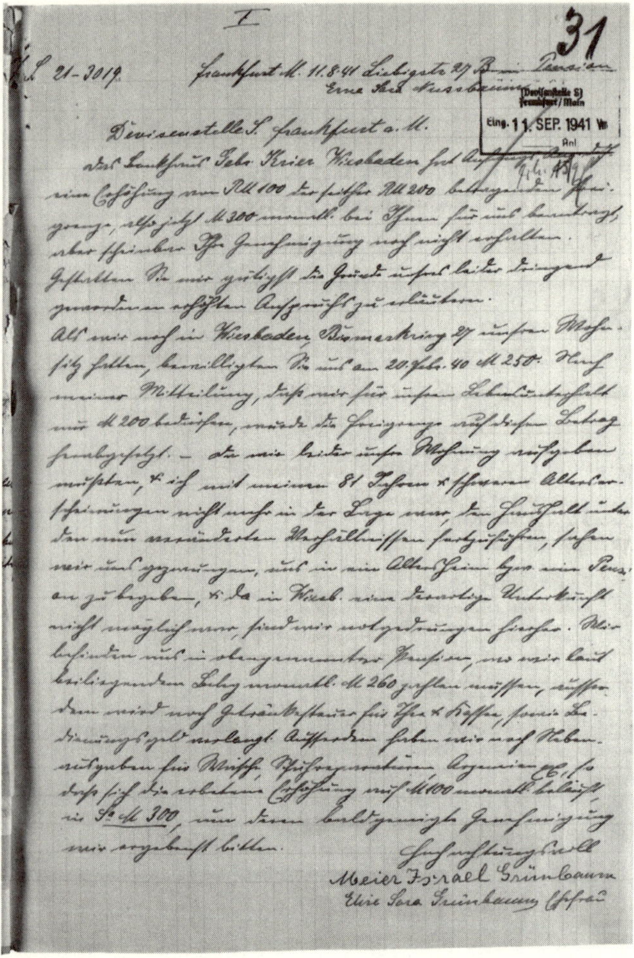

I

31

S 21-3019. Frankfurt/M. 11.8.41 Liebigstr. 27 Bei Pension Erna Asch Nussbaum

Devisenstelle S Frankfurt/Main Eing. 11. SEP. 1941 Anl.

Devisenstelle S. Frankfurt a. M.

Das Bankhaus Gebr. Krier Wiesbaden hat Auftrag eine Erhöhung von RM 100 der seither RM 200 betragenden Freigrenze, also jetzt M 300 monatl. bei Ihnen für uns beantragt, aber scheinbar Ihre Genehmigung noch nicht erhalten.

Gestatten Sie mir gütigst die Gründe unseres leider dringend gewordenen erhöhten Aufbrauchs zu erläutern.

Als wir noch in Wiesbaden, Bismarckring 27 unseren Wohnsitz hatten, bewilligten Sie uns am 20. Febr. 40 M 250.– Nach meiner Mitteilung, daß wir für unseren Lebensunterhalt nur M 200 bedürfen, wurde die Freigrenze auf diesen Betrag herabgesetzt. – Da wir leider unsere Wohnung aufgeben mußten, & ich mit meinen 81 Jahren & schweren Alterserscheinungen nicht mehr in der Lage war, den Haushalt unter den nun veränderten Verhältnissen fortzuführen, sahen wir uns gezwungen, uns in ein Altersheim bzw. eine Pension zu begeben, & da in Wiesb. eine derartige Unterkunft nicht möglich war, sind wir notgedrungen hierher. Wir befinden uns in obengenannter Pension, wo wir laut beiliegendem Beleg monatl. M 260 zahlen müssen, außerdem wird noch Getränkesteuer für Thee & Kaffee, sowie Bedienungsgeld verlangt. Außerdem haben wir noch Nebenausgaben für Wäsche, Schuhreparaturen, Arzneien etc., so daß sich die erbetene Erhöhung auf M 100 monatl. beläuft, in Sa. M 300, um deren baldgefällige Genehmigung wir ergebenst bitten.

Hochachtungsvoll

Meier Israel Grünbaum

Elise Sara Grünbaum Ehefrau

29 Schreiben von Elise Grünbaum an Devisenstelle Frankfurt, 11.8.41

Da wir leider unsere Wohnung aufgeben mußten und ich mit meinen 81 Jahren und schweren Alterserscheinungen nicht mehr in der Lage war, den Haushalt unter den nun veränderten Verhältnissen fortzuführen, sahen wir uns gezwungen uns in ein Altersheim bzw. eine Pension zu begeben, und da in Wiesbaden eine derartige Unterkunft nicht möglich war, sind wir notgedrungen hierher.

Wir befinden uns in obengenannter Pension wo wir, laut beiliegendem Beleg monatlich RM 260,– zahlen müssen, außerdem wird noch Getränkesteuer für Thee und Kaffee sowie Bedienungsgeld verlangt. Außerdem haben wir noch Nebenausgaben für Wäsche, Schuhreparaturen, Arzneien etc., sodaß sich die erbetene Erhöhung auf RM 100,– monatlich beläuft, in summa RM 300,– , um deren bald geneigte Genehmigung wir ergebenst bitten.

Hochachtungsvoll
Meier Israel Grünbaum
Elise Sara Grünbaum
Ehefrau«

Das Schreiben trägt den Eingangsstempel vom 11. September 1941, genau ein Monat nach Absendung!

Am 11. September 1941 wurden monatlich RM 300,– von der Devisenstelle genehmigt.

Es muss Elise Grünbaum unendlich viel Kraft gekostet haben, derart demütig um die Herausgabe des eigenen Geldes zu betteln.

Doch das Netz wurde noch enger geknüpft.

Die Polizeiverordnung vom 1. September 1941 lautete, dass Juden, die das sechste Lebensjahr vollendet hatten, ab dem 15. September 1941 in der Öffentlichkeit den »Judenstern« zu tragen hatten, wobei auch die Art der Anheftung an der Kleidung vorgeschrieben war.

Schon Ende Juni 1941 war verfügt worden, dass die Versorgung mit Seife und Rasierseife für Juden eingestellt wurde. Jüdische Männer sollten auch durch ihre Bärte als solche zu erkennen sein.

Da es für die jüdische Bevölkerung auch weder neue Kleidung noch Stoffe zu kaufen gab – ausgenommen war Arbeitskleidung, die vom Arbeitgeber beantragt werden musste –, waren sie auf den Markt für gebrauchte Kleidung angewiesen. Wie viel es da zu reparieren und zu stopfen gab, kann man sich heute gar nicht mehr vorstellen. Aber selbst das Nähmaterial war kontingentiert, vierteljährlich durfte solches nur bis zu einem Betrag von 20 Reichspfennigen eingekauft werden.

Die jüdische Kultusvereinigung, Jüdische Gemeinde Frankfurt a. M., versandte am 13. August 1941 die »*Bekanntmachung Nr. 21*:

1. *Ausgabe von Nähmittelbezugscheinen für das 3. Vierteljahr 1941.*

Die Ausgabe von Nähmittelbezugscheinen für das 3. Vierteljahr 1941 erfolgt für die Buchstaben

A–F	vom	18.8.	bis einschl.	29.8.1941
G–L	«	1.9.	«	10.9.1941
M–R	«	11.9.	«	19.9.1941
S–Z	«	22.9.	«	30.9.1941

für Nachzügler vom 1.10. bis einschl. 4.10.1941

Hebelstraße 15/19, jeweils von Montag bis Freitag von 8–13 Uhr

Nach Ablauf dieser Zeit werden für das 3. Vierteljahr 1941 keinerlei Nähmittelbezugscheine mehr verausgabt. Lebensmittelpersonalausweis ist vorzulegen, da sonst keine Abfertigung erfolgt.

Eine Person kann immer nur für höchstens 2 Personalausweise (d. h. für 2 verschiedene Familien) Nähmittelbezugscheine in Empfang nehmen. Jeder Beauftragte muß über die Personen, für die er die Nähmittelbezugscheine in Empfang nimmt, eingehend Auskunft erteilen können.

Die zuständige Stelle macht darauf aufmerksam, daß bei Anträgen auf *Arbeitsschuhe und Arbeitskleidung* eine Bescheinigung des Arbeitgebers beizufügen ist, aus der vor allem die Dringlichkeit der beantragten Arbeitskleidung, sowie die Beschäftigungsart ersichtlich ist.

2. *Möbel- und Kleiderkammer.*

Unsere Möbelkammer benötigt laufend eine größere Anzahl an Betten und anderem Mobiliar. Wir bitten, entbehrliche Gegenstände dieser Art – evtl. gegen Bezahlung – uns zur Verfügung zu stellen. Auch unsere Kleiderkammer braucht dringend Ober- und Unterkleidung sowie Schuhwerk. Für deren Ueberlassung wären wir dankbar. Anfragen wegen Abholung usw. sind zu richten an unsere Kleiderkammer, Hebelstraße 15/19, Fernspr. 54 982.«

Zu der Angabe der Fernsprechnummer ist zu bemerken, dass Hilfsorganisationen noch über Telefone verfügen durften.

Dass Juden in der Öffentlichkeit armselig und ungepflegt aussehen sollten, war Absicht. Die in der Hetzpropaganda der Reichsregierung als »Untermenschen« bezeichneten Juden sollten durch »Aushungerung« auf allen Gebieten des täglichen Lebens auch als solche erkennbar sein. Insbesondere die Tatsache, dass es Juden waren, die die geistige wie wirtschaftliche Elite darstellten, sollte aus dem Gedächtnis des Volkes getilgt werden.

Meier und Elise Grünbaum litten nicht nur unter den Demütigungen, die die täglichen Lebensbedingungen in so entwürdigender Weise prägten, sie litten auch unter dem barschen Ton, der in der »Pension Nussbaum« offenbar an der Tagesordnung war.

Elise hatte vermutlich in der Nachbarschaft ihr Leid geklagt, in der Hoffnung eine andere Pension zu finden, denn am 27.09.1941 meldete sich Herr Hermann Jacob vom Baumweg 52 in Frankfurt:

»Sehr geehrter Herr und Frau Unbekannt!

Von befreundeter Seite in der Wiesenau wurde mir heute mitgeteilt, daß Sie eine Pension suchen, leider konnte man aber Ihren werten Namen nicht mehr ermitteln und versuche ich auf diese Weise mein Schreiben in Ihren Besitz zu bringen, was mir hoffentlich gelingt. Wenn Sie ernstlich eine gute und behagliche Pension mit einer für heute noch recht guten Verpflegung suchen, dann bitte ich Sie sich mit mir in Verbindung zu setzen, mich evtl. nach Erhalt dieses Schreibens im Laufe des Tages zu besuchen. Mit vorzüglicher Hochachtung!

Hermann Jacob«

Hermann Jacob, am 19.03.1876 in Köln geboren, war für die Firmen Rosenberg in Frankfurt und Loewenberg in Berlin als Vertreter für Kinoreklame tätig.

Zusammen mit seiner Ehefrau Frieda wurde er am 1. September 1942 mit dem Zug »DA 509«, Transportnr. XII/2, nach Theresienstadt deportiert. Hermann Jacob wurde weiter verschleppt nach Majdanek und dort ermordet. Seine Frau

Frieda kam nach Auschwitz. Sie überlebte diese Hölle und wurde am 19. Januar 1945 befreit. Im Jahre 1946 wanderte sie in die USA aus.[38]

Meier und Elise Grünbaum hatten das Angebot von Herrn Jacob nicht wahrgenommen, warum, weiß man nicht. Sie blieben in der »Pension Nussbaum« und lebten zunehmend von der Außenwelt isoliert.

Seit September 1941 durften öffentliche Verkehrsmittel nur dann benutzt werden, wenn es noch Platz gab, keinesfalls zu den Hauptverkehrszeiten. Sitzplätze durften Juden nur einnehmen, wenn andere Reisende nicht mehr standen.

Zum Verlassen ihres Wohnorts benötigten sie eine polizeiliche Erlaubnis, die für Wochenenden und Feiertage nicht erteilt wurde. Märkte und Messen durften sie nicht mehr besuchen.[39]

Am 24.10.1941 klagte Meier Grünbaum:

»Meine Lieben ich kann Euch schreiben der brave Mann ist sehr unglücklich. Ihr glaubt es nicht. Er ist von Wiesbaden nach Frankfurt a/M gezogen und da kann er sich garnicht eingewöhnen. Also ich kann Euch sagen, er kann sich garnicht zufrieden geben. Warum ist der Mensch auf der Welt und muß so viel durchmachen.«

Später schrieb er: »Leute ich habe so Herzweh, Heimweh nach Wiesbaden. Ihr glaubt es mir nicht. Ich bin so missgestimmt Leute.«

Im November 1941 waren die in jüdischen Haushalten befindlichen elektrischen Geräte anzumelden.

Schreibmaschinen, Fahrräder, Fotoapparate und Ferngläser mussten abgegeben werden, auch die Benutzung öffentlicher Fernsprechzellen wurde Juden verboten.[40]

Wilhelm Kleemanns letzter Brief an seine Schwester, der im Versteck gefunden wurde, trägt das Datum vom 06.11.1941 und kam aus New York. Leider ist ein wichtiger Teil durch Wasserflecke zerstört, Rekonstruktionsversuche sind mit (?) gekennzeichnet.

»Liebe Elise! Die Nachrichten, welche in den letzten Wochen von Europa hierher drangen sind leider so traurig geworden, daß ich mit einem gewissen Angstgefühl die Feder ergreife. Ich weiß wohl nichts genaues, muß aber aus der Form der telegrafischen Hilferufe, die wir bekommen, folgern, daß in verschiedenen Städten eine Evakuierungsbereitschaft von ähnlicher Weise auf [...] sich entwickelt hat [...] nach Abgeklärtheit und sträubst Dich gegen [...] eine Auswanderung (?) [...] die Verhältnisse könnten aber doch eine Änderung dieser [...] Meinung (?) gebracht haben, weshalb ich für diesen Fall erklären möchte, daß ich selbstverständlich bereit bin Euch zu helfen, soweit das nur in meiner Macht steht. Im Augenblick scheint Cuba das einzige Land zu sein, welches als Exil in Frage kommt. Die Nachfrage dahin ist darum auch so ungeheuer, daß man auch da ein [...] befürchtet.

Dieses Problem beschäftigt meine Gedanken und läßt keine frohe Stimmung aufkommen. Dabei hätte ich sonst keinen Grund zur Klage. Wir sind alle gesund und gehen unseren gewohnten Beschäftigungen nach, von denen die meinigen eigentlich nur in der Pflege unserer allerdings ausgedehnten Korrespondenz besteht.

Lucies häusliche Wirtschaftsarbeit ist dadurch gewachsen, daß seit 1/2 Jahr die Schwester unseres Schwiegersohns bei uns wohnt, die hier die Fabrikation von Chocolade fortsetzt, wie sie dies 15 Jahre lang in Berlin betrieben hat. Das hiesige Stadium befindet sich allerdings noch in einem winzigen Zustand und es wird, selbst wenn man Glück hat, lange dauern, bis ein Verdienst entsteht. Wir arbeiten aber alle mit und hoffen eben, daß wir es schaffen. Gerade gestern brachte Ruth uns ihre Zwischenzensur, aus der wieder hervorgeht, daß sie auch jetzt in der höheren Klasse die beste Schülerin ist. Oft schaue ich zu, wenn sie zuhause oder bei uns die Schularbeiten macht und schüttele dann mein Haupt, weil ich die hiesigen Methoden nicht verstehe. In einzelnen Fächern werden an die jungen Dinger Ansprüche gestellt, die diese kaum erfüllen können, und bei anderen wiederum wird mit der primitivsten Auffassung gerechnet. Überall eben, auch bei geographischen und geschichtlichen Dingen, herrscht der Gedanke, die Kinder geschäftlich praktisch zu erziehen. Ein typisches Beispiel ist mir gerade gestern aufgefallen, als mir Ruth erzählte, daß sie im Augenblick Frankreich als geographisches Thema zu lernen hätte. Da muß sie in erster Linie wissen, dass Frankreich ein berühmtes Weinland sei, das jährlich für so und so viel Geld Wein exportiert und daß, wenn der ganze Wein im eigenen Land getrunken werden müßte, so und so viel auf den Kopf der Bevölkerung entfällt. Very interesting!

Mit Deinem Verwandten sind wir in den letzten Monaten nicht zusammengekommen. Ich hoffe aber, daß wir im Winter die Verbindung wieder aufnehmen werden [...] und freue mich sehr damit, weil er ein kluger und braver Mensch ist, mit dem man gern Gedanken austauscht. In seinem Bestreben, noch dort befindliche Lieben herauszubringen ist er von einer rührenden [...] Einsatz (?) freudigkeit. Daß er je ein smarter Amerikaner wird glaube ich nicht, dazu wurzelt seine Kraft zusehr in der einstigen Welt, aber die Kinder sind es heute schon und es ist ganz interessant zu beobachten, wie das Mädel schon äußerlich ganz amerikanisch aussieht. Durch die hiesige vorteilhafte Mode wirkt sie umso reizvoller, zumal sie anscheinend auch bereits die künstlichen Verbesserungsmittel genau kennt [Brigitte, die Tochter Max Steins, war 20 Jahre alt].

Neulich meldete sich bei uns eine mir bisher unbekannte Tochter unseres verstorbenen Vetters Siegfried Mayer, früher Nürnberg, ohne daß ich inzwischen feststellen konnte, welche Gründe diese Auffrischung hat. Immerhin ist Fräulein Mayer ein gut aussehendes sympathisches Mädchen von etwa 25 Jahren. Außerdem lebt hier eine Cousine von ihr, Frau Bas oder Bast, früher München. Die beiden Töchter von ihr, eine davon war Opernsängerin in Berlin, haben uns ebenfalls schon wiederholt besucht. Wer weiß, was an Verwandtschaft noch hier, im Schoß dieses großen Landes, schlummert. Jedenfalls sind einige Kleemanns da, die aus Werneck [dem Geburtsort von Wilhelms Vater] stammen, von denen ich aber bisher nur einen Einzigen flüchtig getroffen habe. Es hat auch keinen Zweck, aus irgendeinem Traditionsgefühl Familiengeschichte hier zu machen, denn ich bin von vornhinein überzeugt, daß sich daraus doch keine nähere Beziehung entwickelt. Mir ist mein geselliger Verkehr im übrigen schon jetzt zu groß und ich kann ihn nur deshalb einigermaßen pflegen, weil die meisten Bekannten liebenswürdigerweise zu mir kommen, ohne beleidigt zu sein, daß wir die Besuche nur selten erwidern. Ich entschließe mich halt nicht leicht, einer Plauderstunde wegen immer Reisen machen zu müssen, die die gleiche Zeit in Anspruch nehmen, wie etwa von Frankfurt nach Wiesbaden.

Daß die Auflösung des 50-jährigen Haushalts in Wiesbaden nicht nur von Wehmutsempfindungen erfüllt, sondern auch sehr anstrengend war, kann ich mir denken. Es wird Dir deshalb vielleicht wohltun, wenn Du jetzt, was ich allerdings nicht weiß, sondern nur hoffe, nicht mehr selbst zu wirtschaften hast. Du wirst lächeln wenn ich Dir sage, daß ich mich hier außerordentlich rege an der Küchenarbeit beteilige, allerdings läßt man mich nur zum Abtrocknen der [...] zu und das verstehe ich schon mindestens so gut wie einstmals [...] Beruf. Morgen will ich helfen Mazzenklöße zu machen da es Sauerkraut und Rindfleisch geben soll. [...] Immer wenn es dieses Gericht gibt [...] denke ich an unsere Mutter, die darin Meister war. [...] befindet sich, nebenbei bemerkt auch hier [...] auf Rosen gebettet und ich höre nur ab und zu [...] jetzt die Notrufe von den beiden Dirnbach-Familien gekommen, die bekanntlich in Jugoslawien leben und dort sehr gefährdet zu sein scheinen. Das macht mir große Sorgen, zumal mit dem Herausbringen dieser 7 Köpfe das Problem noch keineswegs gelöst ist. Männer über 50 finden hier keine Existenz mehr wenn [...] sie nicht über ausreichende (?) Mittel verfügen und von den Kindern ist nur ein Sohn soweit, daß möglicherweise etwas verdient werden kann. [...] Leider (?) [...] ist das Geld, das ich Albert einmal gab um sich an einem Geschäft zu beteiligen, verloren gegangen, und das waren damals bereits Devisen, die jetzt gute Dienste leisten könnten. Meine Bemühungen, aus unserem Sperrguthaben weiter Unterstützungen vornehmen zu können, haben leider keinen Erfolg gehabt. Darunter müssen auch unsere ehemaligen Hausangestellten leiden, denen ich großzügigerweise eine Art Pension ausgesetzt hatte.

Die Erholung, die wir in der Sommerfrische gefunden haben, ist infolge all der Sorgen, die man sich machen muß, zum größten Teil wieder verschwunden. Ich trage mich deshalb mit der Absicht, erneut zu verreisen und an einem windgeschützten Ort in den Wäldern von New Jersey Kraft zu sammeln für den Winter, der für alte Leute hier deshalb nicht ganz ungefährlich ist, weil strenger Frost und wilde Schneestürme rasch zu wechseln pflegen mit feuchter Wärme und häßlichen Winden. Herzlichste Grüße von uns an Dich und Meier. Dein Wilhelm«

Ab November 1941 hatte Wilhelm Kleemann wahrscheinlich keine Wege mehr gefunden, über die sich Briefe nach Frankfurt senden ließen. Die Kontakte zwischen den Geschwistern mussten sich auf wenige Worte beschränken, die das Rote Kreuz übermittelte. Eine solche Karte wurde nicht gefunden.

Elise und Meier Grünbaum hatten, das geht noch einmal deutlich aus Wilhelm Kleemanns Brief hervor, nie die Absicht auszuwandern. Genau wie unzählige andere deutsche Juden konnten sie sich nicht vorstellen, ihre Heimat zu verlassen. Genauso wenig, wie sie sich vorstellen konnten, dass die »Umsiedlungen« in den Osten nichts anderes als millionenfachen Mord bedeuteten.

Für alte, arme und kranke Juden war von vornherein an Auswanderung nicht zu denken. Wie sollten sie im Ausland existieren ohne eine Erwerbsmöglichkeit, ohne Sprachkenntnisse, ohne die Kraft, sich völlig neu zu orientieren? Ganz zu schweigen von den Strapazen der Reise, die viele nicht lebend überstanden hätten.

Elise Grünbaum war realistisch, war, sicher auch durch den schweren Verlust ihrer beiden Kinder, zur fatalistischen Annahme ihres Schicksals bereit.

Doch wie oft mag sie die Briefe ihres geliebten Bruders gelesen haben, der aus einer Welt berichtete, die ihr verschlossen war, dem es vergönnt war, ein normales freies Leben zu führen, wenn es auch belastet war durch die Sorge um die in Deutschland zurückgebliebenen Verwandten, vor allem die Geschwister Elise und Samuel mit ihren Ehepartnern, deren Leben fast unerträglich geworden war.

Ende Oktober 1941 wurde die Auswanderung von Juden aus Deutschland für die Dauer des Krieges verboten.

Im Dezember 1941 scheint Meier Grünbaums Vorrat an Rasierseife aufgebraucht gewesen zu sein und Elise konnte wohl auch auf Umwegen keine mehr organisieren. Am 19.12.1941 wandte er sich deswegen an die Jüdische Gemeinde Frankfurt und erhielt postwendend Antwort:

»Herrn Meier Israel Grünbaum, Liebigstr. 27B, Frankfurt a. M.

Im Besitz Ihrer Zuschrift vom 19. ds. teilen wir Ihnen mit, daß wir Ihnen eine Bezugsquelle für Bartpulver nicht zu nennen vermögen, daß Sie jedoch in der Friseurstube der Jüdischen Kultusvereinigung, Seilerstr. 8 trocken rasiert werden können. – Jüdische Kultusvereinigung Jüdische Gemeinde Frankfurt a. M. E. V. Abt. Wohlfahrtspflege

Frankfurt a. M., den 20.12.1941«

Dass der entkräftete Meier Grünbaum den weiten Weg oft auf sich nahm, um sich der unangenehmen Prozedur zu unterziehen, ist kaum vorstellbar.

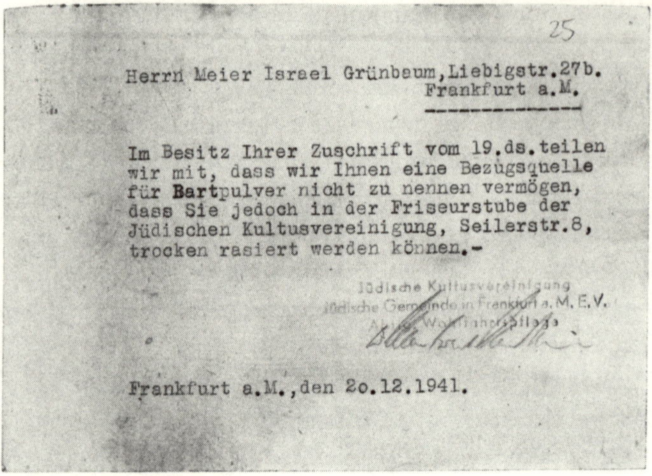

25

Herrn Meier Israel Grünbaum, Liebigstr.27b.
Frankfurt a.M.

Im Besitz Ihrer Zuschrift vom 19.ds. teilen wir mit, dass wir Ihnen eine Bezugsquelle für Bartpulver nicht zu nennen vermögen, dass Sie jedoch in der Friseurstube der Jüdischen Kultusvereinigung, Seilerstr.8, trocken rasiert werden können.-

Jüdische Kultusvereinigung
Jüdische Gemeinde in Frankfurt a. M. E.V.

Frankfurt a.M., den 20.12.1941.

30 Jüdische Kultusvereinigung an Meier Grünbaum, 20.12.1941

Am 05.01.1942 wurde vom Reichssicherheitshauptamt eine »Sammelaktion für die Ostfront« verfügt:

Juden, die in der Öffentlichkeit den Judenstern tragen müssen, haben bis zum 16.01.1942 die in ihrem Besitz befindlichen Pelz- und Wollsachen sowie Skier, Ski- und Bergschuhe abzuliefern. Die Ablieferung erfolgt über die örtlichen jüdischen Vertrauensmänner der Kultusvereinigungen an die Polizeibehörden; Vergütung wird nicht gewährt.

Die Ablieferung dieser Kleidungsstücke wird von den Juden freiwillig erwartet, um Hausdurchsuchungen zu vermeiden.

Am 15.01.1942 liefern Grünbaums Folgendes ab:

1 Frauenpelzmantel, 1 Herrenpelzkragen, 1 Paar wollene Strümpfe, 1 Paar Herrenpelzstulpen, Frauenpelzkrägelchen, quittiert von der Jüdischen Kultusvereinigung.

Die Jüdische Winterhilfe hatte bereits 1938/39 zu Spenden

aufgerufen. Vom 01.12.1940 und vom 01.01.1941 liegen zwei Quittungen über jeweils RM 2,– vor.

Bei einer früheren Spende an die Kleiderkammer der israelitischen Kultusgemeinde Wiesbaden (1940?) hatte Elise Grünbaum schon abgegeben:

1 Decke, 1 Schürze, 1 Frauenhose, 1 Nachtjacke, 1 Schal, 2 Paar Damenstrümpfe, 1 Paar Herrenhandschuhe, 1 Paar Pulswärmer, 1 Paar Damenschuhe, 1 Kindermütze.

Der Winter 1941/42 war extrem kalt, in Frankfurt waren zeitweise Temperaturen von minus zwanzig Grad gemessen worden. Jüdische Wohnungen blieben ungeheizt, da die Brennstoffversorgung für Juden empfindlich eingeschränkt war, nur Krankenhäuser und Altersheime erhielten noch eine geringe Menge von Kohlen und Briketts, an denen absoluter Mangel herrschte.

Ich erinnere mich, dass ich in diesem Winter oft ein Brikett, ein länglich geformtes Stück Presskohle mit höherem Brennwert, zur Schule mitbringen musste, um das Klassenzimmer zu heizen. Trotzdem saßen wir während des Unterrichts meistens im Mantel in den Bänken.

Juden aber saßen unterernährt und frierend in ihren eiskalten Behausungen, ohne sich durch entsprechende Kleidung schützen zu können. Alles, was dringend gebraucht worden wäre, um sich etwas zu wärmen, hatten sie abliefern und damit ein schweres Opfer bringen müssen.

Von ihrem schon öfter erwähnten jüngeren Bruder Dr. Samuel Kleemann hat Elise nur zwei Briefe aufbewahrt. Den ersten Brief schrieb er am 07.03.1942 aus Köln:

»Liebe Schwester! Ich war natürlich darauf gefaßt, daß ich zu meinem Geburtstag nur von ganz Wenigen aus der Familie hören würde. Leben sie ja fast alle im feindlichen Ausland! Daß ich aber von Dir keine Zeilen erhielt, berührte mich schmerzlich und ich kann mir nur denken, daß Du leider vielleicht durch Unwohlsein verhindert warst, mir zu schreiben. Ich wäre Dir sehr dankbar, wenn Du oder Meier mir recht bald hierüber Nachricht geben wolltest. Sollte ich mich täuschen, umso besser dann.

Seit dem 15. Januar sind wir, Erna, mein Schwager [Ehefrau Erna und ihr Bruder Albert Wolff] und ich, zusammen auf einem kleinen Zimmer im Jüdischen Altersheim, Köln, Beethovenstraße 16 untergebracht. Das eigene Haus mußten wir verlassen. Wir sind natürlich sehr beengt, aber verhältnismäßig zufrieden. Vor Allem ist's im Heim sehr sauber.

Nun hoffe ich, recht bald von Euch zu hören und begrüße Euch herzlichst Dein treuer Sam«

Durch den Eintritt der USA in den Zweiten Weltkrieg wurde auch Amerika, neben England, zum feindlichen Ausland erklärt und der Briefverkehr beschränkte sich auf vorgedruckte Karten, die fünfundzwanzig neutrale Worte enthalten durften und die durch das Rote Kreuz versandt wurden.

Das erwähnt Samuel Kleemann in seinem zweiten Brief, den er seiner Schwester am 25.03.1942 zu ihrem Geburtstag am 27.03. schrieb.

Beide konnten ihren Geburtstag, selbst wenn sie das Geld gehabt hätten, nicht mit Kaffee und Kuchen feiern, denn die nächste Schikane ab Mitte Februar 1942 besagte, dass Bäckereien und Konditoreien keinen Kuchen mehr an Juden verkaufen durften.

Samuel schrieb an Elise:

»Liebe Elise! Zu allererst übe ich die seit so vielen Jahren geübte Gewohnheit und gratuliere Dir, herzlich wie immer, zu Deinem 83. Wiegenfest. Ich habe so im Geheimen ganz besonders innige Wünsche für Dich, die ich wohl garnicht erst auszusprechen brauche. Hoffentlich bleibst Du weiter wohlauf im hohen Alter. Was mich betrifft, so bin ich eigentlich gesund, aber seit mehr als einem halben Jahr quält mich ein Ekzem an den Beinen, ähnlich wohl dem, an welchem unsere Mutter so lange litt und das nicht gefährlich und nicht gerade schmerzhaft ist, wohl aber sehr lästig durch ein feuriges Jucken ist. Ich bin in Spezialbehandlung eines Hautarztes, neige ohnehin zur Nesselsucht. Wir probieren, mir scheint, alle existierenden Salben, Schmieralien (?) und Einspritzungen, ohne Erfolg und sind nun endlich bei Röntgen-Bestrahlungen angelangt, die nun gute Aussichten auf Erfolg eröffnen. 2 Bestrahlungen hatte ich schon und es ist eine sehr erfreuliche Besserung schon bemerkbar. Nach 12-tägiger Pause bekomme ich morgen, im Jüdischen Krankenhaus, die dritte und letzte Bestrahlung, von der ich mir den Endsieg erhoffe. Und nun zur Beantwortung Deines ausführlichen, sehr interessanten Briefes.

Natürlich hatte ich bei der Post meine Wohnungsänderung gemacht, aber das viele Aushilfspersonal ist unzuverläßlich und daß Dein Brief an mich zurückkam war nicht der einzige Fall. Inzwischen hörte ich von anderer Seite das Gleiche. Ich war aber, ohne die Gratulation von Dir, in Unruhe und besorgt um Dich und darum glücklich, nun von Dir zu hören. Was ich aber alles hörte, war nicht sehr erfreulich, z. B. daß Ihr Hunger und Kälte ertragen mußtet. Unsere Bude war im Vergleich zu anderen im Hause mäßig warm und gefroren haben wir eigentlich nicht, wohl aber stehen wir manchmal ungesättigt vom Mittagstisch auf und helfen dann im Geheimen mit einem Stück Brot, das wir für erbettelte Brotmarken kaufen, nach. Unser Heimlichtun ist ein tüchtiger, aber unbeschreiblich grober Kerl (?), weniger uns gegenüber als Anderen. Daß Ihr das Altersheim verlassen habt und überhaupt verlassen konntet, hat mich sehr überrascht. Hier wär' so was nicht möglich. Kein Jude ist mehr privat untergebracht. Entweder im Krankenhaus oder in einem der zum Teil neu gegründeten Heime, oder in den Forts oder Baracken. Das Heim hat da immer noch den Vorzug.

Die Gesellschaft hier ist eigenartig, fast lauter alte Leute zwischen 70 und 95, zum Teil krank oder kränklich, meist zänkisch. Erna muß in der Haushaltung mithelfen, Geschirr waschen, Tisch decken, Kartoffeln schälen. Glücklicherweise haben wir hier in unserem Heim, dank der Tüchtigkeit des Leiters, noch Kartoffeln. Unsere traurigen Kollegen in den anderen Anstalten jammern bereits über Mangel und die vielen frommen, zum Teil überfrommen Juden reden heute nur davon und namentlich von Pessach und von den fehlenden Mazzes. Die Sorgen kümmern uns nicht. Etwas lästig ist nur das Mitanhören von Benschen, Kiddosch, Haftalach [Hawdala], Dinge, die ich seit meiner Kindheit nicht mehr geübt oder gehört habe. Ich drücke mich darum wo ich kann.

Von den Dirnbachs habe ich schon lange nichts mehr gehört. Von Albert seit dem Krieg überhaupt nichts; er ist ja in Belgrad, nachdem er geschäftlich in Laibach Fiasko bei einem chemisch technischen Unternehmen gemacht hatte, mit Wilhelms Geld, das ich gleich am Anfang ungünstig beurteilte. Hermann und dessen Sohn Hans sind von Agram weg in ein Konzentrationslager gekommen, nachdem man sie aus ihrem sich gut entwickelnden Geschäft herausgeworfen hatte. Das schrieb mir Else [die Ehefrau von Hermann Dirnbach] einmal direkt, ich antwortete ihr damals auch, hörte aber nichts mehr. Wilhelm schrieb ich vor einigen Wochen durch das Rote Kreuz. Es wird noch Monate dauern, bis er meine fünfundzwanzig neutralen Worte hört oder auch nicht hört und weitere Monate, bis ich darauf wieder eine Antwort von fünfundzwanzig Worten bekomme. Genau so, wie wir's nun haben, habe ich mir meinen Lebensabend vorgestellt!!

Du erwähnst in Deinem Brief Jenny Gröschel, verh. Frau Abraham. Diese ist mit den meisten anderen Forchheimern längst in Litzmannstadt. Es sollen nur noch 7 jüdische Seelen in Forchheim sein. Vor etwa 1 Jahr schrieb ich Jenny Gröschel, da ich hier einen Vetter von ihr aus Bayreuth kenne, und sie antwortete mir damals in einem recht netten Schreiben und teilte mir dann vor Allem mit, daß unser Wohnhaus [die Forchheimer Synagoge] auch nicht mehr existiere und dasselbe Schicksal erlitt wie überall. In letzter Zeit hat sich eine kleine Korrespondenz entwickelt zwischen mir und G. Josef Aufseeßer Nürnberg und auch der Frau Betty Priester geb. Zeiller, der ich zum Tod ihres Bruders, des verwachsenen Hermann, kondoliert hatte. Mit einigen Fürthern und Münchnern korrespondiere ich ebenfalls in mäßigem Umfang. Von überall kommen die gleichen, tieftraurigen Nachrichten. Jeder hat sein Leid und trägt schwer daran. Keinem ist zu helfen.

Habe ich Dir geschrieben, daß meine Schwägerin Bethy [Betty] Hellmann in Luxemburg gestorben ist? Sie hatte doch 3 Söhne. Der Älteste, Otto, ein Tunichtgut in frühester Jugend, hatte es durch enormen Fleiß und durch eine ebenso enorme Schachergabe zu einem ganz guten Geschäft in Buenos

Aires gebracht, starb aber vor etwa 6 Jahren, eine christliche Frau und 1 Töchterchen hinterlassend. Der jüngste Sohn von Bethy Hellmann, Ernst, war ein übler Junge. Er war eigentlich die Ursache, weshalb ich seinerzeit mein Heim in Fürth für immer verließ. Er ist, noch zu Lebzeiten des Bruders Otto, nach Buenos Aires, Otto nahm ihn aber nicht in's Geschäft auf. Der mittlere Sohn von Bethy Hellmann, Richard, der im Weltkrieg ein Auge verlor war Buchhändler in Freiburg i. Br.

Es glückte ihm, mit seiner arischen Frau und 2 Kindern nach der Umstellung [Beginn der Verfolgung] nach Luxemburg zu kommen, wohin ihm seine Mutter nachfolgte. Bethy mußte vor Monaten in ein jüdisches Heim, wo sie starb. Richard mußte sein Geschäft der Frau übertragen und jetzt sagt die Behörde, die Frau dürfe das Geschäft nicht mehr weiterführen, wiewohl sich ihr Mann von ihr getrennt hat. Sie müßte sich scheiden lassen. Nun genug!

Herzlichen Glückwunsch und herzliche Grüße auch für Meier

Dein treuer Sam.«

Wie viele tragische Geschichten birgt dieser letzte Brief, den Samuel Kleemann seiner Schwester Elise Grünbaum schrieb. Wie unendlich viel Leid war zwischen den Zeilen herauszulesen. Und doch, die kurze Beschreibung der dramatischen Geschehnisse ließ auch ein Rückwärtsschauen zu, ließ Erinnerungen wach werden an erfüllte menschliche Beziehungen und Freundschaften, die über Jahrzehnte lebendig geblieben waren.

Über die in den Briefen erwähnten Jugendfreundinnen aus Forchheim, Jenny Gröschel und Betty Priester, und über

Samuels Freund Josef Aufseeßer gibt es nur Trauriges zu berichten.

Jenny Gröschel, geb. am 08.02.1877 in Forchheim, war die Tochter des Textilkaufmanns Philipp Gröschel, geb. am 31.08.1847, Inhaber eines eleganten Stoff- und Damenkonfektionsgeschäfts in Forchheim, und seiner Ehefrau Adelheid geb. Rosenbaum.

Sie heiratete Leo Abraham, geb. am 08.01.1875 in Hohenhausen, Verw. Bezirk Brake. Nach dem Tod von Philipp Gröschel am 16.03.1912 führte dessen Sohn Bernhard, geb. 1878, gemeinsam mit seinem Schwager Leo Abraham das Geschäft weiter bis zur »Arisierung«.

In der Pogromnacht am 09./10. November 1938 wurden Leo Abraham und Bernhard Gröschel in das Konzentrationslager Dachau verschleppt und kehrten, nach qualvollen Wochen, Mitte Dezember nach Forchheim zurück.

Das Geschäft war inzwischen »arisiert« und wurde ab dem 21. November 1938 unter dem Namen »Deutsches Geschäft« von Albert Krannich weitergeführt.

Bernhard Gröschel gelang 1939 die Flucht nach New York.

Jenny und Leo Abraham hatten ihre Ausreisevisa nicht mehr erhalten und mussten in das Judenhaus am Paradeplatz 4 umziehen. Von dort wurden sie am 27.11.1941, zusammen mit sechs weiteren Forchheimer Juden, auf einem offenen LKW abtransportiert.[41] Im Sammellager Nürnberg-Langwasser trafen sie mit Juden aus Nürnberg, Würzburg, Bamberg, Bayreuth, Coburg, Erlangen und Fürth zusammen.

Der Deportationszug »DA 32«, ein Personenzug 3. Klasse, verließ den Bahnhof Nürnberg-Märzfeld am 29.11.1941 in Richtung Riga in Lettland. Die 1008 aus Nürnberg und

31 + 32 Jenny geb. Gröschel und Leo Abraham

Mainfranken Deportierten waren die ersten deutschen Juden, die am 02.12.1941 auf dem »Jungfernhof« eintrafen, einem völlig heruntergekommenen Gut außerhalb der Stadt. In unbeheizbaren Holzscheunen und Ställen waren mehrstöckige Holzpritschen aufgestellt worden, auf denen die Opfer sich, eng zusammengepfercht, einrichten mussten.

In dem Lager herrschte ein unbeschreibliches Elend. Hunderte der Deportierten verhungerten und erfroren im Winter 1941/42.[42]

Jenny und Abraham Gröschel sind wahrscheinlich nach Polen weiter transportiert worden. Laut »Theresienstädter Gedenkbuch« sind sie in Litzmannstadt (Łódź) verschollen.[43]

Betty Priester geb. Zeiller, geb. am 21.05.1863 in Forchheim, entstammte einer alteingesessenen Familie.[44] Über ihr Leben ist leider nichts bekannt. Sie wohnte in Nürnberg, Adresse unbekannt.

Nach einem schweren Bombenangriff am 28.08.1942 musste sie in das Altersheim Johannisstraße umziehen, um dort ihre Deportation zu erwarten. Am 10.09.1942 wurden

33 Deportation der Forchheimer Juden am 27.11.1941,
rechts oben Leo Abraham

533 Juden aus Nürnberg mit dem Sonderzug »DA 512« (II/25) nach Theresienstadt deportiert.[45] Eines der unglücklichen Opfer war Betty Priester. Sie starb dort am 11.02.1943.

Josef Aufseeßer, geb. am 21.04.1864 in Haßfurt/Unterfranken, war möglicherweise ein Studienfreund von Samuel Kleemann. Er lebte in Nürnberg, wo leider weder über seine Lebensumstände noch über seinen Beruf etwas in Erfahrung zu bringen war. Zuletzt wohnte er in der Dennerstraße 6.[46]

Auch in Nürnberg war ein schwerer Bombenangriff Grund für die Vertreibung älterer Juden.

Josef Aufseeßer wurde am 10.09.1942, in demselben Zug wie Betty Priester, von Nürnberg nach Theresienstadt deportiert. Der Zug »DA 512« transportierte vorwiegend alte, kranke und sehr gebrechliche Menschen, für die in geschlossenen Güterwagen zum Teil Matratzenlager hergerichtet waren. Ein »Luxus«, den es später nicht mehr gab.

Josef Aufseeßer starb am 23.02.1943 in Theresienstadt.

Bethy Hellmann, die Schwester der ersten Ehefrau von Dr. Samuel Kleemann, lebte in Nürnberg oder Fürth.

Bei den erwähnten Dirnbachs, Albert und Hermann, handelt es sich um die Söhne der ältesten Kleemann-Schwester Babette.

Hermann Dirnbach, am 22.03.1887 in Pozega/Slawonien geboren, verbrachte seine Jugendjahre in Jugoslawien und hatte dort vermutlich schon eine Ausbildung zum Bankkaufmann absolviert, bevor er mit seiner verwitweten Mutter nach Berlin verzog. Sein berufliches Fortkommen wurde hier durch seinen Onkel Wilhelm Kleemann gefördert, der in sehr guter Position bei der Dresdner Bank in Berlin tätig war.

Am 13. März 1915 begleitete der inzwischen achtundzwanzigjährige Hermann Dirnbach seine Mutter nach Nürnberg und wohnte mit ihr in der Gostenhofer Hauptstraße 58. Dass er auch hier in einer Bank arbeitete, erwähnte seine Tante Julie in ihrem Brief vom 02.12.1918, den sie zum Tod ihrer Nichte Meta Grünbaum nach Wiesbaden geschrieben hatte: »Eine Stunde später kam Hermann. Er war zum ersten Mal früher gekommen aus der Bank.«

Der Meldekartei aus dem Stadtarchiv Nürnberg, Signatur C21/X Nr. 2, ist außer dem Geburtsdatum von Hermann

Dirnbach auch zu entnehmen, dass der inzwischen promovierte Dr. Hermann Dirnbach am 06.06.1920 die am 17.04.1897 in Stuttgart geborene Else Friedmann heiratete. Ihre Eltern waren Albert Friedmann und Siglinde geb. Schweizer.

Das einzige Kind von Hermann und Else Dirnbach, der Sohn Hans, wurde am 02.07.1921 in Fürth geboren, wo Else Dirnbach, laut schriftlicher Mitteilung vom Stadtarchiv Fürth, vom 25.06.-08.09.1920 gelebt hatte. Für ihren Ehemann ist dort vermerkt: »arbeitet und wohnt in Nürnberg«. Am 08.09.1920 zog Else Dirnbach nach Nürnberg. Wo das Paar wohnte, ist nicht bekannt.

Vermutlich kurz nach der Geburt des Sohnes ging die Familie nach Karlsbad in der ehemaligen Tschechoslowakei, wo Hermann Dirnbach als Bankbeamter tätig war, kehrte aber schon am 11. Juni 1924 wieder nach Nürnberg zurück. Familie Dirnbach wohnte hier in der Wielandstraße 4, I. Stock.

In den folgenden zehn Jahren arbeitete Hermann Dirnbach sehr erfolgreich in der Bank, war zum Direktor aufgestiegen und lebte mit seiner Familie in gesicherten finanziellen Verhältnissen.

Nach der Ernennung Hitlers zum Reichskanzler am 30. Januar 1933 war diese Sicherheit in Frage gestellt. Am 20.01.1934 wurde die Ausschaltung von Juden aus leitenden Positionen in der deutschen Wirtschaft verfügt. Das hieß, dass auch dem Bankdirektor Dr. Hermann Dirnbach gekündigt wurde, ohne die Zahlung einer Abfindung oder weiterer Bezüge. Hermann, der jugoslawischer Staatsbürger war, hatte nun in Deutschland kein Auskommen mehr und beschloss, mit seiner Familie nach Jugoslawien zu gehen. In seinem Nürnberger Meldebogen ist verzeichnet: »Dr. Her-

34 Hermann Dirnbach um 1920

mann Dirnbach, Bankdirektor a. D., Wielandstraße 4. Die o. g. Familie für 1.7.34 am 6.6.34 abgemeldet nach Zagreb in Jugoslawien«.[47]

Hermann Dirnbach war siebenundvierzig, seine Frau Else siebenunddreißig und Sohn Hans dreizehn Jahre alt, als sie sich in Zagreb (deutsch: Agram) eine neue Existenz aufbauen mussten. Else Dirnbach war im Jahre 1938 noch einmal in Deutschland und besuchte das Ehepaar Grünbaum in Wiesbaden, Tante und Onkel ihres Mannes Hermann. Dazu schrieb Wilhelm Kleemann am 15.08.1938 an seine Schwester Elise Grünbaum:

»Da möchte ich zunächst meiner Freude Ausdruck geben, daß Du Else Dirnbach eingeladen hast und daß es ihrer Familie wirtschaftlich gut geht. Anscheinend war es ein Glück für Hermann, daß er zu den allerersten Abbau-Opfern gehörte und daß er infolgedessen schon frühzeitig gezwungen war, eine neue Existenz zu suchen.« Diese neue Existenz scheint ein Geschäft gewesen zu sein.

Im April 1941 wurde auch Jugoslawien von deutschen und italienischen Truppen besetzt, und es kam in der Folge auch hier zur Verfolgung der Juden und Deportationen in die Ostgebiete. In zwei Briefen schreibt der 1940 nach New York emigrierte Wilhelm Kleemann zur Situation seiner Verwandten in Jugoslawien. Am 19.08.1941:

»Von Dirnbachs haben wir, seitdem auch Jugoslawien mit in den Krieg verwickelt worden ist, direkt nichts mehr gehört. In einem vor wenigen Tagen eingetroffenen Brief Sams stand, daß er zwar vor kurzem Nachricht erhalten hatte, dies aber keinerlei Rückschlüsse zuließ. Wahrscheinlich beschränkte sie sich auf die Nachricht, daß sich alle noch in ihren Domizilen befinden.«

Am 06.11.1941 schrieb er:

»[...] jetzt die Notrufe von den beiden Dirnbach-Familien [Familie Hermann Dirnbach und die Familie seines Bruders Albert] gekommen sind, die bekanntlich in Jugoslawien leben und dort sehr gefährdet zu sein scheinen. Das macht mir große Sorgen, zumal mit dem Herausbringen dieser sieben Köpfe das Problem noch keineswegs gelöst ist. Männer über 50 finden keine Existenz mehr [...] Mittel verfügen und von den Kindern ist nur ein Sohn soweit, daß möglicherweise etwas verdient werden kann.«

Zu dem Schicksal von Hermann Dirnbach und seinem Sohn Hans schrieb Samuel Kleemann am 25.03.1942 an seine Schwester Elise Grünbaum in Frankfurt:

»Hermann und dessen Sohn Hans sind von Agram [Zagreb] weg in ein Konzentrationslager gekommen, nachdem man sie aus dem sich gut entwickelnden Geschäft herausgeworfen hatte. Das schrieb mir Else einmal direkt.«

Hermann und Hans Dirnbach sind Ende 1941 oder Anfang 1942 von Zagreb nach Łódź in Polen deportiert worden.

Nach den Eintragungen im »Gedenkbuch – Opfer der Verfolgung der Juden unter der nationalsozialistischen Gewaltherrschaft 1933–1945«, herausgegeben vom Bundesarchiv, Koblenz,« sind beide in Łódź verschollen.

Else Dirnbach geb. Friedmann, die nach der Verschleppung ihres Mannes und ihres Sohnes noch einmal an Onkel Samuel geschrieben hatte, ist unbekannt verschollen.

Im Familien-Almanach aus dem Nachlass von Wilhelm Kleemann entdeckte ich, dass Albert Dirnbach am 27.09.1888 geboren war.

Wie sein älterer Bruder Hermann war auch Albert jugoslawischer Staatsbürger und wuchs in Jugoslawien auf. Nach dem Tod seines Vaters ging er mit Mutter und Bruder nach Berlin. Hier wurde seine berufliche Ausbildung von Wilhelm Kleemann, seinem Onkel, unterstützt. Er war Kaufmann, möglicherweise auch Chemiker? Das Wenige, was über ihn bekannt ist, konnte ich nur familiären Aufzeichnungen aus dem Nachlass von Wilhelm Kleemann und den gefundenen Briefen entnehmen.

Am 23.05.1923 heirateten Albert und Liese Dirnbach, genannt Lisl, geb. am 09.05.?, mit der er drei Söhne hatte. Das Geburtsdatum von Peter Dirnbach ist nicht bekannt. Fritz Dirnbach kam am 20.03.1925, Herbert Dirnbach am 25.11.1926 in Berlin zur Welt.

Wahrscheinlich ging auch Albert Dirnbach, wie sein Bruder Hermann, Mitte der 1930er Jahre mit seiner Familie nach Jugoslawien, um der nationalsozialistischen Verfolgung in Deutschland zu entgehen. Seit wann die Familie in Jugoslawien lebte, war nicht zu ermitteln.

In einem Brief vom 26.07.1938 schrieb Wilhelm Kleemann an seine Schwester Elise Grünbaum in Wiesbaden:

»Unser Neffe Albert hat sich an einem Unternehmen in Laibach [Ljubljana in Jugoslawien] beteiligt, das Kreide und Ockerfarben bearbeitet, die dort auf gepachtetem Boden gewonnen werden. Hoffentlich wird es eine Existenz für ihn.« Das hierfür benötigte Kapital hatte Albert Dirnbach von seinem Onkel Wilhelm Kleemann erhalten, der seit 1937 in Amsterdam lebte.

Letzteres erwähnte Wilhelm Kleemann am 15.08.1938 in einem Brief an seine Schwester Elise, in dem er ihr über die Brüder Hermann und Albert Dirnbach berichtete:

»Irgendwelche Ersparnisse werden wohl aber noch nicht möglich gewesen sein [betrifft Hermann, der seit 1934 in Zagreb eine neue Existenz aufbaute], denn sonst hätte Albert das benötigte Kapital für seine Laibacher Beteiligung nicht von mir erbeten, sondern von seinem Bruder.«

Das Laibacher Unternehmen musste später offensichtlich Konkurs anmelden. Dazu hatte Samuel Kleemann, Chemiker von Beruf, am 25.03.1942 an seine Schwester Elise Grünbaum in Frankfurt geschrieben:

»Von den Dirnbachs habe ich schon lange nichts mehr gehört, von Albert seit dem Krieg überhaupt nichts; er ist ja in Belgrad, nachdem er geschäftlich in Laibach Fiasko bei einem chemisch-technischen Unternehmen gemacht hatte – mit Wilhelms Geld – das ich gleich am Anfang ungünstig beurteilte.«

Leider gibt es nur die undatierte Seite eines Briefes von Wilhelm Kleemann, auf der er seiner Schwester noch einmal über Albert Dirnbachs Lebensumstände berichtet:

»Albert beginnt, nach seiner Darstellung, aus der Verlustperiode herauszukommen. Beide Brüder haben brave, sparsame Frauen, die ihnen gewiß eine gute Stütze sind und so glaube ich, daß dort normale Verhältnisse entstehen werden, zumal keine verwandtschaftlichen Verpflichtungen ihren Etat belasten.«

Auch die in Jugoslawien lebenden Juden litten seit 1941 unter der gnadenlosen Verfolgung durch die Nationalsozialisten, und der inzwischen nach New York emigrierte Wilhelm Kleemann rechnete in einem Brief vom 19.08.1941 damit, dass er in nächster Zeit ein Lebenszeichen von dort erhalten werde »und daß dies ein SOS-Ruf sein wird, weil ich es für ausgeschlossen halte, daß ihnen die Fortsetzung ihrer wirtschaftlichen Existenz auf die Dauer erlaubt werden wird. Leider haben auch hier meine frühen Warnungsrufe kein Echo gefunden. Dabei ist die Entwicklung noch viel trauriger geworden, als ich in meinem damaligen Pessimismus ahnte.«

Knapp drei Monate später hatte der SOS-Ruf aus Jugoslawien ihn erreicht. Albert Dirnbach lebte zu der Zeit mit seiner Frau und den drei Söhnen vermutlich in Belgrad. Ist es Wilhelm Kleemann noch gelungen, der Familie zur Flucht in die USA zu verhelfen? Weder in Elise Grünbaums Versteck noch im New Yorker Nachlass von Wilhelm Kleemann ließen sich Spuren des Überlebens von Albert, Liese, Fritz und Herbert Dirnbach finden.

Einzig über Peter Dirnbach, dem die Flucht gelungen war, konnte ich etwas erfahren. Er lebte vermutlich zunächst in New York, wo er am 09.05.1958 Selma heiratete, von der weder ihr Geburtsdatum noch ihr Mädchenname bekannt sind.

Als etwa Siebzigjährige besuchten Peter und Selma Dirnbach im Jahre 1996 noch einmal Berlin, wo Peter seine Kindheit verbracht hatte. Ein Jahr später, am 20.08.1997, schrieb er seiner Großcousine Herta Schloss, der Tochter von Wilhelm Kleemann, einen Brief mit Glückwünschen zu ihrem neunundachtzigsten Geburtstag und legte Fotos aus Berlin bei. Dazu schrieb er: »Einige dieser Bilder die ich Dir schicke, habe ich zu Deinem Vergnügen aufgenommen. Ich hoffe sie werden Dir zärtliche Erinnerungen zurückbringen an gute Zeiten, die wir in dieser Stadt verbrachten. Liebe Grüße von uns beiden

Peter«

Herta Schloss lebte bis zu ihrem Tode im Januar 2006 in New York, Peter und Selma Dirnbach lebten in Fullerton/Kalifornien.

Der Brief stammt aus dem Nachlass von Herta Schloss.

So viel zum Inhalt des Briefes, den Samuel Kleemann am 25. März 1942 an seine Schwester Elise geschrieben hatte.

Samuel Kleemann starb am 5. Mai 1942 in Köln.

Durch die Reisebeschränkungen für Juden, die inzwischen erheblich verschärft worden waren, konnte Elise nicht zum Begräbnis ihres Bruders nach Köln fahren und musste, allein mit der Trauer, in Frankfurt bleiben.

Samuels Witwe Erna bedankte sich am 14.05.1942 für die teilnehmenden Zeilen ihrer Schwägerin Elise und fragte an, ob ihr Mann Meier etwas von Samuels Kleidung gebrauchen könne. Zehn Tage später, am 24.05.1942, teilte sie Elise Grünbaum mit, dass sie ein Paket an sie abgesandt habe und dass sie in absehbarer Zeit ihre Deportation erwarte.

Von den sechs Ausgaben *Jüdisches Nachrichtenblatt*, die Elise Grünbaum im Versteck zurückgelassen hatte, war die Ausgabe Nr. 21, Jahrgang 1942, Freitag, den 22. Mai 1942,

35 Brautpaar Selma und Peter Dirnbach 9. Mai 1958

für sie von besonderer Bedeutung. Hier war, auf der Rückseite, die Todesanzeige von Dr. Samuel Kleemann erschienen:

»Mein lieber Mann, unser guter
Bruder, Schwager und Onkel
Dr. Samuel Kleemann
ist nach kurzer, schwerer Krankheit für immer von uns gegangen.
In tiefer Trauer:
Erna Sara Kleemann
geb. Wolff
Köln,
Beethovenstraße 16«

Als einzige in Deutschland noch lebende direkte Verwandte erhielt Elise Grünbaum Mitte Mai 1942 vom Amtsgericht Köln, Abtlg. 22, eine Abschrift von Samuel Kleemanns Testament:

»22 IV 1028/42 Unbeglaubigte Abschrift
Eigenhändiges Testament.

Ich, Dr. Samuel Kleemann, Chemiker a. D. in Köln, bestimme für den Fall meines Todes zu meiner alleinigen Erbin meine Ehegattin, Ernestine (Erna) Sara Kleemann, geborene Wolff, in Köln.

Köln, 1. April 1941
Dr. Samuel Kleemann

–.–.–.–.–.–.–.–.–.–.–.–.–.

Mein lieber Mann, unser guter Bruder, Schwager und Onkel

Dr. Samuel Kleemann

ist nach kurzer, schwerer Krankheit für immer von uns gegangen.

In tiefer Trauer:

Erna Sara Kleemann,
geb. Wolff

Köln,
Beethovenstraße 16

36 Jüdisches Nachrichtenblatt, 22.5.1942,
Todesanzeige Dr. Samuel Kleemann

Vorstehende Abschrift der am 9. Mai 1942 eröffneten letztwilligen Verfügung des am 5. Mai 1942 verstorbenen Chemikers a. D. Dr. Samuel Kleemann aus Köln, Beethovenstrasse 16, wird hiermit erteilt.

Köln, den 13. Mai 1942
[…]
Justizangestellter«

Der Erlass vom 13.03.1942 über die Kennzeichnung jüdischer Wohnungen mit einem schwarzen Judenstern dürfte auch im *Jüdischen Nachrichtenblatt* veröffentlicht worden sein. Diese Maßnahme diente der Gestapo zur schnellen Erkennung bei der Vertreibung jüdischer Bewohner.[48]

Die ersten Deportationszüge aus Frankfurt verließen die Stadt am 20. Oktober 1941 nach Litzmannstadt (Łódź) in

37 Schwarzer Judenstern an einem Haus in Treysa

Polen mit 1125–1180 Juden aus Frankfurt, am 11./12. November 1941 nach Minsk in Weißrussland mit 1042–1052 vorwiegend jüngeren Juden aus Frankfurt, dem Westerwald, Limburg und Darmstadt, am 22. November 1941 nach Kowno (Kaunas) in Litauen mit 992 Juden aus Frankfurt, darunter 59 Kinder im Alter bis zu zehn Jahren, ihre Familien und wenige sehr alte Menschen. Sie wurden nach ihrer Ankunft in Kowno, am 25.01.1942, alle sofort erschossen.[49]

Die Frankfurter Juden, die am 20. Oktober 1941 nach Litzmannstadt verschleppt wurden, wohnten vorwiegend im Westend, wo es in der Mendelssohnstraße und in der Liebigstraße mehrere Häuser gab, in denen sie zusammengefasst worden waren. Dieses wertvolle Wohngebiet sollte bei der »Entjudung« bevorzugt werden, um den Mangel an gutem Wohnraum zu beheben.[50]

Nach den ersten drei Deportationen, offiziell »Evakuierung« genannt, trat in Frankfurt eine mehrmonatige Pause ein, doch die Abschiebung von Juden in die Ostgebiete war beschlossene Sache. Dass sie dort alle ermordet werden sollten, war das unfassbare, jeglicher Menschlichkeit entbehrende Ergebnis der »Wannsee-Konferenz« am 20.01.1942 in Berlin, »die Endlösung der Judenfrage«.

Die Verschleppung so vieler jüdischer Bürger hatte sich schnell herumgesprochen, denn diese Aktionen waren begleitet von roher Gewalt und lautem Gebrüll, unüberhörbar für die Nachbarschaft – auch hörbar für Meier und Elise Grünbaum in der Liebigstraße 27B?

Von Gott und der Welt verlassen, unglücklich und voller Angst vor dem nächsten Tag, konnten sie nur noch abwarten. Meier Grünbaum schrieb dazu: »Leute, ich kann Euch gar nicht schreiben wie entsetzlich mir ist, die Seelenqualen machen mich ganz kaputt«.

Ein kleiner Trost in all ihrem Elend war vielleicht der Beginn des Frühlings 1942, als die Knospen der Lindenbäume aufbrachen und frisches Grün vor dem Fenster Augen und Seele erfreute. Ein Spaziergang in dem nahegelegenen Grüneburgpark oder im Palmengarten war ihnen als Juden jedoch verwehrt. »Ich war immer so rechtschaffen und ehrlich, konnte nicht sehen wenn einem Anderen Unrecht getan wurde und jetzt geht es mir doch so entsetzlich«, klagte Meier Grünbaum.

Am 8. Mai 1942 erfolgte die vierte Deportation jüdischer Bürger aus Frankfurt, und dieses Mal gehörten das Ehepaar Nussbaum und ihr Sohn Heinz Walter zu den Opfern.

Den einundfünfzigjährigen Moses Nussbaum trieben Angst und Verzweiflung in den Selbstmord. Er starb am

09.05.1942 und wurde am 13.05.1942 auf dem Jüdischen Friedhof an der Eckenheimer Landstraße beerdigt.[51]

Auf diesem Friedhof gibt es eine Gemeinschaftsgrabstätte für 800 Frankfurter Bürger, die den Freitod wählten, um einer Deportation zu entgehen. Moses Nussbaum ist hier nicht beigesetzt, er hat eine eigene Grabstätte (Grab 5C17) mit einem inzwischen geborstenen Grabstein, auf dem sein Name nicht mehr lesbar ist.[52] Vielleicht hatte er, wie Meier und Elise Grünbaum, zu Lebzeiten eine Verfügung über seine Bestattung getroffen oder seine Tochter Hilde hatte sich nach dem Krieg um dieses Grab bemüht?

Erna und Heinz Walter Nussbaum mussten ihren sterbenden Ehemann und Vater in Frankfurt zurücklassen. Sie wurden am 8. Mai 1942, zusammen mit weiteren 936 Juden aus Frankfurt, in dem Zug »DA 33« nach Izbica im Bezirk Lublin in Polen deportiert.

In Lublin wurden etwa 136 bis 154 junge, arbeitsfähige Männer aus dem Zug abgesondert und zur Zwangsarbeit in das Lager Majdanek eingewiesen. Unter ihnen könnte auch der neunzehnjährige Heinz Walter Nussbaum gewesen sein. Auf Grund der katastrophalen Lagerbedingungen war die Todesrate unter den Arbeitern in Majdanek ungewöhnlich hoch;[53] Heinz Walter Nussbaum ist verschollen. Sein Todesdatum wurde auf den 08.05.1945 festgesetzt.

Seine Mutter Erna Nussbaum kam in das Durchgangslager Izbica. Von dort wurde sie nach Litzmannstadt verschleppt, wo sie verschollen ist. Auch ihr Todesdatum wurde auf den 08.05.1945 festgesetzt.

Damit war die Pension verwaist und die Bewohner mussten sich selbst um das Notwendigste kümmern.

Aus einer Karte von S. Wolf, Baumweg 35, ist zu schließen,

dass Meier und Elise Grünbaum nun von hier aus mit Essen versorgt wurden.

Doch am 20. Mai 1942 hatte die furchtbare Nachricht von der bevorstehenden Deportation auch S. Wolf erreicht. Mit dem Datum dieses Tages ist eine Karte an Herrn und Frau Grünbaum versehen, die lautet: »Sehr geehrte Frau Grünbaum, Bedaure Ihnen mitteilen zu müssen, daß ich Ihnen kein Essen mehr geben kann, da wir von hier weg müssen. Hochachtungsvoll

S. Wolf, Baumweg 35 I«

S. Wolf und ihr Mann (?) hatten am 20. Mai 1942 ein Formular der Jüdischen Gemeinde Frankfurt am Main erhalten, verschickt auf Befehl der Gestapo, in dem der Termin zur Abwanderung aus ihrer Wohnung bekannt gegeben wurde.

Da die meisten Deportationszüge die Bahnhöfe in den frühen Morgenstunden verließen, erschien die Gestapo am Vortag in den Wohnungen der auf den Deportationslisten verzeichneten Familien. Bei S. Wolf muss das der 23.05.1942 gewesen sein.

Was dann geschah, beschreibt ein »Merkblatt für eingesetzte Beamte: (Hess. Hauptstaatsarchiv Wiesbaden, HHStA Abt. 649–495)

Aus dem Stapobezirk Frankfurt a. M. werden Juden nach dem Osten evakuiert. Sie sind für die Durchführung dieser Aktion abgestellt und haben sich entsprechend den Anweisungen dieses Merkblatts zu verhalten.

Ich erwarte, daß Sie mit der notwendigen Härte, Korrektheit und Sorgfalt diesen Befehl ausführen.

Ausgewiesen werden nur Volljuden, Staatenlose Juden werden grundsätzlich wie deutsche Staatsangehörige behandelt.

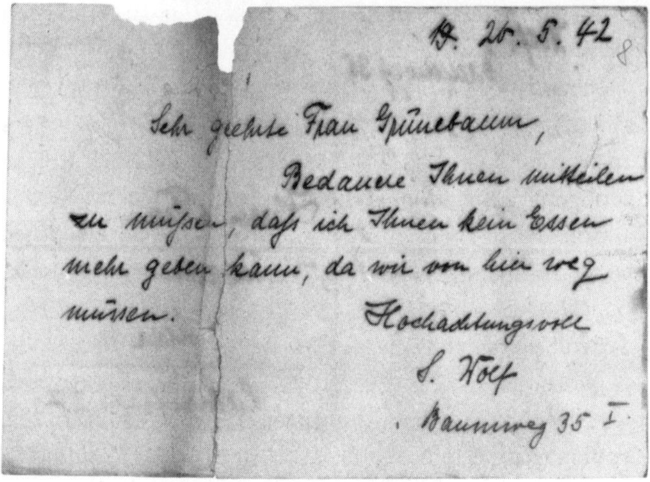

20. 5. 42

Sehr geehrte Frau Grünebaum,

Bedauere Ihnen mitteilen zu müssen, daß ich Ihnen kein Essen mehr geben kann, da wir von hier weg müssen.

Hochachtungsvoll

S. Wolf

Baumweg 35 I.

38 Karte von S. Wolf an Herrn u. Frau Grünbaum 20.5.42

Die Juden werden Sie durch Bitten und Drohungen oder sonst etwas versuchen weich zu stimmen oder sich widerspenstig zeigen. Sie dürfen sich dadurch in keiner Weise beeinflussen und in der Ausführung Ihrer Pflichten behindern lassen.

Diese Anweisungen können natürlich nur allgemein sein, im Einzelfall werden Sie deshalb zu entscheiden haben, was erforderlich ist, um eine ordnungsgemäße Abwicklung zu gewährleisten. Soweit ein Fernsprechapparat in der Nähe ist, können Sie auch bei der Staatspolizeistelle Frankfurt a. M. Rückfrage erhalten. Ein Verzeichnis mit den erforderlichen Fernsprechnummern ist beigefügt.

Sie verfahren folgendermaßen.

1. Sie begeben sich zu der festgelegten Zeit in die Ihnen zu-

gewiesenen Judenwohnungen. Falls die Juden Ihnen den Eintritt verweigern und nicht öffnen, bleibt einer von Ihnen an der Wohnung, während der andere sofort das nächste Polizeirevier benachrichtigt.

In der Judenwohnung rufen Sie sämtliche Familienangehörige zusammen und verlesen ihnen die ›Staatspolizeiliche Verfügung‹, die Ihnen ebenfalls mit dem Merkblatt ausgehändigt worden ist.

Die Juden haben nunmehr in einem Raum zu bleiben, den Sie ihnen anweisen. Ein zweiter Beamter bleibt die ganze Zeit mit den Familienangehörigen der Juden zusammen. Sie selbst wenden sich an den Haushaltsvorstand der Judenfamilie.

2. Mit dem Haushaltsvorstand gehen Sie durch die Wohnung. Soweit geheizte Öfen vorhanden sind ist nicht mehr nachzulegen. Handelt es sich um Dauerbrandöfen (Kachelofen oder ähnliches), so ist die Ofentür aufzuschrauben, damit das Feuer noch in der Zeit, die Sie in der Judenwohnung sind, ausgeht. Wenn Sie die Wohnung verlassen muß das Feuer gelöscht sein.

3. Alsdann machen Sie sich mit dem Haushaltsvorstand daran, den Koffer oder den Rucksack zu packen. Sie müssen dabei beachten, daß nur das in der ›Staatspolizeilichen Verfügung‹ Vorgesehene mitgenommen wird. Sie sind dafür verantwortlich, daß Wertgegenstände usw., die nach der Verfügung nicht mitgenommen werden dürfen, auch nicht in den Koffer gepackt werden. Der Koffer ist alsdann von Ihnen mit einem Sicherungssiegel zu sichern. Soweit Rückfragen bei anderen Familien-

mitgliedern erforderlich, gehen Sie mit dem Haushaltsvorstand wieder in den Raum, in dem sich alle Juden aufhalten, zurück und lassen sich sagen, was sonst gepackt werden soll. Notfalls lassen Sie den Haushaltsvorstand da und gehen mit der Jüdin oder einem anderen Familienmitglied packen. Es muß auf jeden Fall dafür gesorgt sein, daß die übrigen Familienmitglieder auch unter Aufsicht stehen und nicht einen Augenblick lang allein sind.

4. Die Wolldecken, die mitgenommen werden dürfen, müssen eingerollt oder so gelegt sein, daß sie ohne Schwierigkeiten transportiert werden können.

5. Gehen Sie mit dem Haushaltsvorstand durch die Wohnung (auch Keller- und Bodenräume) und stellen fest, was an Lebensmitteln (leicht verderblich) und lebendem Inventar in der Wohnung ist. Diese Sachen tragen Sie, wenn sich das möglich machen läßt, mit dem Haushaltsvorstand auf dem Flur zusammen. Sie benachrichtigen die NSV [Nationalsozialistische Volkswohlfahrt] und lassen die Sachen abtransportieren.

6. Wertgegenstände, Sparbücher, Wertpapiere, Schmuckgegenstände und Bargeldbeträge, die über die Freigrenze hinaus gehen, hat der Jude zusammenzutragen. Diese Wertgegenstände oder Werte sind von dem Beamten entgegenzunehmen, in ein Verzeichnis einzutragen und in einem Säckchen oder Umschlag zu verpacken. Dieses Behältnis ist zu verschließen und auf der Vorderseite mit Vor- und Zuname, Wohnort und der Wohnung des Eigentümers zu versehen. Das Verzeichnis ist von dem

Beamten und Juden auf seine Vollständigkeit zu prüfen und unterschriftlich anzuerkennen. Das was mitgenommen wird, ist in dem Verhandlungsformular ebenfalls ersichtlich zu machen. Für jeden Haushaltsvorstand oder selbständigen Juden ist die beigefügte Verhandlung auszufüllen und von dem Juden und Beamten mit seiner Unterschrift zu versehen.

7. Lassen Sie sich von dem Juden die Personalpapiere zeigen, die bei der Sammelstelle abzuliefern sind.

8. Sämtliche Sachen sind mit haltbaren Schildern zu versehen, auf denen Namen und genaue Wohnungsangaben der jüdischen Eigentümer anzugeben sind. Diese Schilder müssen so fest angebracht sein, daß sie auf keinen Fall abgehen können. Die Beschriftung muß deutlich lesbar sein, die Schilder müssen Sie noch in der Wohnung fertig machen und an den genannten Gegenständen befestigen. Außerdem muß jeder Jude ein Schild um den Hals tragen, auf dem sein Name, Geburtstag und Kennkartennummer angegeben sind.

9. Sind Sie dann mit der Sichtung der Wohnung, Boden- und Kellerräume, die – wie ich noch einmal betonen muß – nur gemeinsam mit dem jüdischen Haushaltsvorstand vorgenommen werden darf, fertig, dann bringt ein Beamter die Juden zum befohlenen Sammelplatz.

Ich weise darauf hin, daß zu diesem Zeitpunkt aber auch alles in der Wohnung geregelt sein muß. Es ist zu beachten daß a) die Haustiere (Hunde, Katzen und Singvögel usw.) übergeben, b) verderbliche Lebensmittel der NRC zur Verfügung gestellt sind, c) das offene Feuer gelöscht ist, d) Wasser und Gasleitung abgestellt ist, e) elektrische Sicherungen herausgeschraubt sind, f) die Schlüssel der Wohnung zusammengebunden und mit einem Anhängeschild versehen sind auf g) dem Name, Wohnort und Straße des Juden vermerkt sind. h) die Juden soweit möglich vor Abgang nach Waffen, Munition, Sprengstoffen und Gift durchsucht sind.

10. Die Vermögenserklärung ausgefüllt und unterschrieben ist. Nach Verlassen der Wohnung ist der Zugang zur Wohnung von den Beamten zu verschließen und zu versiegeln.

11. Bei der Überstellung im Sammelraum sind zugleich die in Verwahr genommenen Gegenstände und Werte, die Formulare, Merkblätter, Beschlagnahmeverfügungen und die Verhandlung anzuliefern.

12. Ausschreitungen sind auf jeden Fall zu verhindern.
Geheime Staatspolizei
Staatspolizeistelle Frankfurt a. M.
Gez. Poche Kanzleiangestellte«[54]

Zur Sammelstelle im Osten der Stadt mussten die Wolfs, zusammen mit vielen anderen Juden, zu Fuß gehen, das Fahren mit der Straßenbahn war ihnen verboten.

So machten sie sich auf den Weg, mit ihrem Gepäck und dem Namensschild um den Hals, das den Judenstern nicht verdecken durfte. Ein beschämender, erniedrigender Spießrutenlauf war der weite Weg zur Frankfurter Großmarkthalle, begafft von feindseligen Antisemiten, aber auch insgeheim bemitleidet von einigen wenigen, die den Leidensweg der Opfer am Straßenrand beobachteten.

Für die »Judenevakuierungen« in die Ostgebiete war der Keller im Ostflügel der Frankfurter Großmarkthalle als Sammellager eingerichtet worden, da hier eine direkte Anbindung an das Bahnnetz vorhanden war.[55] Zur Kontrolle und Überwachung der verzweifelten Menschen waren die Gestapo, die Kriminalpolizei und die Schutzpolizei eingesetzt. Über eine Rampe führte der Weg in den Keller, wo zunächst die Personalien kontrolliert wurden. Der anschließenden Gepäckdurchsuchung, mit oft peinlichen Leibesvisitationen, folgte die Abgabe der Vermögenserklärung und der mit Adresse versehenen Wohnungsschlüssel an einen Finanzbeamten. Die Kennkarten wurden mit dem Vermerk »Evakuiert« abgestempelt, die Lebensmittelkarten eingezogen. Für Deportationskosten waren RM 50,– zu zahlen.

Nach dieser von Beschimpfungen und Misshandlungen begleiteten Prozedur mussten die gequälten Menschen den Vorgang quittieren und wurden in einen dunklen, stickigen, mit Matratzen ausgelegten Raum gepfercht, in dem sie ihren Abtransport erwarteten.[56]

Kann man sich die dramatischen Szenen, die sich während der Nacht dort abspielten, vorstellen? Unbehaust, ihrer letzten Habe beraubt, der Willkür der Nazischergen hilflos ausgesetzt, erwarteten die versammelten Juden ihren Abtransport mit Todesangst.

Am frühen Morgen des 24. Mai 1942 lief der Zug »DA 60« auf dem Gelände der Großmarkthalle ein, und Männer, Frauen und Kinder wurden mit Gebrüll und Schlägen über eine Rampe in die Waggons gejagt.

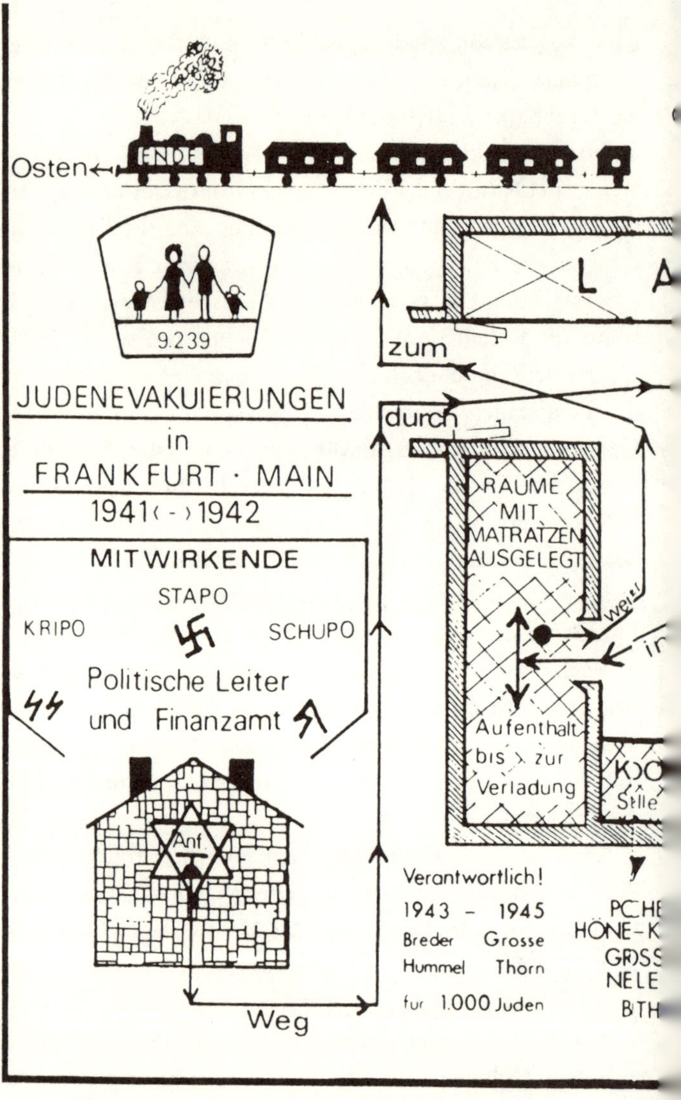

39 Plan vom Ostflügel der Frankfurter Großmarkthalle

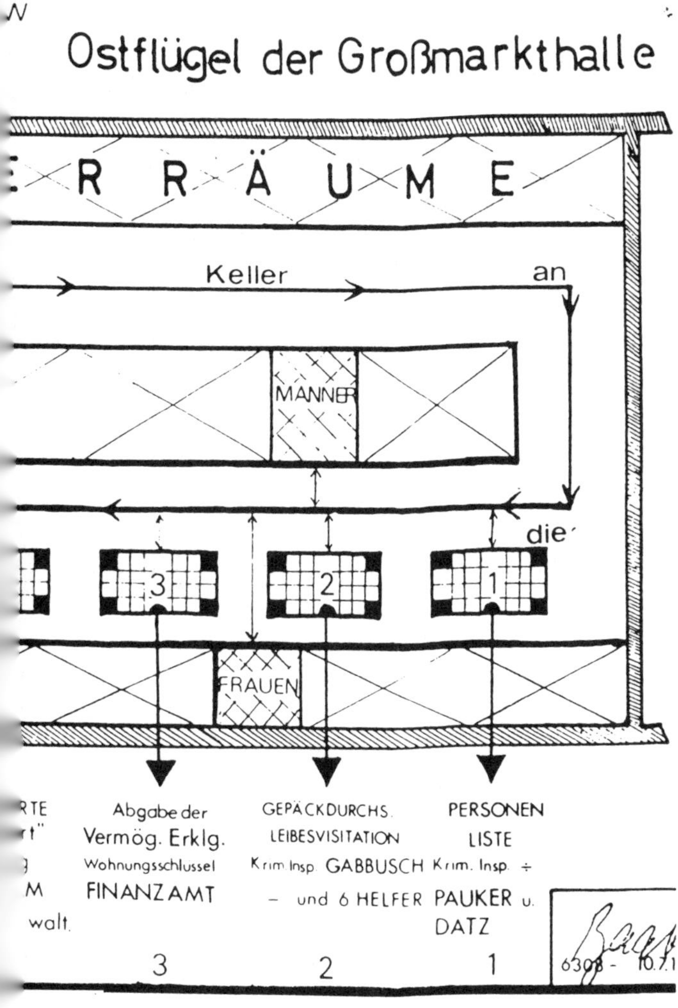

Ostflügel der Großmarkthalle
R R Ä U M E
Keller
an
die
MÄNNER
FRAUEN
3
2
1
Abgabe der
Vermög. Erklg.
Wohnungsschlüssel
FINANZAMT
GEPÄCKDURCHS.
LEIBESVISITATION
Krim.Insp. GABBUSCH
– und 6 HELFER
PERSONEN
LISTE
Krim. Insp. ÷
PAUKER u.
DATZ
3
2
1

Von diesem schrecklichen Geschehen gibt es in Frankfurt keine fotografische Dokumentation. Sie wurde wohl in den letzten Tagen des »Dritten Reichs« von der Stadtverwaltung vernichtet. Privatfotos sind nicht bekannt. Mit dem fünften Deportationszug aus Frankfurt wurden 930 Juden aus Frankfurt und 27 Juden aus Wiesbaden nach Izbica/Distrikt Lublin in Polen verschleppt.

Izbica war ein Durchgangsghetto, von dem aus die Opfer in die nahegelegenen Todeslager Majdanek, Belzec und Sobibor transportiert wurden,[57] wo sie der Tod in den Gaskammern erwartete.

Da es von der vierten und fünften Deportation von Frankfurt nach Izbica keine Namenslisten gibt, sind weder die Leidenswege der Nussbaums noch die der Wolfs weiter zu verfolgen.

Wie mag sich der Alltag in der Pension gestaltet haben nach dem Verschwinden der Familie Nussbaum? Wer versorgte Meier und Elise Grünbaum, die beiden über Achtzigjährigen? »Der brave Mann ist ja so ein unglücklicher Mensch. Ihr Leute glaubt mirs nicht, schrecklich unglücklich bin ich. Ich war immer so rechtschaffen und ehrlich, konnte nicht sehen wenn einem anderen Unrecht getan wurde und nun geht es mir doch so ensetzlich«, klagte Meier Grünbaum.

Unter den zu der Zeit noch elf Bewohnern der Pension gab es fünf jüngere Menschen zwischen dreißig und vierundsechzig Jahren, die sich um die Besorgung des Notwendigsten, vor allem der Lebensmittel, kümmern konnten – und das wurde immer mühsamer.

Dazu kamen ständig neue Repressalien durch Anordnungen und Erlasse der Reichsregierung. Anfang Juni 1942 hatten Juden alle entbehrlichen Kleidungsstücke abzuliefern. Was »entbehrlich« war, bestimmte im Zweifelsfall die Gestapo bei ihren regelmäßigen gnadenlosen Hausdurchsuchungen.

Was man den Juden abnahm, wurde verteilt an bedürftige, ausgebombte Arier, denn die Luftangriffe der Alliierten hatten in vielen Städten bereits massive Zerstörungen angerichtet. Fahrräder und technische Geräte wurden für die Versorgung der Wehrmacht gebraucht.

Vom gleichen Zeitpunkt an erhielten Juden keine Raucherkarten mehr zum Bezug von Tabakwaren. Zwei Wochen später wurden keine Eierkarten mehr ausgegeben und kurz danach wurde auch der Bezug von entrahmter Frischmilch (Magermilch) für Juden untersagt.

Jüdische Schulen wurden, im Hinblick auf die »Aussiedlung der Juden«, am 30. Juni 1942 geschlossen.[58]

Die Aussiedlung, die Deportation – Todesangst beherrschte die jüdische Bevölkerung, nahm ihr die Luft zum Atmen, raubte ihr den Schlaf.

Wohl am 15. August 1942 erhielten auch Meier und Elise Grünbaum und die in der Pension lebende Bertha Birkenstein das gefürchtete Formblatt der Jüdischen Gemeinde Frankfurt, das diese auf Befehl der Gestapo verschicken musste:

»Auf behördliche Anordnung setzen wir Sie davon in Kenntnis, daß Sie sich ab 16. August 1942, [...] Uhr zur Abwanderung in Ihrer Wohnung bereitzuhalten haben, und behändigen Ihnen hiermit die von Ihnen vor Ihrer Abwanderung auszufüllende Vermögenserklärung.

Mit der Zustellung der Vermögenserklärung ist Ihr gesamtes Vermögen als beschlagnahmt anzusehen. Demgemäß haben Sie sich jeder Verfügung über dasselbe zu enthalten;

insbesondere ist es Ihnen strengstens untersagt, irgendwelche in Ihrem Besitz befindlichen Gegenstände zu verschenken, zu verkaufen oder einem anderen in Verwahrung zu geben.

Vor Ausfüllung der Vermögenserklärung haben Sie gemäß behördlicher Anordnung einen Sonderbeitrag in Höhe von mindestens 25 % Ihres Barvermögens – d. h. Ihres Bargeldes und Ihrer Barguthaben bei Banken oder Sparkassen, nicht aber von Ihrem Wertpapiervermögen und sonstigen Vermögen – an die unterzeichnete Zweigstelle der Reichsvereinigung der Juden in Deutschland zu leisten. Wer nicht mehr als 50,– RM an Bargeld und Barguthaben pro Person besitzt, ist von der Zahlung dieses Sonderbeitrages befreit und hat uns hiervon schriftlich Kenntnis zu geben.«

Die Zahlung noch offener Beträge an die Jüdische Kultusvereinigung, Jüdische Gemeinde Frankfurt, hatte per angeheftetem Überweisungsauftrag zu erfolgen oder aus dem Sparguthaben, wozu das Sparkassenbuch gegen Quittung abgeholt wurde.

»An Bargeld darf jede Person nicht mehr als 50,– RM mitnehmen. Die Mitnahme eines höheren Betrages ist strengstens verboten. Die Mitnahme von Devisen, Wertpapieren, Sparkassenbüchern oder sonstigen Wertsachen, insbesondere von Gold- und Silbersachen aller Art ist strengstens verboten. Zugelassen ist lediglich die Mitnahme eines Eherings für die verheiratete Person. Die Wertgegenstände, welche nicht mitgenommen werden dürfen, sind in einem festen Umschlag oder Beutel unter Beifügung eines Verzeichnisses zu verwahren und in der Wohnung zurückzulassen.

Die Mitnahme warmer Kleidung, desgleichen festen Schuhwerks, wird dringend empfohlen. An Gepäck können Sie mitnehmen:

1. einen nicht zu großen und nicht zu schweren Handkoffer oder Rucksack, der nur das unbedingt Notwendige enthalten soll,
2. einen Brotbeutel oder Handtasche mit Reiseverpflegung für 3 Tage sowie Eßgeschirr, Löffel und Trinkbecher, jedoch kein Messer. Reiseverpflegung nicht im Handkoffer unterbringen.

Die mitzunehmenden Decken – für jede Person eine warme Decke (Kolter oder Steppdecke, kein Federbett) – werden von uns gesammelt und sind zur Abholung durch uns unverpackt bereitzuhalten. Sie können Ihre Decke mit Ihrem Namen versehen. Jedem Transportteilnehmer steht es frei, 1 Eßbesteck mit Messer, Rasierapparate mit Klingen bzw. Rasiermesser, mit Ihrem Namen versehen, unverpackt zur Abholung bereitzuhalten und uns zur gemeinsamen Versendung an den Bestimmungsort zu übergeben.«[59]

Was konnten die Menschen, die in den heißen Sommermonaten 1942 deportiert wurden, in einen kleinen Koffer packen, wie viel konnten Sie übereinander anziehen bei der Hitze, wohin mit dem Wintermantel, dem Pullover, der Strickjacke, die schon einen Koffer gefüllt hätten?

Während Elise Grünbaum solche Überlegungen anstellte, versteckte sie wahrscheinlich zuerst die Briefe und Schriftstücke, die vierundvierzig Jahre später wieder ans Licht kamen. Vielleicht hatte sie das aber auch schon vorher getan, aus Angst vor den Hausdurchsuchungen der Gestapo?

Wenige Fotos, vor allem die ihrer Kinder, wird sie eingepackt haben, aber keinen der Briefe aus den USA.

Hatte Meier Grünbaum an diesem Tag geschrieben:

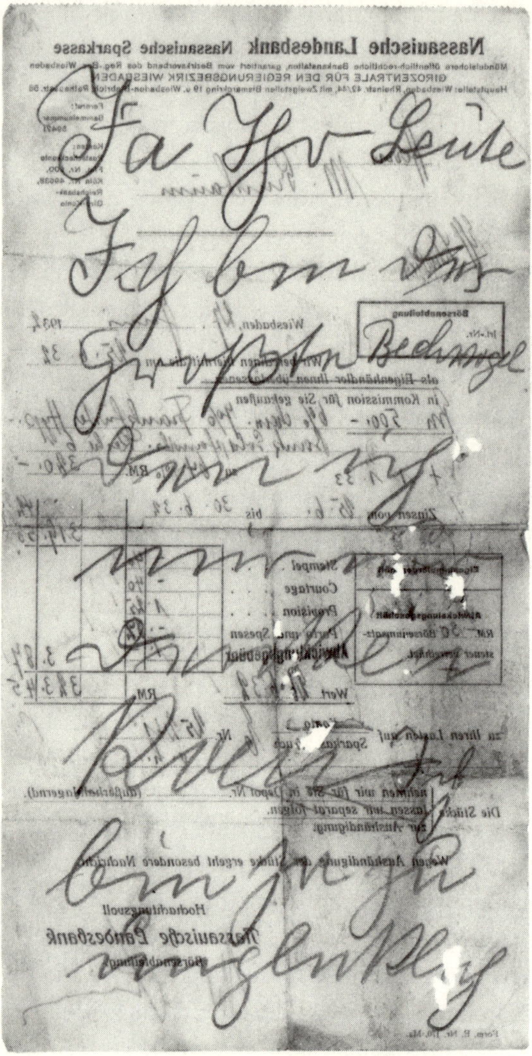

40 »Ja Ihr Leute Ich bin der größte Pechvogel
den ich mir nur denken kann Ich bin zu zu unglücklich«

»Ja Ihr Leute ich bin der größte Pechvogel den ich mir nur denken kann. Ich bin zu zu unglücklich«?

Meier und Elise Grünbaum sollten nach Theresienstadt deportiert werden.

Theresienstadt, etwa 60 km von Prag entfernt, war eine Garnisonsstadt, die von einem Festungsgürtel aus dem 18. Jahrhundert umgeben war. In der Stadt befanden sich elf Kasernen, militärische Einrichtungen in den Kasematten und ein berüchtigtes Gefängnis in der Kleinen Festung.

Seit Ende September 1941 war Reinhard Heydrich stellvertretender Reichsprotektor in Böhmen und Mähren. Er betrieb den Beschluss vom 10.10.1941, in Theresienstadt ein »Ghetto« zu errichten. Die tschechische Zivilbevölkerung wurde vertrieben und die ganze Stadt in ein Konzentrationslager umgewandelt, das seit dem 24.11.1941 als Durchgangslager für die Verschleppung tschechischer und dorthin geflüchteter deutscher und österreichischer Juden diente. Seit Anfang Juni 1942 wurde Theresienstadt auch als »Altersghetto« bezeichnet. Hier sollten die Insassen jüdischer Altersheime und alte ab 65 Jahren, gebrechliche ab 55 Jahren, mit Ehegatten und Kindern, und kranke deutsche Juden bis zum Lebensende einen privilegierten Alterssitz bekommen, mit Unterkunft, Verpflegung und ärztlicher Betreuung. Die Deportationen wurden als »Wohnsitzverlegung« deklariert, für die ein »Heimeinkaufsvertrag« abzuschließen war. Die Finanzierung erfolgte aus dem Vermögen und war an die »Reichsvereinigung der Juden in Deutschland« zu zahlen. Das restliche Vermögen wurde beschlagnahmt.[60]

Meier und Elise Grünbaum mussten einen solchen Vertrag wahrscheinlich kurz vor dem Abtransport aus ihrem Zimmer unterschreiben, in ihrer Devisenakte ist darüber leider nichts vermerkt. Ausgeraubt bis auf den letzten Reichspfennig verließen sie ihren Zufluchtsort in der Liebigstraße 27B.

Am 16. oder 17. August 1942 wurden sie, zusammen mit Bertha Birkenstein und vielen Insassen aus zehn jüdischen Altersheimen und des jüdischen Krankenhauses, auf Lastwagen zu den neuen Sammelstellen in der Rechneigrabenstraße 18–20 und im Hermesweg 5–7 gebracht.

Meier und Elise Grünbaum kamen zum Hermesweg. Möglicherweise trafen sie hier noch einmal alte Bekannte aus dem Altersheim Feuerbachstraße 14, denn allein von dort wurden an diesem Tag dreiundvierzig Menschen deportiert.

Dass die Abfertigung der zum Teil sehr alten Menschen hier etwas humaner vonstatten ging als in der Großmarkthalle, kann man nur hoffen.

Am 18. August 1942 verließ der Großtransport »DA 503«, ein Personenzug 3. Klasse, mit 1020 alten und kranken Juden das Gleis an der Großmarkthalle. Es war die siebte Judendeportation aus Frankfurt, die erste nach Theresienstadt.

Einen Tag später erreichte der Zug den Bahnhof Theresienstadt-Bauschowitz bei glühender Hitze. Elf alte Menschen waren während der Fahrt dorthin gestorben.[61]

Der Weg in das etwa 4 km entfernte Ghetto war mühsam und beschwerlich, viele der entkräfteten Menschen überlebten schon den Anmarsch nicht. Bei der Ankunft im Ghetto erwartete sie, statt des versprochenen und teuer bezahlten angenehmen Alterssitzes, das pure Grauen. Das Lager war, durch die seit dem 2. Juni 1942 regelmäßig eintreffenden Deportationszüge, total überfüllt, und fast täglich trafen neue Züge mit Hunderten von Menschen ein. Für viele von ihnen

41 Die Frankfurter Großmarkthalle um 1930

war Theresienstadt Transitghetto für den Weitertransport in die Todeslager im Osten.

Der Sommer 1942 gehört zu den grausamsten Kapiteln der Theresienstädter Geschichte. Am 18. September verzeichnet das Gedenkbuch mit 58 491 Insassen den höchsten Stand von Ghettobewohnern und nennt 1,6 qm Raum für einen Menschen – zum Leben und zum Sterben.

Mehr als 6000 Inhaftierte vegetierten auf Dachböden und in schlecht belüfteten Kasematten. Wasser- und Stromversorgung waren zusammengebrochen, die sanitären Verhältnisse katastrophal. Vor den wenigen Toiletten standen Tag und Nacht lange Schlangen gequälter Menschen. Darmkrankheiten und Epidemien grassierten und brachten den sicheren Tod. Viele der Opfer verhungerten, denn die tägliche Nahrung bestand aus einem Becher Kaffee-Ersatz und einer

Scheibe Brot, das oft schon verschimmelt war. Viele bekamen gar nichts, wenn das Hilfspersonal sie im Gedränge nicht erreichte. In den Monaten August bis Oktober 1942 starben 10 364 Menschen, davon waren über die Hälfte deutsche Juden.

Die Kasernen, in denen die meisten Opfer untergebracht wurden, waren nach Männern und Frauen getrennt.

So durften Meier und Elise Grünbaum, die über fünfzig Jahre verheiratet waren, die letzten Tage ihres Lebens nicht gemeinsam verbringen.

Das härtere Schicksal der beiden erlitt wohl Meier Grünbaum, der arme Pechvogel. In der Jägerkaserne (Plannr. 30, A II), einer Unterkunft für Alte und Quarantänestation, wurde ihm ein Platz auf Boden B zugewiesen, einem der gefürchteten Dachböden, wo eine unsägliche Hitze geherrscht haben muss. Die Tage vor seinem Tod waren ein qualvolles Dahinvegetieren ohne Trinkwasser. Am 3. September 1942 starb Meier Grünbaum um 12 Uhr mittags, im Alter von einundachtzig Jahren. In seiner Todesfallanzeige aus Theresienstadt, mit der Transportnummer XII/l-219, sind als Krankheit und Todesursache Darmkatarrh und Herzschwäche angegeben.[62]

Elise Grünbaum durfte ihren Mann im Lager nicht mehr sehen, das erlaubten die strengen Regeln nicht. Aber erfuhr sie von seinem Tod? Konnte sie ihn bei seiner Beerdigung ein letztes Mal begleiten?

In den Kasematten am Stadtrand waren zwei Räume verfügbar – einer für jüdische, einer für christliche Rituale – für Beerdigungsfeiern, Andacht und Gebet. Für dreißig und mehr Verstorbene fand hier jeweils eine Totenfeier statt, bevor die Särge zu den Massengräbern, ab Herbst 1942 zur Einäscherung im neu errichteten Krematorium, gebracht

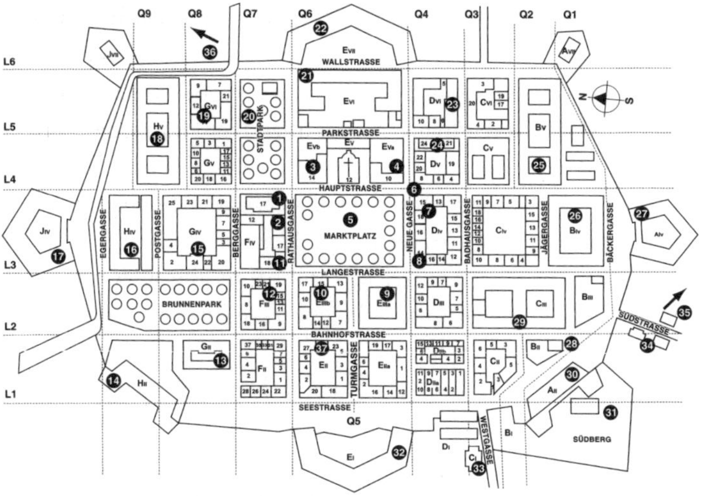

1 *L 417* Ghettomuseum. Die ehemalige Schule von Theresienstadt diente als Knabenheim.

2 *Q 619* Das Theresienstädter Rathaus war Sitz der sog. Bank der jüdischen Selbstverwaltung und weiterer Ämter; hier fanden auch Kulturveranstaltungen statt.

3 *L 414* Das Gebäude der ehemaligen Festungskommandantur diente zuerst als SS-Kommandantur, später als Post und Jugendheim.

4 *L 410* Unterkunft für junge Mädchen. Hier fanden unter der Leitung von Friedl Dicker-Brandejsová Zeichenzirkel statt.

5 *Marktplatz* Die Platzfläche war eingefriedet und durfte von den Ghettobewohnern nicht betreten werden. Bei den „Verschönerungsaktionen" wurde hier ein Park angelegt und zugänglich gemacht.

6 *L 415* Eins der Geschäfte, die vor allem in den Straßen L 4 und L 3 lagen.

7 *Q 418* In diesem Hause wurde im Dezember 1942 ein Café eingerichtet.

8 *Q 414, 416* Sitz der SS-Kommandantur. In den Kellerräumen befanden sich die berüchtigten Bunker.

9 *L 311* Die Geniekaserne wurde als Heim für alte Gefangene und als provisorisches Krankenhaus genutzt.

10 *L 315* Sitz der Ghettowache, die half, die innere Ordnung aufrecht zu erhalten.

11 *L 318* Heim für Kleinkinder und Jugend im frühen Schulalter. Theresienstädter Schule. Im Gebäude befand sich auch die Küche für Kinder.

12 *Block F III* Heime für Kinder und Lehrlinge.

13 *Block G II* Sitz der tschechischen Gendarmerieabteilung, die das Lager bewachte.

14 *Block H II* Sog. Bauhof, wo die Werkstätten der Handwerker konzentriert waren.

15 *L 324* Das Viktoria genannte Objekt enthielt den Speisesaal und Wohnungen für Angehörige der SS-Lagerkommandantur.

16 *Block H IV* Bodenbacher Kaserne – Gefangenenunterkunft. Von der Mitte des Jahres 1943 an vom Personal des Archivs des RSHA aus Berlin genutzt.

17 *Block J IV* Aussiger Kaserne – Zentrales Lager für Kleidung und Gepäck, die den Gefangenen abgenommen wurden.

18 *Block H V* Dresdner Kaserne – Frauenunterkunft. Im Keller war das Lagergefängnis untergebracht.

19 *Block G VI* Heim für Säuglinge und Kleinkinder. In einem der Häuser war eine Bibliothek mit Leseraum und Theatersaal untergebracht.

20 *Stadtpark* Im Verlauf der Verschönerungsaktionen wurden hier ein Kinderpavillon angelegt und Spielplatzflächen hergerichtet.

21 *Block E VI* Hohenelber Kaserne – Zentralkrankenhaus und Bäder.

22 *Block E VII* Die Kavalierkaserne diente der Unterbringung alter und geisteskranker Gefangener.

23 *Block D VI* Die ehemalige Brauerei wurde in eine Desinfektionsstation umgewandelt.

24 Die ehemalige Militärreitschule diente als Tischlerei.

25 *Block B V* Magdeburger Kaserne – Sitz des Ältestenrats und der Administration der jüdischen Selbstverwaltung. Heute sind hier ein Begegnungszentrum und ein Dachbodentheater untergebracht, und die Besucher können auch die Replik einer Massenunterkunft aus der Zeit des Ghettos und die ständigen Expositionen besichtigen, die den verschiedenen Gebieten des kulturellen Geschehens im Ghetto gewidmet sind.

26 *Block B IV* Hannover-Kaserne – Unterkunft der arbeitsfähigen Männer.

27 *Block A IV* Bäckerei und Hauptmagazin für Lebensmittel.

28 *Bahnhofstraße* Teil der Anschlussbahn, die von den Gefangenen in den Jahren 1942–1943 vom Bahnhof Bohušovice nach Theresienstadt gebaut wurde. Sie ermöglichte eine raschere Abfertigung der Transporte.

29 *Block C III* Hamburger Kaserne – Frauenunterkunft und ab 1943 vor allem holländisches Gefangenenquartier. Gleichzeitig auch Abfertigungsstelle für die Transporte, die sog. Schleuse.

30 *Block A II* Jägerkaserne – Unterkunft für Alte und Quarantäneabteilung.

31 *Südberg* Im Jahre 1943 wurde den Gefangenen der Zutritt erlaubt und ein Sportplatz angelegt.

32 *Block E I* Sudetenkaserne – erstes Objekt des Ghettos und Unterkunft der arbeitenden Männer. Nach der Räumung im Sommer 1943 wurde ein Teil des Archivs des RSHA aus Berlin hierher verlegt.

33 *Objekt C I* Turnhalle des Vereins Sokol – am Anfang als eine Abteilung des Krankenhauses benutzt, zur Zeit der Verschönerungsaktionen in das „Gesellschaftshaus" des Ghettos verwandelt.

34 *Südstraße* Leichenhalle und Zeremonienräume. Gegenüber das Objekt des Kolumbariums.

35 Jüdischer Friedhof mit Krematorium.

36 Stelle an der Eger, wo im Jahre 1944 auf Befehl der Nazisten die Asche der verstorbenen Gefangenen in den Fluss geschüttet wurde.

37 Betraum aus der Zeit des Ghettos.

Ghetto-Museum, Magdeburger Kaserne & Betraum aus der Zeit des Ghettos

Besuchszeiten	ganzjährig, täglich
Wintersaison	1. 11. – 31. 3.: 9.00 – 17.30 Uhr
Sommersaison	1. 4. – 31. 10.: 9.00 – 18.00 Uhr
Geschlossen an den Tagen	24. – 26. 12., 1. 1.

Kolumbarium, Zeremonienräume und Zentrale Leichenhalle

Besuchszeiten	
ganzjährig, täglich	9.00 – 17.00 Uhr
Geschlossen an den Tagen	24. – 26. 12., 1. 1.

Krematorium

Besuchszeiten	ganzjährig, täglich außer samstags
Wintersaison	1. 11. – 31. 3.: 10.00 – 16.00 Uhr
Sommersaison	1. 4. – 31. 10.: 10.00 – 17.00 Uhr
Geschlossen an den Tagen	24. – 26. 12., 1. 1.

Anschrift: Muzeum ghetta Terezín, Komenského ul., CZ-411 55 Terezín • Fernruf: +420 / 416 782 576-7 • Telefax: +420 / 416 782 300 • E-mail: manager@pamatnik-terezin.cz • http://www.pamatnik-terezin.cz

Das Ghettomuseum wurde im Oktober 1991 eröffnet. Seine ständige Exposition bietet einen Überblick über die Geschichte des Ghettos Theresienstadt (Terezín) und stellt die einzelnen Seiten des alltäglichen Lebens der Gefangenen dar. Bestandteil der Besichtigung ist auch eine Ausstellung künstlerischer Arbeiten von Erwachsenen und Kindern, die hier gefangen gehalten wurden. • Im Kinosaal werden Dokumentarfilme gezeigt. • Es besteht die Möglichkeit, Fachliteratur, Propagationsmaterial und Videobänder mit Theresienstädter Thematik zu kaufen. • Auch im Krematoriumsgebäude ist eine Dauerexposition installiert.

42 Plan des Ghettos Theresienstadt Nr. 18, 21, 30

wurden. Im nahegelegenen Kolumbarium (Urnenhalle) wurden die Urnen mit der Asche der Opfer aufbewahrt. Gegen Ende des Zweiten Weltkriegs wurde die Asche, auf Befehl der SS-Kommandantur, teilweise vergraben, teilweise in die Eger geschüttet und die Urnen abtransportiert, um die Spuren der begangenen Verbrechen zu verwischen.[63]

Elise Grünbaum verbrachte die letzten Wochen ihres Lebens am anderen Ende der Stadt, in der Kavalierskaserne (Plan Nr. 22, Q6), die der Unterbringung von Alten und Geisteskranken diente.

Nur zwanzig Tage nach ihrem Mann Meier starb Elise Grünbaum am 22. September 1942 um 18:15 Uhr im Zentralkrankenhaus in der Hohenelber Kaserne (Plan Nr. 21, E VI). In ihrer Todesfallanzeige, mit der Transportnummer XII/1–220, ist vermerkt »sterbend eingeliefert«, Todesursache suicid.[64]

Für die völlig entkräftete Elise hatte das schmachvolle Leben in Schmutz und Elend seinen Sinn verloren. Dem ihr zugedachten Hungertod verweigerte sie sich und setzte ihrem Leben, im Alter von über zweiundachtzig Jahren, selbst ein Ende. Mit ihrem selbstbestimmten Tod bewahrte sich diese mutige, starke Frau auch einen letzten Rest ihrer menschlichen Würde.

Vor ihrer letzten Wohnstätte in Wiesbaden, Bismarckring 27, wurden am 22. Januar 2009 Stolpersteine für Meier und Elise Grünbaum verlegt.

In Frankfurt kann man sich an der »Gedenkstätte Neuer Börneplatz« ihrer erinnern. Dort sind, in die Mauer, die den Alten Judenfriedhof umschließt, in schier endlos langen Reihen kleine Metallblöcke eingelassen mit den Namen der Opfer des Holocaust, die von Frankfurt aus in einen furcht-

43 »Stolpersteine« Meier und Elise Grünbaum, Wiesbaden, Bismarckring 27

44 Frankfurt, Holocaust-Gedenkstätte,
Mauer des alten Jüdischen Friedhofs am Börneplatz

45 Gedenkstein für
Meier Grünbaum

46 Gedenkstein für
Elise Grünbaum geb. Kleemann

baren Tod gingen. Symbolische Gräber für fast 12 000 geschändete Menschen.

Eine in ihrer Bescheidenheit tief beeindruckende Gedenkstätte, wo Besucher, nach jüdischem Brauch, kleine Steine auf den Namensblöckchen ablegen.

Am 27. Januar 2011 wurde in Wiesbaden eine Gedenkstätte für 1507 jüdische Bürger eingeweiht, die zwischen 1933 und 1945 von den Nationalsozialisten ermordet wurden. Wo ehemals die große Synagoge am Michelsberg stand – in der Meier Grünbaum oft gebetet hatte –, erhebt sich jetzt eine 62 Meter lange und 7 Meter hohe Basaltsteinmauer, aus der die Namen, Geburts- und Todesjahr und der Sterbeort plastisch hervortreten. Auch hier findet man die Namen von Meier und Elise Grünbaum, die vierunddreißig Jahre in Wiesbaden gelebt hatten.

Meier Grünbaums Klagen

Zum erschütterndsten Teil des gefundenen Nachlasses gehören die Klagen von Meier Grünbaum.

In den letzten Monaten seines Lebens, die er mit seiner Frau Elise in der Frankfurter Pension verbrachte, fasste er seine Einsamkeit und das verzweifelte Leiden an der erzwungenen Leere seines Daseins immer wieder in Worte.

Papier war knapp, und so nutzte er alle freien Stellen auf Zetteln, Quittungen, Bankbelegen, Mitteilungen usw., um sein Unglück aufzuschreiben. Er tat dies mit einem Bleistift, und seine immer größer und fahriger werdende Schrift drückt seine Hilflosigkeit und tiefe seelische Not unübersehbar aus.

Meier Grünbaum sehnte sich nach Besuchen bei Freunden oder Verwandten und erwähnt immer wieder die Stadt Halle a/d Saale. Dort lebte Leo Seliger, ein Bruder von Erna Pommer und Onkel von Max Stein aus Eschwege, der auch der Neffe von Meier Grünbaum war.

Aus den entdeckten Briefen geht hervor, dass innerhalb der Familie rege Kontakte gepflegt wurden, und so ist es nicht verwunderlich, dass Meier Grünbaum oft den Wunsch hegte, nach Halle zu fahren. Das war allerdings, bei den Reisebedingungen für Juden, in den Jahren 1941 und 1942 nicht mehr möglich.

So schrieb er seine Gedanken in Frankfurt nieder:

(Hinweis: Bei der Transkription wurden offenkundige Rechtschreibfehler in den Originalhandschriften behutsam verbessert.)

»Leute ich bin ja zu unglücklich, was habe ich vom Leben doch sehr wenig. Ich bin zu unglücklich. Leute soll ich einmal nach Halle a/S fahren. Leute ich habe garnichts zu tun als zu Fressen.«

»Leute ich bin alles so müde Ihr glaubt es nicht.
Soll ich doch einmal nach Halle fahren oder nicht.«

»Dieser brave Mann ist zu zu unglücklich. Er hat garnichts zu tun er ist das Leben zu müde.«

»Leute was bin ich so unglücklich, Leute Ihr macht Euch keinen Begriff. Leute was meint Ihr dazu soll ich einmal nach Halle a/S fahren.

Lebe glücklich lebe froh wie der Mops im Haferstroh«, setzt er mit galligem Humor darunter.

In der Art gibt es eine weitere Klage:

»Wenn man bedenkt wie alles so Ertell (?) ist und ich bin doch der unglücklichste Mensch auf dieser Welt. Bescheidenheit ist eine Zier es lebt sich besser ohne Ihr.«

Auf einen Zettel zeichnete er in kindlicher Manier drei Männer und schrieb dazu:

»Leute schaut euch mal die drei Männer da oben an, die sind vielleicht ebenso unglücklich wie ich. Leute in Halle gibt es

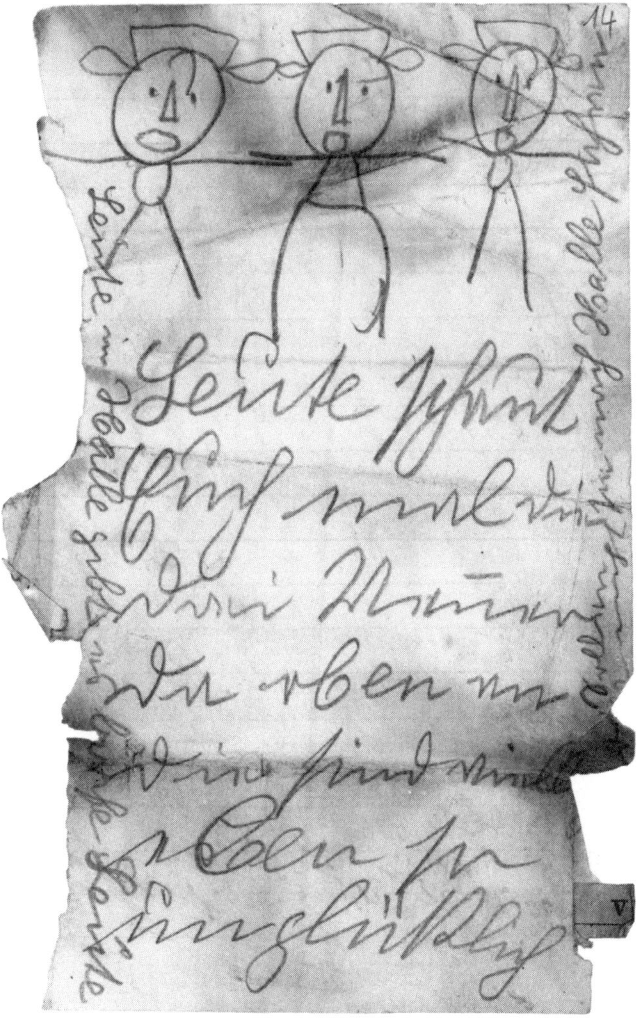

47 Klagen von Meier Grünbaum

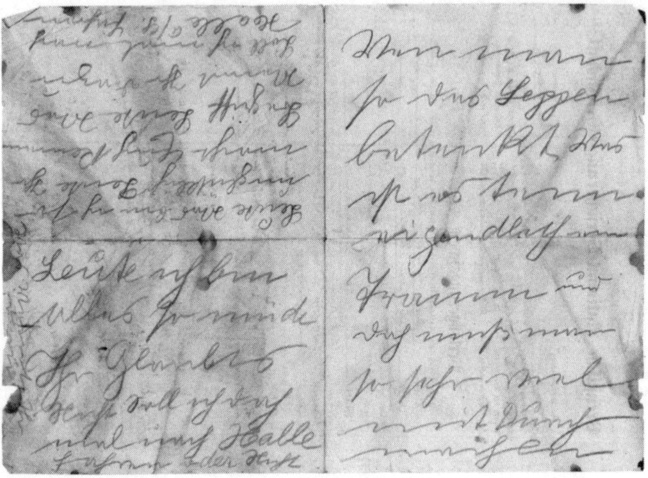

48 Klagen von Meier Grünbaum

brave Leute, aber auch böse. Soll ich einmal nach Halle fahren«.

»Leute was soll ich nur machen, ich bin völlig wertlos, wertlos.«

»Ihr Leute ich bin ja so unglücklich, Ihr glaubt es nicht. Ich weiß mir keinen Rat. Was soll ich machen. Man muß ja doch mal sterben. Daß man so viel durchmachen muß auf der Welt, so viel, es ist nicht zu sagen. Ich wollte ich wäre nicht geboren. Leute warum kommt man auf die Welt. Es wäre doch auch besser ich wäre nicht auf die Welt gekommen.«

»Wenn man so das Leben bedenkt, was ist es eigentlich ein Traum und doch muß man so sehr viel mit durchmachen.«

Das Leben war kein Traum, nicht für Meier Grünbaum und nicht für die Juden in Deutschland, die seit 1933 unter dem perfiden Sadismus der Nationalsozialisten litten. Es war ein Albtraum, der Millionen von ihnen das Leben kostete, Juden aus Deutschland und halb Europa.

Meier Grünbaums Notizen waren stumme Anklagen an eine Gesellschaft, die Augen, Ohren und Herzen verschlossen hatte, die die barbarische Verfolgung jüdischer Menschen tatenlos hinnahm.

Fast siebzig Jahre nach der Deportation und seinem Tod in Theresienstadt ist Meier Grünbaums Verzweiflung hörbar gemacht worden.

Im Rahmen des Frankfurter Architektursommers 2011 schuf der Wiesbadener Historiker und Dokumentarfilmer Jürgen Czwienk, in Zusammenarbeit mit der Hochschule für Gestaltung Offenbach, eine Klanginstallation für das Projekt XQM. Dieses Projekt rief dazu auf, den innerstädtischen Raum für selbstorganisierte soziale und kulturelle Prozesse zu nutzen.

Für die Lesung der Klagen Meier Grünbaums hatte Jürgen Czwienk den Wiesbadener Schauspieler Uwe Kraus als Sprecher gewinnen können. Ihm ist sehr zu danken für die große Einfühlsamkeit, mit der er sich der Situation des unglücklichen Mannes näherte. Mit zurückgenommener, gebrochener Stimme verlieh er Meiers Verzweiflung eine tief berührende Intensität, deren beklemmender Eindringlichkeit sich kein Zuhörer entziehen konnte – ein »akustisches Gedenken«.

Am Erich-Fromm-Platz, der kleinen Grünanlage, an deren Mitte das Haus Liebigstraße 27B steht, in dem Meier und Elise Grünbaum vom 1. April 1941 bis 18. August 1942 lebten, war das Wiedergabegerät an einem Baum befestigt. Darunter ein kurzer erklärender Text mit einem Foto von Meier Grünbaum.

Am 24. Juni 2011, einem Freitag, um zwölf Uhr mittags, erklangen Meiers Klagen zum ersten Mal. Eine ergriffene Zuhörerschar, darunter auch Mitglieder der Jüdischen Gemeinde, hatte sich versammelt im Gedenken an menschliches Leid, das so viele Seelen zerstörte.

Einen Tag später, am Sabbat, kamen Gläubige aus der Westend-Synagoge vorbei. »Shabbat Schalom Meier Grünbaum C.« war auf einem Zettelchen zu lesen, das an Meier Grünbaums Foto geheftet war. Sehr anrührend war das Verweilen einer Dame, die das Foto lange mit der Hand bedeckte, eine Geste der Trauer und des Trostes zugleich.

Einen Monat lang erklangen Meier Grünbaums leise eindringliche Klagen am Erich-Fromm-Platz, täglich von 9 bis 19 Uhr zu jeder halben Stunde.

Die Blicke vieler Zuhörer wurden auch von den neun Stolpersteinen angezogen, die am 6. November 2007 vor dem Haus Liebigstraße 27B verlegt worden waren.

Drei von ihnen sind der Familie Nussbaum gewidmet. Mit den sechs weiteren gedenkt man der ehemaligen Hausbewohner aus den anderen Etagen.

Agnes Therese Gottschalk
geb. Fröhlich
Geb. am 18.04.1881
Flucht in den Tod/Suizid
Todesdatum 05.05.1942

Hedwig Jenny Katz
geb. Strauss
Geb. am 22.03.1877
Deportiert am 15.09.1942
nach Theresienstadt
am 16.05.1944 nach
Auschwitz
Todesdatum unbekannt

Walter Leo Katz
Geb. am 12.03.1903
Verhaftet 1943 in Berlin
Deportiert nach
KZ Flossenbürg
Todesdatum 24.03.1943

Ludwig Katz
Geb. am 06.02.1866
Deportiert am 15.09.1942
nach Theresienstadt
Todesdatum 29.09.1942

Hedwig Michel
Geb. am 19.02.1892
Deportiert am 19.10.1941
nach Lodz
Todesdatum 25.01.1942

Moses Nussbaum
Geb. am 06.02.1891
Flucht in den Tod/Suizid
Todesdatum 09.05.1942

Erna Nussbaum geb. Sichel
Jg. 1891
Deportiert 1942
Lublin
Ermordet

Heinz Walter Nussbaum
Geb. am 06.10.1923
Deportiert 1942 in die
Region Lublin
Todesdatum unbekannt

Ferdinand Ullmann
Geb. am 17.11.1857
Deportiert am 18.08.1942
nach Theresienstadt
Todesdatum 26.08.1942

49 »Stolperstein« für
Erna Nussbaum vor dem
Haus Liebigstraße 27B

Von meinem Fenster aus beobachte ich häufig Passanten, die erschrocken innehalten vor den neun blankgeputzten Gedenksteinen, eine kleine Weile verharren und zögernd weitergehen. Die kleinen Mahnmale erfüllen damit ihren Sinn zu erinnern, nicht zu vergessen.

Herr Prof. Dr. Salomon Korn, Vizepräsident des Zentralrats der Juden in Deutschland und Vorsitzender des Vorstands der Jüdischen Gemeinde in Frankfurt, erwähnte die Stolpersteine am 9. November 2009 in der Westend-Synagoge während einer Gedenkfeier zu den Pogromen am 9. und 10. November 1938. Hier sagte er unter anderem:

»Wenn ich nach dem täglichen Morgengebet die Synagoge verlasse, führt mein Weg mich zuweilen an dem Haus Liebigstraße 27B vorbei. In dem Gehweg davor sind neun ›Stolpersteine‹ eingelassen. Mehrere jüdische Familien haben vor dem Krieg in diesem Haus gewohnt, darunter von April 1941 bis zum 18. August 1942 das Ehepaar Elise und Meier Grünbaum. Kurz vor ihrer Deportation versteckten sie das Letzte, was ihnen geblieben war, hinter einer Wandverkleidung: Briefe, Dokumente und Fotos. Elise und Meier Grünbaum wurden am 18. August 1942 nach Theresienstadt deportiert und dort am 3. beziehungsweise 22. September 1942 ermordet. [...]

Siebenundsechzig Jahre nach der Ermordung des Ehepaars Elise und Meier Grünbaum, siebzig Jahre nach Beginn des Zweiten Weltkrieges und einundsiebzig Jahre nach dem 9. November 1938 nehme ich auf meinem morgendlichen Weg zur Synagoge Spuren der ›Reichskristallnacht‹ und Spuren des Krieges wahr. Gleich jenen schönen Altbaufassaden, die mit den hinter ihnen liegenden unansehnlichen Nachkriegsbauten auf den ersten Blick eine Einheit zu bilden scheinen, sind diese Spuren als Teil unserer täglichen Wahrnehmung weitgehend unsichtbar geworden. Wer unter der Oberfläche des Alltags sie und ihre Langzeitfolgen dennoch sehen will, kann sie in unmittelbarer Nachbarschaft, im Stadtbild, aber auch weit darüber hinaus nach wie vor erkennen. [...]«[1]

»47 Briefe – Die Geschichte der Familie Grünbaum«. Unter diesem Titel widmete das Stadtmuseum Wiesbaden der Familie Grünbaum eine Ausstellung, die vom 13. August bis zum 30. Oktober 2011 im »Schaufenster Stadtmuseum« in der Ellenbogengasse gezeigt wurde.

Die Gestaltung der drei verschiedenen Plakate, die in der ganzen Stadt für den Besuch dieser Ausstellung warben, beinhaltete eine der Klagen von Meier Grünbaum:

»Wenn man so das Leben bedenkt« – »Was ist es eigentlich ein Traum« – »Und doch muß man sehr viel«.

Als Hintergrund für die Schrift wurden Fotografien des Frankfurter Zimmers verwendet, in dem Meier und Elise Grünbaum vom 1. April 1941 bis zum 18. August 1942 gelebt hatten.

Für eine sehr moderne, multimediale Präsentation des Grünbaum'schen Nachlasses, den das Frankfurter Institut für Stadtgeschichte zur Verfügung gestellt hatte, konnte Herr Dr. Hans-Jörg Czech, Gründungsdirektor des Wiesbadener Stadtmuseums, die Hochschule RheinMain und den Filmemacher Jürgen Czwienk gewinnen, die in Zusammenarbeit mit dem Kurator, Herrn Dr. Torben Giese, eine interaktive Schau entwickelten.

Der abgedunkelte Ausstellungsraum wurde an seiner Längsseite beherrscht von dem überdimensionalen Familienfoto der Grünbaums, davor eine schmale Vitrine mit vier Originalen aus Frankfurt: einer Briefseite von Wilhelm Kleemann, einer Postkarte mit der Ansicht von Wiesbaden und zwei Klagezetteln von Meier Grünbaum.

Alles andere erschien als Projektion auf sogenannten »papiernen Wolken«, im Raum schwebenden Vliesflächen, auf denen Schriftfragmente der Klagezettel leuchteten.

Betrat der Ausstellungsbesucher auf seinem Rundgang die unter dem Boden installierten Sensoren, löste er die Schaltung von Projektoren aus und damit das Erscheinen von Briefen, amtlichen Dokumenten, vereinzelten Fotos, historischen Filmsequenzen usw. auf den »Wolken«, die zugleich auch die Klagezettel von Meier Grünbaum symbolisierten. Nur auf diese Weise war es möglich, viel Information auf eng begrenztem Raum zu bieten.

Die faszinierende Ausstellung fand über zweitausend interessierte Besucher, darunter sehr viele Schüler, denen die Verfolgung der Juden im Nationalsozialismus aus dem persönlichen Erleben nähergebracht werden sollte.

Parallel zur Ausstellung veranstaltete das »Aktive Museum Spiegelgasse« während der »Dialogtage 2011« Lesungen von Abschiedsbriefen verfolgter Juden und Podiumsgespräche.

So kehrten Meier und Elise Grünbaum nach über siebzig Jahren in das Gedächtnis der Stadt zurück, in der sie vierunddreißig Jahre gelebt hatten.

Es mutet fast absurd an, was mehr als ein Jahr nach dem Tod von Meier und Elise Grünbaum noch von offizieller Seite in Frankfurt geschah.

In der Devisenakte des Ehepaars fand ich folgenden Schriftwechsel:

Der Oberfinanzpräsident Kassel, Dienststelle S Frankfurt am Main, sandte am 10.11.1943 ein Schreiben an Herrn Meier Israel Grünbaum, Frankfurt a. Main, Liebigstraße 27B

I: »*Verfügung:* Ich ersuche, mir innerhalb von 3 Tagen mitzuteilen, ob in Ihrer Anschrift oder in Ihren Verhältnissen eine Änderung eingetreten ist. Im Auftrag Mö [Möller]«

Am 15. November 1943 ein Schreiben desselben Absenders – Devisenstelle – an das Einwohnermeldeamt Frankfurt a. M.:

»Ich bitte um Mitteilung, wohin Meier Israel Grünbaum, geb. 13.5.61 (Ehefrau Elise Sara geb. Kleemann) früher wohnhaft gewesen in Frankfurt a. M., Liebigstraße 27B, verzogen ist. Im Auftrag Möller«

Am 18. November 1943 antwortete der Polizeipräsident Frankfurt a. M., 9. Revier, der Devisenstelle Ffm, Goethestraße 9:

»Der Israel Meier Grünbaum, geb. 13.5.61 in Geisa (Thür.) und dessen Ehefrau Sara Elise, geb. Kleemann, geb. 27.3.60 Schonungen (Bay) sind beide am 18.8.42 von Liebigstr. 27B nach Theresienstadt evakuiert worden. [Unterschrift]«

Zuletzt schreibt der Oberfinanzpräsident – Devisenstelle U – Frankfurt a. M., Goethestraße 9, am 27. November 1943 an die Deutsche Effekten- u. Wechselbank, Ffm, Kaiserstr. 30:

»*Verfügung* (auf Grund der Gestapo-Listen evakuierter Juden)

1. *Betr.:* Vermögen von nach dem Osten evakuierten Juden.
JS-Anordnung 3019 vom 20.2.40

Ich mache darauf aufmerksam, daß das Vermögen nachgenannter Personen zugunsten des Deutschen Reiches eingezogen ist. Damit ist jede Verfügung über sämtliche Vermögenswerte dieser Personen unzulässig, sofern sie nicht durch das für die Einziehung im Bezirk Groß-Frankfurt zuständige Finanzamt Frankfurt a. M.-Außenbezirk erfolgt.

Meier Israel Grünbaum   Ffm, Liebigstraße 27B
Elise Sara   "   "   "

2. Evakuierung auf Mappen vermerken
3. In Judenkartei eintragen
4. Karteivermerk (Registratur)
5. Die Sicherungsanordnung ist erledigt. Akte weglegen.

i. A. Mö [Möller]
Formblatt 1073a«

So ging der Raubzug des Nationalsozialistischen Reichs weiter – mehr als ein Jahr über den Tod von Meier und Elise Grünbaum hinaus.

Samuel Kleemann

Bruder von Elise Grünbaum

Am 02.03.1862 wurde Samuel Kleemann in Forchheim geboren.[1]

Der zweite Sohn des Ehepaars Kleemann war ein hochbegabtes Kind, dessen Lerneifer von den Eltern nach Kräften unterstützt wurde.

Mit diesem Lebenslauf bewarb er sich höflich, aber durchaus selbstbewusst, um eine Promotion an der Universität Erlangen:

»*Curriculum vitae*

Im Jahre 1862 als Sohn des Lehrers Michael Kleemann in Forchheim (Oberfranken) geboren, erhielt ich, Samuel Kleemann, die sorgfältigste Erziehung und den ersten Unterricht im Elternhause, der dann in der Volksschule bis zu meinem 12. Lebensjahre unter verschiedenen Lehrern mit günstigem Erfolge fortgesetzt wurde. Ich besuchte von dort an, 1874–1877, die Gewerbeschule in Bamberg, und da wurde ich von einigen tüchtigen Lehrkräften zum Studium der Naturwissenschaften so mächtig angeregt, dass meine Eltern, nachdem ich diese Schule mit der Note I absolvirt, gerne ihre Zustimmung zur Fortsetzung meiner Studien an der Königlichen Industrieschule zu Nürnberg gaben. Nach zweijährigem Besuch der chemischen Abtheilung derselben absolvirte ich auch diese Anstalt im Jahre 1879 mit der Note I und bezog im November desselben Jahres die Königliche Universität Würzburg, wo ich, als Studirender der Naturwissenschaften inscribirt, während zweier Semester verblieb.

Gezwungen durch äußere Verhältnisse immatrikulierte ich mich im darauffolgenden Jahre (November 1880) am Königlichen Polytechnikum zu München und warf mich auch hier mit allem Eifer auf das Studium der Naturwissenschaften.

Als ein Zeichen ganz besonderen Vertrauens durfte ich es betrachten, dass der Vorstand des chemischen Laboratoriums, Herr Professor Dr. E. Erlenmeyer, mir schon nach Ablauf eines Jahres die Stelle eines Privatassistenten übertrug, in welcher Function ich auch 1 1/2 Jahre bis zu dessen Pensionierung im Mai d. J. verblieb.

Um später zur Lehramtsprüfung der Chemie zugelassen zu werden, unterzog ich mich im Herbste des Jahres 1882 einer Prüfung vom 2. in den 3. Kurs des Königlichen Realgymnasiums zu Würzburg mit Erfolg.

An der Technischen Hochschule setzte ich meine Studien bis zum Ende des verflossenen Sommersemesters fort und bestand vor Kurzem die Prüfung für das Lehrfach der Chemie mit der ersten Note; auch gegenwärtig bin ich am Polytechnikum inscribirt.

Selbstverständlich kommt es mir nicht in den Sinn, mein Studium als abgeschlossen zu betrachten, und würde ich dem unwiderstehlichen Triebe nach Vertiefung in der Wissenschaft mit umso regerem Eifer nachkommen, wenn ich das Glück hätte, von einer so ehrwürdigen Institution, wie die hohe philosophische Facultät der Königlichen Universität Erlangen, durch Verleihung des Doctorgrades gewürdigt zu werden.

München, im November des Jahres 1883«[2]

Am 15. Dezember 1883, im Alter von knapp zweiundzwanzig Jahren, erlangte Samuel Kleemann seine Promotion zum Dr. phil.

50 Samuel Kleemann

Drei Jahre später ging er nach England und arbeitete dort über dreizehn Jahre lang in verschiedenen Farbenfabriken, um berufliche Erfahrungen zu sammeln und seine Kenntnisse im chemisch-technischen Bereich zu erweitern.[3]

In Liverpool heiratete Dr. Samuel Kleemann am 27.12.1893 seine erste Ehefrau Maria Ullmann, die am 17.03.1869 in Fürth geboren war. Ein Jahr später, am 17.12.1894, wurde das einzige Kind des Paares, Sohn Wilhelm, genannt Willy, in Liverpool geboren.

Noch knapp sechs Jahre lebte die Familie in England, bevor sie im Herbst 1900 nach Deutschland zurückkehrte und sich am 1. Oktober in Fürth niederließ.[4]

Am gleichen Tag erwarb der Chemiker Dr. Samuel Kleemann in seiner nahegelegenen Heimatstadt Forchheim die Firma »Carl Kreul Farbenfabrik«, ein alteingesessenes Unternehmen, das im Jahre 1838 in Nürnberg gegründet worden und 1842 nach Forchheim übergesiedelt war.

Die jetzige Inhaberin der Firma, Frau Gertraud Hawranek, gestattete mir dankenswerterweise die Veröffentlichung der Anschreiben, die Wilhelm Roessner, der alte, und Dr. Samuel Kleemann, der neue Fabrikbesitzer, am 1. Oktober 1900 an ihre Kunden versandten:

»Hierdurch beehren wir uns, Ihnen mitzutheilen, dass die seit 62 Jahren dahier unter der Firma Carl Kreul bestehende, von uns seit 34 Jahren betriebene Farbenfabrik am heutigen Tage durch Kauf auf den Chemiker, Herrn Dr. S. Kleemann, von hier übergegangen ist.

Für das uns während dieser Zeit erwiesene Wohlwollen sprechen wir Ihnen bei dieser Gelegenheit unseren verbindlichsten Dank aus und knüpfen zugleich die Bitte daran, dieses Wohlwollen auch unserem Nachfolger, den wir seit vielen Jahren als einen in der Farbenbranche bewanderten Chemiker kennen, gütigst bewahren zu wollen. Hochachtungsvoll

Johannes Demler
Wilhelm Roessner

Unter Bezugnahme auf das vorstehende Circular erlaube ich mir, Ihnen ergebenst mitzutheilen, dass ich unter dem heutigen Tage die Firma Carl Kreul, Farbenfabrik, käuflich erworben habe und in unveränderter Weise fortführen werde. – Die praktischen Erfahrungen, die ich mir während einer mehr als 13-jährigen Thätigkeit in bedeutenden Farbenfabriken Englands erworben habe, lassen mich hoffen, den ehrenvollen Ruf der Firma weiter zu erhalten.

Indem ich Sie bitte, Ihr Vertrauen auch in Zukunft der Firma freundlichst bewahren zu wollen, empfehle ich mich Ihnen mit vorzüglicher Hochachtung

Dr. S. Kleemann

Ich werde zeichnen: Carl Kreul.«

Die Farbenfabrik, die in einem alten Mühlengebäude außerhalb der Stadt lag, gab Dr. Kleemann auf und eröffnete am Marktplatz in Forchheim »Die Farbmühle«. Er bezeichnete sein Unternehmen:

C. Kreul, Forchheim Bayern

Inh. Chemiker Dr. S. Kleemann

Farbenfabrik

Spez: Künstler-Oelfarben, feine Oelfarben für Studien und Skizzen, für dekorative und technische Zwecke in Tuben und Büchsen[5]

Dass der knapp vierzigjährige, erfahrene und hoch motivierte Chemiker Dr. Kleemann hervorragende Produkte anbot, ist dem Brief eines Berliner Malers zu entnehmen, der am 18. Januar 1903 schrieb:

»Sehr geehrter Herr Doktor.

Indem ich Ihnen für die freundliche Übersendung Ihrer Kreulschen Oelfarben nochmals bestens danke, kann ich Ihnen nur die ergebene Mitteilung machen, daß die Proben mit denselben zu meiner großen Zufriedenheit ausgefallen sind. Sie erfüllen, was Mischfähigkeit und Leuchtkraft anbetrifft, alle Wünsche. Besonders vorzüglich sind: Gebrannte Terra di Siena, hellster Liekterocker und hellstes Zinnobergrün.

Ich werde von jetzt an nur noch mit den Kreulschen Oelfarben malen und werde dieselben bestens empfehlen. Hochachtungsvoll

Percy E. Renowitzky

Porträtmaler u. Gemälderenovator

Lehrer an der 11ten Handwerkerschule zu Berlin«[6]

Neben dem beruflichen Erfolg stellte sich großes persönliches Leid ein, als Samuel Kleemanns Frau Maria am 30.09.1915 in Fürth starb. Sie war nur sechsundvierzig Jahre alt geworden. Ein tragischer Schicksalsschlag für den dreiundfünfzigjährigen Ehemann und seinen Sohn Willy, der als Soldat im Ersten Weltkrieg diente und um dessen Leben der Vater täglich bangen musste, war doch sein Neffe Max Grünbaum aus Wiesbaden schon im Dezember 1914 gefallen.

Drei Wochen nach seinem vierundfünfzigsten Geburtstag verlor Samuel Kleemann auch sein einziges Kind. Willy Kleemann fiel am 23.03.1916 im Alter von einundzwanzig Jahren. Innerhalb weniger Wochen hatte Samuel Kleemann verloren, was sein persönliches Glück ausmachte.

Um das Jahr 1920 verkaufte er die Farbenfabrik C. Kreul in Forchheim an einen Berliner Kaufmann. Im Jahre 1922 ging das Unternehmen dann in den Besitz der Drogistenfamilie Franz Schmidt über, die es jetzt schon in vierter Generation führt. Wie sehr der Chemiker Dr. Kleemann hier, noch viele Jahre nach seinem Tode, geschätzt wurde, ist einem Brief aus dem Jahre 1966 zu entnehmen, in dem Dr. Julius Schmidt unter anderem an Samuels Bruder Wilhelm schrieb, dass die Firma Kreul in ihrer Entwicklung Herrn Dr. Samuel Kleemann viel zu verdanken habe.[7]

Samuel Kleemann war aber nicht nur ein brillanter Wis-

001 Forchheim, an der Wiesent um 1950

002 Forchheim, die Kammerermühle

003 Amalie Kleemann um 1895

004 Michael Löb Kleemann um 1895

005 Manus Meier Grünbaum

006 Elise Grünbaum geb. Kleemann um 1890

007 Wilhelm Kleemann um 1885

008 Julie Kleemann um 1890

009 Julius Kleemann um 1890

010 Ernestine Kleemann geb. Hirsch um 1890

011 Familie Meier Grünbaum in Wiesbaden um 1906;
v. links: Meier, Meta, Max und Elise Grünbaum

012 Meta und Max Grünbaum,
September 1901

013 Max Grünbaum als Rekrut,
Prenzlau, September 1914

014 Wilhelm Kleemann an Max Grünbaum »Semper avanti! Herzlichen Glückwunsch Dein Onkel Wilhelm«

015 Berlin, 29.9.09. an Herrn Max Grünbaum, Geisa Thüringen

016 Samuel, Willy und Maria Kleemann um 1897

017 rechts: Willy Kleemann im Ersten Weltkrieg 1915/16

018 v. links: Samuel, Erna, Wilhelm und Lucie Kleemann, Marienbad 10.7.1930

019 Samuel Kleemann um 1930

20 Erna Kleemann, Paßfoto 7. Mai 1930

021 Brautpaar Wilhelm Kleemann und Lucie Friedländer, 17.Juni 1907

022 Sophie und Max Friedländer, Eltern von Lucie Kleemann

023 Lucie Friedländer 1892

024 Wilhelm Kleemann mit Tochter Herta um 1910

025 Wilhelm Kleemann mit Tochter Herta um 1919

026 Wilhelm Kleemann und Herta Schloss, Berlin um 1930

027 Lucie Kleemann, Berlin 1929

028 Wilhelm Kleemann, Berlin 1929

029 B.Z. am Mittag, 28.1.1928, Presseball,
Nr. 12 Fräulein Kleemann

030 Brautpaar Herta Kleemann und Moritz Schloss,
24. März 1929

031 Klara Schloss geb. Meyer

032 Louis Schloss

033 Paula, Regine und Moritz Schloss, Maroldsweisach um 1906

034 Moritz Schloss um 1913

035 Moritz und Herta Schloss, Wilhelm, Lucie und Samuel Kleemann, Marienbad 1937

036 Lucie und Wilhelm Kleemann, Marienbad 6.8.1932

037 Ruth, Moritz und Herta Schloss um 1950

038 Brautpaar Ronald Stanton und Ruth Schloss, Mai 1954

039 Oliver, Ronald und Ruth Stanton 1972

040 Bar Mizwa von Oliver Stanton, 28. Nissan 5732, Ruth Stanton, Hedi Kern Steinberg, Oliver, Herta Schloss und Ronald Stanton

senschaftler, er war auch ein sehr geselliger Mensch, geistvoll, charmant, von sprühendem Witz und blitzender Schlagfertigkeit. Fotos aus dem Urlaub in Marienbad, wo er auch oft mit seinem Bruder Wilhelm und Schwägerin Lucie zur Kur weilte, zeigen einen vergnügten, stets verschmitzt lächelnden Mann, der das Leben wohl zu genießen wusste. Mit seiner eleganten jungen Nichte Herta, der Tochter von Wilhelm und Lucie Kleemann, die ihre Eltern hin und wieder nach Marienbad begleitete, zeigte er sich gern und führte einen regen, sehr humorvollen Briefwechsel mit ihr. Ihr sandte er 1925 auch ein Foto mit der Widmung: »Professor Kleemann to his nice niece, Miss Herta 10th. December 25.« Es zeigt Samuel Kleemann im Kreise seiner Studentinnen und Studenten. Auf einer im Hintergrund aufgestellten Tafel steht mit Kreide geschrieben: »Try to look as happy as possible«. Alle Versuche, in den um Nürnberg und München existierenden Hochschulen etwas über Samuel Kleemanns Professur zu erfahren, schlugen fehl.

51 Wilhelm, Lucie und Samuel Kleemann in Marienbad 21. 06. 1927

Sechs Jahre nach dem Tod seiner Frau Maria heiratete Samuel Kleemann am 11.07.1921 seine zweite Frau, doch der Ehe war nur ein sehr kurzes Glück beschieden. Klara Kleemann, verw. Stein, geb. Weis, verließ ihren Mann bereits nach

52 Prof. Dr. Samuel Kleemann im Kreise seiner Studenten 1925

wenigen Wochen und die Scheidung erfolgte schon am 21.02.1922.[8] Bis zum 25.08.1922 war Samuel Kleemann zwar noch in Fürth gemeldet, lebte aber bereits seit dem 12.10.1921 in München, Jägerstraße 9.

Dort heiratete er am 31.07.1922, im Alter von sechzig Jahren, seine dritte Ehefrau, die um achtzehn Jahre jüngere Ernestine, genannt Erna, Wolff, gesch. Joseph, geb. am 17.06.1880 in Gelsenkirchen.[9] Erna und ihr unverheirateter Bruder Albert Wolff waren seit 1911 gemeinsame Inhaber einer Warenagentur für Getreide und Futtermittel in München, Tengstraße 35. In diesem schönen Jugendstilhaus, das den Zweiten Weltkrieg unversehrt überstanden hat, wohnte Albert Wolff seit 1918. Am 22. August 1922 zogen auch Samuel und Erna dort ein.[10]

Im Juli 1930 verbrachten die Brüder Wilhelm und Samuel Kleemann mit ihren Ehefrauen Lucie und Erna einen gemeinsamen Kuraufenthalt in Marienbad und schrieben von dort eine Fotokarte an Meier und Elise Grünbaum in Wiesbaden:

»Vier nicht unbekannte Marienbader Kurgäste senden herzliche Grüße«. Für diese Reise hatten Samuel und Erna Kleemann im Mai 1930 Pässe beantragt, die Passfotos blieben in der Münchner Polizeidirektion erhalten.

Das unbeschwerte Leben neigte sich nach 1933, mit dem Beginn der nationalsozialistischen Judenverfolgung, dem Ende zu. Die Getreidehandlung sicherte noch ein gutes Auskommen, da der Handel mit lebenswichtigen Gütern jüdischen Kaufleuten zunächst noch erlaubt war. Es war aber eine Frage der Zeit, wie lange das Geschäft noch die Lebensgrundlage für die Familie erwirtschaften konnte, denn im Laufe der nächsten Jahre ging der gesamte Handel in »arische« Hände über.

Im Mai 1935 hatten Samuel und Erna Kleemann noch einmal Reisepässe erhalten. Es ist vorstellbar, dass sie, wie viele ihrer Leidensgenossen, eine Reise nach Palästina unternahmen, um zu prüfen, ob sich hier eine neue Existenz aufbauen ließe.

Doch dieses Land brauchte junge Menschen, die beim

Aufbau einer neuen Heimat zupacken konnten. Für hochgebildete alte Unternehmer war kein Platz im Kibbuzleben.

Nach einem Runderlass des Reichsministeriums für Wissenschaft, Erziehung und Volksbildung vom 7.1.1936 wurden alle jüdischen Beamten endgültig in den Ruhestand versetzt, auch die Lehrer an wissenschaftlichen Hochschulen. Honorarprofessoren und außerordentlichen Professoren wurde die Lehrbefugnis entzogen. Die Zahlung von Pensionen bzw. Ruhegehältern war von bestimmten Voraussetzungen abhängig, wurden aber gekürzt und später gar nicht mehr ausgezahlt. Damit war auch Samuel Kleemann ohne Einkünfte.

Die große Inflation im Jahre 1923, die später vom NS-Staat geforderten hohen Steuern auf jüdisches Vermögen und die immer geringer werdenden Einkünfte aus der Getreidehandlung hatten das Kleemann'sche Vermögen bis zum Sommer 1938 offenbar so stark dezimiert, dass sich Samuels Bruder Wilhelm in einem Brief an seine Schwester Elise besorgt zeigte und versuchen wollte, in der sehr unangenehmen Familienangelegenheit nach dem Tod von Ernestine Kleemann in Wiesbaden einen Erbteil für seinen Bruder Samuel zu erkämpfen – ohne Erfolg.

Die horrende »Sühneleistung«, die von den Juden nach der Pogromnacht im November 1938 gefordert wurde, und die kurz darauf erfolgte »Arisierung« der Getreidehandlung im November 1938 ruinierten die wirtschaftlichen Verhältnisse der Familie Kleemann/Wolff vollends.

Das »Gesetz über Mietverhältnisse mit Juden« vom 30. April 1939 betraf sowohl Albert Wolff wie auch das Ehepaar Samuel und Erna Kleemann. Knapp drei Monate später, am 28.06.1939, mussten sie das Haus Tengstraße 35 in München verlassen.

In Köln, am Zülpicher Platz 4, besaßen die Geschwister Albert und Erna Wolff ein Haus, das ihnen die Eltern Lehmann und Nora Wolff im Jahre 1927 vererbt hatten. Am 28.06.1939 bezogen Samuel und Erna Kleemann, zusammen mit Albert Wolff, eine Wohnung in diesem Haus.[11] Obwohl die »Erben Lehmann Wolff« im Kölner Adressbuch von 1941/42 noch als Eigentümer verzeichnet waren, sicherte der Besitz des Hauses leider nicht das Wohnrecht für die Eigentümer.[12]

Im Zuge der Deportationsvorbereitungen wurden, wie überall, so auch in Köln alte und kranke jüdische Bürger gezwungen, in »Jüdische Altersheime« umzuziehen. Eigentlich handelte es sich hier um Ghettohäuser, in denen die Menschen auf engstem Raum zusammengepfercht wurden.

Am 15.01.1942 wurden Samuel und Erna Kleemann sowie Albert Wolff aus ihrem Haus gejagt und in das nahegelegene Jüdische Altersheim in der Beethovenstraße 16 eingewiesen, das im Hinterhof an die ehemals größte Kölner Synagoge in der Roonstraße grenzte.[13]

Dazu schrieb Samuel Kleemann am 07.03.1942, kurz nach seinem achtzigsten Geburtstag, an seine Schwester Elise Grünbaum in Frankfurt:

»Seit dem 15. Januar sind wir, Erna, mein Schwager und ich, zusammen auf einem kleinen Zimmer im Jüdischen Altersheim, Köln, Beethovenstraße 16, untergebracht. Das eigene Haus mußten wir verlassen. Wir sind natürlich sehr beengt, aber verhältnismäßig zufrieden. Vor allem ist's im Heim sehr sauber.«[14]

Das Haus Beethovenstraße 16, in dem bis zu 200 Menschen unvorstellbar eng zusammenleben mussten, gehörte seit etwa

1895 den Kaufleuten Van Cleef und ihren Erben, die vermutlich 1938/39 emigrierten. Das dreigeschossige Gebäude, mit großzügigen Wohnungen, wurde danach zu einem der größten Ghettohäuser in der Kölner Neustadt.[15]

Noch einmal schrieb Samuel Kleemann am 25.03.1942 zum Geburtstag seiner Schwester Elise, berichtete von seiner Krankheit, über den Alltag im Heim und lobt den Heimleiter, dessen Tüchtigkeit es zu verdanken sei, dass es noch Kartoffeln gab. Über seine Korrespondenz mit einigen Bekannten und Verwandten schrieb er:

»Von überall kommen die gleichen, tieftraurigen Nachrichten. Jeder hat sein Leid, trägt schwer daran. Keinem ist zu helfen. [...] Genau so, wie wir's nun haben, habe ich mir meinen Lebensabend vorgestellt!!« (s. a. S. 163 ff.)

Samuel Kleemann lebte nur noch wenige Wochen. Er starb am 5. Mai 1942 in Köln nach kurzer, schwerer Krankheit und wurde auf dem Jüdischen Friedhof Köln-Bocklemünd, Venloer Straße 1152, beerdigt (Flur 22L Grab Nr. 37).[16]

Frau Dr. Becker-Jákli vom NS-Dokumentationszentrum Köln gestattete mir den Abdruck eines sehr bösartigen Schreibens, das die Luftschutzwarte des Hauses Zülpicher Platz 4 am 17.05.1942 an den Herrn Oberfinanzpräsidenten und die Städtische Wohnungsfürsorge in Köln gerichtet hatten:

»Die unterzeichneten arischen Mieter im Hause Köln, Zülpicher Platz Nr. 4 erheben Einspruch gegen ein Vorhaben des Hausverwalters Herrn Dierdorf, das dahin geht, in das

[redacted]u.Frau
Luftschutzhauswarte im Hause
Zülpicherplatz N.4

Köln,den 17.Mai 42.
Zülpicherplatz 4

2 gleichlautende Schreiben

An

1)Den Herrn Oberfinanzpräsidenten — Köln Wörthstrasse

2)Die Städtische Wohnungsfürsorge — Köln Pipinstrasse

-jedem ein Exemplar zugesandt-

53 Schreiben der Luftschutzhauswarte Zülpicherplatz 4, Köln 17. Mai 42

Hochparterre dieses Hauses Juden einzuweisen, die mit einem Arier verheiratet sind.

Gründe:

Vorgestern, Freitag Abend, erschienen hier im Hause zwei Ehegatten und baten, die dritte Wohnung des Hochparterres besichtigen zu können. Dieselben erklärten dabei, dass sie von dem Verwalter geschickt würden und das dritte Mischehe-Ehepaar seien, das in das Haus d. h. in das Hochparterre einziehen solle. Sofort könne das allerdings nicht geschehen, denn sie müßten ihre jetzige Wohnung ja auch erst kündigen und solange müsse hier die Wohnung eben leer stehen bleiben.

Die arischen Mieter hier im Hause sind froh, dass die Juden aus dem Hause heraus sind und bitten den Herrn Oberfinanzpräsidenten und die städtische Wohnungsfürsorge, dafür Sorge zu tragen, dass das Haus rein arisch vermietet wird und dass dem Verwalter Herrn Dierdorf nicht gestattet wird, Mietverträge mit Eheleuten abzuschließen, von denen der eine Teil Jude ist. Die arischen Mieter sind weiterhin der einwandfrei feststehenden Ansicht, dass es mehr wie zuviele arische Volksgenossen gibt, die durch Fliegerangriffe kein Dach mehr über dem Kopfe haben und die in das Hochparterre eingewiesen werden könnten. Warum soll das Haus wieder Juden aufnehmen?? Die Verhältnisse sind seit einigen Jahren hier im Hause nicht mehr mitzumachen--einfach fürchterlich.

Die arischen Mieter werden sich auch weiterhin weigern Juden in den Luftschutzkeller herein zu lassen. Das kommt garnicht in Frage!! Und die Folge wäre, dass der Herr Oberfinanzpräsident einen zweiten Luftschutzkeller für die Mischehen bzw. deren jüdischen Teil einrichten müsse. – Weitere Schwierigkeiten entstehen dem Herrn Oberfinanzpräsidenten durch Judeneinweisung für den Fall, dass das Haus demnächst freihändig oder im Wege der Zwangsversteigerung zum Kaufe gestellt wird.

Wir bitten nochmals, eine Vermietung an Juden oder Mischehen nicht zuzulassen und arische Fliegergeschädigte zu bevorzugen, an denen kein Mangel besteht.

Heil Hitler

[Unterschriften]«

Die Häuser Zülpicher Platz und Beethovenstraße 16 wurden wahrscheinlich im Krieg zerstört. An beiden Orten wurden Neubauten errichtet.[17]

Erna Kleemann und Albert Wolff

Wenige Tage nach dem Tod ihres Mannes Samuel schrieb Erna Kleemann am 14.05.1942 an ihre Schwägerin Elise Grünbaum in Frankfurt:

»Liebe Elise! Für Deine teilnehmenden Zeilen besten Dank. Das prosaische Leben tritt nun sofort an mich heran. Wenn ein Bett frei wird, so kommt ein neuer Insasse herein und die Schränke müssen wir auch teilen. Bevor ich nun alles hergebe, möchte ich bei Dir anfragen, ob Dein Mann etwas gebrauchen kann. Anzug, Mantel, Wäsche etc. Allerdings sind die Kleider alle nicht erstklassig, es sind alles Ableger von Wilhelm. Du weißt ja, wie bescheiden mein Mann war, er selbst hat sich nichts Neues angeschafft. Uhr und Goldsachen haben wir abgeliefert, deshalb sind Wertgegenstände nicht vorhanden. Eine Testamentsabschrift wird Dir vom Amtsgericht zugehen. Wir hatten 1941 uns auf Gegenseitigkeit alles vermacht. Ich habe ja einen Hausanteil hier.

Hier werden nun die Altersheime aufgelöst und bald werden wir in die Baracken wandern müssen oder evakuiert werden. Ein Schreckgespenst steht vor uns. Wie geht es denn Dir meine Liebe, schreibe doch einmal wie Ihr dort lebt und ob Ihr satt werdet.

Viele herzl. Grüße auch für Deinen l. Mann

Deine treue Erna«

Erna und ihr Bruder Albert mussten nun auf engstem Raum mit einem fremden Menschen zusammenleben. Eine Trauerpause war ihnen nicht vergönnt. Angst vor der nahen Zukunft und die Frage, ob man satt wird, beherrschten die Gedanken der Unglücklichen.

Die Briefpost funktionierte, trotz der Kriegsverhältnisse, offenbar noch recht gut, denn bereits einen Tag später, am 15.05.1942, antwortete Elise ihrer Schwägerin in Köln. Sie erbat einige Kleidungsstücke ihres verstorbenen Bruders für ihren Mann Meier, denn an Kleidung herrschte, durch die erzwungenen Spenden, absoluter Mangel.

Das abgesandte Paket avisierte Erna Kleemann in ihrem verzweifelten Brief vom 24.05.1942:

»Liebe Elise! Für Deine l. Zeilen vom 15. danke ich Dir bestens. Ich sandte nun gestern ein Paket an Dich ab. Besseres ist nicht da und ein Teil der Wäsche schon einige Monate in der Waschanstalt.

Der grüne Anzug war sein Lieblingskleid, stammt von Wilhelm. Leider ist der Mantel nicht mehr recht gut, aber er hat ihn so getragen. Ihr könnt ihn ja, wenn er nicht entspricht, an arme alte Leute in Eurem Heim weitergeben. Leider vergaß ich Krawatten beizulegen. Wenn ich es noch erlebe, kann ich nochmal was senden.

Hier geht in nächster Zeit, wie man hört, wieder ein Transport fort. Ich werde wohl mit dabei sein, da ich ja mit meinen bald 62 Lenzen noch zu den Jugendlichen gehöre. In diesem Fall habe ich die Absicht, meinem armen Mann freiwillig zu folgen. Gott hat ihn gern gehabt, daß er ihm dieses neue Leid erspart hat!

4 Altersheime sind bereits aufgelöst worden, die Leute

sind in die Baracken gekommen und in's Asyl. Unser Heim kommt nun bald dran und da keine Baracken mehr frei sind hilft man sich mit Deportation. Ich habe leider nichts Gutes zu schreiben. Verzeih' mir, daß ich Dir mit meiner Jeremiade komme, ich weiß, jeder hat mit sich selbst zu tun.

Leb' wohl l. Elise, grüße Deinen l. Mann, ich wünsche von Herzen, daß Ihr es noch erlebt was wir uns alle wünschen

Eure Erna«

Ernas Befürchtungen wurden bald zur bitteren Wahrheit.

Am 30. Mai 1942 ereignete sich der erste schwere Bombenangriff der Alliierten auf Köln, der sogenannte 1000-Bomber-Angriff, und zerstörte über 5000 Häuser. Das veranlasste den NSDAP-Gauleiter Josef Grohé, bei der Gestapo nachdrücklich darum zu bitten, die Stadt Köln bei Judenevakuierungen beschleunigt zu berücksichtigen, da durch den Angriff ein starker Wohnraummangel entstanden war. Dem Reichssicherheitshauptamt war die Reihenfolge der Transporte gleichgültig, Grohés Bitte wurde stattgegeben.

Am 15.06.1942 fuhr der fünfte Großtransport mit 963 vorwiegend älteren Menschen vom Messebahnhof Köln-Deutz ab in Richtung Theresienstadt. Der Transport in Güterwagen trug die Bezeichnung III/1.[1]

Wie sie es vorausgeahnt hatte, waren Erna Kleemann und ihr Bruder Albert diesem Transport zugeteilt worden. Aus dem Sammellager in den Messehallen schrieb Erna am 15. Juni 1942 eine letzte Postkarte an ihre Schwägerin Elise Grünbaum:

»Liebe Elise! Schwere Tage liegen hinter uns und nun findet heute der Abtransport statt nach Maria Theresienstadt in der Tschechei. Seit 4 Uhr auf den Beinen, mein Bruder ist mit

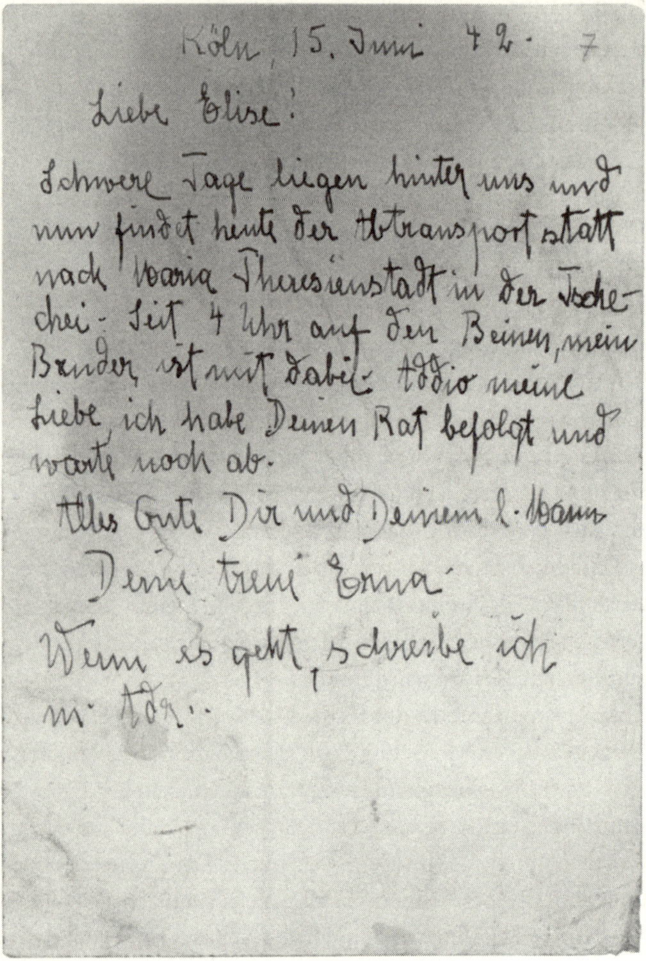

Köln, 15. Juni 42. 7

Liebe Elise!

Schwere Tage liegen hinter uns und nun findet heute der Abtransport statt nach Maria Theresienstadt in der Tschechei. Seit 4 Uhr auf den Beinen, mein Bruder ist mit dabei. Addio meine Liebe, ich habe Deinen Rat befolgt und warte noch ab.

Alles Gute Dir und Deinem l. Mann

Deine treue Erna.

Wenn es geht, schreibe ich m. Adr..

54 Karte von Erna Kleemann,
auf dem Weg nach Theresienstadt 15. Juni 42

dabei. Addio meine Liebe ich habe Deinen Rat befolgt und warte noch ab. Alles Gute Dir und Deinem l. Mann

Deine treue Erna

Wenn es geht schreibe ich m. Adr.«

Mit den Worten »ich habe Deinen Rat befolgt« meinte Erna ihre Absicht, vor einer Deportation freiwillig aus dem Leben zu scheiden, ihre Schwägerin Elise hatte ihr offensichtlich davon abgeraten, diesen Schritt zu tun.

Doch Erna Kleemann war vorbereitet. Trotz der strengen Kontrollen war es ihr gelungen, Gift ins Lager zu schmuggeln, um ihren Plan zu vollenden. Am 14. Juli 1942 um 20 Uhr starb sie in der Krankenstube der Frauenunterkunft in der Dresdner Kaserne (Plan-Nr. 18). Auf ihrer Todesfallanzeige mit der Transportnr. 838 ist als Todesursache angegeben »suicid cum veneno ignoto« (Selbstmord mit unbekanntem Gift).[2] Erna war nur zweiundsechzig Jahre alt geworden.

Möglicherweise hat ihre Schwägerin Elise bei ihrer Ankunft in Theresienstadt von ihrem Tod erfahren.

Erna Kleemanns Bruder Albert Wolff, Sohn des Kaufmanns Lehmann Wolff und seiner Ehefrau Nora geb. Haas, wurde am 28.02.1870 in Gelsenkirchen geboren.

Im Alter von vierunddreißig Jahren kam er am 9. Juli 1904 von Geseke nach München, wo er seit dem 7. Oktober 1911 Inhaber der Firma Albert Wolff oH, Warenagentur für Getreide und Futtermittel, Tengstraße 35, war. Teilhaberin war seine zehn Jahre jüngere Schwester Erna, spätere Ehefrau von Dr. Samuel Kleemann.

Der unverheiratete Albert Wolff, ein anerkannter Kaufmann und Handelsmakler, war bis 1933 Vorstandsmitglied der Münchner Produktenbörse und öffentlich bestellter,

55 Albert Wolff, Passfoto vom 29.12.1937

beeidigter Probenehmer für Futtermittel im Kammerbezirk der Industrie- und Handelskammer München.[3]

Anfang April 1933 wurden wirtschaftliche Verbände, Innungen, Industrie- und Handelskammern etc. der Nationalsozialistischen Partei unterstellt. Zur Neuorganisation im Sinne der Parteiideologie wurden Kommissare eingesetzt, die die Ausschaltung von Juden aus führenden Positionen in Wirtschafts- und Berufsverbänden einzuleiten hatten.

Albert Wolff wurde am 22.07.1933 aus dem Verzeichnis der Industrie- und Handelskammer München gestrichen.

Über seinen Ausschied als Vorstandsmitglied der Münchner Produktenbörse ist nichts bekannt. Der Boykott jüdischer Geschäfte wurde jedoch, laut Verfügung des Reichswirtschaftsministeriums, im Oktober 1933 wieder aufgehoben. Das betraf insbesondere Wirtschaftszweige, die für die Versorgung des im Aufbau befindlichen Heeres von Bedeutung waren,[4] somit auch die Warenagentur für Getreide und Futtermittel der Geschwister Wolff.

Die fehlenden Einkünfte aus den aufgekündigten Tätigkeiten bei der Produktenbörse und als Probenehmer für Futtermittel dürften das Einkommen jedoch beträchtlich dezimiert haben.

Das Polizeipräsidium München stellte Albert Wolff am 29.12.1937 noch einen Reisepass aus (Pol.Dir.15 436), zu welchem Zweck er ihn verwandte, ist leider unbekannt.[5]

Mit der endgültigen »Arisierung« bzw. Schließung jüdischer Geschäfte infolge des Novemberpogroms verloren auch Albert Wolff und seine Schwester Erna im November 1938 ihre Existenzgrundlage.

Vorbereitet wurde diese Maßnahme durch eine Verfügung vom 12. August 1938 zum Eintrag der Firma in das »Verzeichnis der jüdischen Gewerbebetriebe in München« am 25. August 1938, mit dem Eintragungsvermerk »Gewerbetreibender ist Jude bzw. Jüdin«.

Einen Empfangsschein für die ausgefüllten Formulare hatten Albert Wolff und Erna Kleemann am 15.08.1938 vom »Oberbürgermeister der Hauptstadt der Bewegung«, München, erhalten.

In die Bescheinigung der Gewerbeniederlegung ist als Abmeldetag der 23.11.1938 eingetragen (Reg. Nr. 4244), die Betriebsbeendigung erfolgte bereits am 19.11.1938.

Im »Verzeichnis der jüdischen Gewerbebetriebe in der Hauptstadt der Bewegung« wurde die Firma am 2. Dezember 1938 gestrichen mit dem Vermerk »Restlos übergeben 23.11.38 für 19.11.38. I. Weiteres nicht veranlaßt. II. Zu den Akten«.[6]

Über einen Verkauf der Warenagentur ist nichts bekannt, wahrscheinlich wurde sie ohne Leistung einer Entschädigung geschlossen.

Zusammen mit seiner verwitweten Schwester Erna wurde der zweiundsiebzigjährige Albert Wolff am 15. Juni 1942, mit der Transportnr. 837, von Köln nach Theresienstadt deportiert. Er starb dort am 23.07.1942, genau eine Woche nach seiner Schwester Erna. Ob auch er im Besitz von Gift war, bleibt offen, da eine Todesfallanzeige von Albert Wolff nicht vorliegt.[7]

Wilhelm Kleemann

Bruder von Elise Grünbaum

Wilhelm, das jüngste der Kleemann-Kinder, wurde am 17.12.1869 in Forchheim geboren.[1]

Er war hochtalentiert und vom Schicksal besonders begünstigt. Wie seine Geschwister schon früh vom Vater unterrichtet, zog er 1876 mit der Familie in die neue Lehrerwohnung, die auf die Forchheimer Synagoge aufgestockt worden war.

Nach der Grundschule verließ er als Zehnjähriger das Elternhaus und besuchte das Gymnasium, zunächst in München, später in Nürnberg, denn zu dieser Zeit gab es in Forchheim noch keine höhere Schule. 1884, im Alter von knapp sechzehn Jahren, begann Wilhelm Kleemann seine Ausbildung zum Bankkaufmann im Bankhaus A. E. Wassermann in Bamberg und setzte sie ab Januar 1888 im Bankhaus Friedländer & Co. in Berlin fort. Er blieb in Berlin und arbeitete von 1890–1904 bei der Deutschen Genossenschaftsbank Soergel Parrisius & Co., wo er dank seiner Begabung und Tüchtigkeit stellvertretendes Mitglied des Vorstands und später Direktor des Instituts wurde.

Diese Bank wurde 1904 von der Dresdner Bank übernommen und als besondere Genossenschaftsabteilung unter Wilhelm Kleemanns Leitung weitergeführt.[2]

Am 17.06.1907 heiratete der achtunddreißigjährige Wil-

56 Wilhelm Kleemann um 1895

57 Lucie, Herta und Wilhelm Kleemann 1913

helm in Berlin-Schönefeld die einundzwanzigjährige Lucie Karoline Friedländer, geb. am 13.02.1886 in Berlin. Ihr Vater Max Friedländer, geb. am 02.09.1848 in Berlin, war Prokurist der Disconto Gesellschaft und bereits am 12.04.1905 verstorben. Ihre Mutter Sophie Friedländer geb. Bayer, geb. am 06.09.1857, gab im Mai 1907 die Trauung bekannt.

Als am 22.07.1908 die Tochter Herta Sabine geboren wurde, wohnte die Familie noch in Berlin-Schöneberg, Neue Ansbacher Straße 7, einige Jahre später in Berlin-Charlottenburg, Fasanenstraße 77, wo sie bis zur Emigration blieb.[3]

Wilhelm Kleemanns berufliche Karriere entwickelte sich glänzend. Im Jahre 1916 wurde er ordentliches Vorstandsmitglied der Dresdner Bank und Direktor der Depositenkassen. Er galt als einer der besten Kenner des deutschen Genossenschaftswesens und war Aufsichtsratsvorsitzender bedeutender Wirtschaftsunternehmen und Aufsichtsratsmitglied zahlreicher industrieller Gesellschaften. Zusammen mit

William Marcus gründete er den Jüdischen Kreditverein für Handel und Gewerbe in Berlin und war seit 1924 erster Präsident der deutschen Abteilung der ORT, einer amerikanisch-europäischen Gesellschaft zur Förderung des Handwerks und der Landwirtschaft unter den Juden, die den Zweck verfolgte, jüdische Menschen durch Ausbildung wirtschaftlich selbständig zu machen. Ebenfalls seit 1924 war er Mitglied der Kaiser-Wilhelm-Gesellschaft zur Förderung der Wissenschaften und Mitglied im Club von Berlin. Daneben veröffentlichte er Artikel in Fachzeitschriften und Tageszeitungen.

Doch damit nicht genug. Auch in der liberalen jüdischen Gemeinde Berlin war er vielfältig engagiert. Seit 1921 war er Hauptvorstandsmitglied des Centralvereins deutscher Staatsbürger jüdischen Glaubens, 1927 Mitglied und 1930 Vorstand der Repräsentantenversammlung der Jüdischen Gemeinde Berlin, 1930 Präsidiums- und Vorstandsmitglied der Vereinigten Synagogenvorstände (Dezernat der Synagogen mit Orgeln) und 1931 Vorsitzender der Jüdischen Gemeinde Berlin.[4]

Doch wie gestaltete sich das Privatleben von Wilhelm Kleemann bei dieser Vielzahl von Anforderungen? In einem späteren Brief an seine Schwester Elise Grünbaum erwähnte er einmal den aufregenden und aufreibenden Beruf. Dass er sehr wohl Zeit zur Entspannung und für ein harmonisches Familienleben fand, zeigen Einblicke in seinen großen Nachlass.

Wilhelm Kleemanns Urenkel, Oliver Stanton aus New York, hat mir für meine Spurensuche umfangreiches Material zur Verfügung gestellt, aus dem sich ein Bild des Lebens von Elise Grünbaums Bruder zusammensetzen ließ.

58 Herta Kleemann, Berlin 1927/28

In Gatow an der Havel, unweit vom umtriebigen Berlin, besaß Wilhelm Kleemann in der Dorfstraße 29 eine großzügige Villa mit einem gepflegten Garten, der bis zum Flussufer hinunterführte. Die Villa wurde wahrscheinlich nur an Wochenenden und Feiertagen bewohnt und war mit dem Auto von Berlin aus schnell zu erreichen.

Die von den Eltern über alles geliebte Tochter Herta war der ganze Stolz des Papas, der sich gern mit ihr fotografieren ließ. Als Herta achtzehn Jahre alt wurde, kürte der Ort Gatow sie zum Ehrengast – als Zeichen für die Sympathie, die der Familie entgegengebracht wurde.

Wilhelm Kleemann erwähnte einmal in einem Brief an seine Schwester Elise, dass er Reisen in verschiedene europäische Städte unternommen hat, leider gibt es davon keine Dokumente.

Doch von einem Kuraufenthalt in Meran/Südtirol, im Oktober 1926, existiert ein Brief, den Wilhelm und Lucie Kleemann an ihre Tochter Herta in Berlin schrieben:

»Liebes Töchterchen! Der heutige Tag stand unter dem Zeichen der Bewegung. Trotz aller Anstrengungen vermochte die Sonne nicht sich durchzusetzen und so mußten wir wandern, da es zum Sitzen im Freien doch etwas zu kühl war. Aber unser Frühstück haben wir doch auf dem Balkon einnehmen können. Die ganze Gegend riecht nach Äpfeln. Die Trauben hängen zum Teil noch an den Reben. Das sieht sehr schön aus. Leider wage ich nicht, allzuviel davon zu essen. Man sagt, daß sie zu stark mit Vitriol gespritzt seien und deshalb Darmbeschwerden verursachen. Wir kommen aber schon auf unsere Kosten und Du brauchst kein Mitleid mit uns zu haben. Hoffentlich geht es Dir zu Hause auch nicht

59 Gatow, Dorfstraße 29, Villa der Familie Wilhelm Kleemann

60 Gartenansicht der Villa Kleemann an der Havel

schlecht. Das wünscht mit herzlichen Grüßen für Dich, Großmama [Sophie Friedländer] und alle Hausgenossen

Dein Papi

Liebes Muckchen! Anbei schicken wir Dir die Bilder, die Frau Rotter neulich auf dem Balkon vom Meraner Hof von uns machte. Wie gefalle ich Dir? Was macht meine Wohnung etc. Schreibt mal darüber und sagt Herrn Kaiser, daß wir sicherlich schon Montag in acht Tagen zu Hause sind und auch zu Hause richtet Euch danach. Amüsiere Dich weiter und viele Grüße für Dich und Alle

Deine Mutti.«

Auch in Marienbad hielten sich Wilhelm und Lucie Kleemann gern zur Kur auf, oft in Begleitung von Wilhelms Bruder Samuel, wie z. B. im Juni 1923.

Das Jahr 1929 verlief für Wilhelm Kleemann und seine Familie besonders ereignisreich. Anlässlich des fünfundzwanzigjährigen Jubiläums der Genossenschaftsabteilung der Dresdner Bank verlieh die Universität Halle-Wittenberg Wilhelm Kleemann den Ehrendoktor der Staatswissenschaften, Dr. rer. pol. h. c., für seine großen Verdienste um das deutsche Genossenschaftswesen.

Am 23. März 1929 heiratete Herta Kleemann den Börsenmakler Moritz Schloss, mit dem sie sich am 6. Januar verlobt hatte. Die Verlobten wurden mit einer unglaublichen Menge von Blumengebinden beschenkt, was einen giftigen Artikel in einer Berliner Zeitung nach sich zog:

»In diesen Tagen ist an die Presse ein Schreiben versandt worden mit voller Namensunterschrift und Adresse mit der

61 Blumen zur Verlobung von Herta Kleemann mit Moritz Schloss

Bitte, öffentlich sich gegen eine Verschwendungssucht zu wenden, wie solche in bestimmten Kreisen sich fortgesetzt zeige. Es handelt sich um folgendes:

Am Sonntag, dem 6. Januar, fand die Verlobung der Tochter des Bankdirektors Kl. mit dem Kommissionsgeschäfts-Inhaber Moritz Schl. statt. Die Verschwendung an Blumen bei dieser Gelegenheit war geradezu beschämend. Körbe von Orchideen bis zu 30 Stück (das Stück etwa 30 bis 40 M) und andere Blumenarrangements von 1000 M waren keine Seltenheit. Ich schätze, schreibt der Einsender, die Ausgabe an Blumen auf mindestens 12 000 bis 15 000 Mark. Wozu solche Protzerei? Herr Moritz Schl. stammt aus ganz bescheidenen kleinen Kreisen; die Inflation hat auch ihn, wie so manch anderen, hochgebracht. Wenn die Sozialdemokratie von ›den besitzenden Klassen‹ spricht, soll sie in den Kreisen des Bankiers Kl. und des Moritz Schl. Umschau halten. Das sind die wirklich Besitzenden! Die Vorstellung der Sozialisten vom Besitz ist mit der Zeit nicht mitgegangen. ›Der Besitz‹, von dem der *Vorwärts* faselt, ist verarmt. Die früher zwar nicht reichen, aber wohlhabenden, gutsituierten Volksschichten, die von den Sozialisten als ›besitzende Klasse‹ angesprochen werden, sind bestimmt nicht mehr in der wirtschaftlichen Lage, die die Sozialisten ihrer Anhängerschaft vorzugaukeln sich bemühen.«

Am 17. Dezember 1929 feierte Dr. Wilhelm Kleemann seinen sechzigsten Geburtstag. In seinem New Yorker Nachlass fanden sich zahlreiche Presseberichte, in denen er aus diesem Anlass besonders gewürdigt wurde. Aus dem langen Artikel einer leider nicht genannten Berliner Zeitung zitiere ich. Unter dem Titel *Bankdirektor Kleemann 60 Jahre alt* heißt es dort:

»Mit einem gewissen Staunen erfuhren heute zahlreiche Freunde und gute Bekannte Bankdirektor Kleemanns, daß dieser Jugendliche und Bewegliche am heutigen Tage seinen 60. Geburtstag feiere. Der Jubilar, eine der bekanntesten und beliebtesten Persönlichkeiten in der Berliner Bankwelt, verdankt seine großen Erfolge vor allen Dingen der Spezialisierung, den hervorragenden Erkenntnissen, die er auf dem Gebiet des Gemeinschaftswesens besitzt.«

Zu seiner Tätigkeit in der Genossenschaftsabteilung der Dresdner Bank werden seine großen kaufmännischen und organisatorischen Fähigkeiten gerühmt. Weiter heißt es:

»Auch der Börse und ihren Angelegenheiten bringt Direktor Kleemann, der in früheren Zeiten ihre Räume häufiger zu besuchen pflegte, dauernd das regste Interesse entgegen und man würde sich freuen, wenn es ihm seine Zeit gestattete, häufiger die Burgstraße zu besuchen, wo er sehr viele Freunde besitzt. Auch in den Kreisen der Gesellschaft bildet Direktor Dr. Kleemann eine überall gern gesehene Erscheinung. Zahlreiche Freunde hat er sich durch seine hervorragende Liebenswürdigkeit, persönliche Bescheidenheit und sein stets hilfsbereites Wesen erworben und in zahlreichen Fällen hat er sich in großzügiger Weise in den Dienst wohltätiger Bestrebungen gestellt. Sehr geschätzt wird auch im Kreise seiner Bekannten sein hervorragendes Rednertalent, das er bei manchen Gelegenheiten zu zeigen Veranlassung hatte. Dem heute ins siebente Lebensjahrzehnt eingetretenen, hochverdienten Manne, der wohl nur Freunde und keine Gegner zählt, mögen noch viele Jahre erfolgreichen Schaffens im Interesse der Dresdner Bank und der gesamten deutschen Wirtschaft beschieden sein«.

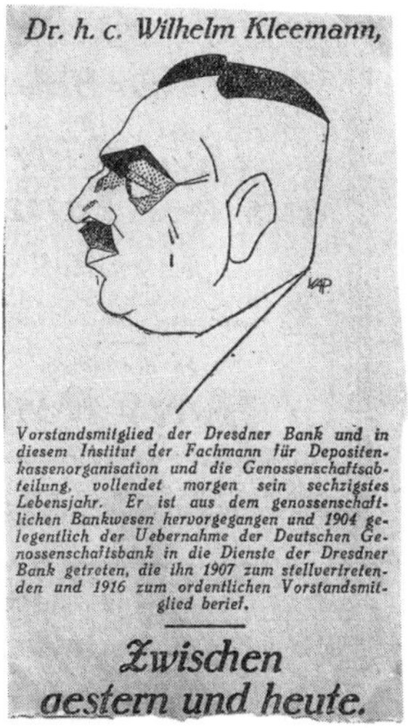
Dr. h. c. Wilhelm Kleemann,

Vorstandsmitglied der Dresdner Bank und in diesem Institut der Fachmann für Depositenkassenorganisation und die Genossenschaftsabteilung, vollendet morgen sein sechzigstes Lebensjahr. Er ist aus dem genossenschaftlichen Bankwesen hervorgegangen und 1904 gelegentlich der Uebernahme der Deutschen Genossenschaftsbank in die Dienste der Dresdner Bank getreten, die ihn 1907 zum stellvertretenden und 1916 zum ordentlichen Vorstandsmitglied berief.

Zwischen gestern und heute.

62 Berliner Presse zum 60. Geburtstag von Wilhelm Kleemann

»Besonders hervorzuheben ist sein liebenswürdiges Wesen, seine große Wohltätigkeit und das soziale Interesse, das er persönlich den Beamten der Dresdner Bank und der ihm nahestehenden Industriegesellschaften entgegenbringt.

Vor allem verdient noch Erwähnung, daß er stets ein offenes Ohr und vor allem auch Zeit für die Presse hat, wo er stets in entgegenkommendster Weise zu Auskünften über seine Gebiete bereit ist«, schreibt eine andere Zeitung.

Diese Ehrungen geben den besten Aufschluss über die Charaktereigenschaften eines außergewöhnlichen Menschen.

Eine weitere besondere Wertschätzung wurde Dr. Kleemann 1931 zuteil, als die Universität Frankfurt am Main ihn zum Ehrenmitglied des Instituts für Genossenschaften erklärte.

Während der Bankenkrise im Juli 1931 stand auch die Dresdner Bank kurz vor dem Zusammenbruch. Die Reichsregierung unter Heinrich Brüning wurde durch die Übernahme von 300 Millionen Reichsmark Vorzugsaktien zum Großaktionär und konnte damit maßgeblichen Einfluss auf die Zusammensetzung von Vorstand und Aufsichtsrat ausüben. Ein großer Teil der Vorstandsmitglieder sollte abgelöst werden, Wilhelm Kleemann nur noch einige Monate im Vorstand verbleiben. Die von ihm geleitete Abteilung sollte auf ein staatliches Institut übergeleitet werden. Wilhelm Kleemann war es jedoch gelungen, die Regierung davon zu überzeugen, dass die Genossenschaften absolut keine Belastung für die Dresdner Bank darstellen und es deswegen nicht angebracht sei, die Abteilung aufzulösen. Er blieb Vorstandsmitglied auf Abruf.

Als Hitler im Januar 1933 an die Macht kam, war Wilhelm Kleemann gerade dreiundsechzig Jahre alt geworden. In den ersten Wochen nach der Regierungsbildung Hitler/Papen verließ er die Bank zum 31.03.1933 als dienstältestes Vorstandsmitglied. Antisemitisch motivierter Druck scheint seitens der Bank nicht auf ihn ausgeübt worden zu sein, doch bei seiner Stellung als Vorsitzender der Jüdischen Gemeinde Berlin wäre er unter den veränderten politischen Verhältnissen für die Bank nicht mehr lange tragbar gewesen.[5]

Wilhelm Kleemann war der politischen Entwicklung zuvorgekommen und ehrenvoll aus seinem Amt geschieden, bevor am 07.04.1933 das »Gesetz zur Wiederherstellung des Berufsbeamtentums« erlassen wurde, das zur raschen »Entjudung der deutschen Wirtschaft« führte.[6]

Er gab auch alle Vorstands- und Aufsichtsratsposten auf, etwas später auch seine Ämter in der Jüdischen Gemeinde Berlin, und bereitete seine Emigration in die Schweiz vor. Aus Führungszeugnissen von Wilhelm und Lucie Kleemann, ausgestellt vom Polizeipräsidenten Berlin am 10.12.1935, geht hervor, dass das Ehepaar Kleemann Berlin am 29.03.1934 verließ und sich vom 15.–27. Mai 1934 noch einmal dort aufhielt, wohl um letzte Angelegenheiten zu regeln.

Vom Finanzamt Charlottenburg-Ost, Berliner Straße 18, liegt zu Nr. 3.207 Steuer-Nr. 20/86 folgende Bescheinigung vor:

»Es wird hiermit bescheinigt, daß der früher in Bln.-Charlottenburg, Fasanenstraße 77 wohnhaft gewesene Bankdirektor Dr. Wilhelm Kleemann seinen inländischen Wohnsitz aufgegeben hat und ab 1. April 1934 in Deutschland nur noch beschränkt steuerpflichtig ist. Die Reichsfluchtsteuer ist entrichtet. Im Auftrage [Unterschrift].«

In einem Runderlass des Reichsministeriums für Finanzen vom 26.07.1933 hieß es zur jüdischen Auswanderung:

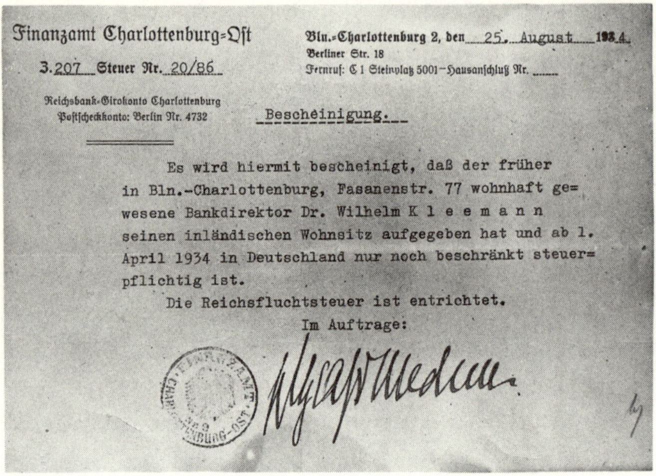

Finanzamt Charlottenburg-Ost

Z. 207 Steuer Nr. 20/86

Reichsbank-Girokonto Charlottenburg
Postscheckkonto: Berlin Nr. 4732

Bln.-Charlottenburg 2, den 25. August 1934.
Berliner Str. 18
Fernruf: C 1 Steinplatz 5001-Hausanschluß Nr. ......

Bescheinigung.

Es wird hiermit bescheinigt, daß der früher in Bln.-Charlottenburg, Fasanenstr. 77 wohnhaft ge= wesene Bankdirektor Dr. Wilhelm K l e e m a n n seinen inländischen Wohnsitz aufgegeben hat und ab 1. April 1934 in Deutschland nur noch beschränkt steuer= pflichtig ist.

Die Reichsfluchtsteuer ist entrichtet.

Im Auftrage:

63 Bescheinigung des Finanzamts Charlottenburg-Ost 25. August 1934

»Die Auswanderung von Personen jüdischer Abstammung ist erwünscht und darf infolgedessen nicht unterbunden werden. Andererseits ist es erforderlich, von leistungsfähigen Personen, durch deren Auswanderung die deutsche Steuerbasis geschmälert wird, eine letzte große Abgabe – die Reichsfluchtsteuer – zu erheben.«[7]

Diese Steuer wurde, oberhalb einer Freigrenze von RM 200 000,–, aus dem Vermögen errechnet. Wilhelm Kleemann dürfte eine beträchtliche Summe gezahlt haben.

Es ist anzunehmen, dass nur noch das Anwesen in Gatow in Deutschland steuerpflichtig war. In einem Brief an seine Schwester Elise Grünbaum schrieb Wilhelm Kleemann am 01.08.1940:

»Die Besitzung in Gatow konnten wir ohne einen Druck, ganz in unserem freien Ermessen verkaufen. Einen Teil des

Erlöses benutzten wir für die besondere Judenabgabe [Sühneleistung der Juden deutscher Staatsangehörigkeit, verordnet am 12.11.1938, unmittelbar nach der Pogromnacht 9./10. November 1938[8]], den Rest werden wir für Untertützungszwecke verwenden und damit vielleicht einige Tränen trocknen.« Dass das nicht möglich war, bedauerte Wilhelm in einem späteren Brief vom 19.08.1941, denn der Verkaufserlös war selbstverständlich auf das Sicherungskonto eingezahlt worden und somit gesperrt. Vergeblich hatte er gegen diese Maßnahme Einspruch erhoben, »weil sie völlig grundlos ist. Es giebt und gab seit unserer Auswanderung keine Verpflichtung, die wir nicht erfüllt haben.«

In welchem Ort der Schweiz Wilhelm und Lucie Kleemann ihren neuen Lebensabschnitt begannen, ist leider unbekannt. Weder in seinem Nachlass noch in seinen zahlreichen Briefen an seine Schwester Elise findet sich dazu ein Hinweis. Sie waren dem beginnenden Nazi-Terror entkommen, doch endgültig abgeschnitten von dem, was ihr Leben bis dahin ausmachte – Heimat, Geschwister, Freunde, Beruf und gesellschaftliche Stellung. Ihre Tochter Herta war mit ihrem Ehemann Moritz Schloss und der dreijährigen Tochter Ruth im Februar 1934 nach Amsterdam umgezogen.

Im November 1934 fuhren Wilhelm und Lucie Kleemann nach Amsterdam. Lucie hütete dort ihre Enkelin Ruth, während Wilhelm in Begleitung seiner Tochter Herta per Schiff von Southampton nach New York reiste.

Den amüsanten Bordbericht, den Wilhelm Kleemann während der Reise für seine Frau Lucie verfasste, fand ich in seinem New Yorker Nachlass:

»On Board R. M. S. ›Olympic‹ 21.11.34.

Es ist ein eigenes Ding, aus dem Zug zu steigen & sich plötzlich dem Riesenschiff gegenüber zu befinden. Die Eindrücke sind zu vielerlei, um irgend etwas zunächst festzuhalten. Trotz der vorgerückten Jahreszeit ein Menschengewimmel. Alles strömt, anscheinend ziellos, den schmalen Stegen zu, die die Verbindung zum Schiffe bilden. Wir lassen uns von der Masse mitziehen & klettern in luftige Höhen, zum Promenadendeck, wo sich unsere beiden Kabinen befinden. Flüchtige Blicke auf die Umgebung lassen erkennen, daß wir uns in einem Gebäude befinden, das zunächst im Bezug auf räumliche Ausdehnung alle Erwartungen übertrifft, die wir vorher hatten.

Jazzmusik empfängt uns zwar, sie bleibt aber ohne jeglichen Einfluß. Man ist mit sich, mit dem völlig Neuen & Ungewohnten beschäftigt & kann sich noch nicht konzentrieren. Allmählich beruhigen sich die Nerven. Man beginnt, es sich wohnlich zu machen in seiner Kabine, man wandert auf dem Promenadendeck, das schätzungsweise 40 Meter über dem Wasserspiegel liegt & das rundherum eine Entfernung von etwa einem Kilometer darstellt.

Inzwischen naht der Zeitpunkt heran, wo ein Trompeten-Signal das Zeichen für den Beginn des Lunchs giebt. Wir folgen ihm und nehmen Platz in einem Speisesaal, dessen Größe & Ausstattung imponiert. Ein Heer von Kellnern sorgt für die Bedienung, die fabelhaft ist.

Die Auswahl der Speisen und ihre Mannigfaltigkeit ist zu oft schon gerühmt worden, als daß sie besonders erwähnt werden müßte. Aber alle Schilderungen sind noch zu dürftig. Es ist unheimlich, was geboten wird & man kann nur bedauern, daß der Mensch nur einen Magen hat.

Nach Tisch ziehen wir uns zurück in unsere Gemächer, um an der Gewohnheit des Mittagsschläfchens festzuhalten.

Der undurchdringliche Nebel, der in London die Besichtigung der Stadt stark beeinträchtigt hatte, ist zwar auf der See fast verschwunden gewesen. Es beginnt aber doch schon stark zu dämmern als wir vom Mittagsschlaf gestärkt, die Wanderungen auf Deck wieder beginnen.

Unbekümmert streicht das Schiff durch die Wellen, die sich bisher anständig benehmen. Außer einem leichten, allerdings ständigen Vibrieren merkt man nicht, daß man auf hoher See sich befindet & ich erinnere mich vieler Fahrten auf der Eisenbahn, die weit größeren Schwankungen & Erschütterungen ausgesetzt waren.

Einige Abwechslung bietet die Post an Bord, die eine Depesche vom ORT aus Paris bringt, eine Depesche von Oscar Kleemann aus London, eine Karte aus Meran & einen Kartengruß von Onkel Sam aus München. Die Freude über dieses liebe Gedenken ist in dieser gewaltigen See-Einsamkeit doppelt groß.

Nun senkt sich das Dunkel des Abends auf die schwarzen Wassermassen. Aber in weiter Ferne blinkt, erst vereinzelt, dann aber in größerer Zahl das Licht der Leuchttürme auf, die uns zeigen, daß wir uns der französischen Küste nähern. Und doch dauert es noch etwa eine Stunde, bis wir stoppen, um die Passagiere aus Cherbourg aufzunehmen. Diese werden mit einem Schiff, das ganz respektable Dimensionen hat, aber im Vergleich mit dem unsrigen ein Zwerglein ist, zu uns herangebracht & es wiederholt sich hier das gleiche Bild, das wir in Southampton erlebt haben. Unmengen von Gepäck & Briefsäcken verschlingt der Leib unseres Kolosses. Eine Stunde etwa erfordert das Verstauen. Dann lichtet unsere

Olympic die Anker & fährt hinaus in die dunkle Unendlichkeit.

Wir rüsten uns zum Abendessen, bei dem man, weil es das erste Diner ist, nicht im Abendanzug erscheint. Darauf wird man aufmerksam gemacht von den Stewards, welche wie die Hofmeister die starre Etikette überwachen. Die Speisekarte, die zu jeder Mahlzeit frisch gedruckt wird, zeigt zwar ein festes Diner, daneben aber alle Delikatessen, die das Leben bietet. Gegen 10 Uhr ziehen wir uns zurück & bald umfängt uns der Schlaf, den wir gut gebrauchen können, weil wir sowohl in Harwich als tagsdarauf in London schon um 6 Uhr früh aufstehen mußten. Am Donnerstagmorgen gehe ich allein zum Frühstück, weil Herta sich ein wenig mulmig fühlt. Wir nehmen die erste Vasano-Pille. Die See ist ziemlich bewegt, so daß die verschiedenen Deckwanderer ein wenig den Eindruck Trunkener machen. Ich wahrscheinlich auch, weshalb ich lieber vorsichtig bin & mich in meine Kabine zurückziehe. Die Stunden gehen auf dem Schiff nur langsam durch den Tag, obwohl es nicht an Unterhaltung fehlt. Um aber Vergnügen an diesen Bordspielen zu finden, muß man, glaube ich, als Engländer oder Amerikaner geboren werden. Eines scheint obligatorisch zu sein. Am ersten Mittag um 12 Uhr wird man zur Übung mit dem Rettungsring aufgefordert. Man erscheint damit, wird geprüft, ob man ihn richtig angezogen hat & erhält die Weisung, an welcher Stelle das Rettungsboot sich befindet, in das man sich im Falle der Gefahr zu begeben hat. Sonst ist man unbeschränkter Herr seiner Zeit, die eigentlich im Wesentlichen ausgefüllt wird mit Schlafen & Essen.

Interessant ist noch, daß am Donnerstag Mitternacht bis Montag Mitternacht die Uhr jedesmal eine Stunde zurückgestellt wird. Wir können also jeden Morgen eine Stunde länger im Bett liegen. Wenn das Schiff, wie angenommen wird, nächsten Dienstag Nachmittag um 5 Uhr in New York einläuft, dann wird es in Meran etwa 11 Uhr Nacht sein.

Ganz niedlich ist die Positionstafel, an der man sieht, welche Entfernung das Schiff täglich zurücklegt & wo es sich befindet. Heute, Sonnabend Nachmittag dürften wir die Hälfte geschafft haben. Herta wird froh sein wenn sie wieder festen Boden unter sich hat. Wenn sie auch bisher nicht eigentlich seekrank war, so fühlt sie sich doch nur wohl, wenn sie auf ihrem Bette liegt. Dabei versäumt sie allerdings nicht allzuviel, denn das Wetter ist nicht besonders reizvoll. Vielleicht macht eine Seefahrt im Sommer mehr Vergnügen. Ich freue mich, sie kennen gelernt zu haben, denn ich fühle mich sauwohl, esse Kaviar & andere Delikatessen & lege Patience, wie in Meran. Aufgehen tut sie fast nie.

Bei meinen Wanderungen auf Deck hoffe ich immer, ein Schiff zu entdecken. Bisher vergebens. So weit das Auge reicht, sieht man nur Wasser. Abends (Sonnabend) findet ein Galadiner statt. Es unterscheidet sich eigentlich nicht von dem gewöhnlichen Diner; der Saal ist nur noch festlicher beleuchtet & mit Girlanden geschmückt. Auf allen Tischen liegen Papiermützen & papierne Radau-Instrumente mit Papierschlangen, so daß der Eindruck entsteht, als ob Sylvester wäre. Ich lasse mir Kaviar & Austern munden, nippe auch von manchen übrigen Gerichten & ende mit Stilton, Sellerie & herrlichen Trauben. Eine Jazzband beginnt mit einem schlecht gespielten Walzer & leitet zum Niggertanz über, was mich veranlaßt, meine Tafel aufzuheben & ruhigere Räume aufzusuchen.

Nun ist es schon Sonntag Morgen. Ruhig gleitet das Schiff durch das Meer, das heute so wellenlos & glatt ist, daß man glauben könnte, an dem Wannsee zu sein. Der Ball scheint lange gedauert zu haben; wir, Herta & ich, frühstücken zwischen 8 & 9 Uhr fast allein in dem weiten Raum. Auch jetzt, wo wir im geschmackvollen Drawing room sitzen, läßt sich Niemand sehen. Um 11 Uhr ist Gottesdienst. Andere Vergnügungen werden wohl auch noch kommen. Wer Lust hat, kann auf seine Kosten kommen. Zandersaal & Bibliothek, Kino & Schwimmbad. Die Speisekarten werden täglich dreimal neu gedruckt; eine täglich erscheinende Bordzeitung bringt alles, was in der Welt passiert. Herrliche frische Nelken schmücken die Tische & andere Blumen eine ganze Seite des Speisesaals. Der letzte Komfort, der letzte Luxus, den Menschen erfinden können, wird geboten. Und dabei gilt die Olympic schon als älteres Schiff, das, wie die Snobs behaupten, von vielen anderen Schiffen übertroffen wird. Mir genügt's!

Gestern (Sonnabend) Nachmittag trifft ein Radiogramm von Mor ein [Ehemann von Herta], daß er glücklich wieder in Amsterdam eingetroffen sei & Ruth aufgekratzt vorgefunden habe. Eine phantastische Angelegenheit, so mitten auf dem Ozean eine Depesche zu bekommen. Noch interessanter war dann ein Radiogramm von Wallach, das etwas später kam & das auf der Europa aufgegeben wurde, die einen Tag nach uns aus Southampton fuhr. Ich hoffe übrigens, diesen unterwegs zu treffen. Aber so stellt sich wohl nur der kleine Moritz den Ozean vor. Immerhin haben wir heute zum ersten Male Möven gesehen, die einzigen lebenden Wesen in der unendlich weiten Wasserwüste. In dieser Beziehung wird man genügsam, im Essen dagegen wird Unglaubliches geboten & geleistet. Heute Mittag bilden Hummern die Einleitung. Ob ich Abends mit Austern oder Kaviar beginne, weiß ich noch nicht. Es ist schrecklich, daß die Fresserei eine solche Rolle spielt. Was soll man aber sonst tun. Das deutsche Element ist auf dem Schiff völlig unbekannt. Der einzige Mensch vom Personal, der deutsch spricht, ist der Friseur, der ein österreichischer Jude ist. Seit 7 Jahren lebt er auf der Olympic.

Die spiegelglatte See hat nicht allzu lange angehalten. Als der Sonntag zu Ende ging & ein klarer Sternenhimmel das Meer magisch beleuchtete, glaubte ich am Montag Früh einen schönen Sonnenaufgang genießen zu können. Auf dem Wasser scheint aber das Wetter viel unzuverlässiger zu sein als auf dem Festland. Als ich Sonntag kurz vor 10 Uhr Abends noch einen Verdauungsspaziergang auf Deck machte, war nichts mehr von den Sternen zu sehen. Undurchdringliches Dunkel bietet sich dem Auge. Ich stelle meine Uhr Abermals, zum vierten Male, um eine Stunde zurück & mache Nacht. Der Montag empfängt mich mit Regen & Wind. Ich versuche trotzdem um das Deck herumzuwandern, muß aber feststellen, daß dies kein reines Vergnügen ist. Die See rollt; weiße Kämme bilden sich & und die Schaukelei des Schiffes ist ganz anständig. Ich frühstücke allein, Herta bleibt vorsichtigerweise im Bett, & lasse mir Tee, Eier, warmen Fisch gut schmecken. Hoffentlich wird es im Laufe des Tages wieder ruhiger, damit ich meine Deckstudien fortsetzen kann. Morgen Früh (Dienstag) werden wir, so sagt man mir, Land sehen. Das wird eine Abwechslung sein in dem eintönigen Einerlei der Seefahrt. Die Eindrücke, die ich empfangen werde, wenn ich ankomme & New York sehe, werde ich in einem zweiten Bericht schildern. Wann ich allerdings Zeit dazu finde, vermag ich noch nicht zu sagen. Wahrscheinlich benütze ich dazu die Rückfahrt.

Wenn ich mich zusammenfassend äußern soll über die Schönheiten & Nachteile einer Seefahrt, so möchte ich sagen, daß mir bei aller Würdigung der Reize einer Fahrt auf dem Meere, eine Autofahrt durch die Lande mehr Vergnügen bereitet. Man darf aber nicht vergleichen. Jedenfalls bildet eine Fahrt über See eine ewige Erinnerung. Herzlichste Grüße! W.«

Am 27. November 1934 erreichte die »SS Olympic« den Hafen von New York. Die Reise hatte sechs Tage gedauert.

Noch auf dem Schiff wurde Wilhelm Kleemann von der Presse empfangen. Er war in seiner Eigenschaft als 1. Präsident der deutschen ORT [Organization for Rehabilitation through Training] nach New York gekommen, um den Führern der amerikanischen Judenschaft einen der frühesten Berichte über die Not- und Zwangslage der deutschen Juden unter Hitler zu erstatten. Die Reaktion der Amerikaner enttäuschte ihn sehr, sie hatten den Ernst der Lage nicht erfasst. Am 1. Dezember 1934 schrieb er seiner Frau Lucie:

»Leider scheinen die hiesigen Leute von ORT auch so wie die in Paris zu sein. Es ist noch nichts richtig organisiert [...] Mein Erfolg für ORT ist ziemlich negativ. Man hat dafür hier doch nicht die richtigen Leute.«

In vier langen Briefen beschrieb Wilhelm Kleemann seiner Frau, was er und Tochter Herta in New York erlebten; das große Staunen über die riesige Stadt mit ihren Wolkenkrat-

64 Herta Schloss und Wilhelm Kleemann
bei der Ankunft in New York auf der ss Olympic 27.11.1934

zern, den großen, eleganten Hotels, Restaurants, Bars und Warenhäusern. Sie trafen viele Freunde und Bekannte, die aus Deutschland emigriert waren und beruflich bereits gut Fuß gefasst hatten, und wurden von Einladung zu Einladung gereicht. Mehrmals erwähnte Wilhelm Kleemann das ruhige Leben, das er mit Lucie und Freunden in Meran führte und freute sich, bald wieder dort zu sein.

Am 14. Dezember 1934 reisten Wilhelm Kleemann und Herta Schloss mit der »Savoia« von New York nach Europa zurück, Wilhelm nach Meran, Herta nach Amsterdam.

Die mehrmalige Erwähnung von Meran/Südtirol, auch in späteren Briefen an seine Schwester Elise Grünbaum, lässt darauf schließen, dass das Ehepaar Kleemann sich oft wochenlang dort aufhielt, besonders im Winter.

Eine zweite Schiffsreise unternahm Wilhelm Kleemann zusammen mit seiner Frau Lucie. In einem Fotoalbum aus seinem persönlichen Nachlass fand ich das Foto eines großen Schiffes mit dem Kommentar der Tochter Herta »Der Dampfer ›Dalilee‹ mit dem Mami und Papi nach Palästina fuhren. 20.04.36.«

Während der Sommermonate genoss das Ehepaar Kleemann, wie schon während der Berliner Zeit, die Kuraufenthalte in Marienbad. Im Sommer 1937 wurden sie dorthin begleitet von Tochter und Schwiegersohn und Wilhelms Bruder Samuel.

Geprägt durch sein eigenes Schicksal und seine große menschliche Güte, versuchte Wilhelm Kleemann, auch in der Emigration, zu helfen, wo er nur konnte.

Seine Schwester Elise Grünbaum hatte ihn in einem Brief vom 31. August 1937 um Unterstützung für ihren Neffen Max Stein gebeten. Dessen Unternehmen in Eschwege war durch den Boykott jüdischer Waren und andere nationalsozialistische Schikanen so geschädigt worden, dass er beabsichtigte, eine Informationsreise nach New York zu unternehmen, um dort die Möglichkeit für den Aufbau einer neuen Existenz zu prüfen.

Elise wusste, dass ihr Bruder in New York über gute Kontakte verfügte, und wollte diese im Interesse ihres Neffen nutzen. Wilhelm Kleemann reagierte auf ihre Bitte in seinem Brief aus Meran vom 22.09.1937, der leider durch Wasserflecke teilweise zerstört ist. Auszug:

»[...] Broadway 22nd Floor erreicht. Herr Stein braucht sich nur auf mich zu beziehen. Auch mein New Yorker Freund, der Bankier Ludwig Bendix, steht sicher gerne zur Verfügung.

65 Wohnung von Herta und Moritz Schloss, sowie Wilhelm und Lucie Kleemann in Amsterdam, Emmastraat 32

Dessen Adresse findet Herr Stein entweder im Telefonbuch oder durch Herrn Nathan. Wenn Herr Stein über Amsterdam fahren sollte, dann soll er meinen Schwiegersohn besuchen, Moritz Schloss, Emmastraat 32. Dieser ist sehr bekannt in New York.«

Im Herbst 1937 hielten sich Wilhelm und Lucie Kleemann wahrscheinlich zum letzten Mal in Meran auf. Italien war mehr und mehr vom Faschismus geprägt und das 1936 zwischen Mussolini und Hitler geschlossene Bündnis, die Achse Berlin – Rom, führte auch dort zur beginnenden Ausgrenzung der Juden.

Ende 1937 übersiedelten Wilhelm und Lucie Kleemann nach Amsterdam und wohnten dort in der Emmastraat 32, wo die Familie Schloss schon seit einigen Jahren ihr Domizil hatte. Nach vier Jahren war die Familie nun wieder vereint.

Anlässlich des Todes seiner Schwägerin Ernestine Kleemann in Wiesbaden hatte Wilhelm Kleemann am 26. Juli und am 15. August 1938 an seine Schwester geschrieben, danach trat eine längere Pause in der Korrespondenz ein. Es ist aber durchaus möglich, dass Elise nicht alle Briefe ihres Bruders versteckt hatte.

Doch Wilhelm Kleemann war in Amsterdam nicht untätig. Nach wie vor war er in die Arbeit für die ORT eingebunden und Mitglied des Zentralrats. In einem Pressebericht wird er als »historische Figur in den schweren Jahren für die deutschen Juden vor und während der Hitlerzeit« bezeichnet.

Beim Ausbruch des Zweiten Weltkriegs am 1. September 1939 war klar, dass Hitler seine Expansionsabsichten in die Tat umsetzte. Wilhelm Kleemann hatte mit seinem politischen Gespür erkannt, dass Amsterdam für Juden nur noch kurze Zeit ein sicherer Ort sein würde. Nur wenige Wochen vor dem Einmarsch deutscher Truppen in Holland am 10. Mai 1940 verließen Wilhelm und Lucie Kleemann Ende Januar 1940 Europa und emigrierten nach New York, wo sie am 23. Februar 1940 eintrafen.

Lucies Mutter, Sophie Friedländer, war 1939 im Alter von zweiundachtzig Jahren in Berlin gestorben. Lucie selbst hatte ihren vierundfünfzigsten Geburtstag auf dem Schiff gefeiert, Wilhelm seinen siebzigsten noch in Amsterdam.

Herta, Moritz und Ruth Schloss lebten bereits seit dem 2. März 1939 im New Yorker Exil und bereiteten den Neuankömmlingen einen begeisterten Empfang am Hafen, über den Wilhelm Kleemann seiner Schwester Elise am 04.03.1940 berichtete (S. 109 ff.).

Das Ehepaar Kleemann hatte sich im Hotel *The Croydon*, 12 East 86th Street, eingemietet, wo sie im elften Stock das Apartment N° 1109 bewohnten. Von hier schrieb Wilhelm am 10.03.1940 an seine Schwester Elise in Wiesbaden:

66 New York,
Hotel »The Croydon«

»Liebe Elise! Ich weiß nur, wann meine Briefe hier abgehen, habe aber keine Ahnung, ob und wann sie dort eintreffen. Ich versuche die verschiedensten Reisewege und verlasse mich auf den günstigen Stern, der mich eigentlich bisher immer begleitet hat. Er leuchtete mir auch während der Fahrt, sowie bei der Landung und Du wirst Näheres darüber erfahren, wenn Dich mein ausführlicher Reisebericht erreichen sollte, den ich via Amsterdam an Sam sandte.

Seitdem sind 14 Tage vergangen und wenn ein solcher Zeitraum natürlich auch viel zu kurz ist, um etwas über Land und Leute sagen zu können, so fühle ich doch schon, daß hier auch nicht ein winziges Gebiet einen Vergleich mit europäischen Verhältnissen zuläßt. Auf Schritt und Tritt wird man von den Kontrasten und Eindrücken überwältigt, wenn man die Augen offen hält und von einem Kenner geführt wird. Wir sind ja in dieser Beziehung ganz besonders glänzend dran, da unsere Tochter sowohl wie unser Schwiegersohn überall Bescheid wissen. Ausgezeichnete Dienste bietet uns auch die Enkeltochter [Ruth ist zehn Jahre alt], die am meisten Zeit hat und diese uns ganz widmet. So ist sie eigentlich unser Führer und Dolmetscher. Selbstverständlich sind es noch Tastversuche, die wir machen, aber wir beginnen langsam, wenigstens denjenigen Teil der Riesenstadt kennenzulernen, in dem wir wohnen. Und das ist ein solch schöner Teil, der sich zwischen den breiten Häusern und bekannten Straßen der Park Avenue und der Fünften Avenue befindet. Was wir an Hochhäusern und Läden sehen übersteigt an Dimensionen und Pracht jede Vorstellung. Dabei kennen wir doch fast alle Hauptstädte Europas und dürfen eigentlich glauben, daß wir keine Provinzler sind. Aber in Wirklichkeit kommen wir uns als solche vor, ob wir unser Hotel betrachten, ob wir die Straßen überqueren oder ob wir in einen Laden kommen. Vorerst finden die Geschäfte des täglichen Bedarfs mein Hauptinteresse. Ich kann stundenlang die Lebensmittelläden bewundern, die eine astronomische und gastronomische Üppigkeit aufweisen, wie ich sie vorher nie gekannt habe und ich kann ebenso lange den Schustern zuschauen, bei denen man auf das Besohlen der Schuhe gleich warten kann. Bei oberflächlicher Betrachtung muß man glauben, daß hier eine wahnsinnige Verschwendungssucht herrscht und Geld garkeine Rolle spielt. Aber dies stimmt sicher nicht, denn wir hören rings um uns, wie hart das Leben hier ist und wie unendlich schwer der Daseinskampf wirkt. Für die ältere Generation ist das hiesige Leben nur tragbar, wenn sie keine neue Existenz mehr zu suchen braucht.

Umso mehr bewundere ich Deinen Verwandten [Max Stein], der mich heute besuchte und mir sagte, daß er gemeinsam mit seinem Neffen das selbe Geschäft hier beginnen wolle, das er in Europa betrieben hat. Allerdings handelt es sich da um Menschen, die anscheinend bienenfleißig sind und die vorsichtig und sparsam an das neue Werk herangehen. Bei der Unterhaltung mit den beiden Herren bekam ich den Eindruck, daß sie wissen was sie wollen und daß sie bei ihrem Beginnen weniger riskieren als wenn sie sich irgendwo beteiligen würden. Ich habe Herrn und Frau Stein nächste Woche zum Tee eingeladen und hoffe, die Unterhaltung dann gemütlich fortsetzen zu können.

Das Hotel in dem wir wohnen ist natürlich für den Anfang nur gedacht. Für die Dauer ist es zu fürstlich. Das magst Du schon daraus ersehen, daß wir täglich 8 neue Handtücher bekommen, daß eine Lichtfülle wie in einem Schloß herrscht und daß jeden dritten Tag unsere Betten frisch überzogen werden. Man kommt sich wie in einem Märchenland vor, kann aber selbstverständlich bescheidener leben und das werden wir ja auch tun, sobald wir ein wenig länger hier sind. Ich will aber nicht leugnen, daß es uns so sehr gut gefällt und daß wir uns in alte Zeiten zurückversetzt fühlen.

Inzwischen höre ich, daß unsere Besitzung in Gatow verkauft ist. Der Preis ist garnicht einmal schlecht, aber wir haben ja nicht viel davon, weil er uns auf Sparkonto gutgebracht wird. Darüber kommen wir hinweg, wie über vieles Andere, wenn man so lange weg ist wie wir, verliert man die Distanz zu dem, was einst gewesen ist.

Dafür haben wir unser seelisches Gleichgewicht wieder gefunden und sieben Jahre verlebt, die so schön waren, daß sie eine ewige, angenehme Erinnerung sind. Namentlich der Aufenthalt in Meran ersetzte mir alle Mühen und Sorgen, die mir der verantwortliche Beruf ja gebracht hat. Hier finden wir übrigens einen großen Teil des Kreises wieder, von dem wir in Meran umgeben waren und die Einzelnen haben sich bereits gemeldet, um die alten Beziehungen hier fortzusetzen. Freilich wird das nicht so bequem sein, da die Entfernungen zu groß sind. Wir wohnen im Osten von New York, während die meisten deutschen Neuankömmlinge den Westen bevorzugen. Aber wir wollten doch in erster Linie in der Nähe unserer Kinder sein, die ihren Kreis wiederum in dieser Gegend haben. Außerdem hat dieses das besonders Angenehme für sich, daß unmittelbar neben unserem Hotel sich Ruths Schule befindet. So kann sie täglich bei uns lunchen und die Mittagszeit hier verbringen, was für Herta außerdem den Vorteil hat, daß sie während dieser Stunden frei ist und ihre Besorgungen machen kann. Sind Schlossens einmal des Abends eingeladen, dann schläft Ruth bei uns, was für alle Beteiligten eine glückliche Lösung bedeutet. So sind wir Alten wenigstens zu etwas gut zu gebrauchen und wir hoffen nur, daß wir uns auch sonst irgendwie nutzbar erweisen können. Einstweilen sind sowohl unsere Nachmittage aber auch unsere Abende besetzt, was wir garnicht mehr gewöhnt sind, weil wir uns in Amsterdam von dem geselligen Verkehr immer mehr zurückgezogen haben. Vielleicht wirkt hier der Reiz der Neuheit. Auf die Dauer sagt mir aber ein solcher Betrieb nicht zu und ich denke mir, daß ich, trotz aller Verschiedenheit der Verhältnisse, meine europäischen Lebensgewohnheiten hier doch fortsetzen kann.

Die klimatischen Verhältnisse finde ich hier einstweilen nicht anders als in Amsterdam. Dort war es kalt als wir wegfuhren und hier ist es noch ebenso winterlich, wenn auch ein trügerischer blauer Himmel etwas Frühlingsmäßiges vorzutäuschen versucht. Umso wohliger ist es in unseren Räumen und ich möchte wünschen, daß wir Dir von der wundervollen Wärme etwas abgeben könnten. Will ich Abwechslung, dann fahre ich mit meinem Schwiegersohn in dessen Office. Das befindet sich im Bankenviertel, in einem der interessantesten Stadtteile New Yorks, im 22. Stock. Von da aus fällt mein Blick auf den Hudson und auf dessen Mündung in den Ozean. Ich kann die Freiheitsstatue sehen, das bekannte Wahrzeichen Amerikas und den Schiffsbetrieb, der immer wieder fesselt, sowie die Höhen von New Jersey, das ist der Staat, der New York gegenüber liegt und wo Amerika erst richtig beginnt, da New York bekanntlich eine Insel ist. Gestern haben wir eine Art Rundfahrt gemacht, damit wir von dem Zusammenhang, wenigstens von Ost und West, einen kleinen Begriff bekommen. Solche Erkundungstouren stehen mehr auf unserem Programm und da unsere Kinder Autobesitzer sind, wird dessen Durchführung auch keine Schwierigkeiten bereiten. In der Annahme, daß es Dich interessiert werde ich laufend berichten. Herzliche Grüße für Dich und Meier von uns Allen

Dein Wilhelm.«

Die guten finanziellen Verhältnisse, in denen das Ehepaar Kleemann lebte, erleichterten die Eingewöhnung in der neuen Heimat, dennoch war es ein Kulturschock. Wie Lucie Kleemann damit umging, ist aus den Briefen nicht zu erfahren, doch Wilhelm Kleemann, der aufmerksame Beobachter, registrierte genau, was um ihn herum vorging, ließ sich nicht blenden von den imposanten Eindrücken. Er sah auch die Schwierigkeiten des Alltags, vor allem aber die Probleme der jüdischen Einwanderer, die, fast mittellos, einem schweren Daseinskampf ausgeliefert waren in einer Zeit, in der auch Amerika in wirtschaftlichen Schwierigkeiten steckte.

Inzwischen war auch Elises Neffe Max Stein mit seiner Familie und dem Neffen Max Lomnitz in New York eingetroffen und hatte Kontakt zu Wilhelm Kleemann aufgenommen. Darüber berichtete Wilhelm seiner Schwester Elise in dem Brief vom 17.04.1940, der im Kapitel »Meier und Elise Grünbaum 1920–1942« (S. 112 ff.) in voller Länge erschien.

Einen undatierten Brief schrieb Wilhelm Kleemann vermutlich im Frühsommer 1940 an seine Schwester Elise in Wiesbaden:

»Liebe Elise! Deine Karte vom 14.5. war die erste direkte Nachricht, die von Dir eintraf. Ich hörte aber zwischenzeitlich von Herrn Stein, der mich manchmal besucht, während ich seine Frau noch nicht kennen gelernt habe. Sie ist voll im Haushalt beschäftigt und kommt, wie das hier üblich ist, nicht dazu Besuche zu machen, die bei den großen Entfernungen immer einen halben Tag in Anspruch nehmen. Durch die lebhafte Korrespondenz, in der Ihr steht, bist Du ja über die Einzelheiten in den Verhältnissen der Familie Stein genau unterrichtet, sodaß ich mich auf die Schilderung anderer Dinge beschränken kann. Zunächst möchte ich aber sagen, daß mich Deine Zeilen einigermaßen befriedigt haben, weil ich Ihnen entnehme, daß Abgeklärtheit und Bedürfnislosigkeit die einzigen Mittel sind, um über die jetzige Situation zu kommen. Die schwere Zeit wirft ihre scharfen Schatten auch hier her und wenn die letzteren auch noch nicht einschneidend wirken, so kann doch eines Tages die amerikanische Truppe, die von Sentimentalität nicht angekränkelt ist, zu starken Veränderungen führen. Einstweilen wetteifern die verschiedenen Radiogesellschaften, die hier alle Privatunternehmen sind, von früh bis Nacht mit den Nachrichten aus Europa und da kannst Du Dir vielleicht vorstellen, wie oft man dasselbe Programm mit gewissen Varianten hören muß. Manchmal streike ich, weil es die Nerven nicht aushalten.

Dabei verstehe ich nicht einmal sehr viel, weil meine englischen Kenntnisse leider noch recht mangelhaft sind. Ich nehme mir zwar vor, mir Unterricht geben zu lassen, habe aber die Energie dazu noch nicht aufgebracht. So gänzlich verschieden die Verhältnisse hier auch sind, so scheint sich allmählich doch ein Dasein für uns zu entwickeln, das sich von dem früheren nicht allzu wesentlich unterscheidet. Die vielen Verabredungen und Besuche, die am Anfang unsere Zeit voll in Anspruch genommen haben, sind spärlicher geworden. Die anfängliche Begrüßungsära hat sich gelegt, zum Teil weil die Riesenentfernungen den Kontakt sehr erschweren, zum anderen Teil weil es inzwischen Sommer geworden ist und die Hitze jeden an's Haus bannt. Diese zwangsläufige Einschränkung des geselligen Verkehrs ist mir ganz willkommen, weil ich trotz der glücklichen Elastizität, die ich mir bisher erhalten konnte, doch gerade diesen als anstrengend empfinde. Wahrscheinlich bin ich durch den jahrelangen Aufenthalt in stillen Gefilden verwöhnt worden und kann an den geräuschvollen Dingen keinen Genuß mehr empfinden. Dadurch werde ich mich hoffentlich auch wieder einmal den brieflichen Plaudereien widmen können, die mir im Laufe der Zeit eine liebe Gewohnheit geworden sind. Vorläufig fehlt allerdings die Stimmung.

Von Sam hören wir in regelmäßigen Abständen. Ebenso wie Du hat er sich mit den Verhältnissen abgefunden und führt ein bescheidenes, inhaltsloses Leben. Mit der alten Klee haben wir auch noch Verbindung, da sie sich als treue und anhängliche […] Leider geht es ihr gesundheitlich nicht gut. Sie scheint eine Brustkrebsoperation hinter sich zu haben. Sie wohnt, nachdem wir Gatow verkauft haben, bei einer Schwester. Zuletzt war sie bei uns im Februar vorigen Jahres in Amsterdam zu Besuch um von Herta Abschied zu nehmen, die damals ihre Vorbereitungen für die Übersiedelung nach USA traf. Dann stehen wir auch noch in Verbindung mit den beiden Schwestern meiner verstorbenen Schwiegermutter, die in Charlottenburg wohnen. Sonst hat die Korrespondenz nachgelassen, zum Teil weiß ich garnicht, wohin die einzelnen verschlagen worden sind. Soeben war Herr Stein mit seinem Neffen ein Stündchen bei mir. Da erzählte er mir ein Stückchen von seinen Verwandten G. in England [Isaak und Helene Grünbaum], das sich sehr trübe anhört. Viele herzliche Grüße von uns für Dich und Meier

Dein Wilhelm«

Um dem heißen New Yorker Sommer zu entkommen, fuhren Wilhelm und Lucie Kleemann im Juli 1940 für zwei Monate in die Berge von New Jersey, in denen das Klima erträglicher war. Sie mieteten sich in Pine Hill N. Y. im Hotel *The Colonial Inn* ein.

Von hier schrieb Wilhelm am 01.08.1940 an seine Schwester in Wiesbaden:

»Liebe Elise! Gleichzeitig mit Deiner Karte vom 8. Juli gelangte auch Deine Karte vom 29. April in unseren Besitz. Bei der Unregelmäßigkeit der Postbeförderung geht es uns ebenso wie Dir, ich weiß nicht mehr, worauf ich Antwort schuldig bin und von wem ich Antwort zu erwarten habe. Ganz so lebhaft wie meine Korrespondenz in Meran und in Amsterdam war, ist sie nicht mehr. Viele aus dem ehemaligen Kreis sind verstorben und andere scheiden aus, weil ich sie hier wiedergetroffen habe. Es bleiben aber noch immer so manche mit denen ich Gedanken austausche und so vergeht doch fast kein Tag, den ich nicht zu diesem Zweck am Schreibtisch verbringe. Gewöhnlich geschieht dies im Bureau unseres Schwiegersohns, der mir ein besonderes Zimmer eingeräumt hat, von dem aus ich, wenn die Gedanken mich verlassen, den Hudson-Strom überblicken kann, der mit seinem lebhaften Schiffsverkehr immer wieder neue Reize bietet. Da mein Raum sich im 22. Stock befindet, reicht mein Blick weit in's Land hinaus und auf das offene Meer, vorüber an der Mole, wo sich die berühmte Statue befindet, die als Symbol der Freiheit aus den Wolken ragt. Freilich wirkt sie winzig gegenüber den Wolkenkratzern, die zum Teil über 100 Stockwerke zählen.

Die architektonische Schönheit dieser gigantischen Bauten erkennt man nur allmählich. Das europäische Auge ist zunächst mehr bestürzt als erstaunt, wenn man aber zum ersten Mal abends die beleuchteten Fenster aus der Ferne erblickt, am besten von einer der Brücken aus, die über den Hudson oder über den East-River führen, dann wird man trunken von dem überwältigenden Bilde, das sich da eröffnet. So stelle ich mir Babylon vor, wie es in seiner Blütezeit gewesen sein mag. Anfang Juli haben wir New York verlassen, weil uns jeder sagte, daß wir der feuchten Hitzeperiode entrinnen müßten. Die Entwicklung hat gezeigt, daß dies richtig war, denn inzwischen ist es in New York so unerträglich heiß geworden, daß die armen Menschen die Nächte im Freien verbringen, nur um atmen zu können.

Da wo wir sind und wo wir bis Anfang September bleiben wollen, sind die Tage auch heißer, aber wie wir selbst von Meran aus kennen gelernt haben, die Abende bringen wenigstens eine Abkühlung, sodaß man sich schon etwas erholen kann. Landschaftlich liegt der Ort ganz entzückend. Wir kommen uns vor, als ob wir uns in einem deutschen Mittelgebirge befinden, dessen Erhebungen bis zu 1200 Metern reichen. Manchmal denken wir in Werneck [dem Geburtsort des Vaters Michael Löb Kleemann] zu sein, und manchmal in Marienbad, nur gibt es hier keine Waldwege, weil der Amerikaner nicht gewöhnt ist zu wandern. Seine Bewegung findet er im Schwimmen und im Golfspielen, während er sonst nur das Auto kennt, für das man hier Straßen angelegt hat, die ganz denjenigen in der Schweiz oder in den Dolomiten gleichen.

Unser Hotel ist sehr primitiv, dafür sind seine Preise erschwinglich. Die Gäste rekrutieren sich zu 99 % aus jüdischen Kreisen und wir hören hier weit mehr deutsche Laute als englisch. Das ist aber nicht nur in unserem Hause so, sondern in den vielen Dutzenden Hotels, die sich in dieser Gegend befinden. Die meisten Häuser werden sogar streng rituell geführt und wir hören, daß man gerade da besonders gut verpflegt wird. Auf fremde Gesellschaft sind wir nicht angewiesen. Wir sind mit einigen Ehepaaren zusammen, die schon in Meran zu unserem ständigen Kreis gehört haben und das genügt uns. Zum Wochenende werden wir wohl den Besuch unseres Trios [Familie Schloss] bekommen, obwohl die Entfernung von New York mehr als 200 Kilometer beträgt. Vielleicht bleibt dann Ruth einige Zeit bei uns, wenn wir ihr auch außer der schönen Natur hier kaum etwas bieten können. Nicht einmal ein Kino ist hier, was ich übrigens nicht weiter bedaure, da ich auch in New York von ihm nur sehr selten Gebrauch mache. Aber Ruth ist eine leidenschaftliche Anhängerin und kennt natürlich, wie alle amerikanischen Kinder, sämtliche Sterne des Films. Ich vermisse hier auch das Radio nicht, obwohl ich in New York ein eigenes besitze und ihn täglich gebraucht habe. Jedenfalls hast Du Dir eine gute Lektüre herausgeholt und das ist eigentlich das Einzige, was mir in Amerika fehlt. Durch Irrtümer und Versäumnisse ist unsere Bibliothek nämlich in Gatow zurückgeblieben, während alles Andere, was für uns von Wert war, schon im Jahr 1936 nach Amsterdam kam. Die Besitzung in Gatow selbst konnten wir ohne einen Druck, ganz in unserem freien Ermessen verkaufen. Einen Teil des Erlöses benutzten wir für die besondere Judenabgabe, den Rest werden wir für Unterstützungszwecke verwenden und damit vielleicht einige Tränen trocknen.

Deinen hiesigen Verwandten geht es soweit gut. Ich habe Herrn Stein zuletzt vor etwa vier Wochen gesprochen und damals den Eindruck mitgenommen, daß er nicht unzufrieden ist. Bei seiner ruhigen Überlegung und seiner Vorsicht wird er sich wohl nur dann entschließen etwas zu unternehmen, wenn er die Verhältnisse auf Herz und Nieren geprüft hat. Die Frau und die Tochter habe ich noch nicht kennen gelernt, sie werden vermutlich stark mit der Wirtschaft beschäftigt sein. Im September, wenn wir wieder nach New York zurückkehren, werde ich mich melden und wenn ich der Familie irgendwie behilflich sein kann, so will ich dies gerne tun. Allerdings, so schrieb ich Dir wohl schon früher einmal, haben meine hiesigen Beziehungen nur sehr problematischen Wert. Sie beschränken sich eigentlich nur auf Einladungen zum Lunch. Das ist nicht nur so mit meinen Beziehungen, sondern das ist allgemein amerikanisch. Wie es sich im Herbst und im Winter in New York lebt wissen wir ja noch nicht. Ich glaube aber, daß es ziemlich still um uns sein wird und daß wir ganz nach unserer Façon leben können. So lebhaft, wie der gesellige Betrieb in der ersten Zeit war, ist er glücklicherweise schon im Mai und Juni nicht mehr gewesen. Hier in der Sommerfrische bin ich allerdings schon von einem Dutzend Menschen angesprochen worden, die mich von Deutschland aus kennen, an die ich mich aber nicht mehr erinnert habe. Es gibt eben doch noch merkwürdige Zufälle im Leben.

Viele herzliche Grüße für Dich und für Deinen Mann von uns Beiden

Dein Wilhelm«

Nach diesem Brief trat eine fünf Monate lange Pause ein. Möglicherweise gingen einige Briefe in den Kriegswirren verloren.

Elise und Meier Grünbaum warteten unterdessen in Wiesbaden auf einen Platz in einem Altersheim. Am 18.12.1940 erhielten sie die Nachricht aus Frankfurt am Main, dass dort ein Platz für sie frei sei. Nun galt es den Haushalt aufzulösen, Möbel zu verkaufen und den Umzug vorzubereiten. Ganz sicher hatte Elise auch ihre beiden Brüder informiert, doch weder Samuel noch Wilhelm hatten diese Nachricht erhalten. Ab dem 3. Februar 1941 wohnten Meier und Elise Grünbaum im Frankfurter Altersheim, wo Elise den Brief ihres Bruders Wilhelm vom 04.01.1941 aus New York erhielt.

Im ersten Teil dieses Briefes, der im Kapitel »Meier und Elise Grünbaum 1920–1942« (S. 128) zu lesen ist, beschrieb Wilhelm seiner Schwester den ersten Besuch bei der Familie Stein am 13. November 1940. Er enthielt sich einer Kritik an den schlechten Eigenschaften der Amerikaner, »weil sie erstens einmal nicht ganz angebracht sein würde und weil ich zweitens mir immer wieder sage, daß wir dankbar sein müssen, hier in diesem freien Lande leben zu können.« Er berichtete, dass Presse und Radio über Krieg und Feindschaft in Europa unterrichten und schloss den ersten Absatz seines Briefes:

»Nun hat ein neues Jahr begonnen und da möchte ich halt hoffen, daß es dem armen Europa die Segnungen des Friedens bringen möge«, um dann fortzufahren:

»Eine Begegnung mit Herrn Arthur Kl. (?) ist bisher noch nicht zustande gekommen, obwohl es an Versuchen meinerseits nicht gefehlt hat. Dies ist bezeichnend für die hiesigen Verhältnisse, wo im Bezug auf Geselligkeit sehr häufig solche Verabredungen eingeleitet, aber nicht durchgeführt werden. Der Amerikaner schreibt gern ›ich hoffe Sie bald zu sehen‹ und weiß genau schon in dem gleichen Augenblick wo er das sagt, daß er garnicht die Absicht hat, es zu tun. Zum Teil kann man diese konventionellen Redensarten verstehen, denn ich sehe es an mir selbst, wie außerordentlich stark jeder gesellige Verkehr durch die Riesenentfernungen beeinträchtigt wird.

Tagsüber haben die Menschen keine Zeit und abends überlegen sie sich eben sehr, ob es lohnt, für Hin- u. Rückweg 2–3 Stunden aufzuwenden, um ein Stündchen mit Freunden und Bekannten zu verbringen. Für viele spielt auch der Kostenpunkt eine Rolle, besonders für die junge Welt, die es vorzieht, lieber in's Kino zu gehen.

Unsere Kinder werden davon weniger berührt, weil sie ein Auto haben. Deren geselliges Leben unterscheidet sich dann auch nicht so sehr vom europäischen, was mich natürlich besonders für Herta freut, die dadurch Anregung und Ablenkung erhält von ihren häuslichen Arbeiten am Herd und in den Zimmern. Im Augenblick befindet sie sich mit ihrem Mann sogar in Florida, wo der Winter keinen Einzug hält. Sie liegt am Seegestade und läßt sich von der Sonne bräunen, während die Tochter, unsere Enkelin, die Ferien bei uns verbringt. Wir haben in Anerkennung ihrer glänzenden Zensur für die Zeit ihres Besuchs ein Vergnügungsprogramm aufgestellt, das mit dem heutigen Schulbeginn sein Ende erreicht hat. Unter den Veranstaltungen befand sich natürlich auch eine Chanukka-Feier, die hier im größten Stil stattfinden und ungewöhnlich stark besucht werden.

Einen anderen Glanzpunkt bildete der Tagesausflug auf ein Bauerngut, das von Freunden von Herta bewirtschaftet wird. Es liegt ›nur‹ etwa 200 Kilometer von hier entfernt und da kannst Du Dir vorstellen, daß für uns 2 Alten die Fahrt mit dem Omnibus kein ganz reines Vergnügen war. Interessiert hat sie mich aber doch, weil sie in's Gebirge führte, das völlig winterlichen Charakter trug und weil ich zum ersten Mal die hiesigen Fernomnibusverhältnisse kennen lernte, die einen kleinen Begriff von der Bedeutung machen, wenn Du hörst, daß 10 000 Omnibusse täglich New York verlassen und ebenso viele jeden Tag von außerhalb eintreffen. Solche Feststellungen kann man hier auf vielen Gebieten machen und das ist auch meines Erachtens das Interessanteste dieser riesigen Steinwüste, denn das gibt es natürlich in Europa nicht. Damit will ich nicht sagen, daß hier nicht auch die kulturellen Einrichtungen großartig sind. Bisher habe ich darüber noch kein Urteil, weil ich die Museen und Theater nur von außen gesehen habe. Nur in der städtischen Bibliothek bin ich neulich an einem Regentag gewesen, wo nicht nur Millionen von Büchern zur Einsicht aufliegen, sondern auch die Zeitungen und Zeitschriften der ganzen Welt. Wie man da die Probleme der Raumverhältnisse und der Bücherausgabe gelöst hat ist einfach überwältigend. Ich las meine Zeitung auf einem Lehnstuhl sitzend in einem Saal, in welchem

2000 Leser zur gleichen Zeit Platz finden. Jeder hat seine eigene Lampe und Keiner stört den Anderen. Es herrscht feierliche Stille, ohne daß weit und breit ein Aufseher zu beobachten war. Von dort aus ging ich an jenem Tag mit Lucie und Ruth übrigens in das Radio-City-Kino, dem wir längst einmal einen Besuch zugedacht hatten.

Obwohl es Nachmittag gewesen ist, und das Haus etwa 600 Menschen faßt, mußten wir doch fast eine Stunde Schlange stehen, bevor wir an die Reihe kamen. Das ist dort so üblich, obwohl die Vorstellungen um 9 Uhr früh beginnen und ununterbrochen bis nachts um 2 Uhr dauern.

Manchmal gerät man, ohne es zu wollen, auf bekannten Plätzen und Straßen in lebensgefährliches Gedränge, mit gewissem Staunen hörten wir Silvesterabend beispielsweise am Radio, daß sich am Times Square, das ist das Zentrum der Vergnügungen, 1 1/2 Millionen Menschen angesammelt haben, die das neue Jahr begrüßen wollten. Da freut man sich, daß man nicht dabei ist. Die große Masse lebt hier unbeschwert und kümmert sich einen Teufel um Krieg und Schrecken in Europa. Wir können da natürlich nicht mit, wir stecken noch zu sehr im europäischen Boden, wenngleich uns dies nicht leicht gemacht wird.

Anders denkt, wie ich am Eingang meiner Plauderei schon sagte, die Jugend, für welche die ehemalige Heimat nur noch ein nebelhaftes Gebilde ist.

Die Firma L. […] Päckchen […] [Zwei Zeilen, dick mit blauer Tinte gestrichen. Zensur?]

Ich hoffe, daß Du damit Deinen Lebensabend ein wenig aufzubessern imstande bist. Herzliche Grüße Dir und Meier von uns Beiden

Dein Wilhelm«

Was mag dieses, wahrscheinlich konfiszierte, Päckchen enthalten haben? Meier und Elise Grünbaum konnten alles gebrauchen, weil es für Juden nur noch sehr wenig zu kaufen gab.

Hatten Wilhelm und Lucie Luxusgüter wie Kaffee, Schokolade, Eipulver, Seife oder Damenstrümpfe eingepackt? Wie groß wird Elises Enttäuschung gewesen sein, als sie feststellte, dass das ihr zugedachte Geschenk gestohlen worden war?

Auch die heißen Sommermonate des Jahres 1941 verbrachten Wilhelm und Lucie Kleemann wieder im Ferienort Pine Hill.

Wilhelm hatte inzwischen erfahren, dass seine Schwester Elise und ihr Mann in einem Altersheim, später in einer Pension in Frankfurt lebten und schrieb ihr am 19.08.1941 einen Brief, in dem er ihre Situation und ihre seelische Stimmung sehr bedauerte. Besorgt äußerte er sich auch über das Schicksal der Söhne der gemeinsamen Schwester Babet Dirnbach, die mit ihren Familien noch in Jugoslawien lebten. Am Ende des Briefes wünschte er Elise und Meier zum jüdischen Neujahrsfest »Leschanno Taufo«, ein gutes neues Jahr.

Dieser Brief ist im Kapitel »Meier und Elise Grünbaum 1920–1942« (S. 141 ff., 154 ff.) in voller Länge zitiert, ebenso der nächste Brief, den Wilhelm Kleemann seiner Schwester am 06.11.1941 aus New York schrieb, in dem er sich äußerst besorgt zeigte.

Die Nachrichten von »Evakuierungen« waren durch telegrafische Hilferufe nach New York gedrungen und Wilhelm fragte seine Schwester, ob sie ihre Meinung zur Auswanderung aufgrund der Verhältnisse vielleicht geändert habe, »weshalb ich für diesen Fall erklären möchte, daß ich selbstverständlich bereit bin Euch zu helfen, soweit das nur in meiner Macht steht. Im Augenblick scheint Cuba das einzige Land zu sein, welches als Exil in Frage kommt. Die Nachfrage dahin ist deshalb auch so ungeheuer, daß man auch da ein [...] Ende der Aufnahmemöglichkeit (?) [...] befürchtet. Dieses Problem beschäftigt meine Gedanken und läßt keine frohe Stimmung aufkommen.«

Im Weiteren berichtete Wilhelm, dass die Schwester seines Schwiegersohns aus Berlin zurzeit bei ihnen wohne, Enkelin Ruth die beste Schülerin ihrer Klasse sei, dass einige Verwandte väterlicherseits in New York leben und er selbst sich rege an der Küchenarbeit beteilige. Am Ende des Briefes erwähnte er, dass er beabsichtige, in den Wäldern von New Jersey noch einmal Kraft zu sammeln für den kalten Winter.

Dies war der letzte Brief von Wilhelm Kleemann, der seine Schwester Elise in Frankfurt erreichte. Durch den Eintritt der USA in den Zweiten Weltkrieg waren alle Möglichkeiten der Postübermittlung abgeschnitten, gleich, welche Wege Wilhelm bis dahin genutzt hatte. Es gab nur noch die Verbindung durch das Rote Kreuz, die Postkarten, auf denen fünfundzwanzig Worte mitgeteilt werden durften. Eine solche befand sich aber nicht im versteckten Nachlass von Elise Grünbaum. So hat Wilhelm unter Umständen erst sehr viel später erfahren, dass seine geliebte Schwester Elise, ihr Mann Meier und seine Schwägerin Erna Kleemann 1942 nach Theresienstadt deportiert wurden und dort elend zu Tode kamen.

Die elf Briefe, die Wilhelm Kleemann aus der Emigration an seine Schwester schrieb, zeigen, dass dieser hochgebildete, tatkräftige Mann sich seine Verbitterung nicht anmerken ließ und sich in sein neues Leben fügte. Nur in einigen Zeilen wird seine Resignation spürbar.

Eingebunden in ein harmonisches Familienleben und mit ausreichenden finanziellen Mitteln ausgestattet, die ein angenehmes Dasein sicherten, öffnete er sich mit steter Neugier der Zukunft. Die ihm eigene Humanität zeigte sich in der Fürsorge, die er unzähligen, vom Schicksal schwer geschlagenen Juden aus Europa zuteil werden ließ. In seinem New Yorker Nachlass ist eine umfangreiche Sammlung von Briefen und Presseberichten erhalten, die darüber Auskunft geben, dass der vitale alte Herr noch vielerlei Aufgaben erfüllte und als kluger und erfahrener Ratgeber sehr gefragt war.

Schon im Jahre 1940, kurz nach seiner Einwanderung in die USA, unterstützte er die jüdische Congregation Habonim mit seinen Erfahrungen auf dem Gebiet der Gemeindeverwaltung als ehemaliger Vorsitzender der Jüdischen Gemeinde Berlin. 1941 gehörte Wilhelm Kleemann zu den Gründungsmitgliedern der Vereinigung »American and European Friends of ORT« und war Vorstandsmitglied, später Ehrenpräsident dieses Freundeskreises.

Viel Zeit und Energie widmete er auch der New Yorker ORT-Handelsschule, in der er ein Job-Training für jüdische Emigranten organisierte. Im Laufe der Jahre wurden solche Schulen in vielen Städten, bis hin nach Jerusalem, gegründet. Er engagierte sich in karitativen Vereinen und war immer ansprechbar für humanitäre und öffentliche Aufgaben. Eine Quelle seiner Energie war sicher auch die harmonische Ehe mit Lucie. Am 17. Juli 1957 feierte das Paar seine Goldene Hochzeit. Ein Foto von diesem Ereignis spricht für sich.

Die ORT förderte auch nach dem Ende des Zweiten Weltkriegs das jüdische Handwerk und die jüdische Landwirtschaft mit dem Ziel, Menschen durch Ausbildung wirtschaftlich unabhängig zu machen. Für ihre inzwischen weltweite

67 Goldene Hochzeit Wilhelm und Lucie Kleemann 1957
v. links: Emanuel Fink, Herta Schloss, Wilhelm u. Lucie Kleemann,
Ruth Stanton, Regine Fink und Ronald Stanton

Tätigkeit benötigte die Organisation finanzielle Mittel. Aus diesem Grunde veröffentlichte Wilhelm Kleemann am 12. Mai 1958 einen Artikel in der deutsch-jüdischen Emigranten-Zeitung *Aufbau*. Er schrieb:

»Als der erste Vorsitzende der Abteilung Deutschland in der ORT möchte ich mir erlauben, die ehemaligen deutschen Juden aufzurufen, ihre Dankesschuld gegenüber der ORT abzutragen.

Ich darf daran erinnern, daß damals in den Zwanziger Jahren das erste Komitee der ORT Abteilung Deutschland gegründet wurde und daß die deutschen Juden dann zu den

MAY 12, 1958

Sonderabdruck aus dem

AUFBAU

RECONSTRUCTION

ORT und die deutschen Juden

68 Sonderdruck aus der deutschen Emigrantenzeitung »Aufbau« 12. Mai 1958

Gebenden gehörten, die durch ihre Beiträge Tausenden von Juden in Osteuropa zur handwerklichen und landwirtschaftlichen Ausbildung durch ORT verhalfen.

Als dann aber Hitler zur Macht kam, wurden die Juden in Deutschland aus den Gebenden Nehmende. Unter meinem Nachfolger, Wilhelm Graetz, der den Vorsitz von ORT übernommen hatte, nachdem ich den Vorsitz der Jüdischen Gemeinde Berlin übernahm, wurde ein systematisches Ausbildungswerk für die deutschen Juden durch ORT organisiert. Zunächst schickte man junge Leute nach Kowno und Liebau in die ORT-Schule, wo sie zu Technikern und Elektrikern ausgebildet wurden. Dadurch konnten sie Visa für Länder erhalten, die nur ausgebildete Handwerker hereinließen oder deren Einwanderung bevorzugten. Andere wurden zur landwirtschaftlichen Ausbildung nach Mariampol in Litauen gesandt und schließlich wurde im Jahre 1937 in Berlin die große ORT-Schule errichtet, die Jugendliche und auch Erwachsene in verschiedenen Handwerkszweigen ausbildete.

Das traurige Ende dieser Schule und ihrer Lehrer, die der letzten Schüler wegen in Deutschland ausharrten und mit ihnen untergingen, sei nicht vergessen. Andere Tausende deutscher Juden wurden in Frankreich, England, Holland, Belgien, der Schweiz und – nicht zuletzt – in den DP-Lagern in Deutschland, Österreich und Italien durch ORT ausgebildet. Auch die beiden ORT-Schulen in New York, insbesondere die A. C. Litton Schule, zählten zu ihren Schülern und Schülerinnen zeitweise einen überwiegenden Prozentsatz von Juden aus Deutschland und Österreich, die heute auf Grund ihres durch ORT erlernten Berufs ihr gutes Auskommen haben.

Darum sprach ich von einer Dankesschuld der Juden aus Deutschland gegenüber ORT. Ich hoffe, daß dieser kleine Appell an die Leser des ›Aufbau‹, unter denen sich sicher eine ganze Anzahl ehemaliger ORT-Schüler befinden, dazu führen wird, daß sich viele daran erinnern, was der ORT für die deutschen Juden getan hat und sich den American and European Friends of ORT als Mitglieder anschließen werden (Der Mitgliedsbeitrag ist $5, $10, oder $25. Schecks auf den Namen der ›American and European Friends of ORT‹ sind an das Büro der American ORT Federation, 222 Fourth Ave., New York 3, N. Y., zu senden).

Wilhelm Kleemann«

Als Wilhelm Kleemann diesen Artikel veröffentlichte, war er neunundachtzig Jahre alt.

Dass er bis ins hohe Alter ein außerordentlich geschätzter Mann war, beweisen die vielen öffentlichen Glückwünsche zu seinem 80., 85., 90. und 95. Geburtstag, in denen mit großer Ehrerbietung immer wieder seine hervorragenden Eigenschaften, die eindrucksvollen beruflichen Erfolge und seine ungewöhnliche geistige und körperliche Frische erwähnt werden. Auf die Anfrage eines Freundes, ob er nicht seine Memoiren schreiben wolle, reagierte er in einem Brief vom 12. März 1966 sehr bescheiden:

»Die Anregung, meine Memoiren zu schreiben, ist wiederholt an mich ergangen, zuletzt vom Leo Baeck Institut. Hätte ich mein Leben in Deutschland beschlossen, würde ich sie wohl auch geschrieben haben. Hier aber, wo ich ein nobody bin, hat außer meinen Angehörigen niemand Interesse daran. Mit Fürstenberg [Bankier 1850–1933] darf ich mich nicht vergleichen, er war eine internationale Persönlichkeit«.

Am 23. Februar 1966 erging an Herrn Direktor Dr. Wilhelm Kleemann eine ganz besondere Einladung aus Deutschland. Der Ältestenrat und das Stadtratsplenum seiner Heimatstadt Forchheim hatten auf Antrag des Oberbürgermeisters, Herrn Karl-Heinz Ritter von Traitteur, am 17. Februar 1966 beschlossen, Herrn Dr. Wilhelm Kleemann den ersten »Ehrenring der Stadt Forchheim« zu verleihen. Dieser Ehrenring war geschaffen worden als »Auszeichnung für Persönlichkeiten, die sich durch besonderes fruchtbares Wirken für das Wohl der Stadt und der Bürgerschaft hohe Verdienste erworben und durch hervorragende Leistungen, u. a. auf dem Gebiet des Sozialwesens, das Wohl und Ansehen der Stadt gemehrt haben. Die Zahl der Träger dieses Ringes ist auf acht lebende Personen beschränkt«.

Wilhelm Kleemann hatte diese Auszeichnung verdient. Zum Andenken an seine Eltern hatte er der Stadt Forchheim im Juni 1918 einen Betrag von 10 000,– Goldmark in 5 % Kriegsanleihen übergeben, der der Einrichtung der »Lehrer Michael Kleemann und Amalie Kleemann-Stiftung« dienen sollte und deren Erträge für verschämte Arme und Kranke und für die notleidende Hauskrankenpflege verwendet werden sollten. Die Formalitäten erledigte sein Bruder Samuel, der zu dieser Zeit im nahegelegenen Fürth lebte und der auch die Schenkungssteuer in Höhe von 608,– M zahlte.

Die Stiftungsakte enthält das Dankschreiben des damaligen Bürgermeisters:

»Ihr Herr Bruder Dr. Samuel Kleemann übergab heute den Betrag von 10 000 M in Kriegsanleihen mit der für uns erfreulichen Mitteilung, daß Euer Hochwohlgeboren mit diesem Betrag eine Stiftung für arme Kranke errichtet wissen wollen. Euer Hochwohlgeboren bekunden mit dieser hochherzigen Spende eine sehr dankenswerte Anhänglichkeit an Ihre Vaterstadt Forchheim. Ich beehre mich, Euer Hochwohlgeboren für die große Freigebigkeit den ganz ergebensten Dank der Stadt, ganz besonders aber meiner eigenen Person zum Ausdruck zu bringen. Die Stiftung wird genau im Sinne Ihres Stifterwillens errichtet werden, die Stiftungsurkunde werde ich entwerfen und Ihnen mit dem Ersuchen um Unterzeichnung zugehen lassen. Die Hauskrankenpflege bedarf in hiesiger Stadt ganz entschieden der Förderung und ich bin der festen Überzeugung, daß Sie das Gedächtnis Ihrer hoch verdienten Eltern am allerbesten durch die betätigte Stiftung ehren werden. Die armen Kranken, denen durch Ihre Stiftung die Möglichkeit kostenloser Krankenpflege gegeben wird, werden Ihnen Ihre Hochherzigkeit zu danken wissen.«

Am 03.10.1918 schrieb das Königliche Staatsministerium des Innern aus München: »Seine Majestät der König haben allergnädigst geruht zur Entstehung der Stiftung die Königliche

Genehmigung zu erteilen und allerhuldvollst zu gestatten, daß die Stiftung unter dem Ausdrucke Allerhöchster Anerkennung des von dem Stifter bekundeten Wohltätigkeits- und Gemeinsinns zur öffentlichen Kenntnis gebracht wird.«[9]

Durch die Inflation im Jahre 1923 wurde die Stiftung entwertet. Zwei Jahre später, 1925, ließ Wilhelm Kleemann sie durch eine Zahlung von 10 000,– Rentenmark wieder aufleben und stattete sie auch in den folgenden Jahren mit erheblichen Beträgen aus. Daneben unterstützte er den Ausbau des Waisenhauses, Hilfsvereine und Sportvereine mit regelmäßigen Spenden. Auf Befehl der Nationalsozialisten wurde die Stiftung 1941 in »Haus- und Krankenpflegestiftung« umbenannt und ging mit der Währungsreform im Jahre 1948 ein zweites Mal unter.

1946 hatten Wilhelm und Lucie Kleemann die amerikanische Staatsbürgerschaft angenommen.

Schon in diesem Jahr, kurz nach dem Ende des Zweiten Weltkriegs und dem Holocaust, der auch in seiner Familie schmerzhafte Lücken hinterlassen hatte, führte Wilhelm Kleemann das karitative Engagement für seine Heimatstadt Forchheim fort. Dem katholischen Pfarramt spendete er jährlich einen größeren Betrag für soziale Aufgaben und unterstützte daneben auch zwei Sportvereine. So nahm er die ehrenvolle Einladung der Stadt Forchheim dankbar an.

In Begleitung seiner Tochter Herta bestieg Wilhelm, inzwischen sechsundneunzigjährig, am 26. April 1966 in New York die »Bremen«. Die Schiffsreise dauerte sieben Tage und endete am Dienstag, den 3. Mai um 14 Uhr in Bremerhaven. Zum ersten Mal seit 1934 betrat Wilhelm Kleemann wieder deutschen Boden.

In Bremerhaven wurden sie von der Gattin des Forchheimer Oberbürgermeisters, Frau Irmgard Edle von Traitteur, erwartet. Sie war mit einem Chauffeur nach Bremerhaven gefahren, um den Ehrengast und seine Tochter zu empfangen und sicher nach Forchheim zu geleiten. Die erste Begegnung fand, in Gegenwart des Kapitäns, in der Lounge der »Bremen« statt. Frau von Traitteur, eine reizende, höchst aktive alte Dame, die ich in Forchheim traf, schilderte mir dieses erste Treffen sehr lebendig: Herr Dr. Kleemann, klein und zierlich wirkend, erhob sich aus seinem Sessel, breitete die Arme aus und sagte lächelnd: »Sie haben wohl einen gebrechlichen alten Mann erwartet, aber wie Sie sehen, bin ich noch recht gut beieinander«.

Sofort begann er begeistert von der Seereise zu erzählen, die er sehr genossen hatte. Im Bremer Parkhotel, wo man übernachtete, gestand er, dass er nach seiner Emigration keine Lust verspürt hatte, jemals wieder in das Land zurückzukehren, das ihn so gekränkt hatte. Der Wunsch der Forchheimer aber habe ihn derart erfreut, dass er beschlossen habe, der Einladung zu folgen und der alten Heimat einen Besuch abzustatten.

Unter all den Ehrungen, die er im Laufe seines langen Lebens erfahren habe, sei dies die schönste.

Das Wiedersehen mit seiner Heimatstadt beeindruckte Wilhelm Kleemann sehr, da er noch die Bilder der Stadt aus den zwanziger Jahren in sich trug. Als Gästehaus für ihn und seine Tochter Herta hatte man die »Kammerer's Mühle« in der Wiesentstraße 10 ausgewählt, ein schönes großes Fachwerkhaus aus dem Jahre 1698, das mitten im ehemaligen jüdischen Viertel steht, direkt an der Wiesent und schräg gegenüber dem Platz, auf dem bis 1938 die Synagoge stand, in der Wilhelm Kleemann aufgewachsen war. In den folgenden Tagen gab es viele persönliche Begegnungen; mit dem Dekan

Donnerstag, 5. Mai 1966

Dr. Kleemann in Forchheim eingetroffen

Am Sonntag wird der 96jährige Gast der Stadt den Ehrenring empfangen

Am Sonntag wird der 96jährige Gast der Stadt den Ehrenring empfangen „Willkommen in Deutschland“, sagte die Frau des Forchheimer Oberbürgermeisters, Irmgard von Traitteur (rechts), an Bord der „Bremen“ zu Bankdirektor Dr. Wilhelm Kleemann (Mitte), der zusammen mit seiner Tochter, Frau Hertha Schloß (links), die Reise „über den großen Teich“ großartig überstanden hatte. Anschließend ging die Reise in das bekannte Gästehaus am Spessart. Die Tochter Kleemanns reiste bereits 17mal mit der Bremen, auf der der jetzige Spessarthauswirt lange Zeit Obersteward war. Am späten Mittwochabend trafen die Gäste in Forchheim ein, wo sie im Gästehaus wohnen werden. Am Sonntag, 11.30 Uhr, wird der 96-jährige, wie der Ⓕ wiederholt meldete, als erster den Ehrenring der Stadt entgegennehmen.
Foto: Ⓕ

69 Ankunft von Herta Schloss und Wilhelm Kleemann am 3. Mai 1966 in Bremerhaven, empfangen von der Gattin des Forchheimer Oberbürgermeisters Irmgard Edle von Traitteur

der katholischen Gemeinde, die ihm so viel verdankte, ehemaligen noch lebenden Nachbarn, in den Sportvereinen, die ihn zum Ehrenmitglied ernannten, und mit ausgewählten Forchheimer Bürgern, die der Oberbürgermeister zu einem Vormittags-Cocktail geladen hatte, um ihnen die Möglichkeit zu geben, den Ehrengast persönlich kennenzulernen. Die Forchheimer Presse überschlug sich geradezu in ihrer Berichterstattung und schrieb:

»Ein Mann von einer nahezu unfaßbaren geistigen und körperlichen Frische! Er wirkt wie ein Siebziger! Eine ganz große Seltenheit!

Die Freude, die Direktor Kleemann über die Einladung der Stadt und die ihm zugedachte Ehrung empfindet, kommt – das ist nach der persönlichen Begegnung nicht mehr zu bezweifeln – aus ehrlichem Herzen.«

Die unzähligen Fotos, die während der Besuchstage aufgenommen wurden, bestätigen die Bemerkung eines Bewunderers: »Die Mathematik des Alters prallt an der Tatsache ab, daß er über 30 Jahre jünger aussieht, kerngesund ist, regelmäßig mittags und abends seinen Schnaps trinkt, drei Zigarren am Tag raucht und ohne Brille schreibt und liest. Ich halte es für ein einzig dastehendes Factum, daß ein 96-jähriger Mann einen solch vollkommenen Brief ohne Brille schreibt.« Wilhelm Kleemanns Schrift war tatsächlich immer noch klein und gestochen scharf.[10]

Für einen Nachmittag entzogen sich Wilhelm und Herta dem Trubel um ihre Person und besuchten, nur von Herrn von Traitteur begleitet, den Friedhof in Baiersdorf, um an den Gräbern der Eltern Michael und Amalie Kleemann ein

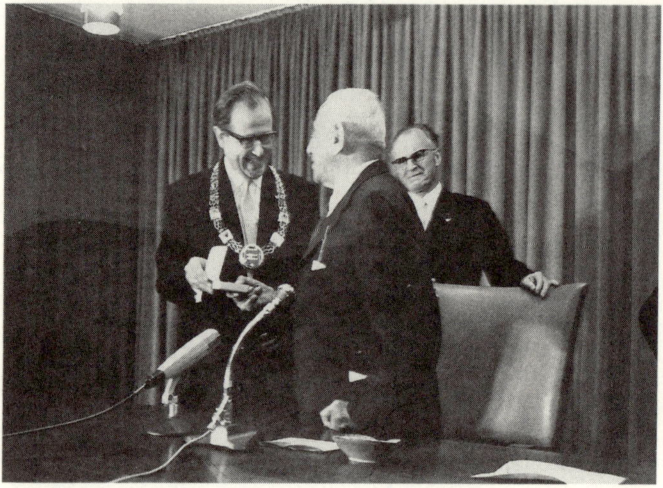

70 Verleihung des Ehrenringes durch den Oberbürgermeister Ritter von Traitteur 8. Mai 1966

Totengebet zu sprechen. Herta, die 1908 geboren wurde, hatte ihre Großeltern nicht mehr kennengelernt, kannte sie nur aus lebendigen Erzählungen ihres Vaters.

Im historischen Rathaussaal, in dem sich eine große Gästeschar drängte, wurde Dr. Wilhelm Kleemann am Sonntag, dem 8. Mai 1966, in einem sehr würdigen Festakt der Ehrenring der Stadt Forchheim verliehen. Die Platte des schweren goldenen Ringes, geschaffen von einem Münchener Goldschmied, zeigt das Wappen von Forchheim mit zwei Fischen.

Die Laudatio des Oberbürgermeisters endete mit den Worten:

»Sie aber, meine hochverehrten Gäste, werden aus dem vergangenen Lebensüberblick verstehen, daß es nicht äußere Anlässe sein mußten, weder Alter noch Rasse, die zu dieser heutigen Ehrung geführt haben. Neben allen Erfolgen und

Verdiensten, die einer mit seinem Wirken erringen kann, sind es die Fähigkeit zur Liebe und Vergebung, die das wahre Maß einer Persönlichkeit ausmachen. Vor dieser menschlichen Größe verneigen wir uns in Anerkennung und Dankbarkeit und gestatten uns, Ihnen Herr Dr. Kleemann den ersten Ehrenring der Stadt Forchheim zu überreichen. Möge Ihre Menschlichkeit und Ihre Heimatliebe uns allen ein Vorbild sein, insbesondere aber der Jugend, die so gern im Drang in die Ferne vergessen will, daß wir die tiefsten Wurzeln in der Heimat haben.«

Der sechsundneunzigjährige Geehrte erwiderte, stehend und in freier Rede:

»Zunächst möchte ich doch sagen, daß ich von dieser heutigen Festsitzung und von den Ausführungen des Herrn Oberbürgermeisters und von denen des Herrn Dekan Fiedler überwältigt bin. Meinen Dank für die hohe Ehrung, die die Stadt Forchheim mir erweist, glaube ich nicht besser und nicht herzlicher bezeigen zu können als dadurch, daß ich trotz meiner stark vorgerückten Jahre hierher gekommen bin, um den mir zugedachten Ehrenring persönlich in Empfang zu nehmen. Der Herr Oberbürgermeister hat ausgeführt, daß mir dieser Ehrenring verliehen wird in Anerkennung meiner Hilfsbereitschaft zur Linderung von Not und Krankheit. Dies erfüllt mich mit einer tiefen, großen inneren Befriedigung und sie wird mich veranlassen, nach Maßgabe meiner Kräfte in diesem Sinne für die Stadt Forchheim auch weiter zu wirken. Wenn dann der Herr Oberbürgermeister die Anhänglichkeit betont hat, die ich, trotz aller Geschehnisse in der Vergangenheit, meiner Heimatstadt bewahrt habe, so gibt es dafür eine ganz einfache Erklärung und diese Erklärung ist die Liebe zur Heimat, dem schönsten Wort der deutschen Sprache.«

Pünktlich zur Feierstunde kam um 11:30 Uhr ein Telegramm aus Bonn, dem damaligen Regierungssitz. Karl Theodor Freiherr von und zu Guttenberg, Bundestagsabgeordneter des Wahlkreises Forchheim/Kulmbach, telegrafierte: »Hätte sehr gerne an der zu Ihren Ehren veranstalteten Feier teilgenommen, bin aber leider durch dringende kommunalpolitische Aufgaben verhindert. Herzlichste Glückwünsche und beste Grüße

Freiherr zu Guttenberg MdB«

In Begleitung von Frau von Traitteur verließen Wilhelm Kleemann und Herta Schloss am 10. Mai Forchheim in Richtung München, wo sie noch einige Tage gemeinsam verbringen wollten, um Besuche zu machen. Am 15. Mai 1966 flog Wilhelm Kleemann mit der Lufthansa nach New York zurück, während Herta noch in München blieb.

Aus New York bedankte sich Wilhelm Kleemann am 22. Mai noch einmal mit einem Brief an Oberbürgermeister von Traitteur, der in der Forchheimer Presse veröffentlicht wurde.

»Da ich den Heimflug von München nach New York ohne Betreuung meiner Tochter zurücklegte, hatte ich Zeit und Muße, meine Deutschlandreise und die schönen Forchheimer Tage in Gedanken an mir vorüber ziehen zu lassen. Wenn der Aufenthalt in Forchheim sich für mich zu einem unvergeßlichen Erlebnis gestaltete, so habe ich dies in erster Linie Ihrem liebenswürdigen Wesen und Ihrer verehrten Gattin, dem prächtigen Herrn Dekan Fiedler, den Ratsherren, den Turnvereinen, den Pressevertretern und nicht zuletzt der Bevölkerung zu verdanken, die mich so liebevoll aufgenommen hat. Die Ehrungen und Aufmerksamkeiten, die man mir dort erwiesen hat, sind so zahlreich gewesen, daß ich sie im einzelnen garnicht anführen kann. So kann ich nur herzlichst danken. Heimatliebe ist ein köstliches Gut, das besonders hoch geschätzt wird von denen, die die Heimat verlassen mußten. Ob eine gütige Vorsehung mir erlauben wird, meine Heimatliebe durch einen nochmaligen Besuch in der alten Vaterstadt zu bezeugen, steht freilich dahin. Ich bin jedoch in meinem langen Leben stets Optimist gewesen und rufe Ihnen deshalb kein ›Good bye for ever‹ zu, sondern ein frohes Wiedersehen. Bewahren Sie mir die neu geschlossene Freundschaft und bitten Sie die Einwohner Forchheims in meinem Namen, mir Ihr Wohlwollen zu bewahren.«

Wilhelm Kleemann setzte seine lebhafte Korrespondenz auch in den nächsten Jahren fort.

Am 21. August 1968 starb, nach kurzer Krankheit, seine geliebte Frau Lucie, mit der er einundsechzig Jahre lang verheiratet war, im Alter von zweiundachtzig Jahren in New York. Bis dahin hatte das Ehepaar im Hotel *The Croydon* gewohnt – über achtundzwanzig Jahre.

Nach Lucies Tod nahm Herta Schloss ihren Vater zu sich. Ihr Mann Moritz Schloss war schon im Jahre 1952 verstorben.

Zu seinem neunundneunzigsten Geburtstag am 17. Dezember 1968 erreichten Wilhelm Kleemann noch einmal zahlreiche Glückwünsche, u. a. auch von der Dresdner Bank Frankfurt und aus Forchheim, für die er sich mit persönlichen Briefen bedankte. Nach einem Herzanfall starb Wilhelm Kleemann am 10. März 1969 im Mount Sinai Hospital in New

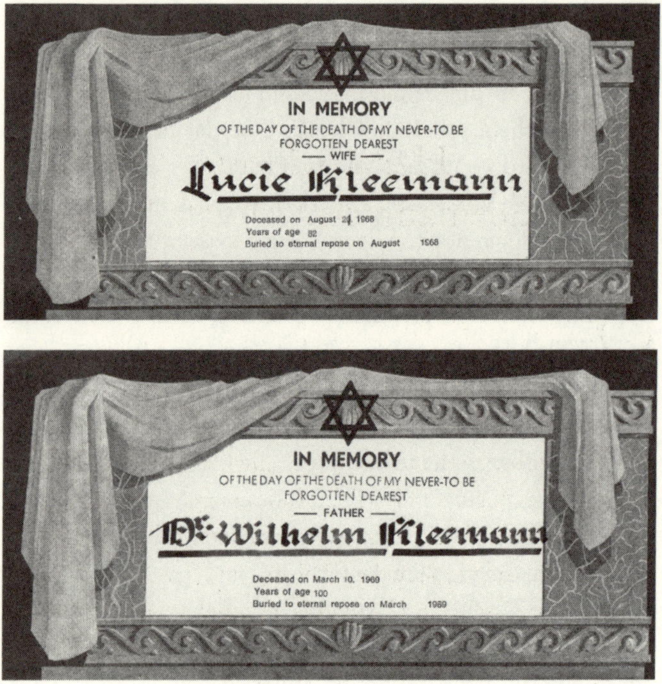

71 In Memory of Lucie und Wilhelm Kleemann

York City, neun Monate vor seinem hundertsten Geburtstag. Die vielen Nachrufe in der amerikanischen jüdischen Presse, von der World ORT Union aus Genf und nicht zuletzt von Oberbürgermeister von Traitteur und der Forchheimer Presse rühmen noch einmal eine außergewöhnliche Persönlichkeit und ein Leben, das von hoher Menschlichkeit geprägt war.[11]

Herta Schloss geb. Kleemann und Moritz Schloss

Ohne ihren eigenen und den großen Nachlass ihres Vaters Wilhelm wäre es nicht möglich gewesen, Hertas Lebensweg nachzuvollziehen. Als einzige Tochter des Berliner Bankiers am 22.07.1908 in Berlin-Schönefeld geboren und sorgfältig erzogen, verlebte sie eine glückliche, unbeschwerte Kindheit und Jugend in Berlin. Ob sie einen Beruf erlernt oder ein Studium absolviert hat, ist nicht bekannt. In späteren Jahren galt ihre ganze Liebe dem Theater und der Schauspielerei. Sie war gern gesehener Gast bei den großen gesellschaftlichen Ereignissen der gehobenen Berliner Kreise. Vom Presseball am 28. Januar 1928 z. B. berichten der *Berliner Lokalanzeiger* und die *B. Z. am Mittag* ausführlich und mit ganzseitigen Skizzen der Abendroben, die die illustren Damen bei dieser Gelegenheit trugen, unter ihnen Fräulein Kleemann. Auch ihr Vater zeigte sich gern mit seiner eleganten Tochter.

Am 6. Januar 1929 verlobte Herta Kleemann sich mit dem selbständigen Börsenkaufmann Moritz Schloss geb. am 07.08.1901 in Maroldsweisach/Unterfranken, den sie schon seit 1926 kannte. Sein Vater, Louis Schloss, geb. am 20.07.1866 in Maroldsweisach, Kaufmann, und seine Mutter Klara geb. Mayer, geb. am 02.07.1870 in Ichenhausen Landkreis Günzburg, lebten später in Bamberg, wo Klara Schloss am 23.07.1937 und Louis Schloss am 17.08.1938 starben.[1]

Mit seinen zwei älteren Schwestern Regine, geboren 1892, und Paula, geboren 1893, wuchs Moritz in Maroldsweisach auf und besuchte dort vier Jahre die Gemeindeschule, anschließend sechs Jahre die Königliche Realschule in Bamberg. Wie sein Schwiegervater Wilhelm Kleemann begann auch er seine Ausbildung zum Bankkaufmann im Bankhaus A. E. Wassermann in Bamberg, die er am 15. Juli 1920 mit einem blendenden Zeugnis beendete. Sein Interesse galt dem Börsenwesen, und so zog Moritz Schloss am 30. Juli 1920 von Bamberg nach Berlin. Dort arbeitete er in der Firma Katz & Wohlauer bald als Börsenvertreter und setzte diese Tätigkeit ab dem 1. Oktober 1921 bei der Firma R. & F. Steinfeld fort, in der er im Juli 1922 zum Kollektivprokuristen bestellt wurde und die gesamte Leitung des Bankgeschäfts übernahm.

Im Juli 1924 gründete Moritz Schloss ein eigenes Bankkommissionsgeschäft und erhielt am 7. August 1924, seinem dreiundzwanzigsten Geburtstag, die Börsenzulassung an der Berliner Börse durch die Industrie- und Handelskammer. Etwas später war er bereits Mitglied verschiedener Aufsichtsräte.[2]

Ein solch tüchtiger Schwiegersohn war dem Bankier Wilhelm Kleemann sicher hochwillkommen.

Am 23. März 1929 wurden Moritz Schloss und Herta Kleemann im Standesamt Berlin-Charlottenburg getraut. Die Hochzeit nach jüdischem Ritus wurde einen Tag später, am 24. März (nach jüdischer Zeitrechnung am 12. des Monats Adar II, 5689) gefeiert, und einen Tag später begab sich das junge Paar auf Hochzeitsreise nach Frankreich. Die Zugreise mit dem »Nordexpress« von Berlin, Bahnhof Friedrichstraße, nach Paris, Gare du Nord, dauerte sechzehn Stunden(!), ebenso lange reisten sie vier Tage später von Paris nach

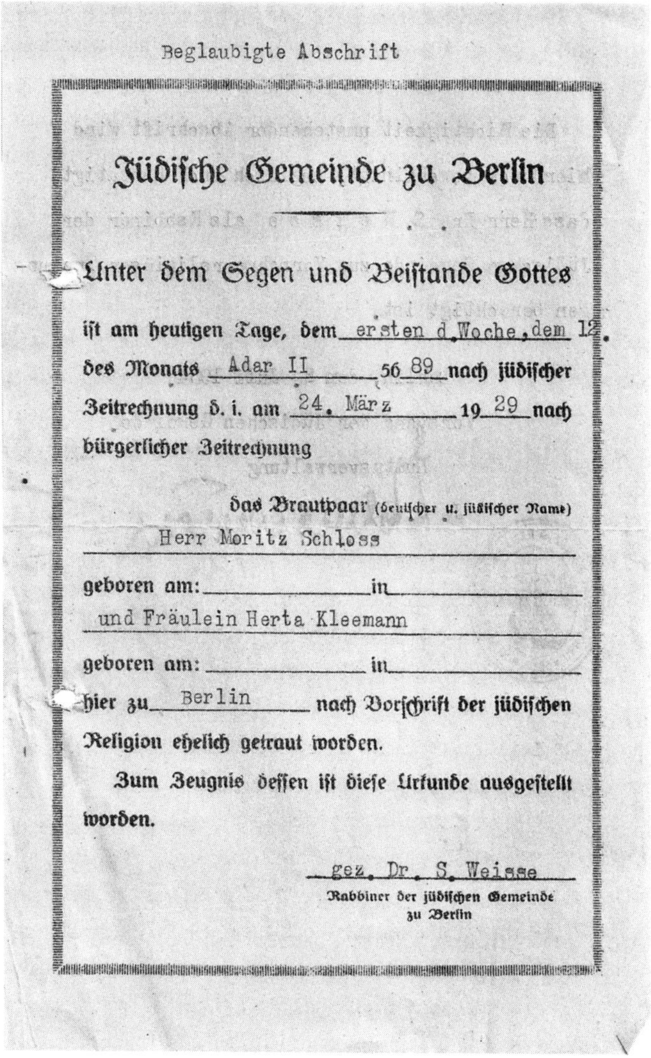

Beglaubigte Abschrift

Jüdische Gemeinde zu Berlin

Unter dem Segen und Beistande Gottes

ist am heutigen Tage, dem ersten d. Woche, dem 12. des Monats Adar II 5689 nach jüdischer Zeitrechnung d. i. am 24. März 1929 nach bürgerlicher Zeitrechnung

das Brautpaar (deutscher u. jüdischer Name)

Herr Moritz Schloss

geboren am: ______ in ______

und Fräulein Herta Kleemann

geboren am: ______ in ______

hier zu Berlin nach Vorschrift der jüdischen Religion ehelich getraut worden.

Zum Zeugnis dessen ist diese Urkunde ausgestellt worden.

gez. Dr. S. Weisse

Rabbiner der jüdischen Gemeinde zu Berlin

72 Urkunde zur rituellen Trauung Moritz Schloss und Herta Kleemann

Cannes. Während Herta und Moritz Schloss ihre Hochzeitsreise genossen, kümmerte sich Vater Kleemann in Berlin um die Handwerker und die Einrichtung der Wohnung in der Lietzenburger Straße 48.

Nach Cannes schrieb er am 03.04.1929:

»Von Eurer Hochzeit wird in den beteiligten Kreisen noch sehr gern gesprochen und nach den Aufnahmen (Fotos) besteht innerhalb des Bekanntenkreises noch so große Nachfrage, daß ich mich wohl entschließen muß, eine größere Anzahl noch nachzubestellen. Wir genießen noch immer die Gesellschaft unseres Münchener Besuches [Hertas Lieblingsonkel Dr. Samuel Kleemann und seine Frau Erna], der aber am 5.4. abreisen wird.«

Das Ende des Jahres 1929, das den Familien Kleemann und Schloss Anlass zu einigen Festen gab, beschloss man am 31. Dezember mit einem exzellenten Silvesteressen im Restaurant Horcher in Berlin. Die Speisekarte nennt folgende Köstlichkeiten: Caviar Beluga Malossol/Puffer – Doppelte Trüffel Consommé – Hummer Cassoletten à la Bordelaise – Hamburger Stubenküken/Selleriesalat en Branche – Argenteuiler Spargel/Sauce Maltaise – Gefüllte Ananas an Cliquot.

Aber auch der Alltag bot der einundzwanzigjährigen Herta Schloss sehr angenehme Seiten. Stolz zeigte sie sich in ihrem dunkelbraunen Stutz Roadster Cabriolet, einem herrlichen Auto, das sie gerne selbst steuerte.

Am 28. Oktober 1930 wurde die Tochter Ruth Wilma Annemarie in Berlin geboren, wo die junge Familie noch bis zum 16. Februar 1934 lebte.

Die restriktiven Maßnahmen der Nationalsozialisten ge-

73 Herta Schloss mit ihrem »Stutz Roadster«

gen führende Vertreter des deutschen Bank- und Wirtschaftslebens ließen es Moritz Schloss für ratsam erscheinen, den Wohnsitz von Berlin nach Amsterdam zu verlegen. Der Oberzollsekretär des Finanzamts Wilmersdorf-Nord bescheinigte am 2. Februar 1934: »Gegen die Ausfuhr der Möbel der Eheleute Moritz und Herta Schloss, Berlin W15, Lietzenburgerstraße 48, nach Amsterdam bestehen keine steuerlichen Bedenken.« Der Umzug nach Amsterdam am 16. Februar 1934 wurde offensichtlich nicht als Auswanderung angesehen, da Moritz Schloss international tätig war, wohl auch im Interesse des Deutschen Reichs. Moritz, Herta und Ruth Schloss blieben deutsche Staatsangehörige und erhielten vom Deutschen Generalkonsulat in Amsterdam am 26.03.1934 Reisepässe ausgestellt, die für alle Erdteile gültig und zunächst zeitlich nicht befristet waren.

74 Ruth Schloss 1932

Ab Februar 1934 wohnte Familie Schloss in Amsterdam, Emmastraat 32.

Aus den zahlreichen Visa, die die Pässe von Moritz und Herta Schloss enthalten, ist zu ersehen, dass beide oft auf Reisen waren, in der Schweiz, Belgien, Frankreich, Italien, Österreich und in der Tschechei (Marienbad). Für die Reise in die USA, die Herta im November 1934 mit ihrem Vater unternahm, hatte sie ein direktes Visum, in ihrem Pass ist nur ein Einreisestempel des Immigration Officer vorhanden.

Vom amerikanischen Konsul Thomas S. Horn in Rotterdam bekamen Moritz, Herta und Ruth Schloss am 17. Februar 1937 Immigrations-Visa für die USA ausgestellt, sie reisten im März nach New York, wo man ihnen bei ihrer Einreise am 19. März 1937 Immigrantenausweise ausstellte. Versehen mit den Siegeln der USA und des Staates New York erhielten Moritz und Herta Schloss am 2. April 1937 zeitlich unbegrenzte Ersatzpässe (Document in lieu of Passport). Dazu hatten sie vor einem Notar des Staates New York am 23. März 1937 geschworen, dass sie am 19. März 1937 gesetzlich zugelassen wurden für einen Daueraufenthalt in den USA und dass sie nummerierte Immigrantenausweise besitzen.

»Wir erklären heute unsere Absichten [hier Moritz Schloss]. Mein Beruf ist Banker. Ich plane eine Bank Korporation mit Büros in New York. Ich habe Bankverbindungen in Holland und möchte ein internationales Bankgeschäft fortsetzen und amerikanische finanzielle Interessen in Holland, der Schweiz und England fördern, was ausgedehnte Reisen erfordert, da ich beabsichtige meine Agentur in Holland beizubehalten und zur Geschäftsentwicklung Büros in anderen Ländern zu eröffnen.

Ich besitze einen deutschen Reisepaß, der zwischen dem Verlauf meiner Reisen abläuft [die deutschen Passbestimmungen für Juden hatten sich verschärft]. Es ist notwendig, daß ich zu allen Zeiten über einen Reisepaß ohne Unterbrechung verfüge, da die Aussichten für die Fortsetzung meines Passes in Deutschland äußerst ungewiß ist. Diese beeidigte Erklärung wurde abgegeben als Vorsichtsmaßnahme zum Schutz amerikanischer Interessen innerhalb unseres Unternehmens.«

Als Wohnadresse war in den Ausweisen das Hotel *Essex* vermerkt.

Moritz Schloss eröffnete ein Büro in London und wurde Präsident der Atremo Trading Corporation of New York. Die Familie blieb vorläufig noch in Amsterdam, wo auch Hertas Eltern Ende 1937 ankamen und im selben Haus, Emmastraat 32, wohnten.

Anfang Februar 1939 verließ die Familie Schloss Europa endgültig und erreichte New York am 17. Februar 1939. In 1165 Park Avenue bezogen sie eine große elegante Wohnung und am 9. Mai 1939 gab Moritz Schloss bekannt, dass er sich in New York City, 61 Broadway – 22nd Floor, als »Spezialist für ausländische Wertpapiere und Investments« niedergelassen habe. Zu der Zeit waren Moritz achtunddreißig, Herta einunddreißig und Ruth neun Jahre alt. Es ging ihnen gut in Amerika, und als am 23. Februar 1940 auch die Eltern Wil-

75 1165 Park Avenue, erste Wohnung der Familie Schloss in New York

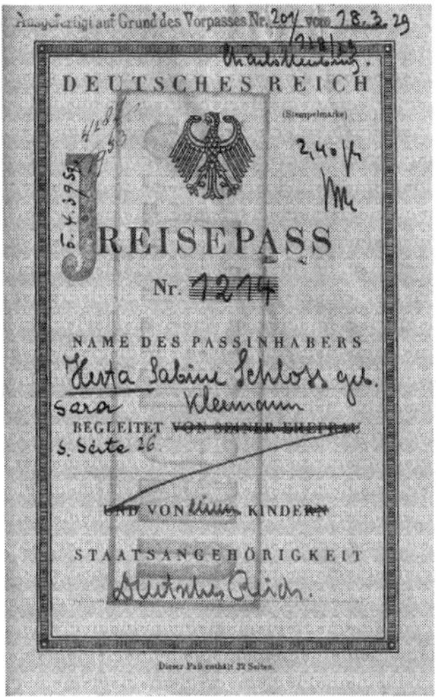

76 Reisepass von Herta »Sara« Sabine Schloss mit dem Stempel »J«

helm und Lucie Kleemann in New York eintrafen, war das Familienglück perfekt.

Im Jahr zuvor wurde die Familie Schloss allerdings noch einmal deutlich an die Verfolgung der Juden in Deutschland erinnert. Hier hatte das Reichsministerium des Innern am 05.10.1938 die »Verordnung über Reisepässe von Juden« erlassen, d. h., alle Auslandspässe mussten mit einem »J« gestempelt werden. Ab 01.01.1939 hatten Juden ihren Vornamen die Namen Sara bzw. Israel hinzuzufügen.[3] Beides wurde am 05.04.1939 für Herta und Ruth und am 15.11.1939 für Moritz Schloss vom deutschen Generalkonsulat in New York nachgeholt. Die deutsche Staatsangehörigkeit wurde der Familie am 13.12.1940 entzogen. Eventuell in Deutschland noch vorhandenes Vermögen wurde beschlagnahmt und ging in den Besitz des Reichs über.

Über den Alltag der Familie in New York berichtete Wilhelm Kleemann seiner Schwester Elise in Deutschland bis zum 06.11.1941. In einem seiner Briefe erwähnte er auch, dass Paula Schloss, die unverheiratete Schwester seines Schwiegersohns Moritz, seit Mai 1941 bei ihnen im Hotel wohne und dort begonnen habe, Schokolade zu produzieren, was sie in Deutschland schon seit fünfzehn Jahren getan hatte. Ihre Produkte fanden schnell begeisterte Abnehmer.

NEW YORK HERALD TRIBUNE, SATURDAY, DECEMBER 19, 1942

Christmas Sweets Head the Food Review

Varied Types Supplement 'Gingerbread Company,' Today's Recipe Leaflet

By Clementine Paddleford

Foods of the week are in review this morning—items you may have missed because of the strike. Bite into a Baseler cinnamon star, named for the Swiss town of its origin. A fruity, moist cooky made with ground almonds and a mixture of pulverized, candied fruits. Egg whites stiffly beaten are blended into powdered sugar, the candied fruits are added, then the ground nuts, the spice, and the dough is ready to roll, ready to cut into star shapes and bake. Cinnamon stars are the product of a corner kitchen at the joining of two narrow concrete paths under lower Manhattan's towers. Strange place for homey baking smells.

More sweets still. There is lehkuchen and the almond butter cookies. There are marzipan chocolate-covered stars and rings to hang to the branches of a candle-lighted tree.

Chocolates, Swiss style, are the year-around pride of this shop. Delectable are the date halves filled with almond paste and dipped in extra bitter chocolate. Superior, we think, to marrons glace.

If there is last-minute baking you can't get done, give the shop a call. Deliveries are made anywhere in New York for orders of $1 and up.

* * *

Herald Tribune—Engels

Christmas cinnamon stars warm from the oven get a brush-tickle of the snowy frosting

77 Paula Schloss in der Bäckerei,
New York Herald Tribune 19. Dezember 1942

Ob Paula ein eigenes kleines Geschäft gegründet hatte oder nur Mitarbeiterin in der »Castle Chocolates Corporation – chocolates de Luxe« war, ist unklar. Jedenfalls hatte sie eine gute Existenzgrundlage. Wie man in der Sortimentskarte lesen kann, war das Angebot höchst verlockend. Als dann zum Weihnachtsfest 1942 auch noch deutsches Weihnachtsgebäck angeboten wurde, priesen die *New York Times* und die *Herald Tribune* die Lebkuchen, Zimtsterne, Marzipangebäck, Mandelbuttergebäck etc. und die wundervollen Pralinen in den höchsten Tönen. Paula starb schon am 03.11.1945.

Auch Moritz' Schwester Regine und ihrem Ehemann Emanuel Fink, vormals Inhaber eines Geschäfts für Futtermittel in Berlin,[4] war die Flucht nach New York noch geglückt. Ihre Namen fand ich auf dem Antrag zur Einbürgerung.

Die amerikanische Staatsbürgerschaft wurde Herta und

THE UNITED STATES OF AMERICA

ORIGINAL
TO BE GIVEN TO
THE PERSON NATURALIZED

No. 6575055

CERTIFICATE OF NATURALIZATION

Petition No. 465385

Personal description of holder as of date of naturalization: Age 44 years; sex male; complexion fair; color of eyes grey; color of hair brown; height 6 feet 1 inches; weight 180 pounds; visible distinctive marks none; Marital status married; former nationality German

I certify that the description above given is true, and that the photograph affixed hereto is a likeness of me.

Moritz Schloss
(Complete and true signature of holder)

UNITED STATES OF AMERICA
SOUTHERN DISTRICT OF NEW YORK } SS:

Be it known, that at a term of the District Court of The United States held pursuant to law at New York City on August 30th, 1945 the Court having found that Moritz Schloss then residing at 1165 Park Ave., New York, N. Y. intends to reside permanently in the United States (when so required by the Naturalization Laws of the United States), had in all other respects complied with the applicable provisions of such naturalization laws, and was entitled to be admitted to citizenship, thereupon ordered that such person be and (s)he was admitted as a citizen of the United States of America.

In testimony whereof the seal of the court is hereunto affixed this 30th day of August in the year of our Lord nineteen hundred and 45 and of our Independence the one hundred and 70th

Seal

It is a violation of the U. S. Code and punishable as such to copy, print, photograph, or otherwise illegally use this certificate.

George J. H. Follmer
Clerk of the U. S. District Court
By Deputy Clerk.

DEPARTMENT OF JUSTICE

78 Moritz Schloss, Amerikanische Staatsbürgerschaft, 30. August 1945

Ruth Schloss am 17. Februar 1944, Moritz Schloss am 30. August 1945 verliehen. Sein Unternehmen lief erfolgreich, er war ja schon lange vor seiner Einwanderung in New Yorker Geschäftskreisen bekannt und geschätzt. Außerdem war er Mitglied beim amerikanischen Roten Kreuz, der New York-Brooklyn Federation, dem United Jewish Appeal und in der Congregation Habonim.

Die Schikanen der Nationalsozialisten, der Verlust der deutschen Heimat und der Aufbau einer neuen Existenz hatten ihn viel Kraft gekostet, und die Trauer der Familie ist kaum vorstellbar, als er am 11. September 1952, kurz nach seinem einundfünfzigsten Geburtstag, starb. Zwei Tage später schrieb die *New York Times*: »Moritz Schloss, Leiter der Investmentfirma, die seinen Namen trug, starb ganz plötzlich

79 Ruth Stanton mit Sohn Oliver vor Wilhelm Kleemann

am 11. September in seinem Büro. Er hinterläßt seine geliebte Frau Herta und eine Tochter.«

Im Mai 1954 heiratete Ruth Schloss den Präsidenten und Vorstandsvorsitzenden eines petrochemischen Unternehmens, Ronald Stanton, der in den USA seinen deutschen Namen Steinberg geändert hatte. Das Paar blieb kinderlos und adoptierte 1964 den Säugling Oliver Kern, der am 12.03.1964 geboren war. So hatten Ruths geliebte Großeltern im Alter von fünfundneunzig und achtundsiebzig Jahren noch einen Urenkel begrüßen dürfen.

Ein Jahr später, 1965, gründete Ronald Stanton in New York die Firma Transammonia Inc., die laut Forbes-Liste heute zu den hundert größten Unternehmen in den USA zählt.[5]

Herta Schloss ging nach dem Tod ihres Mannes oft auf Reisen, allein siebzehnmal machte sie Schiffsreisen mit der »Bremen«. 1961 wurde sie von ihrem zweiundneunzigjährigen Vater in die Karibik begleitet, den freundlichen Kapitän trafen sie 1966 wieder, als sie zur Verleihung des Forchheimer Ehrenrings nach Deutschland kamen. Die Wohnung in der Park Avenue hatte Herta aufgegeben und war nach 1700 York Avenue, New York 28, umgezogen. Mit großer Liebe begleitete sie das Aufwachsen ihres Enkels Oliver, der an der Tufts University studierte und 1995 Elizabeth Spingarn heiratete. Das Paar hat zwei Kinder, Tochter Alex und Sohn Brad, denen Herta bis ins hohe Alter eine liebevolle Urgroßmutter war. Herta wurde fast so alt wie ihr Vater Wilhelm, sie starb am 12. Januar 2006 im Alter von achtundneunzig Jahren in New York.

80 Brautpaar Elizabeth Spingarn und Oliver Stanton 1995

Ihre Tochter Ruth war 1994 von Ronald Stanton geschieden worden. Dennoch hatte das Paar im Jahr 2003 eine gemeinsame Reise nach Deutschland unternommen und die Gräber von Ruths Großeltern Louis und Klara Schloss in Bamberg besucht. Im nahegelegenen Maroldsweisach, wo ihr Vater Moritz geboren war, suchten sie auch das Grab des Urgroßvaters Maier Löb Schloss auf, der 1876 gestorben war. Er hatte im Jahre 1815 von Baron von Horneck den Schutzbrief erhalten, der der Familie Schloss erlaubte, sich in Maroldsweisach niederzulassen.

Hertas Enkel, Oliver Stanton, Vizepräsident der Transammonia Inc. in New York, war es, der mir im Jahre 2009 große Teile aus dem Nachlass seines Urgroßvaters Wilhelm Kleemann und seiner Großmutter Herta Schloss überließ. In diesem Nachlass fand ich alle Fotos der großen Familie Kleemann-Schloss. Die Briefe und Presseberichte, die der Nachlass enthält, machten es erst möglich, das Leben der Familie nach 1941 zu schildern. Aufs Schönste ergänzt durch die Fotos der Familie Stanton, schließt sich der Kreis dieser Familie.

Max Stein

Neffe von Meier Grünbaum

Max Steins Mutter Bertha, die Schwester von Meier Grünbaum, war im Jahre 1859 in Geisa geboren und mit ihren fünf Geschwistern dort aufgewachsen.

Um 1880 heiratete sie den am 02.10.1849 geborenen V ieh-händler Levi Jehuda Stein,[1] zog mit ihm nach Reichensachsen im Kreis Eschwege und wohnte zunächst an der Landstraße 7. Hier gebar Bertha Stein fünf Kinder. Auf Max, der am 01.08.1882 zur Welt kam, folgten Gida am 30.10.1883, Hugo am 08.01.1886, Rosa am 19.09.1887 und Amalie am 26.01.1893. Vor 1890 war die Familie einige Häuser weiter gezogen und wohnte jetzt im Haus Nr. 19.[2]

Über Max Steins Kindheit und Jugend, auch über seine Berufsausbildung, war nichts zu erfahren. Sein späterer beruflicher Werdegang lässt aber darauf schließen, dass er nicht nur als Kaufmann ausgebildet war, möglicherweise bei seinem Großvater Manus Meier Grünbaum, der in Geisa mit chemischen Produkten, Säcken und Decken handelte, sondern auch eine weiterführende Schule für Textiltechnik oder Ähnliches absolviert haben muss.

1904, im Alter von zweiundzwanzig Jahren, ging Max Stein nach Eschwege, wo Webereien, Gerbereien und Textilhandel angesiedelt waren und wo es eine große jüdische Gemeinde gab. Dort gründete er am 01.06.1915 die Firma »Max Stein

Eschwege, Zelte-, Wagenplanen-, Pferdedecken- und Säcke-Fabrik. Spezialität Kokos-Kohlensäcke und Bedarfsartikel für den Kohlenhandel. Lager in Erfurt, Halle, Nürnberg und Köln«. [3]

81 Haus der Brüder Stein, Eschwege, Friedrich-Wilhelm-Straße 6

Zusammen mit seinem jüngeren Bruder Hugo kaufte Max Stein im Jahre 1919 ein Haus in Eschwege, Friedrich-Wilhelm-Straße 6. Im Erdgeschoss des neu erworbenen Hauses befand sich das Büro der Firma, im ersten Stock wohnte Max Stein.[4] Mutter Bertha, die nach dem Tod ihres Mannes Levi am 07.09.1906 bei ihrem Sohn Max gewohnt hatte, starb am 26.10.1919 in Eschwege.[5] Über den Vater Levi Stein ist weiter nichts bekannt. Beerdigt wurde er auf dem Jüdischen Friedhof in Reichensachsen. Dass sein Grab noch sehr gut erhalten ist, berichtete mir Herr Hans Isenberg aus Wehretal-Langenhain.

Max Stein war finanziell sehr gut gestellt, als er am 30.11.1920 in Unsleben/Unterfranken Martha Lustig heiratete. Martha war am 10.07.1896 als einzige Tochter des Landwirts und Viehhändlers Bernhard Lustig und seiner Ehefrau Lina Seliger in Unsleben geboren.

Sie war vierzehn Jahre jünger als ihr Ehemann Max und eine sehr schöne junge Frau. Die beiden Kinder wurden in Eschwege geboren, Brigitte am 07.09.1921, Ludwig Hugo am 29.06.1924, und wuchsen dort auf.[6] Den zweiten Vornamen des Sohnes wählten die Eltern vermutlich in Erinnerung an

Max Steins Bruder Hugo, der am 12. April 1923 im Alter von 37 Jahren in einer Göttinger Klinik gestorben war.[7]

Max Steins Verwandte in Wiesbaden, Onkel Meier Grünbaum und dessen Frau, Tante Elise, nahmen liebevoll am Familienglück teil.

Seit dem Tod ihrer eigenen Kinder Max (1914) und Meta (1918) waren sie ihrem Neffen Max Stein besonders innig verbunden. Elise Grünbaum war es auch, die die wenigen Fotos der Familie Stein aufbewahrte.

Ihr Mann Meier war wahrscheinlich sehr bald nach der Gründung der Firma »Max Stein Eschwege [...]« in Wiesbaden für seinen Neffen tätig, denn, wie bereits erwähnt, wurde er seit 1910 im Adressbuch der Stadt Wiesbaden als Kaufmann für Öle und wasserdichte Decken geführt.

Die Firma Max Stein Eschwege betrieb sowohl Fabrikation als auch ein Handelsgeschäft. Für die Fabrikation wurde Stückware gekauft, aus der man, je nach Qualität und Materialeigenschaft, Wagenplanen, Zelte, Pferdedecken, Decken und Säcke fertigte. An acht schweren Sattelmaschinen, Stanzen und sonstigen Zubehörmaschinen arbeiteten durchschnittlich zehn Angestellte. Die Erzeugnisse, dazu noch Spezialöle und -fette, wurden von Max Stein und zwei Reisenden an die Verbraucher in ganz Deutschland verkauft. Dazu standen, neben einem Privatwagen, drei Autos zur Verfügung. Max Stein war ein sehr erfolgreicher Geschäftsmann, einer der wohlhabendsten Bürger der Stadt Eschwege und damit einer ihrer größten Steuerzahler.

Nach der Machtübernahme durch die Nationalsozialisten im Januar 1933 blieb das Unternehmen zunächst vom Boykott jüdischer Waren ausgeschlossen. Die wasserdichten Planen, Zelte und Decken zählten zu den kriegswichtigen

Gütern, und so hatte das Geschäft vorläufig nur geringe Einbußen. Bis 1935 hatte Max Stein ein Jahreseinkommen von RM 20 000,– bis 25 000,–.[8] Das tägliche Leben jedoch wurde durch die antisemitischen Gesetze, den Rassenhass und die damit verbundenen Demütigungen und gesellschaftliche Isolation immer schwerer erträglich. Max Stein begann über eine Auswanderung nachzudenken, da er nach und nach auch mit einem Niedergang seines Unternehmens rechnen musste.

Der NS-Staat, aber auch Ben Gurion, damals einer der zionistischen Führer in Palästina, hatten großes Interesse daran, dass eine möglichst hohe Zahl deutscher Juden nach Palästina auswanderte. Am 25.08.1933 wurde zwischen der Jewish Agency, der Zionistischen Vereinigung für Deutschland und dem deutschen Reichsministerium für Wirtschaft das »Ha'avara-Abkommen« geschlossen. Dieses Transfer-Abkommen sollte die Emigration deutscher Juden nach Palästina erleichtern, denn die Britische Verwaltung verlangte von den Einwanderern den Nachweis finanzieller Mittel. Von Auslandsüberweisungen wurden nach dem Devisengesetz jedoch hohe Abschläge einbehalten. Nach dem »Ha'avara-Abkommen« konnten die Betroffenen nun aber einen Teil ihres Vermögens nach Palästina transferieren (die Britische Verwaltung forderte mindestens 1000 Pfund Sterling), indem sie das Geld auf ein deutsches Sonderkonto einzahlten, mit dem deutsche Waren für den Export nach Palästina bezahlt wurden. Der Importeur in Palästina zahlte dort den Gegenwert auf ein Konto ein, aus dem den Einwanderern die von ihnen eingezahlte Summe in palästinensischen Pfund erstattet wurde.

Von dieser Möglichkeit machten etwa 50 000 bis 60 000 Juden Gebrauch, denn es wurde ihnen zur Gründung einer neuen Existenz, außer den 1000 Pfund Sterling, mindestens RM 15 000,– bewilligt, dazu Beträge bis zu RM 50 000,– auf das Sonderkonto zur Finanzierung des Exports deutscher Waren nach Palästina. Auch das genehmigte Umzugsgut war wesentlich umfangreicher. Wichtiger Bestandteil des Abkommens war auch die Möglichkeit, sich vor der endgültigen Entscheidung zur Auswanderung in Palästina selbst über die Lebens- und Arbeitsbedingungen zu informieren. Auslandsreisepässe und die Freigabe von Devisen wurden schnell erteilt.[9]

Beim Landesfinanzamt Kassel – Devisenbewirtschaftungsstelle stellte Max Stein am 27. März 1935 per Eilboten einen Antrag auf Genehmigung einer Informationsreise nach Palästina, für sich und seine Gattin. Beigefügt hatte er eine Bescheinigung des Palästina-Amtes, die Unbedenklichkeitserklärung des Finanzamtes und die Reisepässe. Bereits am 2. April 1935 erhielt er per Einschreiben den Genehmigungsbescheid:

»Auf den Antrag vom 27.03.1935 erteile ich Ihnen zum Zwecke der Durchführung einer Informationsreise nach Palästina die Genehmigung zur Einzahlung von RM 1000,– auf das Sonderkonto I der Bank der Tempelgesellschaft in Berlin, für Rechnung der Atlantic Express GmbH in Berlin. Ferner genehmige ich in Höhe des obigen Betrages die Überbringung von Hotelgutscheinen und anderen Gutscheinen, die die Atlantic Express GmbH Ihnen auf Grund der Einzahlung aushändigen wird, in das Ausland. Neben der Einzahlung kann die derzeitige Freigrenze von RM 10,– für die Person in Anspruch genommen werden.

Im Auftrage [Unterschrift].

Anlage 2 Pässe, 2 Schreiben des Palästina-Amtes«.[10]

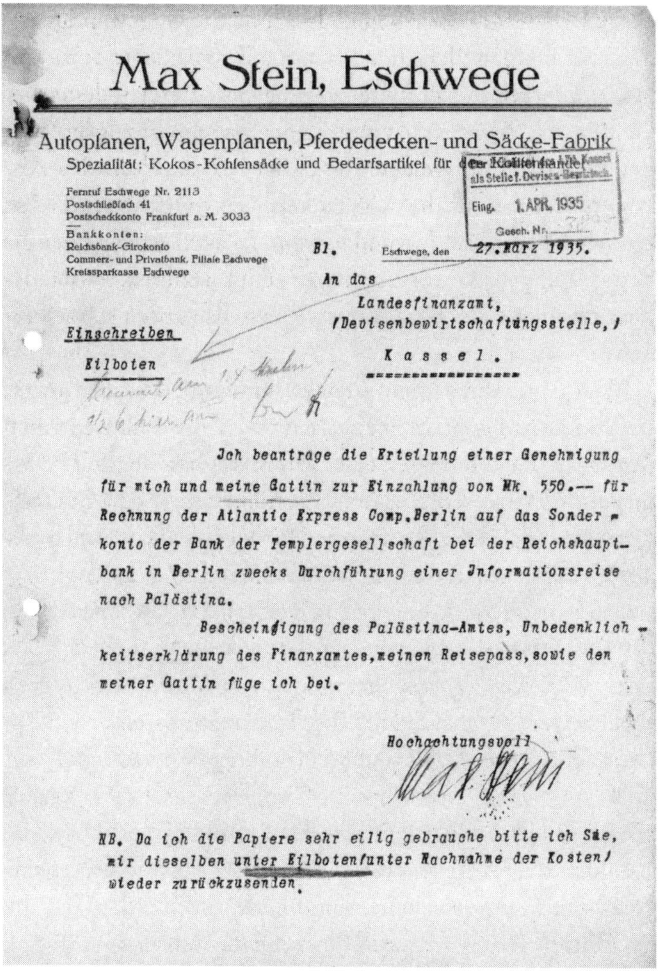

Max Stein, Eschwege

Autoplanen, Wagenplanen, Pferdedecken- und Säcke-Fabrik
Spezialität: Kokos-Kohlensäcke und Bedarfsartikel für den Kohlenhandel

Fernruf Eschwege Nr. 2113
Postschließfach 41
Postscheckkonto Frankfurt a. M. 3033
Bankkonten:
Reichsbank-Girokonto
Commerz- und Privatbank, Filiale Eschwege
Kreissparkasse Eschwege

Eing. 1. APR. 1935
Gesch. Nr.

Bl. Eschwege, den 27. März 1935.

An das
Landesfinanzamt,
(Devisenbewirtschaftungsstelle,)
Kassel.

Einschreiben
Eilboten

Ich beantrage die Erteilung einer Genehmigung für mich und meine Gattin zur Einzahlung von Mk. 550.-- für Rechnung der Atlantic Express Comp. Berlin auf das Sonder-konto der Bank der Templergesellschaft bei der Reichshauptbank in Berlin zwecks Durchführung einer Informationsreise nach Palästina.

Bescheinigung des Palästina-Amtes, Unbedenklich-keitserklärung des Finanzamtes, meinen Reisepass, sowie den meiner Gattin füge ich bei.

Hochachtungsvoll
Max Stein

NB. Da ich die Papiere sehr eilig gebrauche bitte ich Sie, mir dieselben unter Eilboten (unter Nachnahme der Kosten) wieder zurückzusenden.

82 Max Stein, Genehmigungsantrag für eine Palästina-Reise 27.3.1935

Demnach sollten tatsächlich zwei erwachsene Menschen, mit RM 20,– Taschengeld auf eine längere Reise gehen.

Die Erwartung, in Palästina eine neue Existenz gründen zu können, hatte sich nicht erfüllt. Im Jahre 1936 wurde der Firma Max Stein Eschwege die Reiselegitimation entzogen. Für eine Firma, deren Handel ausschliesslich über persönliche Kontakte zwischen den Handelsvertretern Max Steins und den Abnehmern seiner Waren funktionierte, bedeutete dieser Entzug praktisch den Ruin des Unternehmens.

Max' jährliches Einkommen verminderte sich demzufolge in den Jahren 1936–1938 auf ca. RM 8000,– bis 10 000,–.[11] Seit der enttäuschend verlaufenen Palästinareise im Jahre 1935 und dem Entzug der Reiselegitimation 1936 plante Max Stein nun entschieden die Auswanderung der Familie in die USA.

Für sich und seine Frau Martha stellte Max Stein im Februar 1938 einen Antrag zur Ausstellung eines Reisepasses in die USA. Als Begründung hatte er wohl angegeben, in Amerika seine Erfahrungen mit speziellen Gerbverfahren ergänzen zu wollen. Solche Begründungen wurden von den Industrie- und Handelskammern überprüft und entschieden.

Den ablehnenden Bescheid der Industrie- und Handelskammer Kassel-Mühlhausen erhielt der Herr Oberfinanzpräsident – Devisenstelle, Kassel, Skagerrak-Platz 31, am 23. März 1938:

»Betr.: Paßausstellung Jude Stein, Eschwege.

In der Anlage übersenden wir einen ablehnenden Bescheid an den Juden Max Stein, Eschwege, auf seinen Antrag auf Paßausstellung hin. Gleichzeitig übersenden wir Abschrift einer diesbezüglichen Mitteilung von uns an das für Max Stein zuständige Bürgermeisteramt in Eschwege.

Industrie- und Handelskammer i. A. Der Syndikus«

Von derselben Stelle, am gleichen Tag, erhielt die Firma Max Stein Eschwege, Bez. Kassel, das folgende Schreiben:

»Betr.: Paßausstellung.

Ihren Antrag, eine Befürwortung für eine Paßausstellung auszusprechen, müssen wir aufgrund der von uns eingeholten Gutachten ablehnen. Aus Fachkreisen wird uns mitgeteilt, daß es sehr unwahrscheinlich ist, daß sich aus der Struktur der Fischhaut Stapelfasern lösen lassen sollen. Wir bezweifeln außerdem, falls es in den Vereinigten Staaten wirklich ähnliche Betriebe geben soll zur Auswertung evtl. anfallender Fasern, daß diese Ihnen dann ohne weiteres Zutritt geben und Sie in die Einzelheiten der Herstellung Einsicht nehmen lassen würden, zumal es sich dann doch um eine besondere Erfindung handelt. Wenn die Versuchsanstalt für Lederindustrie in Freiberg/Sachsen über Ihre angebliche Erfindung ein befriedigendes Gutachten ausstellt, sind wir unter Umständen bereit, nochmals in die Prüfung Ihres Antrags einzutreten.

Industrie- und Handelskammer i. A. Der Syndikus«

Der Bürgermeister der Stadt Eschwege bekam nicht nur eine Kopie dieser Ablehnung, sondern ergänzend noch ein vertrauliches Schreiben:

»Betr.: Paßausstellung Jude Stein, Eschwege.

In der Anlage übersenden wir Abschrift unseres ablehnenden Bescheides an den Juden Stein auf seinen Antrag auf

Paßausstellung hin. Vertraulich möchten wir dazu noch ergänzend bemerken, daß die Fachkenntnisse Steins in Bezug auf Gerbverfahren angezweifelt werden, da er ja Handel mit Zeltbahnen, Zeltstoffen u. ä. betreibt.

Um gerberische Neuversuche anstellen zu können, müßte er doch zunächst mit den alten Gerbverfahren Bescheid wissen. Von allen Fachkreisen, die wir befragt haben, wird es für unwahrscheinlich gehalten, aus der Fischhaut Stapelfasern lösen zu können. Daß Fischhäute gegerbt werden, ist wohl bekannt. Man hat aber noch nie davon gehört, daß die in den Häuten enthaltenen Fäserchen brauchbare Spinnstoffe ergeben sollen. Die Angaben Steins werden nicht für ernst genommen. Von einer Seite werden sie als jüdischer Dreh zur Begründung der Auslandsreise bezeichnet. Man glaubt auch, daß, wenn Max Stein sich mit Versuchen über die Gerbung von Fischhäuten beschäftigt und er ähnliche amerikanische Betriebe besichtigt, dies jedenfalls nicht benutzen wird, um nach deren Muster in Deutschland einen Betrieb aufzubauen und seine Kenntnisse im deutschen Wirtschaftsinteresse zu verwerten. Er wird vielmehr versuchen, in Amerika Verbindungen anzuknüpfen, um für sich persönlich ein Unterkommen zu finden, da er ganz genau weiß, daß es für ihn in Deutschland keine wirtschaftliche Betätigungsmöglichkeit mehr gibt. Im übrigen wird auch bezweifelt, daß die Person Max Stein Gewähr dafür bietet, daß er sich im Ausland so verhält, daß er keine deutschen Interessen schädigt.

Industrie- und Handelskammer i. A. Der Syndikus«[12]

Die Lage des sechsundfünfzigjährigen Max Stein war verzweifelt. Die Angst vor der Zukunft und die Verantwortung für seine Familie müssen ihn fast erdrückt haben. In Eschwege

001 Brigitte und Max Stein, Elise Grünbaum, Martha Stein, Eschwege 1922

002 Brigitte, Martha und Ludwig Stein, Eschwege 1927

003 Ludwig Stein 1927

004 Brigitte und Ludwig Stein um 1935/36

005 Lina, Martha und Bernhard Lustig, Unsleben um 1899

006 v. links, oben: Martha und Max Stein, Lina Lustig, Brigitte Stein, unten: Ludwig Stein, Bernhard Lustig, Unsleben 1930/31

007 Brautpaar Anita Sander und Ludwig Stein, New York, 11. Juni 1950

008 Ludwig und Anita Stein, 29. Juni 2004

009 links: Ludwig Stein auf der Freiheitsstatue

010 Ludwig Stein auf der Brooklyn Bridge

011 Anita und Ludwig Stein mit Töchtern und Enkeln in Alaska 1999
v. links: Michelle Stein, Mitchell Sherez, Sara und Linda Yoffe, Robyn Haim, Anita und Ludwig Stein

012 Brautpaar Amalie Stein und Adolf Vorchheimer, Juli 1920

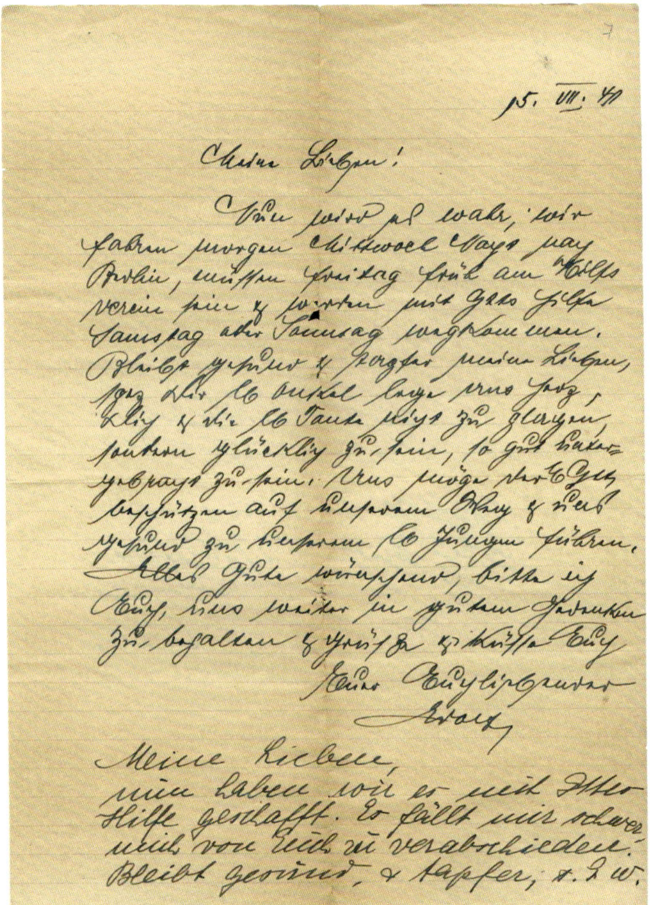
15. VII. 41

Meine Lieben!

Nun wird es wahr, wir fahren morgen Mittwoch Nachts nach Berlin, müssen Freitag früh am Hilfsverein sein & werden mit Gottes Hilfe Samstag oder Sonntag wegkommen. Bleibt gesund & tapfer meine Lieben, [illegible] & die lb. Tante nicht zu klagen, sondern glücklich zu sein, so gut [illegible] zu sein. Uns möge der l. Gott beschützen auf unserem Weg & uns gesund zu unseren lb. Jungen führen. Alles Gute wünschend, bitte ich Euch, uns weiter in gutem Gedenken zu behalten & grüße & küsse Euch

Euer Euch liebender

Adolf

Meine Lieben,

nun haben wir es mit Gottes Hilfe geschafft. Es fällt mir schwer mich von Euch zu verabschieden. Bleibt gesund, & tapfer, s. G. w.

013 Brief von Adolf und Amalie Vorchheimer, 15. VII. 41 zur Abreise in die Emigration

014 Erna Pommer ca. 1936

015 »Stolperstein« von Erna Pommer in Arnstadt

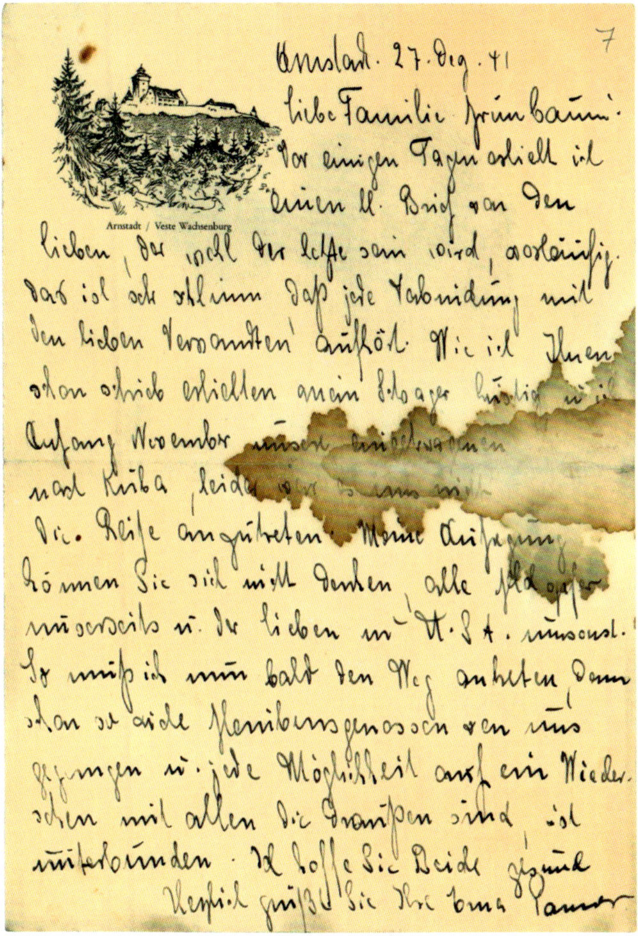

Arnstadt / Veste Wachsenburg

Arnstadt. 27. Dez. 41 7

Liebe Familie Grünbaum!
Vor einigen Tagen erhielt ich
einen ll. Brief von den
Lieben, der wohl der letzte sein wird, vorläufig.
Das ist sehr schlimm daß jede Verbindung mit
den lieben Verwandten aufhört. Wie ich Ihnen
schon schrieb erhielten mein Schwager [illegible]
Anfang November unsere [illegible]
nach Kuba, leider [illegible]
die Reise angetreten. Meine Aufregung
können Sie sich nicht denken, alle Schlepper
unserseits u. der lieben in U.S.A. umsonst.
So muß ich nun bald den Weg antreten, denn
schon so viele Glaubensgenossen von uns
gegangen u. jede Möglichkeit auf ein Wiedersehen mit allen die draußen sind ist
unterbunden. Ich hoffe Sie beide gesund
Herzlich grüßt Sie Ihre Erna Pommer

016 Brief von Erna Pommer, 27. Dez. 41

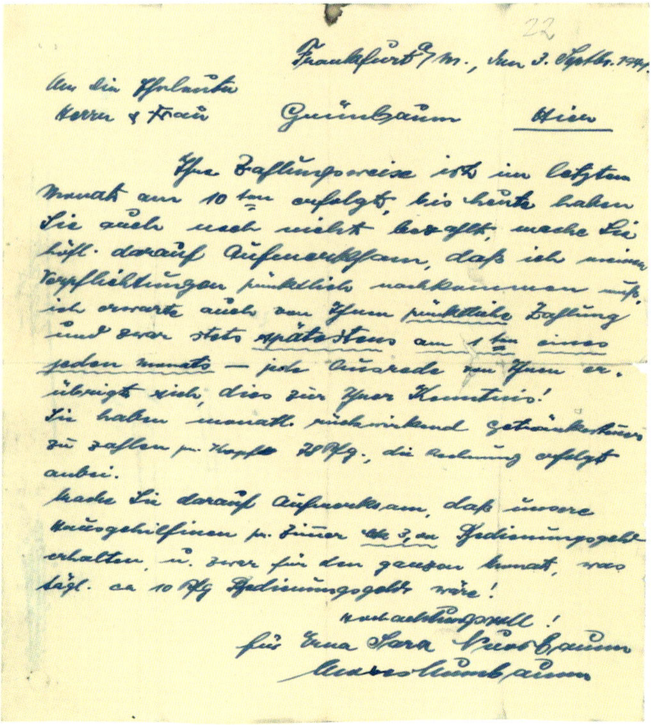

22

Frankfurt a/M., den 3. Septbr. 1941.

An die Eheleute
Herrn & Frau Grünbaum Hier

Ihre Zahlungsweise ist im letzten Monat am 10ten erfolgt, bis heute haben Sie auch noch nicht bezahlt, mache Sie höfl. darauf aufmerksam, daß ich meinen Verpflichtungen pünktlich nachkommen muß, ich erwarte auch von Ihnen pünktliche Zahlung und zwar stets spätestens am 1ten eines jeden Monats — jede Ausrede von Ihnen erübrigt sich, dies zur Ihrer Kenntnis!
Sie haben monatl. rückwirkend Getränkesteuer zu zahlen pro Kopf 28 Pfg., die Rechnung erfolgt anbei.
Mache Sie darauf aufmerksam, daß unsere Hausgehilfinen pro Zimmer RM 3,00 Bedienungsgeld erhalten u. zwar für den ganzen Monat, was tägl. ca 10 Pfg Bedienungsgeld wäre!

Hochachtungsvoll!
für Erna Sara Nussbaum
Moses Nussbaum

017 Mahnschreiben v. Moses Nussbaum,
3. Septbr. 1941 an Elise und Meier Grünbaum

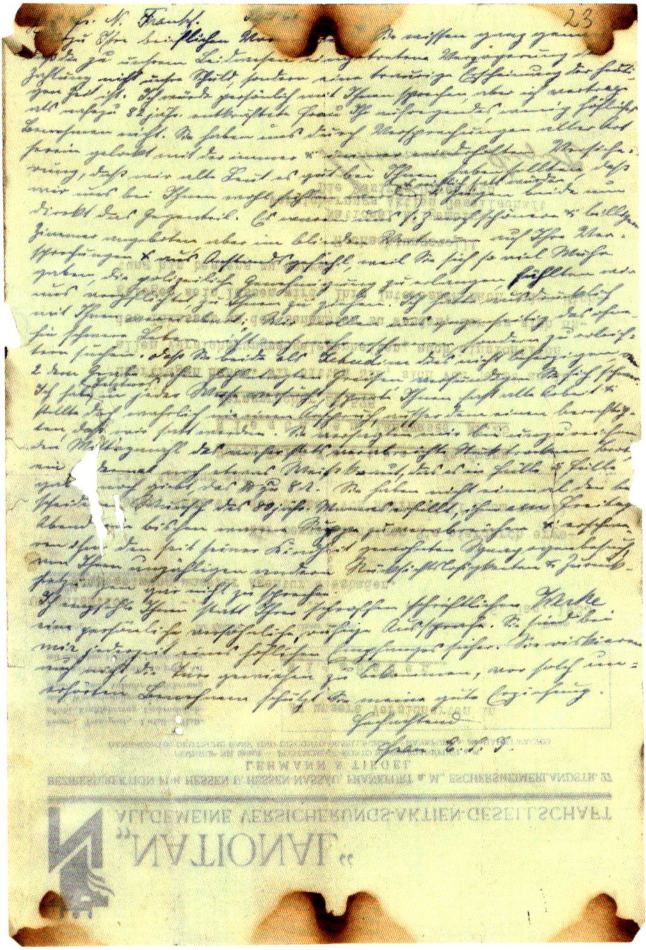

018 Antwortschreiben von Elise Grünbaum, Sept. 1941, an Moses und Erna Nussbaum

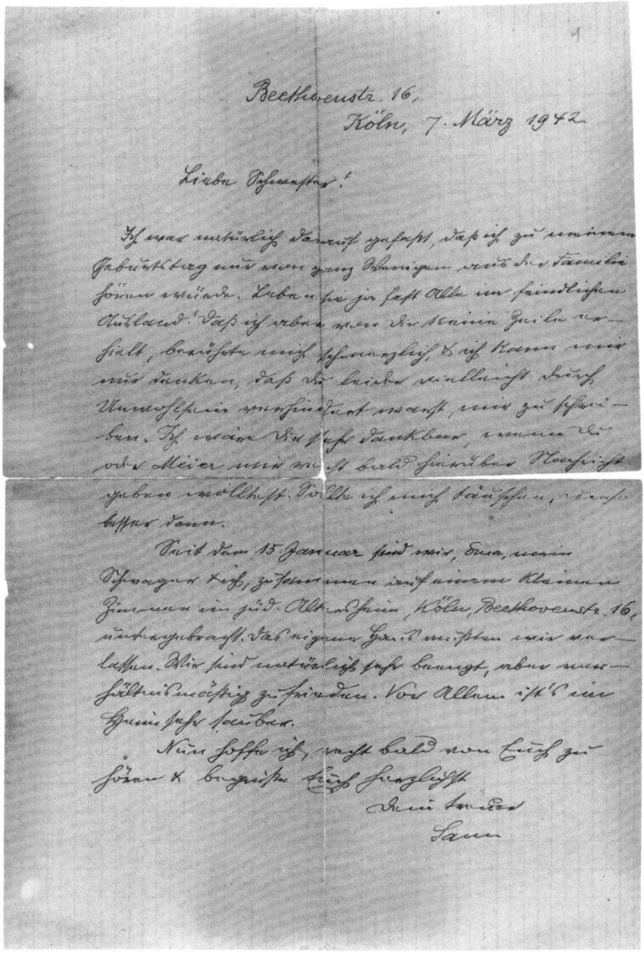

Beethovenstr. 16,
Köln, 7. März 1942

Liebe Schwester!

Ich war natürlich darauf gefasst, daß ich zu meinem Geburtstag nur von ganz Wenigen, was die Familie [illegible], hören würde. Leben wir ja fast Alle im feindlichen Ausland. Daß ich aber von Dir keine Zeile erhielt, berührte mich schmerzlich, & ich kann mir nur denken, daß Du leider vielleicht durch Umstände verhindert warst, mir zu schreiben. Ich wäre Dir sehr dankbar, wenn Du oder Meier mir recht bald [illegible] Nachricht geben wolltest. Sollte ich mich täuschen, um so besser dann.

Seit dem 15. Januar sind wir, Dora, mein Schwager & ich, zusammen auf einem kleinen Zimmer im jüd. Altersheim, Köln, Beethovenstr. 16, untergebracht. Das eigene Haus mußten wir verlassen. Wir sind natürlich sehr beengt, aber verhältnismäßig zu frieden. Vor Allem ist's ein Heim sehr sauber.

Nun hoffe ich, recht bald von Euch zu hören & begrüße Euch herzlichst

Dein Bruder
Sam

019 Brief von Samuel Kleemann an seine Schwester Elise 7. März 1942

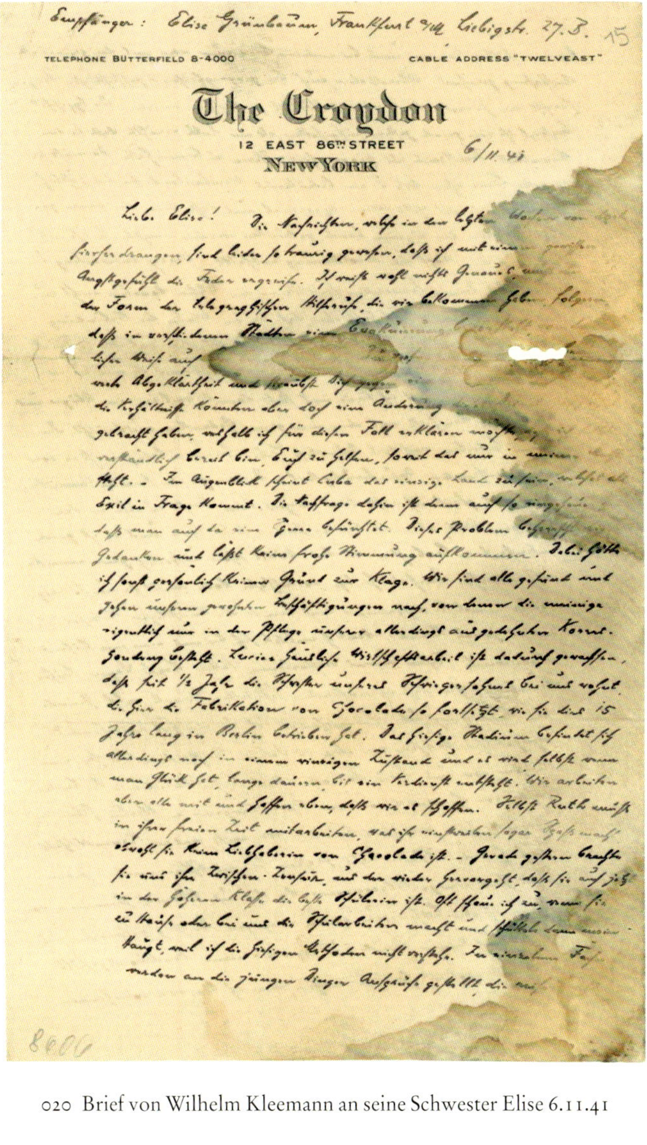

Empfänger: Elise Grünebaum, Frankfurt a/M, Liebigstr. 27. I. 15

TELEPHONE BUTTERFIELD 8-4000 CABLE ADDRESS "TWELVEAST"

The Croydon

12 EAST 86TH STREET

NEW YORK

6/11.41

Liebe Elise! Die Nachrichten, welche in den letzten Wochen von dort hierher drangen, sind leider so traurig gewesen, dass ich mit einem grossen Angstgefühl die Feder ergreife. Ich weiss wohl nichts Genaues, aus der Form der telegraphischen Hilferufe, die wir bekommen haben, folgere dass in verschiedenen Städten eine Evakuierung [illegible] dieser Brief auf [illegible] noch Abgeklärtheit und brauchst dich gegen [illegible] die Verhältnisse könnten aber doch eine Änderung [illegible] gebracht haben, weshalb ich für diesen Fall erklären möchte, [illegible] selbstverständlich bereit bin, Euch zu helfen, soweit das nur in meiner Macht. – Im Augenblick scheint Cuba das einzige Land zu sein, welches als Exil in Frage kommt. Die Nachfrage dafür ist denn auch so eingesetzt [illegible] dass man auch da eine Sperre befürchtet. Dieses Problem beschäftigt [illegible] Gedanken und lässt keine frohe Stimmung aufkommen. Dabei hätte ich sonst persönlich keinen Grund zur Klage. Wir sind alle gesund und gehen unseren gewohnten Beschäftigungen nach, von denen die meinige eigentlich nur in der Pflege unserer allerdings ausgedehnten Korrespondenz besteht. Meine häusliche Wirtschaftsarbeit ist dadurch gewachsen, dass seit ½ Jahr die Schwester unseres Schwiegersohnes bei uns wohnt, die hier die Fabrikation von Chocolade so fortsetzt, wie sie diese 15 Jahre lang in Berlin betrieben hat. Das hiesige Stadium befindet sich allerdings noch in einem winzigen Zustand und es wird selbst wenn man Glück hat, lange dauern, bis ein Verdienst entsteht. Wir arbeiten aber alle mit und hoffen eben, dass wir es schaffen. Selbst Ruth muss in ihrer freien Zeit mitarbeiten, was ihr merkwürdigerweise sogar Spass macht, obwohl sie keine Liebhaberin von Chocolade ist. – Gerade gestern brachte sie uns ihr Zwischen-Zeugnis, aus dem wieder hervorgeht, dass sie auch jetzt in der höheren Klasse die beste Schülerin ist. Oft schaue ich zu, wenn sie zu Hause oder bei uns die Schularbeiten macht und schüttele dann meinen Kopf, weil ich die hiesigen Methoden nicht verstehe. In einzelnen Fächern werden an die jüngeren Kinger Ansprüche gestellt, die an

8606

020 Brief von Wilhelm Kleemann an seine Schwester Elise 6.11.41

021 + 022 Zustand der Klagezettel Meier Grünbaums und anderer Dokumente nach dem Fund

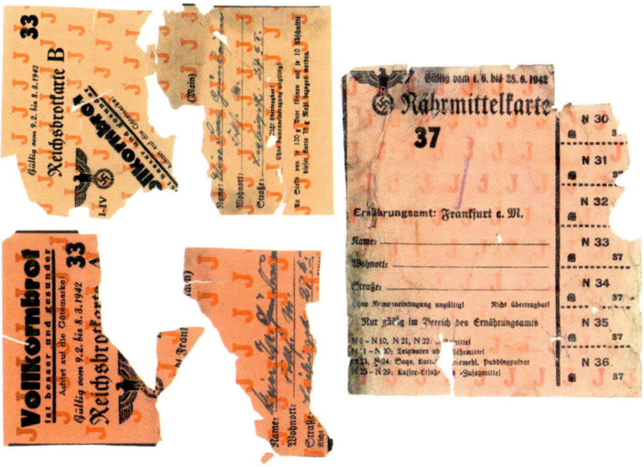

023 Reichsbrotkarten und Nährmittelkarte 1942

024 Das »Jüdische Nachrichtenblatt« nach dem Fund

025 Elizabeth und Oliver Stanton, New York

026 Herta Schloss mit Enkel Oliver Stanton 2004

027 Herta Schloss mit den Urenkeln Alex und Brad, 2002

war die Judenhetze auch an den Schulen so unerträglich geworden, dass die Eltern ihren knapp dreizehnjährigen Sohn im April 1937 nach Coburg schickten. Am dortigen Jüdischen Gymnasium, so hofften sie, würde er seine Schulausbildung weniger belastet fortsetzen können.

Aus einem Briefwechsel zwischen dem Finanzamt Eschwege, der Zollfahndungsstelle Frankfurt und der Staatspolizeistelle Kassel Ende Juni 1938 geht hervor, dass der Kaufmann Max Stein, Eschwege, Friedrich-Wilhelm-Straße 6, beabsichtigt, sein Geschäft zu verkaufen und auszuwandern.

Eine Sicherungsanordnung über das Vermögen aufgrund § 37a Devisengesetz vom 04.02.1935 wird eingeleitet.[13]

Wann Max Stein das Auswanderungsverfahren beim Amerikanischen Konsulat eingeleitet hatte, ist unbekannt. Vom Konsulat in Stuttgart erhielt er am 10. August 1938 den Eintrag in die Warteliste der Visumantragssteller mit der Nummer 10 351; das bedeutete, dass es etwa zwei Jahre dauern würde, bis die Familie ihre Pässe erhalten würde.

Als die Lebensbedingungen für Juden in Eschwege im Laufe des Jahres 1938 immer bedrohlicher wurden, erkannte Max Stein, daß er hier nicht mehr lange bleiben konnte. Nach Aussage seiner Schwiegertochter, Frau Anita Stein, schickte er »einige Dinge« nach London, wo sein Vetter Dr. Max Grünbaum lebte. Da er eine direkte Sendung nach London vermeiden mußte, schickte Max Stein zwei Koffer nach Berlin, wo sein Vetter Max sich, offenbar aus geschäftlichen Gründen, zeitweise aufhielt. Von hier aus sollte das Gepäck nach London expediert werden.

Martha Stein und Tochter Brigitte gingen vermutlich im Frühherbst zu Verwandten nach Frankfurt am Main. Bei der

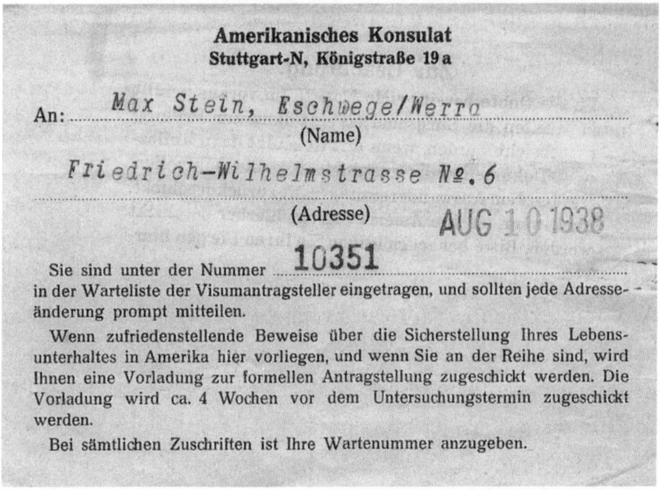

Amerikanisches Konsulat
Stuttgart-N, Königstraße 19a

An: Max Stein, Eschwege/Werra
(Name)

Friedrich-Wilhelmstrasse No. 6
(Adresse)

AUG 10 1938

Sie sind unter der Nummer 10351
in der Warteliste der Visumantragsteller eingetragen, und sollten jede Adresse-änderung prompt mitteilen.

Wenn zufriedenstellende Beweise über die Sicherstellung Ihres Lebensunterhaltes in Amerika hier vorliegen, und wenn Sie an der Reihe sind, wird Ihnen eine Vorladung zur formellen Antragstellung zugeschickt werden. Die Vorladung wird ca. 4 Wochen vor dem Untersuchungstermin zugeschickt werden.

Bei sämtlichen Zuschriften ist Ihre Wartenummer anzugeben.

83 Amerikanisches Konsulat, Zuteilung der Wartenummer 10.8.1938

Schwester ihres Schwagers Adolf Vorchheimer, Betty Strauß, und ihrem Mann Robert fanden sie Unterschlupf. Das Ehepaar Strauß hatte bereits eine Auswanderungsgenehmigung und wartete auf die Ausreisepässe. Kurze Zeit nach dem Eintreffen seiner Mutter und seiner Schwester in Frankfurt musste Ludwig Stein Coburg verlassen und kam ebenfalls zur Familie. Hier ging er in das bekannte jüdische Gymnasium Philanthropin, um dort seine Schulzeit abzuschließen.

Max Stein und sein Neffe Max Lomnitz, der seit 1924 in der Firma seines Onkels tätig war, blieben in Eschwege. Das Unternehmen »Max Stein Eschwege« war noch nicht verkauft. Die Wohnung in der Friedrich-Wilhelm-Straße 6 wurde von einer Haushälterin betreut.[14]

In Hessen, ausgeprägter noch in Oberhessen, gab es eine besonders große Anzahl jüdischer Gemeinden, sowohl Stadtals auch Landgemeinden. Im Durchschnitt war die jüdische Bevölkerung hier zahlreicher als in den übrigen Ländern und Provinzen des Deutschen Reiches. Besonders in den ländlichen Gemeinden waren antisemitische Vorurteile und Ressentiments tief verwurzelt.

Schon vor dem Aufruf zum deutschlandweiten Pogrom am 9. November 1938 begann die »Kristallnacht« in Oberhessen bereits am späten Abend des 7. November, nach dem Attentat auf den Legationssekretär Ernst vom Rath in Paris. Schwerste Ausschreitungen gegen Juden in Kassel und Umgebung setzten sich am nächsten Tag in Oberhessen fort. In Eschwege wüteten die Nazi-Horden in der Nacht vom 8. zum 9. November 1938, auf Anordnung in Zivilkleidung.[15] Was Max Stein in dieser Nacht erlebte, hat der Sohn Ludwig Hugo Stein im Jahre 1950 für das Entschädigungsverfahren HHStAW Abt. 518 Nr. 2102/01 aufgezeichnet.

»Am 08.11.1938 wurde der Verfolgte nachts um 2 Uhr in seiner Wohnung Friedrich Wilhelm Straße 6 aus dem Bett geholt, seine 6-Zimmerwohnung zerstört, indem Möbel, Spiegel, Geschirr und Glaswaren zerschlagen wurden; ferner wurde das Biedermeierzimmer demoliert, von dem Biedermeiersofa, drei Sesseln und sechs gepolsterten Stühlen wurde die Polsterung aufgeschnitten, Gestelle zerschlagen. Ein neues Radio, Preis 450,– RM, wurde zerschlagen. Insgesamt betrug der Wert der zerstörten Sachen ca. 4000,– RM. Zeugin Frau Käthe Eisenträger, die damalige Hausangestellte des Verfolgten.«

Am 3. Juli 1953 sagte diese Zeugin vor dem Amtsgericht Eschwege aus:

»Ich war vom 1. April 1931 bis zum Weggang der Familie Stein im Januar 1939 im Haushalt Stein beschäftigt. Ich war als Hausangestellte angestellt. Ich kannte daher auch die gesamte Wohnungseinrichtung der Familie Stein.

In der Nacht vom 8. zum 9. November 1938 drang eine Rotte von etwa 10 bis 20 Zivilisten in die Wohnung der Familie Stein ein. Auch ich selbst wohnte als Hausangestellte in der Wohnung. Die Rotte schlug die Korridortür ein und drang zunächst in das Schlafzimmer der Familie Stein ein. Dort schleiften sie Herrn Max Stein, der im Nachthemd war, aus dem Zimmer, aus der Wohnung und alsdann auf die Straße, wo sie ihn auf dem Bürgersteig hin- und herjagten und verprügelten. Ich selbst habe nur gesehen, wie die Rotte Herrn Stein herausgeschleift hat. Die Vorkommnisse auf der Straße habe ich nicht beobachten können. Ich habe die Vorkommnisse auf der Straße von anderen, die Zeugen waren, gehört.

In der Wohnung selbst schlug die Rotte aber auch alles entzwei. Insbesondere wurde das Wohnzimmer vollkommen zerschlagen. Es handelte sich um ein Biedermeierzimmer, das sehr wertvoll war. Das gesamte Zimmer war mit grünem Rips bezogen. Der Rips war zerschlagen, zerschnitten, die Beine des Tisches und der Stühle waren zerbrochen. Auf der Kommode stand eine wertvolle Pariser Uhr (Standuhr mit Marmorsäulen), die gleichfalls in Trümmer ging. Es ist sehr schwierig für mich, die Höhe des durch die Zerstörung des Wohnzimmers entstandenen Schadens anzugeben. Der Schaden ist jedenfalls erheblich gewesen.

Auch im Eßzimmer wurden die Möbelgegenstände erheblich beschädigt. Ein auf dem Büffet stehender Glasaufsatz, der zum Büffet gehörte, wurde vollkommen zertrümmert.

Der gesamte Inhalt dieses Aufsatzes, insbesondere Weingläser, Kristallsachen, Mokkatassen, alles wertvolle Gegenstände, gingen gleichfalls in Scherben.

Es gingen ebenfalls in Scherben die Lampe im Biedermeier- sowie im Eßzimmer. Bei den Lampen handelte es sich noch um recht brauchbare Lampen.

In der Nacht vom 8. zum 9.11. haben die Zerstörer keinerlei Gegenstände gestohlen. Nach dem Wegzug der Familie Stein im Januar 1939 erschien alsbald die Zollfahndung in der Wohnung, stellte sämtliche Bestände an Silbersachen fest. Die Gegenstände mußte ich und Herr Hermann Mensing aus Eschwege, Humboldstr. persönlich nach Kassel bringen.

Später ist alles vom Finanzamt beschlagnahmt worden, soweit ich mich erinnern kann. Soweit ich weiß, sind dann die Gegenstände, die noch in der Wohnung waren – es kann 2 Jahre später gewesen sein – vom Finanzamt verkauft worden. Verkauft worden sind die Gegenstände von dem Vollstreckungsbeamten Küllmer, der damals auf dem Finanzamt Eschwege tätig war.

Ergänzen möchte ich noch, daß bei den nächtlichen Ausschreitungen auch im Schlafzimmer, im Flur und in dem Kinderzimmer Möbelgegenstände demoliert worden sind. Im Schlafzimmerschrank schnitt man mit Messern sämtliche Kleider der Frau Stein entzwei, ferner schnitt man die Decke auf dem Chaiselongue auf. Die Spiegel auf der Frisiertoilette waren zerschlagen. Bei einem auf dem Flur stehenden Bücherschrank (Biedermeier) haben die Eindringlinge die Schranktür zerschlagen, sämtliche Bücher heraus und auf den Boden geworfen.

Im Kinderzimmer warf die Rotte einen neu angeschafften Wäscheschrank – nachdem er sich nicht öffnen ließ – einfach um, sodaß durch den Aufschlag des Schrankes auf einen Stuhl ein großes Loch in den Schrank hineingestoßen wurde.

Die Wohnungseinrichtung selbst kennt noch der jetzige Bürgermeister aus Wichmannshausen, Heinrich Axt. Daß in der Wohnung alles zerschlagen worden ist, haben auch drei unserer hiesigen Polizeiherren gesehen, die auf meinen Anruf hin erschienen waren. Es handelt sich um den Polizeikommissar Heldmann, Eschwege. Soviel ich weiß auch um den Herrn Polizeimeister Seefeld, ebenfalls aus Eschwege.«

Über die Pogromnacht in Eschwege wird berichtet, dass die Fußböden in den jüdischen Wohnungen zentimeterhoch mit Glas-, Kristall- und Porzellanscherben bedeckt waren. Tische, Stühle und Bettgestelle wurden zerhackt, die Matratzen und Polstermöbel aufgeschlitzt, Kissen und Federdecken aufgerissen und die Federn herausgeschüttelt. Alle Lampen wurden unbrauchbar gemacht, in vielen Häusern die Stromleitungen gekappt; Haus- und Wohnungstüren mit Äxten und Brecheisen zerstört, Fensterflügel auf die Straße geworfen, die Fensterrahmen zerschlagen. Dies alles geschah trotz des ausdrücklichen Verbots, jüdische Wohnungen zu zerstören, denn es war geplant, außer den jüdischen Geld- und Immobilienvermögen auch wertvolle Wohnungseinrichtungen, Bilder, Teppiche usw. »zugunsten des Reiches zu verwerten«.

Die Erlebnisse dieser Nacht trieben Max Stein fast in den Wahnsinn. Nach diesem ungeheuren Ausbruch von Hass und Gewalt beherrschte große Angst das Leben jüdischer Menschen – Tag und Nacht.

Die sehr umfangreiche Devisenakte von Max Stein, HHStAW Abt. 519/3 Nr. 37 269, aus der bereits mehrfach zitiert wurde, gibt Aufschluss über das folgende Geschehen. Offenbar hatte Max Stein alle Ausreisebedingungen erfüllt, inklusive der Zahlung der Reichsfluchtsteuer in Höhe von RM 75 000,– und der Judenvermögensabgabe (Sühneleistung nach dem 9. November 1938) in Höhe von RM 98 750,–, doch die Aushändigung der angeblich bereitliegenden Pässe wartete Max Stein nicht ab. In der berechtigten Furcht vor einer Verhaftung und Verschleppung nach Dachau oder Buchenwald verließ er Eschwege Hals über Kopf mit kleinem, unauffälligem Gepäck und bescheidenem Reisegeld in Richtung Frankfurt. Von hier aus floh die Familie über Holland nach Antwerpen/Belgien.

Max, Martha und Ludwig Stein hatten Glück, an der Grenze nicht gefasst zu werden. Brigitte, die wohl vorausgegangen war, wurde von der SS verhaftet. Später gelang ihr die Flucht nach London. Völlig mittellos lebte die dreiköpfige Familie nun in Antwerpen in der Stationsstraße 18.

Jetzt begann der Kampf um das in Eschwege zurückgebliebene Umzugsgut, für dessen Versendung Max Stein vor seiner Abreise bereits einen Kostenvorschuss von RM 2000,– an die Speditionsfirma Ph. Gerlach gezahlt hatte.

Marcel Roost, ein Antwerpener Rechtsanwalt, vertrat zunächst Max Steins Interessen beim Landesfinanzamt – Devisenstelle Kassel. Am 14.02.1939 schrieb er dorthin:

»Namens und in Vollmacht des Herrn Stein gestatte ich mir, nachstehende Bitte zu unterbreiten. Wie Herr Stein versichert, hat er alle seine Verpflichtungen dem Reiche gegenüber restlos erfüllt, sodaß ihm sogar das Unbedenklichkeitszeugnis ausgestellt worden ist. Herr Stein, der im 57. Lebensjahr steht, ist infolge der letzten Erlebnisse völlig zusammengebrochen und in diesem verwirrten Zustande hat er, seine Frau und die beiden minderjährigen Kinder Ende Januar 1939 seine Heimat verlassen. Der Mandant befindet sich jetzt hier ohne jegliche Geldmittel, ohne Kleider und Wäsche, sodaß dieser Zustand unhaltbar ist; ich richte daher die Bitte an die Devisenbewirtschaftungsstelle, die nachstehenden Gegenstände zwecks Übersendung hierher freigeben zu wollen.

a) Die Möbel seiner Dreizimmerwohnung, b) Kleider und Wäsche für ihn und seine Familie sowie Hauswäsche, c) Küchengeschirr nebst in dem Haushalt gebrauchte Silbergegenstände. Ein genaues Verzeichnis der Gegenstände wird Ihnen noch zugehen. Mit Rücksicht auf die wirklich vorherrschende Dringlichkeit bitte ich um möglichst umgehenden Bescheid. Eine internationale Postmarke ist beigefügt.

Ganz ergebenst [Unterschrift]«

Am 22.02.1939 erhielt der Rechtsanwalt ein Rückschreiben des Inhalts, dass die Bearbeitung des Antrags von Max Stein in dieser Form nicht erfolgen könne und Herr Stein einen inländischen Bevollmächtigten bestellen müsse. Dieser hätte dann einen entsprechenden Antrag unter Beifügung aller Unterlagen einzureichen. Daraufhin wurde Herr Hermann Mensing in Eschwege am 11.03.1939 zum »Abwesenheitspfleger« beim Amtsgericht Eschwege bestellt. In dieser Eigenschaft schrieb Herr Mensing am 24.03.1939 an den Oberfinanzpräsidenten – Devisenstelle Kassel, unter anderem:

»Stein ist Ende Januar ds. J. nach Antwerpen ausgewandert, ohne die Aushändigung der hier angeblich vorbereiteten Pässe abzuwarten. Stein hat nach seinen Angaben die gesamte Judenvermögensabgabe gezahlt und Wertpapiere zur

Reichsfluchtsteuer für das Finanzamt Eschwege hinterlegt. Die Angaben sind zutreffend nach Auskunft des Finanzamtes Eschwege. Die städtische und finanzamtliche Unbedenklichkeitsbescheinigung soll noch bei der Polizeiverwaltung Eschwege sein. [...] Auf Antrag des Herrn Bürgermeisters wurde eine Abwesenheitspflegschaft seitens des Amtsgerichts Eschwege angeordnet und ich selbst wurde als Pfleger bestellt. Die Polizeiverwaltung Eschwege hatte im Büro von Max Stein den Schlüssel zu Kassenschrank sichergestellt und den Schrank versiegelt. Bevor ich jedoch an die Öffnung des Schrankes gehe, oder irgendwelche Gelder aus Mieten in Empfang nehme und Auszahlungen an Handwerker p. p. vornehmen kann, benötige ich die besonderen Genehmigungen des Herrn Oberfinanzpräsidenten in Kassel. Ich bitte deshalb, mir genaue Anweisungen zu erteilen, um alsdann handlungsfähig zu sein.«

Mit der Aufstellung eines Vermögensverzeichnisses wird festgestellt, welche Vermögenswerte noch zu versteuern sind. Die Beauftragung des früheren Steuerberaters der Firma Max Stein erübrigt sich nach Einleitung der Pflegschaft.

»Ich bitte auch um gefl. Bescheid, ob grundsätzlich gegen die Nachsendung des Hausrats keine Bedenken bestehen, wenn die erforderlichen Genehmigungen vorliegen.

Heil Hitler! [Unterschrift]«

Die Liste des Umzugsgutes für die Pack- und Versendegenehmigung war getrennt auszufüllen nach:

1. Anschaffungen vor 1933: Gebrauchswäsche (Bettwäsche, Handtücher, Leibwäsche von Max Israel und Martha Sara Stein), Glas, Porzellan, Nickel, Haus- und Küchengeräte, Kleidungsstücke, Koffer und Taschen, Verschiedenes, Möbel,

Bilder, Teppiche, diverse Bücher, 6 Bände Goethe und Reparaturkosten für am 9.11.1938 unbrauchbar Gewordenes.

II. Anschaffungen zwischen 1933 und 1938: Handtücher, Leibwäsche und Kleidungsstücke von Max Israel, Martha Sara, Brigitte Sara und Ludwig Israel Stein, Verschiedenes [Toilettenartikel – bis zu Rasierklingen und Tempotaschentüchern(!)], Hausapotheke mit Inhalt und Restbestände von Waschmitteln.

III. Anschaffungen vom 09.12.1938 lt. Rechnung Lorey, Frankfurt/M., Ersatz für am 09.11.1938 unbrauchbar gewordene Haushaltsgegenstände: Porzellan, Gläser, Küchengeräte (Thermoskanne, Kaffeemühle, Fleischmaschine, Besen und Bürsten etc. bis zum Melittafilter und Gasanzünder), Putzschrank, Staubsauger, Koffer, Sterbekleider, Gebetriemen mit Beutel, Gebetrolle und Gebetbücher.

Da alles einzeln aufgeführt werden musste, umfasst die Aufstellung des Umzugsgutes elf DIN A4-Seiten und enthält abschließend den Vermerk des Abwesenheitspflegers:

»Ich versichere hiermit, daß andere als in den Listen Nr. I, II und III aufgeführten Gegenstände nicht zum Versand kommen. (Merkblatt betr. Umzugsgut Nr. 10). Sollte Auswanderer noch nachträglich Änderungen wünschen, so wird dieses von mir beantragt.

Eschwege den 8. Mai 1939 [Unterschrift]«

Zusammen mit der Liste des Umzugsgutes sandte der Abwesenheitspfleger am 8. Mai 1939 das Vermögensverzeichnis für

Max Stein, nach dem Stand vom 31.03.1939, an den Oberfinanzpräsidenten – Devisenstelle, Kassel. Auszüge: »Einschließlich des Umzugsgutes beträgt das ausgewiesene Vermögen RM 204 118,51 [...] Antrag auf Genehmigung zur Versendung des Umzugsgutes. Ich bitte um Genehmigung zur Versendung [...] Nach Versendung des Umzugsgutes in das Ausland, welches mit RM 9999,41 in dem Vermögensverzeichnis bewertet ist [gestattet waren RM 10 000,–], werden noch RM 194 000,– Vermögenswerte im Inland verbleiben. Max Israel Stein befindet sich bereits im Ausland. Das endgültige Ziel des Ausgewanderten ist noch unbekannt.

Mit der Versendung des Auszugsgutes wurde die Speditionsfirma Ph. Gerlach Eschwege beauftragt. Dieselbe hat einen Kostenvorschuß von RM 2000,– erhalten (vor Ausreise des Ausgewanderten).

Heil Hitler! [Unterschrift]«

Die Schreiben tragen den Eingangsstempel der Devisenstelle vom 10. Mai 1939.[16]

Im März 1939 scheint Dr. Max Grünbaum aus London seinen Vetter Max Stein und dessen Familie in Antwerpen besucht zu haben. Die beiden Koffer, die er von Berlin aus nach London geschickt hatte, waren dort nicht eingetroffen.

In New York fand Frau Anita Stein dazu die mit Bleistift geschriebene Kopie eines Schreibens mit folgendem Inhalt:

»An die Gepäckaufgabe Berlin Schles. Bhf.

Am 31.Dezember 1938 um ca 23.30 Uhr gab ich an der Gepäckaufgabe dort 2 Stück Coupekoffer
im Gewicht von 70–80 kg
auf. Dieselben wurden an meine Adresse
Dr. Max Grünbaum
London Liverpool oder Victoria Bahn-

hof abgefertigt. Da mir der Gepäckschein abhanden gekommen ist, bitte ich um sofortige Übersendung eines Duplikates, da es mir bis jetzt nicht möglich war, ohne den Gepäckschein den Koffer heraus zu bekommen.

Hochachtend
Dr. Max Grünbaum
z. Zt. bei Verlinden (?) Antwerpen«

Ob Max Stein noch in den Besitz seiner wenigen Habe kam, ist leider nicht bekannt.

Anfang Juli 1939 hatte Martha Stein die Behörden in Eschwege gebeten, doch etwas Wäsche und Kleidungsstücke für die Kinder zu erhalten – vergebens.

Stattdessen wurde Max Stein seitens der Stadt Eschwege aufgefordert, seine Zustimmung zum Verkauf des Hauses Friedrich-Wilhelm-Straße 6 zu erteilen. Der Antwerpener Rechtsanwalt Roost erwiderte darauf am 4. August 1939 unter anderem: »Ich möchte ergebenst darauf hinweisen, daß in diesem Hause die Wohnung und die Geschäftsräume des Herrn und der Familie Stein sich befinden, daß diese Räumlichkeiten völlig ausgefüllt sind mit Möbeln und Hausgegenständen und daß doch der neue Erwerber dieses Grundstücks unverzügliche Räumung verlangen wird.

Unter Berücksichtigung dieses Notstandes bitte ich doch dringendst, über den Antrag des Herrn Stein vom 14.02.1939, unter Zugrundelegung des überreichten Verzeichnisses [Umzugsliste] möglichst umgehend entscheiden zu wollen. Ich bitte doch auch berücksichtigen zu wollen, daß es unter allen Umständen unangemessen ist, wenn Herr Stein und seine Familie als langjähriger, wohlhabender Kaufmann in so reduzierten Verhältnissen weiterleben soll.«

Dieses Argument mag bei den Herren der Kasseler Devisenstelle nur ein hämisches Lachen ausgelöst haben.

Zehn Tage später, am 14. August 1939, erging diese Mitteilung an Rechtsanwalt Roost: »Stein, Max Israel, Antwerpen früher Eschwege. Betr.: Versendung des Umzugsgutes nach dem Auslande. Auf Ihren Antrag vom 4. August 1939 teile ich mit, daß eine Genehmigung zur Versendung des Umzugsgutes des Max Israel Stein nach dem Auslande nicht erteilt werden kann.

Im Auftrag [Unterschrift]«

Max Stein, mit seiner Familie inzwischen umgezogen nach Brialmont Lu 11, ließ in seiner Verzweiflung nichts unversucht und legte am 11. September 1939, persönlich und handschriftlich, Beschwerde ein gegen diese Entscheidung.

»Begründung: Die angefochtene Entscheidung enthält keinerlei Begründung und es ist nicht erfaßbar, daß gerade mir, der ich ja alle zur Zeit verlangten Voraussetzungen restlos erfüllt hatte, die Pack- und Absendeerlaubnis grundlos versagt wurde. Ich habe, wie bereits in früheren Anträgen erwähnt, die vorgeschriebenen Unbedenklichkeitsbescheinigungen an zuständiger Stelle überreicht. Die Pässe sind mir daraufhin verfügbar gemacht worden, also doch auch ein Beweis dafür, daß ich allen zur Zeit erlassenen Verfügungen und Gesetzen nachgekommen bin. Es ist ja auch bei den seinerzeit herrschenden Gesetzesbestimmungen den Behörden zur Richtschnur gemacht worden, daß solchen Auswanderern, welche die vorangegangenen Voraussetzungen erfüllten, Packerlaubnis für das Umzugsgut gewährt werden muß. Ich bin um meine Möbel und Wäsche peinlichst verlegen, die für dritte Personen doch so gut wie wertlos sind. Den Weltkrieg habe ich bis zum Schluss mitgemacht und bin, mit dem Prädikat ›Führung sehr gut‹ in meinem Militärpass, entlassen worden. Ferner wurde mir als Frontkämpfer das Ehrenkreuz mit Schwertern verliehen. Auch diese Tatsache dürfte die maßgebende Stelle dazu bewegen, daß es nach jeder Richtung hin zwingend geboten ist, die bisherige Haltung des Herrn Oberfinanzpräsidenten (Devisenstelle) Kassel in diesem Sinne abzuändern und meiner Bitte nachzukommen. Im übrigen nehme ich Bezug auf das bisherige Vorbringen und das überreichte Verzeichnis vom 8.5.39 und erwarte mit Bestimmtheit eine möglichst sofortige Entscheidung im Sinne dieses Antrags.

Max Israel Stein«

Am 9. August 1939 hatte Max Stein von Antwerpen aus versucht, in Basel die Auszahlung des Rückkaufwertes seiner beiden Lebensversicherungen zu erreichen, die einen Wert von etwas über RM 10 000,– darstellten. Sie waren am 01.07.1930 bei der Basler Lebensversicherungsgesellschaft abgeschlossen worden. In einem Vertragspassus, auf den Max Stein sich berief, hieß es: »Auf Wunsch des Anspruchsberechtigten kann die Versicherungssumme bei Fälligkeit an der Hauptkasse in Basel erhoben werden.« Dazu hätte es aber, nach den deutschen Devisenbestimmungen, einer Versendungsgenehmigung bedurft, die Max Stein nicht bekommen hätte, da die Versicherungsverträge bei dem Hauptbevollmächtigten des Deutschen Reichs in Berlin abgeschlossen worden waren.

Zuständig war die Bezirksdirektion Hannover, die am 11. August 1939 aus Basel darüber informiert wurde, dass Max Stein versuchte, die Auszahlung seiner Lebensversicherungen in Basel zu erzwingen, ohne Beibringung der erforderlichen deutschen Genehmigung, indem er argumentierte, dass Basel im Ausland liege und die deutschen Devisenbestimmungen hier keine Geltung hätten. Max Stein drohe mit einer Klage.

Er konnte nicht wissen, dass Herr Mensing, der Abwesenheitspfleger in Eschwege, die Versicherungssummen bereits im Juni 1939 erfragt hatte, die somit der Devisenstelle in Kassel bekannt waren. Ein Schreiben der Basler Lebensversicherungsgesellschaft, Bezirksdirektion Hannover, vom 14. August 1939, in dem der Devisenstelle über das Ansinnen von Max Stein berichtet wurde, zog bereits am Tag des Briefeingangs, dem 15. August, die Sicherungsanordnung gem. § 59 des Devisengesetzes vom 12. Dezember 1938 nach sich. Damit war Max Stein auch die Verfügung über den letzten freien Teil seines Vermögens entzogen. Doch damit nicht genug; das Devisenvergehen des Max Stein wurde der Gestapo Kassel gemeldet und der Oberfinanzpräsident – Devisenstelle Kassel stellte am 23.08.1939 Strafanzeige wegen Devisenvergehens beim Generalstaatsanwalt in Kassel. Gleichzeitig teilte er mit, dass gegen Max Stein das Ausbürgerungsverfahren durch die Gestapo eingeleitet wurde.

Am 5. Oktober 1939 wurden die Wohnungen in der Friedrich-Wilhelm-Straße 6 durch den Landrat des Kreises Eschwege beschlagnahmt und die Beschlagnahme der Gestapo mitgeteilt. Am 6. November 1939 wurden Max Stein, seiner Ehefrau Martha und den Kindern Brigitte und Ludwig die deutsche Reichsangehörigkeit aberkannt. Die Ausbürgerung wurde zwei Tage später im Deutschen Reichs- und Preußischen Staatsanzeiger Nr. 262 veröffentlicht. Die Gestapo Kassel begründete die Aberkennung der deutschen Reichsangehörigkeit in einem Schreiben vom 6. Januar 1940 an die Devisenstelle Kassel:

»Die Obengenannten wurden der Reichsangehörigkeit für verlustig erklärt, weil sie durch ihr Verhalten, das gegen die Pflicht zur Treue gegen Reich und Volk verstößt, die deutschen Belange geschädigt haben.«

Max Steins gesamtes Vermögen wurde von der Gestapo Kassel beschlagnahmt und fiel später dem Reich zu.

Am 19.12.1939 teilte die Gestapo Kassel dem Finanzamt Moabit-West in Berlin NW 7 mit, dass das gesamte Vermögen von Max Israel Stein und dessen Ehefrau Martha Sara Stein geb. Lustig sichergestellt sei (Summe RM 243 864,24) und fügte an:

»Das Umzugsgut sowie die Büro- und Lagereinrichtung des Stein befindet sich zur Zeit noch in der ehemaligen Wohnung Eschwege, Friedrich Wilhelm Straße 6.

Es wird um baldmöglichste Entscheidung gebeten, ob das Umzugsgut im Versteigerungswege von hier aus schnellstens verkauft werden kann. Der PKW (Hansa) mußte wegen schlechter Unterbringungsmöglichkeit in Eschwege in die Garage der hiesigen Dienststelle gebracht werden. Wegen Platzmangel müßte dieser Wagen auch schnellstens verkauft werden. Der Erlös aus beiden Verkäufen würde dann auf eines der Sperrkonten überwiesen werden.

gez. Korndörfer Abschriftlich an den Herrn Oberfinanzpräsidenten – Devisenstelle Kassel«

Der Akte Stein wurde am 18. März 1940 noch die Verfügung des Oberfinanzpräsidenten – Devisenstelle Kassel beigelegt: »Betr.: Stein, Max Israel Umzugsgut. Infolge inzwischen erfolgter Ausbürgerung wird die Genehmigung zur Verbringung in das Ausland nicht erteilt.«[17]

Die »Verwertung jüdischen Vermögens«, soweit es sich um zurückgebliebene Wohnungs- und Geschäftseinrichtungen handelte bzw. um nicht genehmigtes Umzugsgut, erfolgte im Rahmen von sogenannten »Freiwilligen Versteigerungen«, die von Auktionshäusern durchgeführt wurden. Einfacher Hausrat wurde, besonders in ländlichen Gebieten, auf der Straße versteigert. Dies bot Ariern die Möglichkeit, sich zu günstigen Preisen in wertvollen Besitz zu bringen, und die Finanzämter nahmen riesige Summen ein.

Der Devisenakte von Max Stein wurde hier so viel Aufmerksamkeit gewidmet, weil sich durch den umfangreichen Schriftverkehr in etwa nachvollziehen lässt, wie die NS-Behörden arbeiteten und mit welchen Mitteln sie schließlich erreichten, wohlhabende Juden ihres gesamten Vermögens zu berauben. Dass diese versuchten, den habgierigen Klauen des Staates wenigstens einen kleinen Teil ihres Besitzes zu entziehen, war menschlich verständlich und lebensnotwendig, um die erste Zeit nach der Flucht aus Deutschland zu überstehen, denn eine wirkliche Existenz aufzubauen brauchte Zeit und war für ältere Menschen nicht mehr möglich. So gab es unzählige Juden, die sich aus diesem Grunde nicht gesetzestreu verhielten, und es gab kleinere Vergehen als der Versuch, die Devisenbewirtschaftung zu umgehen, die mit der Beschlagnahmung der gesamten Habe bestraft wurden. Diese Raubzüge brachten dem NS-Staat Milliardenbeträge ein und hinterließen Tausende von psychisch und physisch gebrochenen Menschen.

Zusammen mit der Familie Stein war auch Max Steins Neffe Max Lomnitz, einziger Sohn von Max' Schwester Gida, nach Antwerpen geflohen. Er war Geschäftsführer in der Firma seines Onkels gewesen und in der Pogromnacht in »Schutzhaft« genommen, kurze Zeit später aber wieder entlassen worden. Er hatte, als vierunddreißigjähriger Kaufmann, vielleicht die Chance, eine Beschäftigung zu finden. Für Martha und Ludwig gab es wohl nur kleine Aushilfsarbeiten, aber was konnte Max Stein für die Familie tun, außer dem aufregenden Kampf um das Hab und Gut, der so enttäuschend und vergeblich war.

Jüdische Hilfsorganisationen unterstützten die Flüchtlinge zwar mit dem Allernotwendigsten, doch ihre finanziellen Mittel waren begrenzt, es gab zu viele Hilfsbedürftige.

Aus der Entschädigungsakte von Max Stein HHStAW Abt. 518 Nr. 2102/01 lässt sich rekonstruieren, dass die Familie Stein und Max Lomnitz ein Jahr in Antwerpen lebten. Wie sie es schafften, das Geld für Pässe, Visa und die Überfahrt nach Amerika zusammenzubringen und wer dort für sie bürgte, kann nur vermutet werden.

Möglicherweise waren es Angehörige von Martha Stein aus Unsleben, die bereits emigriert waren und denen es, einem Brief nach zu urteilen, schon recht gut ging.

Etwa Mitte Januar 1940 reisten Familie Stein und Max Lomnitz von Antwerpen nach Ostende, um von dort nach England zu kommen. Doch der Beginn der Emigration verlief dramatisch. Wegen eines Luftangriffs musste die Fahrt über den Kanal verschoben werden, weshalb die Flüchtlinge das fahrplanmäßige Schiff nicht mehr erreichten und noch zwei Wochen in London bleiben mussten. Die Tickets für die Überfahrt nach New York hatten Max Stein und sein Neffe bei der »Cunard Steam-Ship Company Limited« in Liverpool gebucht. Endlich, am 9. Februar 1940, verließ die »Britannic« den Hafen von Liverpool und erreichte New York am 19. Februar 1940.

Als sie in den USA ankamen, waren Martha vierundvierzig, Brigitte neunzehn und Ludwig sechzehn Jahre alt. Vater Max war mit achtundfünfzig Jahren ein gebrochener Mann, betrogen um sein Lebenswerk und gedemütigt durch den nationalsozialistischen Terror. Würde es ihm im fremden Land gelingen, noch einmal Fuß zu fassen? Zusammen mit seinem Neffen Max Lomnitz noch einmal etwas Neues aufzubauen?

Zunächst hatte Familie Stein in 551 West, 178 Street, Apt. 23 zwei Zimmer mit Küche gemietet. Von ihrem Leben in New York berichteten Max und Martha Stein in neun Briefen aus den Jahren 1940 und 1941, die ihre Tante Elise Grünbaum in Frankfurt versteckt hatte.

Alle Briefe beginnen mit »Meine Lieben« und sind im Wechsel geschickt an die in Würzburg lebende Schwester Max Steins, Amalie Vorchheimer, und ihren Mann Adolf, an die in Wiesbaden bzw. Frankfurt lebenden Tante Elise und Onkel Meier Grünbaum und an Erna Pommer in Arnstadt, eine Tante von Martha Stein. Bei dem oft erwähnten Ludwig handelt es sich um den Sohn der Vorchheimers. Die Rundbriefe wurden innerhalb Deutschlands von Familie zu Familie geschickt, deshalb blieb durch Elise Grünbaum nur ein Teil erhalten.

Der erste Brief, in dem die Steins über ihre Reise nach New York und die Ankunft dort berichteten, ist nicht vorhanden. Von einem der nächsten ist nur die letzte Seite erhalten, er ist vermutlich gegen Ende April 1940 geschrieben worden:

»Ich habe bis jetzt noch keine Beschäftigung, habe mich auch noch nicht wirklich bemüht, da es immer Anderes zu tun gibt. Ich mußte auch erst noch in der englischen Sprache sicherer werden. Ihr lieben Würzburger, lernt nur fleißig englisch, Ihr könnt nichts besseres tun.

Vor ca. 3 Wochen ist Gidchen Jacob aus Kirchhain hier angekommen, haben auch schon eine 6-Zimmerwohnung gemietet, wollen 2 Zimmer vermieten. Die Wohnung kostet 75 $, 2 Zimmer bringen 30–35 $, so bleiben ihr dann noch 40 $ für wohnen. Wir haben bei Mayers zwei Zimmer und Küche möbliert, mit Wäsche, Heizung und Elektr. für 36 $, haben keine Arbeit mit fremden Leuten und sind dadurch besser dran. Mit der Zeit nehmen wir uns aber auch eine Wohnung und kaufen Möbel, welche hier nicht so viel kosten als ein mit S-$ (?) bezahlter Lift [Container]. Der liebe Bernhard von München [Bruder von Adolf Vorchheimer] hat mir übrigens eine Bürgschaft geschrieben, ich weiß aber wirklich nicht, bei wem ich ihm solche besorgen soll. Trotzdem will ich morgen einmal danach gehen.

Martha Eichenberg hat an LTZ ein Telegramm wegen Geld für Schiffskarte geschickt. LTZ (?) hat sie an die Halberstadter Mayer, jetzt in England, verwiesen. Sieg. [Siegmund] Stein gibt außer der Bürgschaft nichts, er ist nicht so freigiebig, war aber mir gegenüber sehr nett. Martha hat übrigens Verwandte genug [ehemals Unsleben], denen es sehr gut geht und darum Adressen frei hat. Die lb. Martha und Brigitte wollen noch schreiben, deshalb nur noch

herzliche Grüße Euer Max

Meine Lieben alle, wir haben uns schnell eingelebt und hoffen, daß Ihr lieben Würzburger auch bald kommen könnt. Von Ludwig [Vorchheimer] hatten wir kürzlich eine Karte und auch von Grünbaums. Du, lb. Tante Elise hast uns sehr mit Deinen Zeilen erfreut – das betreffs ›zu Hause‹ stimmt schon, es gibt eben nur ein zu Hause. Bleibt Ihr nun schön gesund und schreibt uns – je öfter desto besser. Alles Gute! Innigst Eure Brigitte

Der Luftpostbrief soll weg, die lb. Martha ist nicht da und füge ihre Grüße bei.«

Amalie und Adolf Vorchheimer aus Würzburg hatten ihren siebzehn Jahre alten Sohn Ludwig 1939 mit Kindertransport nach England geschickt, wo er bei der Familie von Meier Grünbaums Bruder Isaak Unterschlupf fand. Von England aus sollte er per Schiff nach New York reisen, wo er sehnlichst von der Familie seines Onkels Max Stein erwartet wurde. Die Eltern in Deutschland sorgten sich sehr und warteten ungeduldig auf die Nachrichten von Max Stein.

Am 21.06.1940 berichtete Max Stein nach Würzburg, dass er, zusammen mit seinem Sohn Ludwig und einem Herrn Wolf, der seinen sechzehnjährigen Sohn erwartete, zum Hafen gegangen war, wo ein Schiff angekommen sei. Doch weder Ludwig Vorchheimer noch Herrn Wolfs Sohn befanden sich unter den Passagieren. Max Stein bat seine Schwester und seinen Schwager, »den Kopf nicht zu verlieren« und vernünftig zu sein, er bemühe sich unentwegt.

In diesem Brief sind auch einige Zeilen an Meier und Elise Grünbaum in Wiesbaden gerichtet. Der vollständige Brief ist in den Kapiteln »Amalie und Adolf Vorchheimer« bzw. »Meier und Elise Grünbaum 1920–1942« (S. 117, 409) enthalten.

Ludwig Vorchheimer hatte in England offenbar kein Visum für die USA bekommen und musste über Kanada reisen, wo er wiederum auf ein Visum für die USA warten musste. Von Montreal aus erreichte er New York per Bahn und Max

Stein schickte am 16.10.1940 »unser herzlichstes Masseltoff« zur Ankunft von Ludwig Vorchheimer nach Würzburg.

(Vollständig im Kapitel »Amalie und Adolf Vorchheimer«, S. 413 nachzulesen.)

Wie Dr. Wilhelm Kleemann seiner Schwester Elise Grünbaum schon geschrieben hatte, war zwischen ihm und Max Stein ein freundlicher Kontakt entstanden. Beide schätzten sich sehr, und Max Stein besuchte den dreizehn Jahre älteren, erfahrenen Bankier des Öfteren im Hotel *The Croydon*, um mit ihm seine beruflichen Möglichkeiten zu besprechen. Einen solchen Besuch schildert er unter anderem im folgenden Brief vom 11.11.1940 an die Grünbaums in Wiesbaden:

»Meine Lieben! Dieser Tage ließ mich Max Lomnitz zufällig einen sehr ausführlichen Brief, den er Euch geschrieben hat, lesen. Ich habe mich sehr darüber gefreut weil ich weiß, daß Ihr gerne solche ausführlichen Briefe habt. Max hat bei seinem Nachtdienst genügend Zeit, manches Mal auch nicht so viel Betrieb, wenn er nicht durch Betrunkene, welche manches Mal in den parkenden Wagen schlafen wollen, gestört wird. Von Letzteren gibt es hier sehr viel. Bis 2 Uhr in der Nacht hat Max meistens stramm zu tun, dann wird es ruhiger, wenn nicht die oben erwähnten Überladenen erscheinen. Max soll später einmal Tagesdienst bekommen, denn für die Dauer ist der Nachtdienst, wenn er auch am Tag schläft, nichts.

Ein hartes aber schönes Land. Ludwig Vorchheimer hat gleich am ersten Tag Arbeit bekommen. Er hat sich einen Teil der Maschinenfabriken aus dem Telefonbuch herausgeschrieben und ungefähr in der zehnten Fabrik Arbeit erhalten. Übrigens haben wir seit einigen Wochen auch Telefon, da man sich bei den sehr großen Entfernungen doch manchen Weg sparen kann. Der Preis ist 3,50 $ pro Monat und dabei hat man noch 60 Gespräche zu 5 cent frei. In Wirklichkeit ist die Mehrausgabe 50 cent und diese wiegt die große Annehmlichkeit bei weitem auf.

Ludwig ist glücklich, daß er hier ist und wir mit ihm. Wir haben uns sehr oft geängstigt, wenn dieses oder jenes Schiff versenkt gemeldet wurde.

Grünbaums [Isaak, Bruder von Meier, und seine Frau Helene] haben sich in der ganzen Zeit, in welcher er in England war, nicht um ihn gekümmert. Ludwig war vor seiner Abreise noch einmal in St. [Stourbridge/England], auch um einen Koffer abzuholen, sie haben aber Onkel […] kaum erwähnt. Ob sich Dr. M. Zeit dazu genommen hat, bei der Beerdigung zugegen zu sein, bezweifle ich. Gestern war ich bei Dr. Kleemann, welcher immer gleich liebenswürdig und nett ist. In einigen Tagen will er uns mit Gattin besuchen. Es ist mir auch immer ein besonderer Genuß, mich mit diesem klugen Menschen zu unterhalten.

Diesen Brief an Euch habe ich vorige Woche schon begonnen. In der Zwischenzeit, gestern Sonntag Abend, waren wir bei Dr. Kleemanns zum Tee geladen, wo es wirklich sehr gemütlich war. Besonders Frau Kleemann war äußerst nett und liebenswürdig, sodaß wir unser eigentliches Urteil über sie korrigieren mußten. Dadurch, daß wir allein geladen waren, konnten wir uns die ganze Zeit unseres Dortseins besonders mit Deinem lieben Bruder, liebe Tante, ungestört unterhalten.

Über das Croydon Hotel, wo Kleemanns wohnen habe ich Euch schon einmal flüchtig berichtet, es ist aber der Mühe wert etwas mehr darüber zu erzählen. Das sehr große Hotel liegt am Grand Central Park West, der besten Gegend von New York. Eine Querstrasse weiter ist die Park Avenue, wo Schloss' wohnen und wo Kleemanns abends ihr Dinner haben.

Frau Kleemann bereitet in ihrem Apartment nur das Breakfast und den Lunch für sich und ihren Mann selbst. Kleemanns wohnen im 11. Stockwerk. Apartment Nr. 1109, welches man mit einem der vielen eleganten Fahrstühle im Moment erreicht. In der sehr großen Eingangshalle des Hotels sind neben Zeitungen und sonstigen Gebrauchsartikeln kleine Spezialgetränke etc. zu haben. An den beiden Längsseiten der Halle sind Gesellschaftsräume und geradeaus ein riesiger eleganter Speisesaal. Kleemanns haben ein für sich abgeschlossenes Apartment mit Wohnraum, Schlafzimmer, Speisezimmer mit anschließender ganz kleiner Küche. Sämtliche Räume sind sehr elegant, dabei äußerst gemütlich eingerichtet. Kleemanns stehen sich so viel billiger als wenn sie eine eigene Wohnung hätten und brauchen kein Hauspersonal zu halten. Das Apartment wird vom Hotel aus in Ordnung gebracht. Lift [Container] mit nicht zu knapper Einrichtung stehen, neben unzähligen Kisten von Porzellan und Kesew, beim Spediteur. Für den gewöhnlichen und besseren Gebrauch haben sie sich, genau wie wir, das Geschirr bei Woolworth gekauft. Jedenfalls wissen die Leute bei ihrer Einfachheit und Schlichtheit das Leben zu nehmen. Nun werden wir in Kürze das Vergnügen haben, die Herrschaften bei uns zu sehen. Was für ein Unterschied zwischen diesen einfachen Menschen und unseren Stourbridge Verwandten mit ihrem 12-Zimmerhaus, die weder für sich, noch für einen Armen etwas übrig haben. Vielleicht ist es ihnen garnicht unangenehm z. Zt. im Keller kampieren zu müssen [wegen der schweren deutschen Luftangriffe auf England], auf diese

Weise werden doch die Möbel geschont. – Weil sie nicht genug Chewzes haben. – Ludwig Vorchheimer ist glücklich, daß er hier ist, nachher treffe ich ihn, wenn er von der Arbeit kommt, in der Stadt, um mit ihm wegen Adolf [Ludwigs Vater] in der Auswanderungsangelegenheit zu einem Anwalt zu gehen. Es sollen nämlich verschiedene Übergangsländer möglich sein. Unter den augenblicklichen Umständen muß man alles versuchen damit die Leute herauskommen. Natürlich ist dabei Vorsicht geboten, weil es viel Schwindler gibt.

Ludwig hat einen guten Posten und tut sich auch mit der Arbeit nicht mehr so schwer, nachdem er sich nun an das Klima gewöhnt hat, außerdem nicht wie in Stourbridge bei Tante Helene, Brot mit Apfelbrei bestrichen mit an die Arbeit bekommt. Er ist ein selten überlegter und braver Mensch und ich habe das Gefühl, daß er sich bei uns sehr wohl fühlt. Elizabeth Stein, die Tochter des Vetters unseres sel. Vaters, sandte ihm zum Empfang einen Scheck mit 15 Dollar.

Wir haben hier noch wunderbares Sommerwetter, sodaß man eigentlich am Tag noch ohne Mantel gehen könnte. Wir haben hier in unserer Gegend jetzt auch eine deutsch-jüdische Gemeinde, welcher viele Bekannte von uns angehören. Daselbst habe ich schon einige Male Willy Weinstock [Schwager von Max' Schwester Rosa] getroffen, welcher sich z. Zt. auch sehr bemüht, Gisella hierher zu bekommen. Willy hat den ganzen Sommer auf der World's Fair [Weltausstellung] gearbeitet, welche seit 1. Oktober geschlossen ist. Er hat dorten als Kellner gearbeitet und sehr gut verdient.

Curt Wolf, ebenso unser Vetter Salomon Stein aus Reichensachsen arbeiten als Tüncher. Wir hatten unseren Vetter Julius Schwab, z. Zt. in Amsterdam, veranlasst, Euch und den anderen Verwandten etwas zu senden, hoffentlich kommen die Sachen an. Nunmehr habe ich Euch wohl genug geschrieben, deshalb nur noch herzliche Grüße

Euer Max

Meine Lieben, der liebe Max hat Euch ja sehr ausführlich geschrieben, daß mir kaum etwas übrig bleibt, aber ich will einen Gruß beifügen, in der Hoffnung, daß Ihr gesund seid und in Eurer gewohnten Umgebung bleiben könnt.

Bei Kleemanns war es sehr gemütlich auch Eure Schwägerin war sehr nett und unterhaltend. Herr Kleemann sagte beim Abschied ›wir kommen früher als Sie denken zu Ihnen!‹

Ich brachte ihm selbst fabrizierten Kochkäse mit, mit dem er sich sehr freute. Nun lebt wohl und seid inniglich gegrüßt von Eurer Martha«

Dieser Brief nach Wiesbaden enthielt viele gute Nachrichten über Verwandte und Bekannte, denen die Emigration nach New York gelungen war, die zwar bescheiden lebten, aber in Sicherheit waren. Max berichtete jedoch auch weniger Erfreuliches über seine Verwandten Isaak und Helene Grünbaum in England.

Isaak Grünbaum war der jüngere Bruder von Meier Grünbaum und Onkel von Max Stein und Amalie Vorchheimer.

Wäre der Name seiner Frau Helene nicht in zwei der gefundenen Briefe aus dem Nachlass von Meier und Elise Grünbaum aufgetaucht, hätte Isaak Grünbaum nicht entdeckt werden können. In einem Kondolenzbrief von Julie und Samuel Kleemann schrieb Elise Grünbaums Bruder Samuel am 02.12.1918 aus Nürnberg:

»Der Zufall führte mich heute zu Grünbaums, wo ich Helene bestürzt und liegend antraf.« Sie unterrichtete ihn über den Tod der gemeinsamen Nichte Meta Grünbaum in Wiesbaden.

Der zweite Brief stammt von Max Stein, der am 11.11.1940 aus New York schrieb, nachdem sein Neffe Ludwig Vorchheimer dort eingetroffen war: »Ludwig hat einen guten Posten und tut sich auch mit der Arbeit nicht mehr so schwer, nachdem er sich an das Klima gewöhnt hat, außerdem nicht, wie in Stourbridge bei Tante Helene, Brot mit Apfelbrei bestrichen mit an die Arbeit bekommt.«

Die wichtigste Quelle war jedoch die Entschädigungsakte der Erbengemeinschaft Hirsch, auf die mich Frau Dorothee Lottmann-Kaeseler, Historikerin aus Wiesbaden, aufmerksam machte. Auf dem Erbschein nach dem Testament von Ernestine Kleemann geb. Hirsch, Ehefrau von Julius Kleemann, Wiesbaden (siehe dort), fand ich die Nürnberger Adresse ihrer Halbschwester Helene Grünbaum geb. Hirsch.

Im Entschädigungsbescheid an die Erbengemeinschaft Hirsch vom 18.10.1960 war die Adresse von Max Greenwood in Stourbridge/Worchester, England, verzeichnet.[18]

Letztendlich erschloss sich aus dem Geburtenregister von Frankenwinheim, dass Ernestine die Tochter aus erster Ehe, Helene die Tochter aus zweiter Ehe des Vaters Mayer Hirsch waren.[19]

Im Stadtarchiv Nürnberg wurde eine Meldekarte von Isaak Grünbaum gefunden, die mir Herr Gerhard Jochem freundlicherweise zusandte. Auf dieser Karte ist Folgendes verzeichnet:

»Grünbaum, Isaak, Kaufmann, geb. am 12.07.1866 in Geisa
getraut am 15.11.1898 zu Heidingsfeld
Ehefrau Helene geb. Hirsch, geb. am 16.08.1877 in Frankenwinheim

Sohn Max, geb. am 21.09.1900 in Nürnberg
Wohnung am 14.04.1927 Fürtherstraße 16
12.03.1939 abgemeldet nach Stourbridge/England«[20]

Familie Grünbaum lebte offenbar schon vor der Geburt des Sohnes Max in Nürnberg. Ihr Aufenthalt dort ist auch in dem Brief vom 02.12.1918 bestätigt. Möglicherweise hatte Isaak Grünbaum bereits vor der Auswanderung am 12.03.1939 geschäftliche Verbindungen und einen Wohnsitz in England, denn es ist nicht vorstellbar, dass die Gestapo das Umzugsgut für ein 12-Zimmerhaus genehmigt hätte, das Limit lag zu der Zeit bei RM 10 000.

Darüber, dass die Familie sehr wohlhabend war, schrieb Max Stein in dem schon zitierten Brief vom 11.11.1940 etwas gehässig zu »unseren Stourbridgeverwandten mit ihrem 12-Zimmerhaus, die weder für sich, noch für einen Armen etwas übrig haben. Vielleicht ist es ihnen gar nicht so unangenehm z. Zt. im Keller kampieren zu müssen, auf diese Weise werden doch die Möbel geschont. – Weil sie nicht genug Chewzes haben.«

Geiz und Eigensucht scheinen hervorstechende Eigenschaften der Halbschwestern Helene und Ernestine Hirsch gewesen zu sein, denn auch zu Ernestine gibt es wenig schmeichelhafte Äußerungen von ihrem Schwager Wilhelm Kleemann (Briefe vom 26.07. und 15.08.1938, im Kapitel »Meier und Elise Grünbaum 1920–1942«, S. 84, 87).

Kurz nach ihrer Emigration hatten Isaak und Helene Grünbaum den Sohn ihrer Nichte Amalie Vorchheimer aus Würzburg bei sich aufgenommen, der per Kindertransport nach England gekommen war. Dem siebzehnjährigen Ludwig Vorchheimer scheint es dort aber nicht besonders gut ergangen zu sein. »Grünbaums haben sich in der ganzen Zeit, in welcher er in [...] England war, nicht um ihn gekümmert«, schrieb sein Onkel Max Stein. Ludwig hatte wohl nur kurz bei ihnen gewohnt und holte noch einen Koffer ab, bevor er über Kanada nach New York emigrierte.

Isaak, Helene und ihr Sohn Max Grünbaum lebten in England unter dem Namen Greenwood. Wann die Eltern gestorben sind, ist nicht bekannt. Dr. Max Greenwood lebte am 18.10.1960 in 26 Enville Street, Stourbridge/Worchester. Als Erbe seiner Mutter war er am Entschädigungsverfahren über das Vermögen seiner Tante Ernestine Kleemann beteiligt.

Zum Entschädigungsverfahren über das Vermögen von Isaak und Helene Grünbaum forderte das Bayerische Landesentschädigungsamt, Amt München, laut Meldekarte, Akten zu Sachgebiet II/3 an, die am 04.09.1952 in Nürnberg abgesandt wurden.[21]

Wahrscheinlich gegen Ende des Jahres 1940 hatte Familie Stein eine Wohnung in 20 Seaman Avenue, Apt. 5E, N. Y.C, LO 7–7340 New York, bezogen. Darüber berichtete Wilhelm Kleemann seiner Schwester Elise am 04.01.1941:

»[...], gerade an dem Tag, wo wir zum ersten Mal bei Euren Verwandten zum Besuch waren, die sich in einem schönen Stadtteil ein recht behagliches eigenes Heim geschaffen haben. Wir bekamen den Eindruck, daß die Familie, im Rahmen der allgemeinen hiesigen Emigrantenverhältnisse, ein zufriedenes Leben führt und daß die sehr wohlgeratenen Kinder mit großer Wahrscheinlichkeit ihren Weg hier machen werden.«

Max Stein, in höchster Sorge um die noch in Deutschland lebenden Verwandten, verbrachte viel Zeit mit Behördengängen etc., um so vielen wie irgend möglich die Ausreise in die USA zu ermöglichen. Erst vom 23.07.1941 liegt wieder ein Brief an Meier und Elise Grünbaum vor, die inzwischen in Frankfurt am Main lebten.

»Meine Lieben! Es ist heute so fürchterlich heiß, daß ich im Schlafanzug an der Schreibmaschine sitze und schreibe. Bis eben habe ich mit dem Füllhalter geschrieben, aber die Nässe ist heute so schlimm, daß einem der Federhalter aus den Fingern rutscht. Wir hatten beabsichtigt, die Ausreise für Euch, meinen Schwiegervater [Bernhard Lustig] und Tante Erna [Pommer, Schwester von Marthas Mutter], wie bei Vorchheimers über Kuba einzuleiten, aber leider ist vorerst, d. h. hoffentlich, wie man mir gesagt hat, nur vorerst, Kuba geschlossen. Es gibt nur noch die Möglichkeit, Spanien als Zwischenland zu benutzen, wovon mir auf Grund der wirtschaftlichen Verhältnisse und sonstigen Befürchtungen, dringend abgeraten wurde. Unsere Cousine Martha Stein, deren Sohn schon ein Jahr hier ist, war zur Abreise wieder einmal fertig und sollte einige Tage vor Schluß der Konsulate ihr Visum hierher erhalten. Es ist fürchterlich, wie die Nerven der Leute auf die Probe gestellt werden. Dr. Kleemann bleibt bis September in der Sommerfrische, Herr Schloss ist auch noch weg, wird aber in Kürze zurückkommen.

Wir hoffen, daß Vorchheimers endlich abgereist sind. Bestimmtes wissen wir allerdings noch nicht. Die letzte Nachricht von ihnen hatten wir noch von Würzburg aus.

In Habana [Havanna] ist es noch viel wärmer als hier und es ist noch nicht abzusehen, wie lange die lieben Vorchheimers dort bleiben müssen, weil sie die Einreise hierher, von Kuba aus, ganz von neuem einreichen müssen.

Sonntag haben wir das 80- bzw. 87-jährige Ehepaar besucht, welches vor 2 Wochen hier ankam. Die Leute haben sehr viel mitgemacht und man sollte kaum glauben, daß das möglich ist. Die Unslebener [Verwandte von Martha Stein] wohnen hier in einer Gegend alle beisammen und es geht ihnen wirtschaftlich gut, man kann sogar sagen besser als in Unsleben. Ich habe keine ständige Arbeit, handle aber ab und zu einmal mit dem Artikel von dem ich Dir liebe Tante einmal schrieb und verdiene was wir brauchen. Man ist sehr bescheiden geworden. Bleibt gesund, herzliche Grüße

Euer Max

Meine Lieben, Deine letzte Karte haben wir mit Interesse gelesen und bin ich immer wieder von Neuem erfreut, wie geistesfrisch und lebhaft Du liebe Tante schreibst und wie Du denkst. Sehr leid tut es mir, daß der liebe Onkel Dich gar nicht so ungern braucht. Ich hoffe sehr, daß er Dich und Deine Hilfe [...] und seid von uns allen innigst gegrüßt

Eure Martha

Viele Grüße Erna Pommer«

Diesen Brief hatte Erna Pommer aus Arnstadt weitergeleitet. Er war vermutlich von New York über Amsterdam gekommen und von Vetter Julius Schwab nach Arnstadt geschickt worden. Max Stein hatte diesen Vetter in seinem Brief vom 11.11.1940 erwähnt. Die verwandtschaftlichen Zusammenhänge konnten leider nicht geklärt werden.

Zum jüdischen Neujahrsfest im September sandte Max Stein wieder einen Brief, den Erna Pommer an die Grünbaums weiterleitete. Am 29.08.1941 schrieb er:

»Meine Lieben! Gestern erhielten wir Euren lieben Brief vom 10. August und seht Ihr an der raschen Beantwortung desselben, wie sehr wir uns damit gefreut haben. An Deiner exakten Schrift liebe Tante und an Deinem geistig frischen Briefstil merkt man, daß Du, wie man hier zu sagen pflegt, noch o. k. bist. Bei den Sorgen, welche man sich um die noch drüben Gebliebenen macht, hat man mit solchen Briefen doppelte Freude.

Von den beiden A. [Amalie und Adolf Vorchheimer] hatten wir vor einigen Tagen Brief aus Lissabon, kurz vor ihrer Abfahrt von dort. Das Schiff welches für ungefähr einige hundert Personen eingerichtet ist, ist mit 1100 Personen belegt. Die Verpflegung auf diesen Schiffen soll, wie die Zeitungen schreiben, mehr als unzureichend sein. Hoffentlich bestehen die Lieben die Fahrt gut. Amalie bemerkte, daß diese Reise für meinen Schwiegervater nichts wäre. Da vorerst die Ausreise gesperrt ist, gibt es vielleicht später bessere Reisemöglichkeiten. Diese in jeder Weise unzulänglichen Beförderungen, worüber die Zeitungen spaltengroße Artikel schreiben, können für die Folge nicht so weitergehen. Dabei kostet eine blanke Überfahrt für Vorchheimers 680,– $, das hat früher keine Fürstenkabine auf dem teuersten Schiff gekostet. Adolf schreibt, daß es ein besonders beruhigendes Gefühl für ihn war, als er das Meer gesehen hat.

Seit einigen Tagen hat auch hier die Hitze etwas nachgelassen, da die feuchtheiße Hitze furchtbar ist. Wir haben nur 5 Minuten zum Meer, wo es abends schön kühl ist. Der Verkehr der Vergnügungsdampfer ist sehr rege, ebenso haben viele Leute ihre eigenen kleinen Motorboote. Das Wunderbarste ist allerdings der Blick auf die herrlich erleuchtete Weltstadt mit ihren Wolkenkratzern.

Die lieben Würzburger werden wohl so bald noch nicht hier sein und werden wir Euren Brief, sobald wir die Adresse in Kuba haben, denselben dahin senden. Dr. Kleemann kommt erst nach Labour Day, ein hiesiger besonderer Feiertag, zurück. Das ist der 2. September. Ab diesem Tag trägt niemand mehr weiße Schuhe, Strohhut oder Sommerkleidung. Deinen Brief an Dr. Kleemann werde ich dann persönlich besorgen, da ich gerne die Gelegenheit wahrnehme, mich mit ihm etwas zu unterhalten.

Aron Plaut, d. h. in Frankfurt waren zwei Brüder, kam immer geschäftlich nach Nürnberg, kenne ich. Auf Max Plaut sel. kann ich mich natürlich noch sehr gut erinnern.

Euere Ausreise Angelegenheit behalte ich im Auge, vorerst ist ja leider nichts zu machen. Zum Jahreswechsel sende ich meine herzliche Gratulation mit dem sehnlichsten Wunsch, daß Euch doch noch einmal möglich wird, hierher zu kommen. Schreibt mal wieder, herzliche Grüße, auch an Herrn Plaut und Familie

Euer Max

Eben lesen wir in der Zeitung, daß das Schiff welches Vorchheimers benutzen, ein Frachtdampfer ist und nur 18 normale Kabinenplätze hat und mit *1100* Passagieren besetzt ist.

Meine Lieben, Deinen ausführlichen und besonders geistig frisch geschriebenen Brief liebe Tante, haben wir mit besonderem Interesse gelesen und ich freue mich, daß Du Dich dadurch etwas abgelenkt und in Gedanken mit uns lebst. Hier ist es noch unerträglich feuchtheiß, daß einem alles schwer wird. Die Kinder haben dieses Wetter ausgenutzt und waren zum Wochenende immer am Meer, sind braun wie die Neger. Ludwig (V.) kam begeistert von den Ferien zurück und kann sich hier schwer eingewöhnen! Nächste Woche beginnt seine Schule und viel Arbeit [großer Wasserfleck] […] er bald fertig sein wird. Das Schulwesen ist in Vielem anders, jeder Schüler wird nach […] beurteilt und danach erreicht er […] sucht sich eine neue Stelle […] zur Zeit sehr ungünstig ist. […] Es wird viel verlangt und die […] was ausgegeben. […] die Vorchheimers gut an und auch […] Lebet wohl meine Lieben, nehmet die herzlichsten Glückwünsche zum Jahreswechsel. Alles Gute und innige Grüße

Eure Martha

Meine lieben Grünbaums, für Ihre lieben Zeilen vielen Dank. Wünsche Ihnen ein gutes Neujahr und Gesundheit.

Ich arbeite bis 10 Uhr abends und habe fast keine Zeit für das […]

Ihre Erna Pommer«

Am Ende des Briefes fügt Ludwig Vorchheimer an:

»Meine Lieben, zum herannahenden Jahreswechsel sende auch ich Euch meine herzlichste Gratulation, verbunden mit den besten Wünschen für die Zukunft. Von meinen Lieben [Eltern] dieser Tage einen Brief von Lissabon und sollten in zwei Wochen in Cuba ankommen. Hoffentlich klappt alles weiter.«

Seit November 1940 schrieb Max Stein seine Briefe mit der Schreibmaschine auf Luftpostpapier, deshalb sind sie, trotz größerer Wasserflecke, noch sehr gut leserlich. Marthas Zeilen dagegen, die sie auf der Rückseite anfügte, waren mit Tinte geschrieben, die sich im Bereich der Flecke aufgelöst hat. So blieben ihre Berichte leider fragmentarisch.

Inzwischen waren Amalie und Adolf Vorchheimer mit dem Schiff »Navemar« in Kuba eingetroffen. Max und Martha Stein benachrichtigten die Grünbaums in Frankfurt am 05.10.1941:

»Meine Lieben! Heute ist es wieder so fürchterlich heiß, wie es kaum im Sommer war, sodaß einem das Schreiben zuviel ist. Wir freuen uns sehr mit Eurem lieben Brief, welche Zeilen uns immer eine angenehme Unterhaltung sind.

Ein Teil der Navemar-Passagiere, das Schiff ist hier beschlagnahmt worden, klagt gegen die Gesellschaft wegen der fürchterlichen Unterbringung und der hohen Schiffspreise von 600,– bis 3000,– $. Vorchheimers bezahlten 682,– $ pro Person. Vielleicht habt Ihr darüber gelesen. Vorchheimers werden wohl in Kuba Geduld haben müssen, ich glaube nicht, daß sie so bald hier sein werden. Schreibt bald wieder.
Herzliche Grüße

Euer Max

Meine Lieben, mit Eurem lieben Brief, der uns von Herrn Kleemann übersandt wurde, freuten wir uns riesig und mit besonderer Freude lasen wir Deine geistesfrischen Zeilen, liebe Tante, die doch noch keine Spur von Alter und Müdesein zeigen! Ich hoffe auch, daß sich der liebe Onkel in die Veränderung gefunden hat und die Ruhe Euch gut tut.

Von Adolf und Amalie haben wir zufriedene Berichte, sie werden wohl noch etwas Geduld haben müssen bis sie hier einwandern können. Es ist gut, daß wir auf den Winter zugehen und es dadurch auch nicht mehr so heiß sein wird. Ich bin auch froh, daß es nicht mehr so heiß ist, da ich auch sehr darunter gelitten. Kleemanns habe hier noch nicht gesehen, ich werde sie nächstens mal zu uns bitten.

Zu den Feiertagen waren wir zu einem deutsch-jüdischen Gottesdienst in einem großen Betsaal, wo es sehr feierlich und schön war. Diese hohen Feiertage [Rosch Haschana = Neujahrsfest und Jom Kippur = Versöhnungstag, beide im September/Anfang Oktober] werden hier allgemein gehalten und es ruht fast der ganze geschäftliche Verkehr. Im Allgemeinen kommt man bei dem Tempo nicht mit. Lebt wohl und seid von uns Allen innigst gegrüßt von Eurer Martha«

In Deutschland eskalierte die Verfolgung der Juden von Tag zu Tag. Ab 1. September 1941 war das Tragen des gelben Judensterns verordnet worden. Unzählige entwürdigende Gesetze demütigten die Menschen, deren Ernährungslage und Wohnsituation immer schlechter wurden. Über die Pläne zur Vernichtung der jüdischen Rasse wurde immer offener gesprochen. Am 19. Oktober 1941 erfolgte die erste Judendeportation aus Frankfurt in den Osten. Das Netz aus Entrechtung und Verfolgung wurde zunehmend dichter. Wer noch durch seine Maschen schlüpfen wollte, musste sich beeilen. Laut einem Geheimerlass vom 23.10.1941 wurde die Ausreise für Juden für die Dauer des Krieges verboten.[22] Max Stein schrieb am 07.11.1941 nach Frankfurt:

»Meine Lieben! Vor 3 Wochen haben wir Euch geschrieben, aber in der Zwischenzeit nichts mehr von Euch gehört. Wir hoffen Euch aber gesund und munter. In Gedanken waren wir in den letzten Wochen der furchtbaren Nachrichten sehr oft bei Euch. Wie wir aber in den letzten Tagen aus den Zeitungen erfahren, sind gewisse Maßnahmen aufgehoben

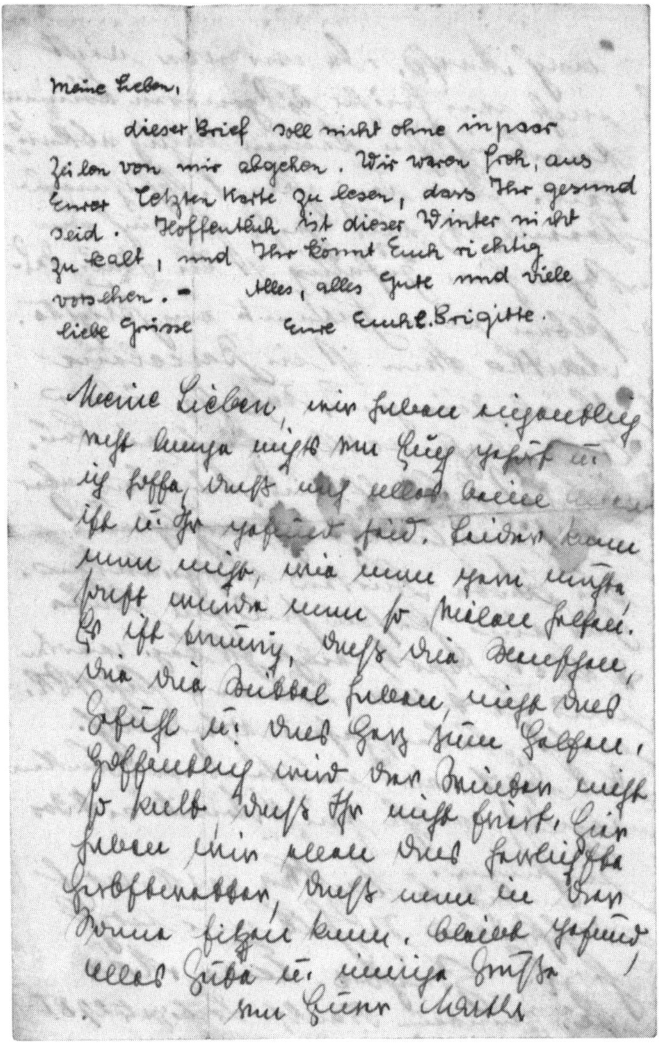

Meine Lieben,

dieser Brief soll nicht ohne ein paar Zeilen von mir abgehen. Wir waren froh, aus Eurer letzten Karte zu lesen, dass Ihr gesund seid. Hoffentlich ist dieser Winter nicht zu kalt, und Ihr könnt Euch richtig vorsehen. – Alles, alles Gute und viele liebe Grüsse Eure Enkel. Brigitte.

Meine Lieben, wir haben eigentlich nichts Neues [illegible] ich hoffe, dass [illegible] Ihr u. Ihr gesund seid. Leider kann man nicht, wie man gern möchte, [illegible] Es ist traurig, dass die Menschen, die die Bibel haben, nicht das Gefühl u. das Herz dazu haben. Hoffentlich wird der Winter nicht so kalt, dass Ihr nicht friert. [illegible] Bleibt gesund, alles Gute u. innige Grüsse von Eurer Martha

84 Brief von Max, Martha und Brigitte Stein
an Meier und Elise Grünbaum 7.11.41

worden. Es sind hier tausende von dringenden Telegrammen eingelaufen, daß Angehörige Kuba umleiten sollen, aber in den meisten Fällen sind die enormen Gelder, die dazu erforderlich sind, nicht aufzubringen. Mit Bürgen kann man Geld zu enormen Zinssätzen leihen, aber wie zurückzahlen? Man wird hier deshalb das Leben auch nicht froh, da jeder einzelne die selben Sorgen und Gedanken hat. Von meinem Schwiegervater und Erna Pommer haben wir weiter noch nichts gehört und wissen auch noch nicht, ob sie das Visum erhalten haben. In der Zwischenzeit ist auch die Visumausgabe für Kuba vorläufig gesperrt, scheinbar war der Andrang zu groß. Vorchheimers schreiben ganz zufrieden, natürlich möchten sie schon hier sein, aber das geht nicht so einfach und rasch. Der frühere Teilhaber des lieben Adolf, Herr Neuburger, welcher auch mit der ›Navemare‹ gekommen ist, hat mich vorige Woche besucht. Er verkauft Anzüge nach Maß. Da wir aber nicht mehr wie früher disponieren können, konnte ich ihm keinen Anzug abkaufen. Von dem ehemaligen Schuhmacher Rosenthal aus Geisa ist auch ein Sohn hier. Zufällig ist die Frau desselben eine Bekannte von Brigitte. Martha Stein ist in Barcelona, schrieb dringend, daß sie über Kuba hierher will, ebenso ein Bruder des lieben Adolf [Vorchheimer] aus München, aber es ist uns leider nicht möglich, uns die Kuba-Bürden aufzuladen. Für 1 Person sind für Kuba 2650 $ Depot, welche zurückgezahlt werden, und ca. 1100 $ für Visum und Schiffskabine nebst Nebenkosten erforderlich.

Das Depot wird meistens von Leuten abgelöst, welche für ›4 Monate‹ ca. 300 $ nehmen. Die liebe Martha will noch schreiben, deshalb nur noch herzliche Grüße

Euer Max

Meine Lieben, dieser Brief soll nicht ohne ein paar Zeilen von mir abgehen. Wir waren froh, aus Eurer letzten Karte zu lesen, daß Ihr gesund seid. Hoffentlich ist dieser Winter nicht zu kalt und Ihr könnt Euch richtig vorsehen. – Alles, alles Gute und viele liebe Grüße

Eure Euch liebende Brigitte

Meine Lieben, wir haben eigentlich recht lange nichts von Euch gehört und ich hoffe, daß auch alles beim Alten ist und Ihr gesund seid. Leider kann man nicht wie man gerne möchte, sonst würde man so Vielen helfen. Es ist traurig, daß die Menschen, die die Mittel haben, nicht das Gefühl und das Herz zum Helfen haben. Hoffentlich wird der Winter nicht so kalt, daß Ihr nicht friert. Hier haben wir noch das herrlichste Herbstwetter, daß man in der Sonne sitzen kann. Bleibt gesund, alles Gute und innige Grüße von Eurer Martha«

Wie groß die Sorgen um die in Deutschland verbliebenen Verwandten waren, lässt der Brief erkennen, den Max und Martha Stein bereits drei Tage später, am 10.11.1941, nach Frankfurt sandten:

»Meine Lieben! Vorgestern, nach so langer Zeit, erhielten wir endlich Eure liebe Karte vom 21. Oktober und waren sehr froh, endlich einmal wieder ein Lebenszeichen von Euch zu bekommen. Daß Ihr von uns so lange nichts bekommen habt ist uns unbegreiflich, obwohl wir festgestellt haben, daß unsere Feiertagspost nach Leipzig [an Schwiegervater Bernhard Lustig] bzw. Arnstadt [an Tante Erna Pommer] nicht angekommen ist, wo jedesmal Post für Euch beigefügt war. Euren lieben Brief durch Dr. Kleemann haben wir Euch bereits bestätigt. In den vergangenen unruhigen Wochen haben wir fortwährend an Euch gedacht. Scheinbar war es doch Gedankenübertragung, daß wir nichts Gutes ahnten. Hoffentlich bleibt es nun doch beim Alten. Wir entnehmen das daraus, weil die bei vielen Bekannten nunmehr eingelaufenen Telegramme lauten ›Kuba nicht einleiten‹. Eine Woche früher war der Text der Telegramme gegenteiligen Inhalts.

Man wird das Leben nicht froh, wenn man so hilflos dasteht und nicht helfen kann. Es ist fürchterlich. Vorchheimers sind noch in Kuba, das ist alles nicht so einfach, nachdem alles verschärft ist. Es ist auch garnicht abzusehen wann Vorchheimers kommen können. Ja liebe Tante, ich habe mir Eueren Lebensabend auch anders gedacht und wollte Euch wie die eigenen Eltern beschützen und behüten. Aber wie sehr hat man sich verrechnet und steht so machtlos da. Über die Möglichkeit für meinen Schwiegervater und die Arnstädter Tante sind wir auch noch ganz im Ungewissen. Hoffentlich klappt es noch.

Von Lissabon aus ließ ich Euch durch Löwenthals, welche in Eschwege im Haus eine Etage höher wohnten, ein Päckchen zugehen, hoffentlich kommt solches an. Adolfs Bruder aus München [Bernhard Vorchheimer] sandte an uns bzw. seinen Neffen Ludwig auch ein Nottelegramm, aber leider sind er und wir machtlos. Gisella war gestern Abend bei uns, sie will für ihre Eltern, welche ebenfalls telegraphierten, Kuba machen, z. Zt. soll Kuba aber gesperrt sein, wer aber das Visum bereits hat kann einreisen. Schreibt uns bitte regelmäßig, damit wir über Euch orientiert sind und seid herzlich gegrüßt von Eurem Max

Meine Lieben, die Post ist leider zu lange unterwegs und ich hoffe und wünsche, daß Ihr inzwischen gesund geblieben seid und Eure Wohnung nicht aufgeben mußtet. Meine Gedanken und Sorgen sind immer bei Euch und es tut mir zu weh, daß wir nicht helfen können. Adolf und Amalie schreiben recht zufrieden. Sie dürfen immer wieder von Neuem dankbar sein, daß sie Glück hatten. Nun meine Lieben alles Gute und herzliche Grüße von uns Allen

Eure Martha«

Dieser Brief der Familie Stein war der letzte, der die Grünbaums in Frankfurt erreichte – und umgekehrt wird es das Gleiche gewesen sein. Durch den Eintritt der USA in den Zweiten Weltkrieg war nun auch Amerika zum Feindesland geworden. Sollten Verwandte oder Bekannte die Briefe aus Holland oder Belgien nach Deutschland expediert haben, wofür es leider keine Beweise gibt, so war auch dies mit der Besetzung dieser Länder durch die deutschen Truppen unmöglich geworden. Auch der letzte Brief von Elises Bruder Wilhelm Kleemann trug das Datum 06.11.1941. Nun waren sie völlig voneinander getrennt.

Auf Tante Erna Pommer und Schwiegervater Bernhard Lustig wartete Familie Stein in New York vergebens. Beide konnten die rettende Reise nicht mehr antreten, obwohl sie seit Anfang November im Besitz ihrer Ausreisevisa waren. Eine Kontaktmöglichkeit gab es jetzt nur noch über die im Text sehr eingeschränkten Karten, die das Rote Kreuz übermittelte. Auf diesem Wege könnte die Familie in New York erfahren haben, dass im Jahre 1942 mindestens acht ihrer Verwandten deportiert und ermordet wurden oder starben.[23]

Erna Pommer,	deportiert am 10.05.1942 nach Belzyce, ermordet im Raum Lublin, Todesdatum unbekannt.
Rosa Weinstock, Max Steins Schwester, und ihr Mann, Sigmund Weinstock,	deportiert Juni 1942 nach Izbica, beide ermordet im Raum Lublin, Todesdaten unbekannt.
David Lomnitz, Max Steins Schwager, Vater von Max Lomnitz,	deportiert am 23.07.1942 nach Theresienstadt, am 26.09.1942 weiter nach Treblinka. Dort ermordet, Todesdatum unbekannt.
Elise Grünbaum, Max Steins Tante, und ihr Mann, Meier Grünbaum,	deportiert am 18.08.1942 nach Theresienstadt, beide dort gestorben am 03. bzw. 22.09.1942.
Bernhard Lustig,	Martha Steins Vater, deportiert am 20.09.1942 nach Theresienstadt, dort gestorben am 04.10.1942.
Leo Seliger, Erna Pommers Bruder,	deportiert am 20.09.1942 nach Theresienstadt, dort gestorben am 16.04.1944.

Amalie Vorchheimer, Max Steins Schwester, und ihr Mann Adolf, die Eltern von Ludwig, hatten in Havanna drei Monate auf ihre Einreisevisa für die USA gewartet. Sie erreichten New York im Dezember 1941.

Max Steins Versuche, in New York noch einmal beruflich Fuß zu fassen, scheiterten. Nur vorübergehend hatte er einen

Posten als Angestellter, bis er 1947 wegen eines schweren rheumatischen Herzleidens 100 % arbeitsunfähig wurde und von der Alters-Sozial-Versicherung eine monatliche Rente von 47$ erhielt.

In seinem Geburtsort Reichensachsen wurde der am 21.12.1938 auf seiner Geburtsurkunde erfolgte Randvermerk »Auf Antrag vom 15.12.1938 wird dem in nebenstehender Urkunde benannten Max Stein ab 1. Januar 1939 der Vorname ›Israel‹ beigefügt. Der Standesbeamte«, am 17.06.1949 gelöscht.

Nun begann der Kampf um die Entschädigung für das vom Deutschen Reich geraubte Vermögen und den Verdienstausfall ab 1934. Am 29. Juni 1949 hatte Max Stein in New York seine Ansprüche im Rückerstattungsverfahren aufgrund des Militärregierunggesetzes Nr. 59, dass die »Rückerstattung feststellbarer Vermögensgegenstände an Opfer der nationalsozialistischen Unterdrückungsmaßnahmen« beinhaltete, an seinen Sohn Ludwig Hugo Stein abgetreten und schrieb ergänzend: »Sollte es sich in dem Rückerstattungsverfahren ergeben, daß einzelne dieser Ansprüche nicht nach dem Gesetz 59 der Militärregierung vergütbar sind, sondern nach dem z. Zt. in Vorbereitung befindlichen Entschädigungsgesetz zur Entschädigung kommen, so ist mein vorgenannter Sohn auch berechtigt, derartige Ansprüche nach den hierfür maßgeblichen gesetzlichen Bestimmungen in eigenem Namen für sich geltend zu machen.«

Max Stein fühlte sich den Aufregungen des Verfahrens gesundheitlich nicht mehr gewachsen.

Am 29.03.1950 sandte Ludwig Stein die Anmeldung auf Entschädigung, mit allen erforderlichen Angaben, an das Landratsamt Eschwege und schrieb u. a. dazu:

»In einer Feststellungsklage gegen das Deutsche Reich hat die Wiedergutmachungskammer in Kassel festgestellt, daß das Deutsche Reich dem Antragsteller für beschlagnahmtes Vermögen, Reichsfluchtsteuer, Judenvermögensabgabe usw. einen Betrag von 104 605,46 RM schuldet.«

Als Zeugen wurden Max Lomnitz und Rechtsanwalt Groeber in Eschwege angegeben. In dem Wiedergutmachungsverfahren wurde am 3. Juli 1953 auch die Zeugin Käthe Eisenträger zu den Ereignissen der Pogromnacht im Hause Stein gehört.

In dem »Antrag auf Erteilung einer Bedürftigkeitsbescheinigung«, den Max Stein gestellt hatte, bescheinigt das Generalkonsulat der Bundesrepublik Deutschland in New York am 3. Dezember 1954:

»Auf Grund der vorstehenden Angaben, deren Richtigkeit hier glaubhaft gemacht wurde, bescheinigt das Generalkonsulat, daß sich Herr Max Stein in einer wirtschaftlichen Notlage befindet. Das Generalkonsulat befürwortet die bevorzugte Behandlung der Wiedergutmachungsangelegenheit sowie Gewährung von Vorschußleistung mit Rücksicht auf die geltend gemachten Sonderausgaben.

[Unterschrift] von Saucken, Konsul [Amtsstempel]«[24]

Trotz dieser Befürwortung zog sich das Verfahren noch über einige Jahre hin. Nun waren es die Beamten der Bundesrepublik Deutschland, die den bestohlenen Emigranten nur sehr zögerlich zu ihrem Recht verhalfen und sie auf diese Weise erneut demütigten.

Ob Max Stein eine Wiedergutmachungszahlung noch erlebt hat, ließ sich nicht korrekt klären. Er, der in den letzten zwanzig Jahren seines Lebens nicht mehr froh werden konnte, starb am 1. Juni 1955, im Alter von dreiundsiebzig Jahren, in New York.

Seine Frau Martha bezog ab dem 1. Juli 1955 eine monatliche Rente von 360,– DM aus Deutschland, die im Januar 1961 auf 420,– DM angehoben wurde. Grundlage für die Berechnung war der Verdienstausfall von Max Stein ab 1934, umgerechnet in eine vergleichbare Beamtengruppe des gehobenen Dienstes. Für die Zeit vom 1. Juli 1955 bis 31. Dezember 1960 erhielt Martha eine Nachzahlung von 7374,60 DM. Das wurde ihr am 18. Oktober 1961 von der Kanzlei des Regierungspräsidenten in Kassel mitgeteilt. Rechtsanwalt Groeber aus Eschwege teilte dieser Dienststelle am 30. März 1962 mit, dass Martha Stein am 18. März 1962 in New York gestorben ist. Martha war nur 66 Jahre alt geworden.

Brigitte, die Tochter von Max und Martha Stein, die während der Flucht verhaftet wurde, konnte nach ihrer Entlassung nach London fliehen und lebte dort bei ihrem etwa vierzigjährigen Vetter Max Grünbaum. Dessen Eltern, Isaak und Helene Grünbaum, die in Stourbridge wohnten, hatten ihren Neffen Ludwig Vorchheimer bei sich aufgenommen.

Nachdem auch Brigittes Eltern Ende Januar 1940 in London eintrafen, trat die Familie Stein am 9. Februar 1940 die Reise nach New York an. Brigitte hatte in Deutschland eine Haushaltsschule besucht und unter anderem auch nähen gelernt. So fand die Neunzehnjährige schnell eine Stelle in einer Schneiderei. Dort arbeitete sie, bis sie im Jahr 1947 den am 29.06.1921 geborenen Kurt Gutmann heiratete. Die beiden Töchter Laurie und June wurden in New York geboren. Ihre Heimatstadt Eschwege besuchte Brigitte Gutmann noch einmal im Jahr 1989. Inzwischen über neunzig Jahre alt, lebt sie in New York.[25] Ihr Mann Kurt war am 20.02.2003 verstorben.

Die Suche nach ihrem Bruder, Ludwig Hugo Stein, begann im Jahre 2008. Doch als er endlich im Frühjahr 2009 durch Jörg Kaps aus Arnstadt gefunden wurde, war er bereits schwer krank und starb kurze Zeit später. So kam es leider nicht mehr zur Beantwortung meiner Fragen, doch es konnte einiges in Erfahrung gebracht werden, unter anderem aus seinem Nachruf in der *New York Herald Tribune*, der in Amerika einem kurzen Lebenslauf gleicht.

85 Ludwig Stein, 1945 als Soldat in Deutschland

Ludwig Hugo Stein, der als sechzehnjähriger Schüler 1940 nach New York kam, beendete dort zunächst seine Schulausbildung an der Stuyvesant Highschool, mit den Hauptfächern Mathematik und Naturwissenschaften. Im Februar 1942 wurde er zum Militärdienst eingezogen und kam 1945 als Staff-Sergeant der US-Army, 10. Panzerdivision, nach Deutschland, wo er in der Nähe von Garmisch stationiert war.[26]

Erst am 8. Mai 1943 wurde er amerikanischer Staatsbürger. Im Spätsommer 1945 fuhr er, begleitet von einem Freund, nach Unsleben, dem Geburtsort seiner Mutter, um das Haus seiner Großeltern Bernhard und Lina Lustig noch einmal zu sehen, in dem er glückliche Kindertage erlebt hatte.

Das erzählte mir Frau Lydia Volkmuth im Jahre 2008, eine Zeitzeugin, deren Eltern unmittelbare Nachbarn der Familie

Lustig waren und deren Enkelsohn und seinem Begleiter 1945 gerne Gastfreundschaft gewährten. Die beiden jungen Soldaten übernachteten dort.

Die dreiundachtzigjährige sehr lebhafte Dame bedauerte, dass sie als Zwanzigjährige wenig Interesse an dem abendlichen Gespräch gezeigt hatte und nicht zuhörte, was Ludwig Stein von seinen Eltern und dem Leben in New York berichtete. Sie war im landwirtschaftlichen Betrieb ihrer Eltern beschäftigt und kam abends müde von der Feldarbeit nach Hause, so dass sie dem Besuch kaum Beachtung schenkte. An einen sehr freundlichen, gut aussehenden jungen Mann mit dunklen Haaren erinnert sie sich aber noch.[27] Frau Volkmuth wird später noch einmal über die Familie Lustig berichten.

Es war wohl mehr als ein glücklicher Zufall, dass ich Frau Anita Stein, der Witwe von Ludwig Hugo Stein, persönlich begegnete.

Auf der Suche nach der Familie Max Stein gab es mehrere Kontakte mit Herrn Dr. Kollmann vom Stadtarchiv Eschwege. Dankenswerterweise informierte er mich darüber, dass vom 28. Januar bis zum 5. April 2012 die Ausstellung *Legalisierter Raub. Der Fiskus und die Ausplünderung der Juden in Hessen 1933–1945* in Eschwege gezeigt werde. Diese Wanderausstellung, ein Projekt des Fritz Bauer Instituts und des Hessischen Rundfunks, werde in Eschwege ergänzt durch eine umfangreiche Dokumentation über Ludwig Stein, erarbeitet von Schülerinnen und Schülern der neunten Klassen der Anne-Frank-Schule. Frau Stein, die in regem Austausch mit den Schülern stehe, werde als Ehrengast zur Eröffnung der Ausstellung erwartet.

Die Begegnung mit Frau Anita Stein, die, begleitet von ihrer Enkelin Frau Robyn Haim, nur wenige Tage in Deutschland verbrachte, war ein besonderes Erlebnis. Sie empfing mich liebenswürdigerweise zu einem kurzen Gespräch in Frankfurt. Sehr aufgeschlossen sprach die zierliche, kultivierte Dame über ihre Familie und das Leben ihres berühmt gewordenen Ehemannes, dessen Andenken sie unermüdlich pflegt. Sie erinnerte sich auch gut an Max Lomnitz und Ludwig Vorchheimer, die Cousins von Ludwig Stein, und berichtete von ihrer Schwägerin Brigitte Gutmann. Einige Familienfotos wolle sie noch aus New York schicken. Ohne Frau Steins große Hilfsbereitschaft, für die ich ihr sehr dankbar bin, wäre in diesem Kapitel einiges offen geblieben.

Anita Stein geb. Sander kam am 20. 01.1929 in Frankfurt am Main zur Welt. Bis zu ihrem zehnten Lebensjahr wohnte sie mit ihren Eltern in der Niedenau 27, im Frankfurter Westend. Ihre Mutter Lili geb. Wolff, geboren am 16.07.1891 starb sehr jung am 13.01.1936. Ihr Vater Hugo Sander, geboren am 27.01.1887, drängte nach dem Novemberpogrom darauf, seine beiden Töchter, die neunjährige Anita und ihre dreizehnjährige Schwester Lore, in Sicherheit zu bringen, und schickte sie mit einem Kindertransport nach England. Anita Sander lebte in der Nähe von London und ging dort zur Schule. An die schweren Bombenangriffe der deutschen Luftwaffe erinnert sie sich mit Schaudern.

In Frankfurt hatte Vater Sander die Wohnung in der Niedenau 27 verlassen müssen und zog in die Freiherr-vom-Stein-Straße 24–26. Das große Haus, das direkt neben der Westend-Synagoge steht, hat den Zweiten Weltkrieg fast unbeschadet überstanden.

Im Jahre 1940 kam Hugo Sander mit seinen Töchtern nach New York. Er starb dort am 02. 12. 1984 im Alter von siebenundneunzig Jahren.

Seine spätere Frau lernte Ludwig Stein 1946 in einem Sommercamp kennen. Nachdem er vom Militärdienst aus Europa zurückgekommen war, folgte Ludwig der Empfehlung seines Vaters, der ihm riet: Werd nicht Kaufmann, werd Ingenieur. Er begann ein Bauingenieurstudium am City College of New York, das er 1949, im Alter von fünfundzwanzig Jahren, abschloss.

Frau Stein lächelte, als sie darüber sprach, dass ihr Mann erst heiraten wollte, wenn er eine sichere Stellung hatte und eine Familie ernähren könnte, das gehöre sich so! Am 11. Juni 1950 heiratete das junge Paar. Tochter Linda wurde am 23.02.1954 geboren, ihr folgte Tochter Michelle am 14.10.1955.

Ludwig Steins beruflicher Werdegang verlief außerordentlich erfolgreich. Als Großbauingenieur in der Tri-State-Area, dem Dreistaatengebiet New York, New Jersey und Connecticut, hatte er sich in Amerika schon den besten Ruf erworben, bevor er in den 1980er Jahren auch international bekannt wurde. Larry Stein, wie er in der Öffentlichkeit genannt wurde, leitete in den Jahren 1983 bis 1989 die Restaurierung der Brooklyn Bridge und fast gleichzeitig die der Freiheitsstatue. Trotz hoher Ehrungen und der Auszeichnung mit vielen Medaillen sei ihr Mann stets bescheiden geblieben, sagte Frau Stein und zeigte ein Foto, auf dem er hoch oben auf einem Pfeiler der Brücke steht. Ein jugendlich wirkender, gut aussehender Mann, dem man sein Alter von sechzig Jahren nicht ansieht. Ein anderes Bild zeigt ihn auf einem Gerüst im Arm der Freiheitsstatue.

Die Arbeit an der Brooklyn Bridge bedeutete für Ludwig Stein die Krönung seiner beruflichen Laufbahn. Sie war auch das Motiv eines Logos, das er für sich entworfen hatte und das jetzt auf seinem Grabstein verewigt ist. Ludwig Hugo

86 Ludwig Stein 1989 in Eschwege

Stein starb nach kurzer schwerer Krankheit am 31. Juli 2009, wenige Wochen nach seinem fünfundachtzigsten Geburtstag.

Als er im Jahr 1989 seine Heimatstadt Eschwege besuchte, brachte er als Souvenir ein Stück altes Kabel von der Brücke mit. Montiert auf ein Holzbrettchen und mit seiner Signatur versehen, hängt es jetzt im Gasthof »Zur Krone« unter zwei vergilbten Fotos aus den Jahren 1886 und 1936. Diese Fotos der Brooklyn Bridge stammen aus dem Nachlass von Johann August Röbling (geboren 1806 in Mühlhausen), dem Ingenieur, der den Bau der Brücke leitete. Die Einweihung im Jahr 1883 erlebte er nicht mehr, er war an den Folgen eines Arbeitsunfalls 1869 in New York gestorben. Die Bauleitung setzte sein Sohn Washington Röbling fort. Familie Brill, die heutigen Besitzer des Gasthofs, ist mit der Familie Röbling verwandt.

Frau Stein hatte mich auf das Souvenir ihres Mannes aufmerksam gemacht, als sie hörte, dass ich in diesem Gasthof übernachtete. Es war einer von mehreren merkwürdigen Zufällen während meiner Recherchen.

Begleitet von seiner Frau Anita kam Ludwig Stein im Jahr 2006 ein letztes Mal nach Eschwege. Die jetzt eröffnete Ausstellung zeichnet seinen Lebensweg noch einmal nach. Die großen Tafeln mit Texten und Fotos aus dem Privatbesitz von Frau Stein fanden regstes Interesse der über zweihundert Besucher, die sich am Eröffnungsabend in den Räumen der Sparkasse Werra-Meißner in der Friedrich-Wilhelm-Straße 40–42 versammelt hatten.

Nur wenige Meter von hier entfernt, im Haus Nr. 6, hatte Ludwig Stein seine Kindheit verbracht.

Frau Robyn Haim, die Enkelin, die Frau Stein begleitete, entstammt der ersten Ehe ihrer Tochter Linda mit Robert Sherez. Sie wurde 1978 geboren, ihr Bruder Mitchell 1980. Aus Lindas zweiter Ehe mit Michael Yoffe stammt Tochter Sara, geboren 1989.

Michelle, die jüngere Tochter von Anita und Ludwig Stein, heiratete im Jahr 2011 Paul Shaviv.[28]

Max Lomnitz

Neffe von Max Stein

Max Steins Schwester Gida, geb. am 30.10.1883 in Reichensachsen, Kreis Eschwege,[1] und David Lomnitz, geb. am 06.03.1871 in Bischhausen, Kreis Eschwege,[2] hatten am 1. August 1904 geheiratet und lebten in Eldagsen, Kreis Springe/Niedersachsen, wo David Lomnitz als Lehrer tätig war. Hier wurde Max Lomnitz am 14.07.1905 geboren.[3]

Im Alter von neunzehn Jahren kam der junge Kaufmann am 01.08.1924 von Frankfurt nach Eschwege[4] und arbeitete in der Firma seines Onkels, »Max Stein Eschwege, Zelte, Wagenplanen, Pferdedecken- und Säckefabrik«.

Laut seiner Zeugenaussage im Entschädigungsverfahren Max Stein war er in dessen Firma zwölf Jahre als Geschäftsführer tätig und mit allen Steuerangelegenheiten der Firma befasst. Während des Pogroms in Eschwege wurde er für kurze Zeit in »Schutzhaft« genommen und verschleppt. Das Lager ist nicht bekannt.

Zusammen mit der Familie Stein floh Max Lomnitz Ende Januar 1939 nach Antwerpen und wartete dort auf das Ausreisevisum für die USA. Die gemeinsame Emigration gelang der Familie am 9. Februar 1940 von Liverpool aus. Am 19. Februar 1940 erreichte die »Britannic« den Hafen von New York, wie im Kapitel »Max Stein« ausführlich beschrieben.

Seinen Verwandten, Amalie und Adolf Vorchheimer in

Würzburg und Elise und Meier Grünbaum in Wiesbaden, berichtete er am 01.11.1940 in einem langen Brief von den ersten Monaten seines Aufenthalts in New York. Bedauerlicherweise weist auch dieser Brief große Fehlstellen durch Wasserflecke auf und enthält einige Rekonstruktionsversuche.

»Meine Lieben, zum neuen Jahr sende ich Euch die herzlichsten Glückwünsche. Gesundheit und Zufriedenheit und etwas bessere Zeiten für die gesamte Judenheit möge uns dieses Jahr bringen. Ein bißchen Glück könnten wir alle gebrauchen, aber man ist bescheiden geworden. Schon immer wollte ich Euch mal schreiben, aber hier läßt sich nichts so gut verschieben, wie die Briefe. Ich komme mir vor wie ein fauler Zahler der vom Verlustkonto abgebucht ist und vorerst [...] à Contozahlung leistet. Jedenfalls [...] Acht Monate sind wir nun hier und manchmal kommt es mir vor als wären [...] wir gestern (?) gelandet. Wie man es sich dort vorstellt [...] eben mal (?) in die Wallstreet laufen und dort die Dollars [...] aufzulesen und (?) Millionär zu werden gibt es leider nicht. [...] Male habe ich die Straße abgesucht aber nichts gefunden. Das Schuheputzen an den Straßenecken mit den vielen Krösussen ist auch nicht mehr. Heute stehen viele, wo früher ein einzelner war. Man muß hier [...] etwas Besonderes (?) bringen um imponieren zu können. Bis mir etwas geistreiches einfällt, schlage ich mich eben so durch.

›Jedem eine gut bezahlte Arbeitsstelle, jedem 1 Auto, jeden Tag Geflügel‹ verspricht ein Präsidentschaftskandidat allen, wenn er für die nächsten 4 Jahre zum Präsidenten der USA gemacht wird. Am 5. ds. Monats ist Wahltag. Ich drücke nun beide Daumen und die großen Zehen auch, damit er gewinnt. [Wiedergewählt wurde Präsident Franklin D. Roosevelt.]

Wahlen sind jetzt an der Tagesordnung. Louis, Ludwig Stein, erzählte mir, daß sie den Klassenpräsidenten gewählt hätten. Jeder Kandidat mußte eine Rede halten. Sieger wurde Al Smith. Er versprach jedem Klassenkameraden Mädels zu beschaffen, die sie mit in den Unterricht bringen dürften, damit die Zeit nicht zu lang werde. Muß man da nicht sagen: ›Glückliches Amerika?‹

Man nimmt aber alles so gedankenlos hin, als ob es so sein müßte. Dabei könnte man auch ebensogut noch in Antwerpen sitzen, bzw. irgendwo im Lager. Hier in New York läßt es sich bestimmt besser leben. Der Verkehr ist riesig und wickelt sich reibungslos und im […]tempo ab. New York besteht aus den […] Stadtteilen Manhattan, Brooklyn, Queens und Bronx. Wir leben in Manhattan, dem bekanntesten, und zwar in der Gegend, wo die meisten Emigranten wohnen und die daher ›das 4. Reich‹ genannt wird. Manhattan ist eine Insel und mit den anderen Stadtteilen durch Tunnels, Brücken und Fähren verbunden. Die Einteilung der Straßen ist so einfach, daß sich jeder leicht und schnell zurechtfinden kann. Die Straßen, die in der Länge der Insel laufen, heißen Avenues und es gibt deren 12, die alle Nummern als Namen haben. Die berühmteste ist die fünfte Avenue. Sie liegt ungefähr […] die 30 km lange und 5 km breite Insel […] Was rechts der V. Avenue liegt, ist Eastside, links davon ist Westside. Die Straßen, die quer laufen, heißen Streets und haben auch Nummern und zwar von 1–300. Die Entfernung von einer […] ist ca. 100 mtr. und heißt ein […] rechtwinklig.

Die Hausnummern […] und alles so einfach und leicht zu finden. Ich wohne 500 Wests. 177 Street, das heißt auf der Westseite, Haus 500 in der 177 Straße.

Es gibt auch Straßen, die Namen anstatt Zahlen haben, das

sind aber nur wenige. Die Hauptverkehrsmittel sind die Untergrundbahnen. Es gibt deren 5 und zwar alles Privatgesellschaften. Die größte Subway befördert jeden Tag 1 Million Menschen. Der Fahrpreis ist überall 5 cent. Fahrkarten gibt es nicht, man wirft das Geldstück ein und kann dann auf den Bahnsteig gehen. Jeder Zug hat 10 Waggons, alles eine Klasse und fährt 120 km Tempo und in Abständen von 3 Minuten. Man kann daher in kürzester Frist große Strecken bewältigen. Ich arbeite jetzt in der 26. Straße und komme von meiner Wohnung in 20 Minuten dorthin. Es ist ein verhältnismäßig kleiner Betrieb. Wir haben einen Parkplatz für 100 Autos, etwas Reparatur und in der Hauptsache Tankstelle und Autoreifenwechsel.

Letzteres machen wir im Lohn für eine Reifenfabrik, die uns ihre Kunden zuweist. Wir sind 8 Arbeiter und alle anderen sind Amerikaner. Ich habe also keine Gelegenheit [...] ein Wörtchen deutsch zu sprechen. Es ist dieses ganz gut und wenn [...] ist, dann nimmt man die [...] Im Allgemeinen geht es allen Eingewanderten gut. Das Wichtigste hier ist, daß man Arbeit hat. Leider ist das nicht immer so leicht, denn es gibt 10 Millionen Amerikaner, die ohne Arbeit sind. Es hat hier niemand auf uns gewartet, bekommt man bei jeder Gelegenheit gesagt. Beliebt sind wir Refugies hier nicht, aber das kann man auch nicht verlangen. Ich nehme an, daß sich das alles jetzt ändert, nach dem neuen Verteidigungsprogramm sind nämlich 17 Millionen Männer zwischen 21–36 Jahren zum einjährigen Militärdienst einberufen. Ich gehöre übrigens auch dazu. Das gibt dann ein bißchen Luft für die Arbeitslosen. [...] Arbeitsplatz ist nämlich etwas für [...] Zu meinem Boss kommen auch öfters Leute [...] keinen Amerikaner einstellt. [...] es ist vielleicht gut, den vielen [...] Jetzt muß ich schließen und später noch zu meinem Onkel gehen [Max Stein]. Jetzt wohnen sie mehr gegenüber und wir alle sind hier glücklich und zufrieden. Meine Tante [Martha Stein] hat sehr viel Arbeit, sieht aber gut aus. Brigitte ist sehr fleißig, ihr Geschäft ist nur einige Häuser von der Wohnung entfernt. Ludwig Vorchheimer wohnt jetzt bei ihnen, er ist ein prächtiger Junge. Er hat auch schon allerhand mitgemacht, aber Mensch sein heißt Kämpfer sein, hat mal irgendeiner gesagt. Er hat sehr schnell Arbeit gefunden und sich gut eingelebt. Louis, das ist Ludwig Stein zum Unterschied von Ludwig Vorchheimer, besucht die Schule. Es gefällt ihm dort sehr gut. Hier ist die Schule mehr Vergnügen und die Lehrerin eine ganz andere wie in Deutschland. In seiner Freizeit malt er Reklameschilder, die er verkloppt. Er ist ein ganz selten lieber Kerl. Ein anderes Mal schreibe ich Euch mehr. Für heute verbleibe ich mit besten und herzlichen Grüßen

Euer Max Lomnitz«

Dass Max Lomnitz, bei seiner Ankunft in New York fünfunddreißig Jahre alt, versuchte, mit seinem Onkel Max Stein eine neue Existenz zu gründen, ist aus den Briefen von Dr. Wilhelm Kleemann bekannt, den die beiden des Öfteren besuchten.

Max Lomnitz, der nach seiner Einbürgerung den Namen Lomner annahm, war in New York als Kaufmann tätig. Am 7. Juni 1947 heiratete er Martha Stein geb. Eichenberg. Sie war über Kuba nach New York gekommen. Martha, etwas älter als ihr Mann, hatte einen Sohn aus erster Ehe, Ernst Stein. Die Ehe von Max und Martha Lomner blieb kinderlos. Max Lomner starb im 06. August 1970 im Alter von fünfundsechzig Jahren in New York, seine Frau Martha starb am 18. Februar 1990, ebenfalls in New York.[5]

Über Max Lomnitz' Mutter Gida, die älteste Schwester von Max Stein, war, außer ihrem Todesdatum 22.03.1918, nichts in Erfahrung zu bringen, vieles dagegen über seinen Vater David Lomnitz.

Aus der Entschädigungsakte des Hauptstaatsarchivs Hannover, Signatur Nds. 110 W Acc 14/99 Nr.125 892, ließ sich ein großer Teil des Lebenslaufs von David Lomnitz erschließen. Hier ist auch erwähnt, dass seine Schwester, Frau Julie (?) Amram, im Jahr 1938 seinen Haushalt führte.

Die Abschrift einer Verfügung der Königlichen Regierung zu Hannover, Abteilung Kirchen- und Schulwesen, vom 8.1.1896 bestätigt die definitive Anstellung des Lehrers David Lomnitz an der jüdischen Volksschule zu Eldagsen. Seit dem 1. Dezember 1905 war er dort auch als Rabbiner und jüdischer Privatlehrer gemeldet, betrieb daneben Altertumsforschung, war ein bekannter Münzsammler und als Sachverständiger am Oberlandesgericht Celle tätig – ein hochgeachteter Mann in Eldagsen.

Schriftführer der SPD, Ortsverein Eldagsen, war David Lomnitz seit 1918 und in dieser Eigenschaft – und als Jude – bereits seit 1933 der ständigen Verfolgung der Nationalsozialisten ausgesetzt. Den Schuldienst an der Volksschule musste er bereits im Sommer 1933, im Alter von zweiundsechzig Jahren, quittieren, seine Pensionsansprüche wurden gestrichen. Eine Tätigkeit als jüdischer Privatlehrer war ihm noch gestattet.

Verhaftungen auf Veranlassung der NSDAP durch die SA, die SS und die Gestapo lösten sich in kurzer Folge ab, so dass David Lomnitz zwischen 1933 und 1940 insgesamt einundfünfzig Monate im Gefängnis verbrachte.

Seine bedeutende, sehr wertvolle Münzsammlung wurde

nach der Pogromnacht 1938 von der Polizei beschlagnahmt. Im Februar 1939 wurde er wegen »vorsätzlich unrichtiger Angaben zur Erschleichung einer Bescheinigung oder devisenrechtlicher Genehmigung« zu einer Haftstrafe verurteilt, die er zwischen dem 14.02.1939 und 12.06.1940 im Gefängnis von Hannover verbüßte. Dazu das Zitat eines Anwalts im Entschädigungsverfahren vom 04.11.1960: »Es kann aber meines Erachtens garnicht zweifelhaft sein, daß nur die Zwangslage, in der sich die jüdischen Verfolgten seinerzeit befunden haben, sie zu Verstößen gegen die Devisenvorschriften genötigt hat. Mir liegt eine Ausfertigung des Beschlusses des OLG Celle vom 15.10.1957 vor. Hier heißt es mit Recht: In den Gründen hat die Kammer ausgeführt, daß auch die zur Betreibung der Geldstrafe verwerteten Gegenstände ungerechtfertigt entzogen worden seien, da die jüdische Bevölkerung in Deutschland im Jahre 1938 in die Notlage gebracht worden sei, zur Rettung ihrer Existenz auch gegen das Devisengesetz zu verstoßen!«

Am 1. Juli 1942 wurde David Lomnitz' Vermögen eingezogen mit der Begründung: »Einziehung kommunistischen Vermögens [SPD-Mitglied!] nach dem Gesetz vom 14.07.1933 über die Einziehung volks- und staatsfeindlichen Vermögens.«

Am 20. Juli 1942 wurde er in seiner Wohnung in der Nordstraße 13 von der Gestapo verhaftet; sein Besitz wurde beschlagnahmt und die Wohnungstür laut Zeugenaussage »von der Polizei verrammelt und versiegelt«.[6] David Lomnitz wurde nach Hannover gebracht und am 23. Juli 1942 mit dem Sonderzug »DA 75«, Transportnummer VIII/1 nach Theresienstadt deportiert. Mit diesem einzigen großen Theresienstadt-Transport aus Hannover wurden 779 Juden, vor allem aus dem Umland von Hannover, deportiert.[7] In Theresienstadt, das zu dieser Zeit Durchgangslager war für die Todestransporte in den Osten, verbrachte David Lomnitz zwei Monate. Von hier aus wurde er am 26. September 1942 weiter verschleppt.

Laut einem Schreiben des Internationalen Suchdiensts Arolsen vom 25. Oktober 1973, das sich auf eine Mitteilung des Tschechoslowakischen Roten Kreuzes vom 25. Mai 1951 bezieht, wurde David Lomnitz, laut Karteikarte des Ghettos Theresienstadt, am 26. September 1942 mit dem Transport »BR-738« nach Maly Trostinec (Minsk) deportiert.[8]

Erst viele Jahre später konnte geklärt werden, dass der letzte Zug nach Minsk Theresienstadt am 22. September 1942 verlassen hatte, nun war das Vernichtungslager Treblinka in Polen das Ziel für alle weiteren Todestransporte.

Im Gedenkbuch der Opfer der Verfolgung vom Bundesarchiv Koblenz 2006 ist David Lomnitz' Deportation nach Treblinka am 26. September 1942 bestätigt.[9] Sein Todesdatum ist unbekannt. Er war einundsiebzig Jahre alt, als er ermordet wurde. Vom Amtsgericht Springe wurde David Lomnitz am 8. Mai 1945 für tot erklärt.

Seinem Sohn Max Lomnitz wurde das väterliche Grundstück in Eldagsen zurückerstattet und Entschädigung gewährt für die Münzsammlung und Wertsachen, für Freiheitsentziehung, Schaden im öffentlichen Dienst und für die Zahlung von Geldstrafen.

David Lomnitz' Hausrat war am 27. Oktober 1942 in Eldagsen öffentlich versteigert worden.

Bernhard Lustig

Vater von Martha Stein

Die Suche nach Martha Steins Vater begann bei der Gemeindeverwaltung Unsleben in Unterfranken, die mich an einen dort geborenen Heimatforscher verwies. Herr Prof. Dr. Hesselbach, der sich nach seiner Emeritierung seit vielen Jahren mit der jüdischen Geschichte seiner Heimatstadt und ihrer Umgebung befasst, konnte mir zu wichtigen Daten aus den alten Judenmatrikeln verhelfen.

Demnach gehörte Bernhard Lustig einer weit verzweigten Unslebener Familie an. Sein Vater, der Landwirt Kalman Baruch Lustig, war am 26.02.1819 geboren und hatte am 10.09.1856 Rosina Franken geheiratet. Zwischen 1857 und 1861 kamen die Töchter Marianne, Babette und Hannchen zur Welt, am 07.09.1862 wurden die Zwillingssöhne Bernhard und Seligmann und am 29.03.1864 Sohn Isaak geboren.[1]

Bernhard Lustig, Landwirt und Viehhändler, heiratete am 01.08.1895 in Schweinfurt[2] Lina Seliger, geb. am 01.04.1872 in Bad Orb, Tochter von Maier Seliger und Clara Strauß.[3] Das Ehepaar wohnte in Unsleben in der Streugasse,[4] wo am 10.07.1896 das einzige Kind, die Tochter Martha, geboren wurde.[5]

In den 1920er Jahren war ihr Vater Bernhard Vorstand der israelitischen Kultusgemeinde von Unsleben.[6]

Tochter Martha verließ ihr Elternhaus im Alter von vierundzwanzig Jahren und heiratete am 30.11.1920 den Kaufmann Max Stein aus Eschwege. Nach der Geburt ihrer Kinder Brigitte und Ludwig war Martha oft mit ihnen zu Besuch in Unsleben, wo Bernhard und Lina Lustig mit Freude das Heranwachsen ihrer Enkel erlebten.

Dankenswerterweise hatte Herr Professor Dr. Hesselbach mir schon im Jahre 2008 die Bekanntschaft mit Frau Lydia Volkmuth vermittelt, die mir Auskunft gab über den Besuch von Ludwig Stein, der ihre Eltern im Jahre 1945 in Unsleben aufgesucht hatte.

Zwei Jahre später, im Sommer 2010, entschloss ich mich, nochmals nach Oberstreu nahe Unsleben zu fahren, um zu erfahren, was Frau Volkmuth mir über die nachbarschaftlichen Beziehungen zu jüdischen Familien, insbesondere die zur Familie Bernhard Lustig in Unsleben in den 1930er Jahren erzählen konnte.

Es machte der inzwischen fünfundachtzigjährigen Dame offensichtlich große Freude, sich ihrer Kindheit und Jugend mitten im jüdischen Viertel von Unsleben zu erinnern, wo auch christliche Familien wohnten. Lebhaft erzählte sie von dem Zusammenleben von Juden und Christen, das völlig normal und im Allgemeinen sehr freundschaftlich gewesen sei. An hohen Feiertagen tauschte man Glückwünsche und kleine Geschenke aus, zum Passahfest (um Ostern) brachten die jüdischen Nachbarn z. B. Mazze und Mazzenklöße, eine süße Köstlichkeit, die aus zerbröselter Mazze, Äpfeln, Rosinen und Nüssen bestand. Die Christen bedankten sich mit Weihnachtsgebäck, Osterkuchen und anderen Naturalien, wenn sie ihre Feiertage begingen, und zur ersten Heiligen Kommunion und Bar Mizwa wurden die Kinder gegenseitig beschenkt.

Besonders gerne erinnerte sich Frau Volkmuth an die Sabbatabende, an denen frommen Juden viele Tätigkeiten verboten waren. Wie viele christliche Kinder half auch sie an diesen Abenden in jüdischen Häusern und am liebsten tat sie dies im Nachbarhaus, in dem der recht wohlhabende Bernhard Lustig und seine Frau Lina wohnten. Sie freute sich, wenn Lina Lustig, die sie als damals schönste Frau von Unsleben bewunderte, ihr vom Fenster aus einladend zuwinkte und sie bat die Lichter einzuschalten, Holz und Kohlen in den Öfen nachzulegen und mit anderen kleinen Handreichungen behilflich zu sein. Belohnt wurde die kleine Lydia dann mit einer Handvoll Bonbons, einer Rarität, die es zu Hause nur sehr selten gab.

Frau Volkmuth erinnerte sich auch noch gut an die hübsche Tochter Martha, knapp dreißig Jahre älter als sie selbst, wenn diese mit ihren Kindern zu Besuch im Elternhaus war – und an Lina Lustigs Schwester Rosa Strauß, die mit ihrem Mann Isaak in Unsleben ein Lebensmittelgeschäft führte. Die Bauern aus der Umgebung, christliche, wie die Eltern von Lydia Volkmuth, und jüdische belieferten das Geschäft mit Obst und Gemüse, Eiern, Milch, Butter und Käse etc.

Als die Verfolgung der jüdischen Nachbarn durch die Nationalsozialisten immer sadistischere Formen annahm, mussten sich auch die Unslebener Christen den Gesetzen zum Umgang mit den Juden beugen. Nach außen hin taten sie dies auch, blieben ihren jüdischen Nachbarn aber mehr oder weniger heimlich verbunden und halfen ihnen ganz besonders, als die Lebensmittel für Juden zunehmend beschränkt wurden. Bei Einbruch der Dunkelheit blieben die Türen der jüdischen Häuser einen Spalt breit geöffnet und die Nachbarn stellten Lebensmittel wie Kartoffeln, Obst und Gemüse,

Brot, Butter, Eier und Milch in den Flur, um die immer ärmer Werdenden zu unterstützen. Die seit Jahrhunderten gewachsenen Bindungen wollten viele nicht trennen, und so herrschte im Unslebener Judenviertel – wenn auch nicht mehr offen – nach wie vor eine freundliche Gesinnung. »Braune Fanatiker« habe es im Ort selbst nicht gegeben und die Nazis, die in Unsleben wohnten, lebten in dem neueren Teil der Stadt, der oberhalb der Hauptstraße lag, berichtete Frau Volkmuth. Es ist bekannt, dass für Gewaltmaßnahmen in kleineren Orten immer auswärtige SA- und SS-Trupps abkommandiert wurden, hier oft aus dem nahen Thüringen, die in ihrem brutalen Auftreten nicht durch persönliche Beziehungen gehemmt waren.

Frau Volkmuths sechsundachtzigjähriger Ehemann Alois, der an dem Gespräch teilgenommen hatte, berichtete, dass vor der »Reichskristallnacht« in Unsleben Gerüchte über geplante Aktionen kursierten. So konnten vor allem wohlhabende jüdische Männer – auf die man es ja besonders abgesehen hatte – fliehen, um der Verhaftung zu entgehen. In einer Schnapsfabrik versteckten dort beschäftigte Arbeiter die Geflüchteten in leeren Schnapsfässern, die oben fachgerecht verschlossen wurden. Nur die zur Wand gerichteten Spundlöcher blieben für die Luftzufuhr offen.

Zum Geschehen in der Schreckensnacht hier ein Zitat aus der Rede von Herrn Prof. Dr. Hesselbach anlässlich der Enthüllung des Holocaust-Denkmals in Unsleben am 14. Juni 2007: »Die Männer wurden, soweit sie sich durch Hinweise nicht nach auswärts begeben oder unauffindbar versteckt hatten, in ihren Häusern aufgespürt und teils mit Gewalt zu dem Sammelplatz, dort wo die Enggasse in die Streugasse mündet, gejagt, wo ein LKW stand, auf den die Aufgestöberten gescheucht und nach Neustadt ins Gefängnis in ›Schutzhaft‹ gebracht wurden, angeblich um vor der Volksmenge sicher zu sein. Als damals Siebenjähriger in der Enggasse wohnend, erinnere ich mich sehr wohl an die Schreie und das Rennen von Personen durch die Enggasse, das Schlagen mit Knüppeln an Gartenzäune und Masten, offensichtlich um den Aufgegriffenen Beine zu machen. Die verbliebenen rund 20 Personen wurden bei Kriegsbeginn teils in ein Altenheim nach Würzburg verbracht und die restlichen wurden im sogenannten ›Donnerstagshaus‹ [ein Ghettohaus] zusammengepfercht. Die Männer mußten täglich die Gänse der Unslebener auf die Weide treiben und hüten.

Am 22. April 1942 wurden schließlich die zuletzt noch hier wohnenden 10 Juden unter Bewachung des örtlichen Polizeikommissars mit dem Zug nach Würzburg geführt und am 25. April 1942 mit weiteren 840 im Sammeltransport nach Izbica bei Lublin gebracht, von dort schließlich in Vernichtungslager. Die Bewohner des Altenheims wurden am 23.09.1942 nach Theresienstadt verbracht und kamen dort um.[7] Viele Unslebener mögen arglos gedacht haben, daß sie in ein Arbeitslager gebracht werden, den Juden selbst war wohl bewußt, was ihnen bevorstand.«

Mit Trauer und Entsetzen hätten die christlichen Bewohner des Judenviertels die Vertreibung der jüdischen Nachbarn verfolgt, viele hätten geweint, erinnerte sich Lydia Volkmuth. Sie war damals vierzehn bzw. siebzehn Jahre alt.

Bernhard Lustig hatte diese Ereignisse in Unsleben nicht mehr erlebt. Seine Frau Lina war am 10.11.1937 an Brustkrebs gestorben. Nach ihrem Tod verließ der Sechsundsiebzigjährige seinen Heimatort und zog zur Familie seiner

Tochter Martha Stein nach Eschwege, wo sich sein Schwiegersohn Max um die Auswanderung in die USA bemühte. Es war geplant, dass die Familie zunächst allein nach New York emigriert, den Vater wollte man, begleitet von Erna Pommer, nachkommen lassen. Bernhard Lustigs Bruder Isaak, der in Leipzig lebte, ist es offenbar gelungen, einen Platz im Jüdischen Altersheim der »Ariowitsch-Stiftung«, Leipzig, Auenstraße 14, zu organisieren. Dort zog Bernhard Lustig am 15.10.1938 ein[8] und fühlte sich auch offenbar ganz wohl, denn die Heimleiterin, Frau M. Wetzler, schrieb am 05.07.1939 in einem Brief an Isaak Lustig: »Wegen seines Befindens brauchen Sie sich nicht die geringste Sorge zu machen, er ist ganz munter und einer meiner bescheidensten Insassen.«[9]

Bernhard Lustig wartete in Leipzig lange auf das Visum für die Ausreise nach Kuba, und Familie Stein sorgte sich in New York ständig darum, ob die Visa für ihn und Erna Pommer rechtzeitig ankommen würden. Endlich, Anfang November 1941, kamen die Visa in Leipzig und Arnstadt an – zu spät! Die Auswanderung von Juden war für die Dauer des Krieges verboten worden. Auch der Briefverkehr war eingestellt, nachdem die USA an der Seite der Alliierten gegen Deutschland kämpften.

Bernhard Lustig wurde am 20.09.1942 mit dem Sonderzug »DA 517« Weimar-Halle-Leipzig von Leipzig aus nach Theresienstadt deportiert. Seine Transportnummer lautete XVI/1–242.[10] Mit demselben Zug wurde auch sein Schwager Leo Seliger von Halle aus deportiert.[11]

Es sei der Spekulation überlassen, ob Bernhard Lustig seinem Schwager im Theresienstädter Ghetto noch einmal begegnete. Das Gleiche trifft auf ehemalige Nachbarn aus

87 Lina und Isaak (Julius) Lustig in Unsleben

Unsleben zu, die drei Tage nach ihm von Würzburg aus nach Theresienstadt deportiert worden waren.

Bernhard Lustig starb in Theresienstadt am 04.10.1942, kurz nach seinem 80. Geburtstag, im Gebäude L 312, Zimmer 7, morgens um 9 Uhr an Darmkatarrh.[12]

Bernhard Lustigs Bruder Isaak, der seit dem 10.04.1900 den Vornamen Julius führte, war laut Meldeblatt aus Leipzig am 29.03.1864 in Unsleben geboren, hatte am 20.10.1900 Helene Henriette Lieberg, geb. am 24.08.1877, in Leipzig geheiratet. Sie hatten drei Töchter.

Seit 1892 lebte er in Leipzig und war Inhaber einer Großhandlung für Bürsten und Rauchwaren (Pelze).

Beantragte Auswanderungspapiere waren, laut Vermerk vom 29.12.1938, von der Staatspolizei nicht ausgestellt worden. Dennoch konnten Isaak und Helene Lustig Deutschland verlassen. Der letzte Eintrag auf dem Leipziger Meldebogen lautet: »Am 3.2.39 mit der Ehefrau nach London.«[13]

Über Unsleben, die Heimatstadt der Familie Lustig, wäre abschließend noch zu berichten, was ich bei meinem Besuch im Sommer 2010 dort sah und hörte. Herr Prof. Dr. Hesselbach und das Ehepaar Volkmuth begleiteten mich auf einem Gang durch die Stadt, in der sich nach der Wiedervereinigung einige Waffenhersteller aus dem thüringischen Suhl angesiedelt haben. Sonst gibt es dort keine Industriebetriebe. Neben der schon genannten Schnapsfabrik gab es bis 1938 eine Fabrik, in der die für die jüdischen Feiertage so wichtigen Mazzen hergestellt und in der weiteren Umgebung auch vertrieben wurden.

Eingebettet in die sehr reizvolle Landschaft der fränkischen Rhön strahlt die Stadt einen behäbigen Charme aus. Durch die Zeitläufte kaum verändert – Unsleben lag im sogenannten

»Zonenrandgebiet«, nur wenige Kilometer von der Grenze zur ehemaligen DDR entfernt –, findet man dort, unterhalb der breiten Hauptstraße, das völlig erhaltene ehemalige Judenviertel, das seit dem 17. Jahrhundert in unmittelbarer Nähe zum Wasserschloss entstanden war.

Der Landadel, hier seit 1749 die Familie von Habermann, hatte das kaiserliche Privileg, Juden gegen Gebühren und besondere Abgaben Schutz zu gewähren (Schutzjuden), und erbaute in unmittelbarer Nähe zum Schloss »Judenhäuser« auf freien Plätzen innerhalb des christlichen Dorfes. Eine kleine Synagoge wird schon 1753 erwähnt. Die jüdischen Familien lebten von Einkünften aus Kleingewerbe und Geldverleih, insbesondere aber vom Viehhandel und Hausieren.

Als um die Mitte des neunzehnten Jahrhunderts die israelitische Gemeinde in Unsleben wuchs, wurde es eng im christlich-jüdischen Viertel. Wohlhabende Juden kauften frei werdende christliche Häuser, was die nachbarschaftlichen Beziehungen belastete. Bernhard Lustigs Großvater, der Landwirt Baruch Kalmon Lustig, hatte seinen Heimatort als junger Mann verlassen.

Als er im Oktober 1838 in das Haus seines verstorbenen Vaters zurückkehren wollte, versuchten besorgte jüdische Familienväter dies zu verhindern. Anonym wandten sie sich an das Königliche Landgericht in Neustadt/Saale, behaupteten, Baruch Lustig habe kein Heimatrecht in Unsleben, verleumdeten ihn und den Gemeindevorsteher und lamentierten über die große Wohnungsnot, durch die Verdruss und Zwietracht zwischen Juden und Christen entstehe. Nach eingehender Prüfung entschied das Königliche Landgericht, dass Baruch Lustig, »ein vermögender Mann mit ortsbekannt gutem Leumund«, in dem Haus seines Vaters Eisig Lustig Wohnrecht habe. Weil das Haus schon circa vier Jahre unbewohnt sei, werde auch niemand wegen einer Wohnung in Not versetzt.

Diejenigen, welche die anonyme Anzeige geschrieben hatten, waren »auszukundschaften und namhaft zu machen und dem Königlichen Landgericht zur wohlverdienten Strafe anzuzeigen«.[14]

Es waren besonders Viehhändler und tüchtige Landwirte wie Baruch Lustig, die es zu einem gewissen Wohlstand gebracht hatten, und so konnte, mitten im Judenviertel, im Jahre 1856 eine neue größere Synagoge gebaut werden, die von zwei großen Scheunen und einem Wohnhaus umgeben war. Der schlichte Bau, dessen relativ flacher Giebel ein Medaillon mit Davidstern ziert, blieb in der Pogromnacht äußerlich unversehrt, denn die großen Getreidespeicher, die sie auch heute noch umgeben, wurden vom Schlossherrn sowie christlichen und jüdischen Familien gepachtet und waren im November gut gefüllt. Ein Feuer hätte das ganze Viertel zerstört. Der Innenraum der Synagoge wurde jedoch vollständig verwüstet.

Herr Prof. Dr. Hesselbach erwähnte an dieser Stelle, dass die Unslebener Juden, in weiser Voraussicht, bereits im Spätsommer 1938 die Thora-Rollen, Kultgewänder und Kultgegenstände in Sicherheit gebracht hatten. Diese religiösen Kostbarkeiten nahmen sie später in ihrem Auswanderergepäck mit nach New York, wo die meisten von ihnen ansässig wurden.

Der Besitz ihrer Thora-Rollen und der rituellen Gegenstände ermöglichte ihnen dort die Gründung einer eigenen Gemeinde, des »Elmhurst Jewish Center«.

Nach einem Umbau der Innenräume wird die ehemalige Synagoge heute als »Haus der Bäuerin« genutzt. Im früheren Betsaal im Erdgeschoss wurde ein Versammlungsraum eingerichtet. Der große Raum des Schächters (Schlachtraum) wurde nach 1945 noch jahrelang für Hausschlachtungen genutzt. In den vier ehemaligen Zellen für die rituellen Waschungen gab es später eine Wäscherei, heute sind sie nur noch Abstellräume.

Das Obergeschoss, wo sich früher die Frauenempore befand, ist als Wohnung eingerichtet. Nur die noch erhaltene, zur Empore führende Treppe mit einem sehr schön geschnitzten Holzgeländer lässt auf die ehemals wertvolle Ausstattung der Synagoge schließen.

Die Wohnhäuser, fast alle von mittlerer Größe und einstöckig gebaut, haben keine besonderen stilistischen Merkmale, die darauf hinweisen könnten, ob Juden oder Christen in ihnen gewohnt haben. Nur meine Begleiter, die in Unsleben aufgewachsen waren, erinnerten sich noch erstaunlich lebhaft an die ehemaligen Bewohner.

Wie von einer Stadtmauer wird das Viertel auch heute noch eingegrenzt von lang gestreckten Stallungen und Scheunen, zwischen denen sich nur wenige Tore befanden, die abends verschlossen wurden. Heute ist nur noch eines der Tore erhalten. Die Viehbestände der jüdischen Händler und die landwirtschaftlichen Erträge des Schlossherrn sowie der christlichen und jüdischen Bauern müssen beträchtlich gewesen sein, denn auch innerhalb des Viertels stehen, neben der mächtigen Zehntscheune, weitere große Speichergebäude. Nur ein breites, einstöckiges Fachwerk-Doppelhaus, liebevoll restauriert, steht außerhalb der unteren Stadtgrenze. Es gehörte einem sehr wohlhabenden jüdischen Kaufmann, der sich fast direkt neben seinem Schutzherrn niedergelassen hatte. Durch einen Wassergraben getrennt, steht daneben das Schloss, das verschiedene Bauepochen aufweist, vom 12. Jahrhundert über Gotik und Renaissance bis zum Klassizismus. Umgeben von hohen Bäumen und dichtem Buschwerk, wirkt es verwunschen und geheimnisvoll.

Nach dem ausgedehnten Rundgang fuhren wir zu dem außerhalb der Stadt gelegenen alten jüdischen Friedhof von Unsleben. Er liegt auf einer Anhöhe, zu der ein steiler Weg führt. Die Frauen, so berichtete Herr Prof. Dr. Hesselbach, begleiteten die Verstorbenen nur bis zum Beginn dieses Weges, den mühsamen Aufstieg unternahmen allein die männlichen Trauernden.

Auch der Friedhof selbst liegt an einem Abhang, und so war es etwas beschwerlich, die gesuchten Gräber zu finden. Lina Lustig fand hier im November 1937 ihre letzte Ruhestätte, ebenso ihr Schwager Isaak Strauß, der im Juni 1932 gestorben war, und dessen Frau Rosa, Lina Lustigs jüngere Schwester, die sich am 6. März 1939, im Alter von fünfundsechzig Jahren, das Leben genommen hatte, aus Angst vor der Verfolgung durch die Nationalsozialisten.

Max Stein hatte in einem Brief von Ende April 1940 schon berichtet, dass viele Unslebener Verwandte seiner Frau Martha in New York lebten. Niemand ist wieder nach Deutschland zurückgekehrt, doch einige Nachkommen der Unslebener Juden besuchen seit Jahren den Heimatort ihrer Vorfahren und pflegen Briefkontakte. Auch Lydia Volkmuth und ihr Mann Alois gehören zu den gerne besuchten ehemaligen Nachbarn.

Mit einem Holocaust-Denkmal gedenkt die Stadt seit

dem 14. Juni 2007 ihrer ehemaligen Bürger, die Opfer der nationalsozialistischen Gewaltherrschaft wurden. Das Denkmal steht an einem kleinen Platz mitten im ehemals christlich-jüdischen Viertel, in unmittelbarer Nähe zur Synagoge.

Erna Pommer geb. Seliger

Schwester von Lina Lustig, Unsleben
Tante von Martha Stein, New York

Die Suche nach Erna Pommer gestaltete sich zunächst äußerst schwierig, da ich sie über Monate unter dem Namen Erna *Pamor* suchte.

Mit diesem Namen hatte sie den einzigen von ihr gefundenen Brief aus Arnstadt, den sie am 27.11.1941 an das Ehepaar Elise und Meier Grünbaum in Frankfurt am Main schrieb, unterzeichnet.

Derselbe Name taucht auch in einem maschinengeschriebenen Brief von Max Stein auf, geschrieben am 07.11.1941 in New York. In zwei weiteren Briefen nennt er sie »Tante Erna« und die »Arnstädter Tante«, doch war es mir nicht möglich, verwandtschaftliche Beziehungen zu finden. Bis eine umsichtige Mitarbeiterin des Landratsamts Arnstadt mir den Namen eines Privatforschers nannte.

Herr Jörg Kaps aus Arnstadt fand jedoch auch keine Erna Pamor in seinen Forschungsunterlagen, tippte aber sofort auf die ehemals in Arnstadt lebende Erna Pommer geb. Seliger, geboren in Bad Orb, deren Daten mir das Thüringische Hauptstaatsarchiv Weimar bereits übermittelt hatte.[1]

Mit diesen Informationen ausgestattet, forschte ich nun in Bad Orb weiter.

Hier war es Frau Bauer, eine engagierte Standesbeamtin, die mich an die Heimatforscherin Frau Helga Koch verwies. Frau Koch, ehrenamtliche Stadtarchivarin in Bad Orb, arbeitete seit langem schon an einem Buch über die jüdischen Familien von Bad Orb. Hier fand ich nun endlich, was ich so lange gesucht hatte: die Familie von Lina Lustig aus Unsleben.

Der Vater, Maier Seliger, kam aus Gemünden und war Viehhändler, die Mutter Clara geb. Strauß war in Unsleben geboren. Das Ehepaar Maier und Clara Seliger lebte bis etwa 1930 in Bad Orb, wo Clara sieben Kinder gebar:[2]

Lina Seliger geb. am 01.04.1872, heiratete am 01.08.1895 den Landwirt und Viehhändler Bernhard Lustig aus Unsleben. Weiteres unter *Bernhard Lustig* S. 380 ff.).

Rosa Seliger geb. am 03.05.1874, heiratete den Kaufmann Isaak Strauß aus Unsleben. Das Ehepaar führte in Unsleben ein Lebensmittelgeschäft. Isaak Strauß starb am 01.06.1932. Nach seinem Tod führte seine Witwe Rosa das Geschäft weiter bis 1938 (Gewerbeverbot für Juden). Am 06.03.1939 beendete die verzweifelte Frau ihr Leben durch Selbstmord, um der Verfolgung durch die Nationalsozialisten zu entgehen. Beide sind auf dem jüdischen Friedhof in Unsleben begraben.[3]

Leo Seliger geb. am 30.01.1876, lebte in Halle an der Saale, zuletzt im Altersheim und Siechenhaus Großer Berlin 8.

Vor der Deportation wurden dessen Insassen noch in die Dessauer Straße 24 umgesiedelt, wo sie auf engstem Raum zusammengepfercht wurden. Am 20.09.1942 wurde Leo Seliger über Leipzig nach Theresienstadt deportiert.

Mit demselben Sonderzug »DA 517«, Transport XVI/1, wurde auch sein Schwager Bernhard Lustig von Leipzig aus deportiert. Möglicherweise trafen sich die beiden Männer noch einmal in Theresienstadt, bevor Bernhard Lustig am 04.10.1942 starb. Leo Seliger starb dort am 16.04.1944.

Auf den in Frankfurt gefundenen Klagezetteln schrieb Meier Grünbaum mehrmals »soll ich mal nach Halle/Saale fahren«. Es war höchstwahrscheinlich Leo Seliger, den er dort besuchen wollte, denn mit dessen Schwester Erna Pommer pflegte das Ehepaar Grünbaum Kontakte.

Arnold Seliger geb. am 18.05.1877, wohnte zuletzt mit seiner Frau Sophie in Leipzig. Dort starb er am 08.05.1942. Anderen Angaben zufolge wurde er in Auschwitz ermordet.

Siegmund Seliger geb. am 06.05.1879, war mit der 1890 in Kötzingen/Bayern geborenen Emma Schwager verheiratet. Das Paar lebte zunächst in Augsburg, später in München.

Ihrem Sohn Eric gelang die Flucht in die USA, wo er den Namen Lind annahm.

Siegmund und Emma Seliger sollten am 20.11.1941 von München nach Riga/Lettland deportiert werden. Das Ziel des Personenzugs 3. Klasse »DA 27« Gesellschaftssonderzug DA RSHA wurde jedoch kurzfristig geändert. Er fuhr jetzt nach Kowno (Kaunas oder Kauen) in Litauen, wo er am 24./25.11.1941 eintraf.

Die erschöpften Menschen wurden am Ghetto vorbei, direkt zu den vorbereiteten Gruben am Fort IX der historischen Stadtbefestigung geführt und dort erschossen. Am 25.11.1941 wurden hier allein 999 Juden aus München ermordet. Es war die erste Erschießung deutscher Juden in Litauen.[4]

Max Seliger geb. am 07.10.1881 bleibt unbekannt. Über ihn ließen sich keine Hinweise finden.

Erna Seliger geb. am 02.07.1890, geschiedene Lichtenstein,

verheiratete Pommer, lebte in Arnstadt/Thüringen. Ermordet in Belzyce/Polen.

Hier war sie, Erna Pommer, die so lange gesuchte Schwester von Lina Lustig. Herr Jörg Kaps aus Arnstadt hatte Recht mit seiner Vermutung. Die in den Briefen erwähnten Verwandtschaftsverhältnisse waren geklärt.

Erna Seliger heiratete am 01.06.1912 in Meiningen ihren ersten Ehemann Alfred Lichtenstein, geboren am 14.07.1886 in Meiningen. Das Ehepaar lebte in Arnstadt und führte dort in der Erfurter Straße 1 ein Stoffgeschäft. Die Ehe wurde geschieden, das Scheidungsdatum ist nicht bekannt. Alfred Lichtenstein blieb später in Auschwitz verschollen.[5]

Laut »Findbuch des Thüringischen Amtsgerichts Arnstadt, Registratursignatur HRA 529, Alte Archivsignatur 19« existierte das Geschäft »Firma Erna Lichtenstein, Webwarenladengeschäft, Arnstadt« von 1922–1932.[6]

Ernas zweiter Ehemann wurde Louis Pommer, geboren am 13.04.1864 in Schweinfurt. Das Datum der Eheschließung ist nicht bekannt. Der sechsundzwanzig Jahre ältere verwitwete Louis Pommer war in erster Ehe mit Hulda Seemann verheiratet und hatte zwei Söhne; Hermann, der später nach Palästina auswanderte, und Arthur, dem die Flucht nach Virginia/USA gelang. Hulda Pommer war am 16.05.1921 im Alter von zweiundfünfzig Jahren gestorben.[7] Kurz vor ihrem Tod war ein Teil des Arnstädter Friedhofs für jüdische Bürger abgegrenzt worden. Im ersten Grab dieses neuen Teils wurde Hulda Pommer bestattet, später wurde auch ihr Mann Louis Pommer dort begraben.[8]

Louis Pommer war Inhaber eines Kaufhauses für Kurz- und Weißwaren in Arnstadt, Erfurter Straße 15. Die Ehe mit Erna Pommer blieb kinderlos.

88 Kaufhaus Louis Pommer in Arnstadt

Das Geschäft »Firma Louis Pommer, Kurz- und Weißwaren, Arnstadt« war laut »Findbuch des Thüringischen Amtsgerichts Arnstadt, Registratursignatur HRA 262, Alte Archivsignatur 186« im Jahr 1901 gegründet und 1936 aufgegeben worden.

Der Boykott jüdischer Geschäfte hatte auch die Existenzgrundlage des Ehepaars Pommer zerstört.

Louis Pommer starb am 06.10.1937 im Alter von dreiundsiebzig Jahren in Arnstadt.

Am 14.03.1939 erfolgte der Zwangsverkauf des Wohn- und Geschäftshauses Pommer in der Erfurter Straße 15[9] und im Laufe des gleichen Jahres die Sicherungsanordnung über das Vermögen.[10]

So wie Erna Pommer ging es allen Juden in Deutschland. Gedemütigt, ihres Vermögens beraubt, isoliert und vereinsamt suchten sie Halt im Kreis der Familie und der Freunde, die das Land noch nicht verlassen hatten oder es nicht verlassen konnten. Hier konnten sie über gemeinsame Ängste und Sorgen sprechen und Erinnerungen austauschen an vergangene bessere Zeiten.

Durch ihren Neffen Max Stein kannte Erna Pommer das Ehepaar Meier und Elise Grünbaum und besuchte es Mitte Mai 1939 in Wiesbaden. Während ihres Aufenthalts wohnte sie in einer jüdischen Pension, Neuberg 4. Wie lang ihr Besuch in Wiesbaden dauerte, ist nicht bekannt, doch ein glücklicher Zufall wollte es, dass sie sich am 17. Mai 1939, dem Tag der Volkszählung, dort befand und deshalb in Wiesbaden aktenkundig wurde.[11]

Im Jahr 1940 musste Erna ihre Wohnung in der Erfurter Straße 15 verlassen und in das Ghettohaus Karolinenstraße 2 umziehen. Dieses Haus gehörte dem Bankdirektor Siegmund Hirschmann und wurde »die jüdische Villa« genannt. Siegmund Hirschmann und seine Frau wurden später in das Konzentrationslager Buchenwald bei Weimar verschleppt und dort ermordet.[12]

Wie ihr Schwager Bernhard Lustig in Leipzig, erwartete auch Erna Pommer in ihrer engen Behausung verzweifelt das Eintreffen des Ausreisevisums nach Kuba, das ihr Neffe Max Stein unter größten Schwierigkeiten in New York besorgt hatte. Als das Visum endlich Anfang November 1941 in Arnstadt eintraf, war nicht bekannt, wann die Abreise von Erna Pommer und Bernhard Lustig stattfinden sollte. Doch die beiden Unglücklichen konnten die Reise nicht mehr antreten.

Am 27.12.1941 schrieb Erna Pommer einen dramatischen, verzweifelten Brief an die Grünbaums in Frankfurt:

»Liebe Familie Grünbaum! Vor einigen Tagen erhielt ich einen Brief von den Lieben [Max und Martha Stein], der wohl der letzte sein wird, vorläufig. Das ist sehr schlimm, daß jede Verbindung mit den lieben Verwandten aufhört.

Wie ich Ihnen schon schrieb, erhielten mein Schwager Lustig und ich Anfang November unsere eingetragenen Visa nach Kuba. Leider war es uns nicht möglich die Reise anzutreten. Meine Aufregung können Sie sich nicht denken, alle Geldopfer unsererseits und der Lieben in USA umsonst. So muß ich nun bald den Weg antreten, den so viele Glaubensgenossen vor uns gegangen und jede Möglichkeit auf ein Wiedersehen mit allen die draußen sind, ist unterbunden. Ich hoffe Sie Beide gesund

Herzlich grüßt Sie Ihre Erna Pamor«

Bisher durften Juden, die ein gültiges Ausreisevisum hatten, das Land noch verlassen. Die Verhinderung der Reise kann zwei Gründe haben:

1. eine vorübergehende Schließung des Aufnahmelagers in Kuba, das immer wieder hoffnungslos überfüllt war, weil sich hier die einzige Möglichkeit bot, an ein Visum für die USA zu gelangen.
2. der Geheimerlass des Reichssicherheitshauptamts vom 23.10.1941, der die Auswanderung von Juden aus Deutschland ausnahmslos für die Dauer des Krieges verbot. Damit war das Visum wertlos geworden.

In einem Runderlass vom 03.01.1942 heißt es zum »Verbot der Auswanderung von Juden«:

»Angesichts der nahe bevorstehenden Endlösung der Judenfrage wird die Auswanderung von Juden deutscher Staatsangehörigkeit und staatenloser Juden aus dem Reich unterbunden. Das Reichssicherheitsamt kann in Sonderfällen besondere Auswanderungsanträge bestätigen, wenn die Auswanderung den Interessen des Reichs dient.«[13]

Am 10.05.1942 wurde Erna Pommer von Weimar aus über Leipzig nach Belzyce im Kreis Lublin/Land in Polen deportiert.[14]

Laut den Bestimmungen zum Transport musste sie auf ihre letzte Reise Folgendes mitnehmen: »Zahlungsmittel RM 50, in Reichskreditkassenscheinen, einen Koffer oder Rucksack mit Ausrüstungsstücken (kein sperriges Gut), vollständige Bekleidung (ordentliches Schuhwerk), Bettzeug mit Decke, Verpflegung für 2 Wochen (Brot, Mehl, Graupen, Bohnen), Eßgeschirr (Teller oder Topf) mit Löffel.«

Nicht mitnehmen durfte sie: »Wertpapiere, Devisen usw., Wertsachen jeder Art, außer Ehering, Lebensmittelkarten.«

Vor Abgang der Transporte fand eine Durchsuchung statt nach Waffen, Munition, Sprengstoff, Gift, Devisen, Schmuck usw.

Im Marstall von Weimar waren zunächst 342 Juden aus Thüringen und dem Regierungsbezirk Erfurt versammelt worden. In Leipzig kamen weitere 660 dazu, so dass der Transport »DA 27« insgesamt 1002 Menschen nach Belzyce beförderte, wo er am 12.05.1942 eintraf.[15]

Laut Zeugenaussagen soll Erna Pommer noch zwei Briefe aus Lublin nach Deutschland geschickt haben. Diese Briefe sind leider verschollen.

Wo und wann sie ermordet wurde, ist unbekannt. Vom Amtsgericht Arnstadt wurde sie am 23.11.1947 für tot erklärt.[16]

Seit dem 12.08.2009 ist Erna Pommer wieder in das Gedächtnis der Arnstädter Bevölkerung zurückgekehrt.

Auch hier werden, auf Anregung von Herrn Jörg Kaps, »Stolpersteine« für die Opfer der Shoah verlegt.

Dankenswerterweise informierte er mich über die Verlegung der Gedenksteine für Erna Pommer, ihren Mann Louis und dessen Söhne Hermann und Arthur.

Das tragische Schicksal von Erna Pommer und ihren ermordeten Geschwistern hatte sie mir im Laufe meiner Recherchen so nahegebracht, dass es mir sehr wichtig war, an dem Gedenken in Arnstadt teilzunehmen. Die »Stolpersteine« bedeuten für mich eine Art letzter Ruhestätte für die geschändeten Toten des Nazi-Terrors, denen ein Grab nicht vergönnt war.

Ganz in diesem Sinne war auch die kleine Gedenkfeier am 12.08.2009 gestaltet.

Vor dem Haus Erfurter Straße 15 hatten sich einige Angehörige und viele Arnstädter Bürger, darunter auch sehr junge Menschen, versammelt. Anwesend waren auch der stellvertretende Bürgermeister der Stadt, die Leiterin des Bürger-und Stadtratbüros und der Vorsitzende der Arbeitsgruppe »Demokratie braucht Zivilcourage«.

Den Versammelten berichtete Jörg Kaps aus dem Leben von Erna Pommer bis zu ihrem schrecklichen Ende.

Nach weiteren kurzen Reden sprach er ein Kaddisch über den verlegten Gedenksteinen von Erna, Louis, Hermann und Arthur Pommer.

»Wir haben in zahllosen Städten und Dörfern gewohnt; und in zu vielen haben wir grausames Leid erfahren. Manches haben wir vergessen; anderes ist in unserer Erinnerung geblieben, eine Wunde, die nicht heilt.

Einhundert Generationen von Opfern und Märtyrern; ihr

Blut schreit noch aus der Erde. Und so viele, so viele in Dachau, in Buchenwald, in Babi Yar und …

Was können wir sagen? Was können wir tun? Wie trägt man das Unerträgliche oder akzeptiert, was das Leben unserem Volk gebracht hat?

Alle die geboren werden, müssen sterben, aber wie kann man das langsame Vergehen der Zeit mit dem herzlosen Schlachten der Unschuldigen, vor ihrer Zeit Abgeschnittenen, vergleichen?

Sie haben mit Glauben gelebt. Nicht alle, aber viele. Und sicherlich starben viele mit dem Glauben; Glauben an Gott, an das Leben, an die Güte, die nicht einmal die Flammen zerstören können. Mögen wir einen Weg zu der Kraft des Glaubens finden, das sichere Gespür, daß das Leben und die Seele auch nach dem körperlichen Tod weitergehen.

Sie haben uns ihre Leben überlassen: laßt eine Million Gebete aufsteigen, überall wo Juden lebten; laßt eine Million Kerzen glühen gegen die Dunkelheit dieser unfertigen Leben.«

Ein evangelischer Pfarrer hatte die Zeremonie mit Zwischenspielen auf der Flöte begleitet. Die jüdischen Trauerweisen, die er spielte, verliehen dem Geschehen einen sehr würdigen, sehr ergreifenden Rahmen.

Auf Wunsch verlas ich zum Abschluss den tragischen Brief von Erna Pommer und bevor die versammelten Menschen, die trotz strömendem Regen geduldig ausgeharrt hatten, den Ort verließen, waren die Gedenksteine bedeckt mit weißen Rosen.

Amalie Vorchheimer, geb. Stein und Adolf Vorchheimer

Schwester von Max Stein

Amalie Stein, die jüngste und Lieblingsnichte von Meier und Elise Grünbaum, wurde am 26.01.1893 in Reichensachsen, Kreis Eschwege, geboren und wuchs mit ihren vier Geschwistern dort auf.[1] Nach dem Tod ihrer Mutter Bertha im Oktober 1919 heiratete sie am 12. Juli 1920 in Eschwege den Würzburger Tuchhändler Adolf Vorchheimer.

Adolf Vorchheimer entstammte einer großen Familie von Viehhändlern und Kaufleuten aus Thüngen in Unterfranken, wo er am 09.07.1884 als dritter Sohn des Viehhändlers Oscher Vorchheimer und seiner Frau Sofie geb. Stein zur Welt kam. Mit seinen älteren Brüdern Julius (1877) und Jakob (1879) sowie den jüngeren Zwillingen Bernhard und Babette, genannt Betty (1888) wuchs er in Thüngen auf. Nach dem Tod seines Vaters im Oktober 1896 besuchte er von 1897 bis um 1900 die Realschule Fischer'sches Institut in Würzburg. Dort war er 1899 mit seiner Mutter zugezogen.[2]

Nach einer kaufmännischen Ausbildung bei der Würzburger Tuchgroßhandlung Khan & Sichel war er ab 1906 für die Firma Spiegelthal Tuche engros, Würzburg, in Stuttgart und Aachen als Reisender tätig. Im Jahre 1914 kehrte er nach Würzburg zurück. Im Ersten Weltkrieg leistete Adolf Vorchheimer Kriegsdienst bei den Fliegern in Schleißheim bei

München. Nach Kriegsende gründete er 1918, zusammen mit dem fünf Jahre jüngeren Ernst Neuburger, in Würzburg die Tuchgroßhandlung Neuburger & Vorchheimer, zunächst Marktplatz 5, später Theaterstraße 11.[3]

Im Alter von sechsunddreißig Jahren heiratete der gut situierte Kaufmann die siebenundzwanzigjährige Amalie Stein. Ein Foto von der Hochzeit hatte Amalies Tante Elise Grünbaum im Frankfurter Versteck hinterlassen, ebenso ein Gedicht, das sie der achtzehnjährigen Amalie anläßlich der Verlobung ihrer Schwester Rosa Stein mit Sigmund Weinstock im Jahre 1911 gewidmet hatte.

In Würzburg gebar Amalie am 15. März 1921 ihren ersten Sohn Johann Otto, der aber schon nach vier Monaten, am 19. Juli 1921, starb. Der zweite Sohn des Paares, Ludwig, wurde am 4. Juli 1922 geboren und besuchte später das Realgymnasium in Würzburg. Seine Mutter Amalie war Mitglied im Jüdischen Kulturbund.[4]

Von Juni 1925 bis Februar 1939 wohnte Familie Vorchheimer in der Greisingstraße 8, 1. Stock. Die Wohnung beschrieb Amalie Vorchheimer am 11.02.1954 im Antrag auf Entschädigung für Adolf Vorchheimer an das Bayerische Landesentschädigungsamt München:

»Wir hatten ursprünglich eine 4-Zimmerwohnung mit Wohndiele und Nebenräumen (Küche, Badezimmer, Boden und Keller). Die sehr gut gepflegte Einrichtung bestand aus Wohn-, Schlaf-, Herren- und Kinderzimmer, ausgestattet mit reichlichen Beständen an Silber, Porzellan, Teppichen, Bildern, Ziergegenständen, Wäsche, Küchengeräten etc.«

In der Entschädigungsakte von Amalie Vorchheimer liegt eine ergänzende Beschreibung vor: »[...] wertvolle Wohnungseinrichtung: Schlafzimmer in Mahagony, Herrenzimmer im italienischen Renaissancestil, Speisezimmer Barockstil, 1 älteres Schlafzimmer, 1 Mädchenzimmer, Diele mit großem Sofa, Tisch, Stühlen, Wanduhr etc.«[5]

Das Einkommen aus der Tuchgroßhandlung erlaubte der Familie Vorchheimer einen großzügigen Lebensstandard, bis sich ab den Jahren 1936/37 der Boykott jüdischer Geschäfte bemerkbar machte und die Einnahmen um etwa 15 Prozent sanken. Über die weitere Entwicklung berichtete Amalie Vorchheimer:

»Im Laufe des Jahres 1938 verstärkte sich der Druck der Partei in zwei Richtungen: einerseits lehnten bisherige Lieferanten die Warenlieferungen an jüdische Abnehmer ab, andererseits nahm im Kundenkreis die Angst zu, von jüdischen Firmen zu kaufen. Unter dem Zwang dieser Auswirkungen entschlossen sich mein Mann und sein Teilhaber Neuburger im Jahre 1938, den Betrieb in arische Hände zu geben. Von da an hatten mein Mann und ich kein gewerbliches Einkommen in Deutschland.«

In der Gestapo-Kartei Würzburg, Akte von Ernst Neuburger (Signatur 8537), ist die Bestätigung der Übergabe erhalten. Der Kreiswirtschaftsberater der Nationalsozialistischen Deutschen Arbeiterpartei, Gau Mainfranken, Kreisleitung Würzburg, schrieb am 17. Oktober 1938 an die Geheime Staatspolizei Würzburg:

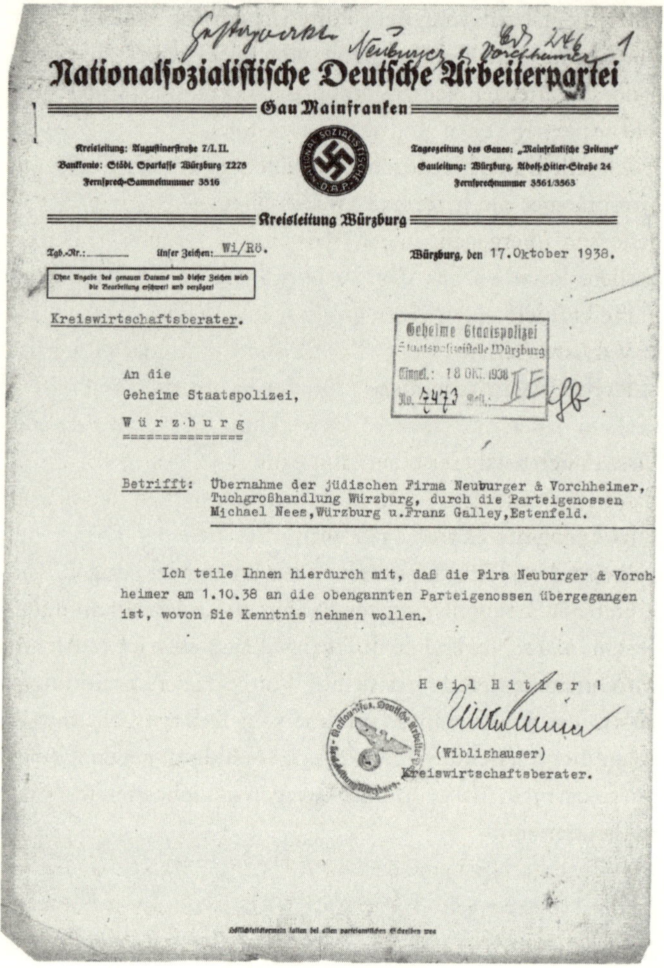

Nationalsozialistische Deutsche Arbeiterpartei

Gau Mainfranken

Kreisleitung: Augustinerstraße 7/I.II.
Bankkonto: Städt. Sparkasse Würzburg 7278
Fernsprech-Sammelnummer 3816

Tageszeitung des Gaues: „Mainfränkische Zeitung"
Gauleitung: Würzburg, Adolf-Hitler-Straße 24
Fernsprechnummer 3561/3563

Kreisleitung Würzburg

Tgb.-Nr.: Unser Zeichen: Wi/Rö. Würzburg, den 17.Oktober 1938.

Ohne Angabe des genauen Datums und dieser Zeichen wird die Bearbeitung erschwert und verzögert!

Kreiswirtschaftsberater.

Geheime Staatspolizei
Staatspolizeistelle Würzburg
Eingel.: 18 OKT. 1938
Nr. 7473 Beil. II E

An die
Geheime Staatspolizei,

W ü r z b u r g

Betrifft: Übernahme der jüdischen Firma Neuburger & Vorchheimer, Tuchgroßhandlung Würzburg, durch die Parteigenossen Michael Nees, Würzburg u. Franz Galley, Estenfeld.

Ich teile Ihnen hierdurch mit, daß die Fira Neuburger & Vorchheimer am 1.10.38 an die obengannten Parteigenossen übergegangen ist, wovon Sie Kenntnis nehmen wollen.

H e i l H i t l e r !

(Wiblishauser)
Kreiswirtschaftsberater.

Höflichkeitsformeln fallen bei allen parteiamtlichen Schreiben weg

89 Gestapo Würzburg, Übernahme der Firma Neuburger & Vorchheimer

»Betrifft: Übernahme der jüdischen Firma Neuburger & Vorchheimer, Tuchgroßhandlung Würzburg, durch die Parteigenossen Michael Nees, Würzburg und Franz Galley, Estenfeld.

Ich teile Ihnen hierdurch mit, daß die Firma Neuburger & Vorchheimer am 1.10.1938 an die oben genannten Parteigenossen übergegangen ist, wovon Sie Kenntnis nehmen wollen.

Heil Hitler!
Wiblishauser
Kreiswirtschaftsberater«[6]

Dass es sich bei dieser Übernahme um eine Zwangsarisierung handelte, bestätigt ein Schreiben des Bayerischen Landesentschädigungsamtes vom 17.02.1954.

Adolf Vorchheimer musste ab dem 01.10.1938 Zwangsarbeit in Württemberg leisten. Näheres ist nicht bekannt.

Am 9./10. November folgte die Pogromnacht. Amalie Vorchheimer sagte aus, dass ihre Wohnung bereits am Nachmittag des 9. November von den Nazis heimgesucht wurde. Über die angerichteten Zerstörungen gaben zwei Zeuginnen am 21.08.1955 Auskunft, Frau Fanny Massenbacher und Frau Helen Leitner.

Eidesstattliche Versicherung von Fanny Massenbacher:

»Ich, Fanny Massenbacher, wohnte mit meinen Kindern in meiner Wohnung im Jüdischen Lehrerseminar Würzburg, Goebelslehenstraße. Weil an diesem Abend in den jüdischen Wohnungen Pogrome bereits stattfanden, flüchteten wir zu der uns gut bekannten und in unserer Nähe wohnenden Familie Vorchheimer, weil bei Familie Vorchheimer schon am Nachmittag zerstört worden war. Wir sahen dort die ganzen Zerstörungen, die am Donnerstag 10. (?) November stattgefunden hatten. Die Möbel waren umgeworfen und die Rückwände eingeschlagen. Die Service und Gläser lagen zertrümmert auf dem Boden. Alle Lampen in der Wohnung waren zertrümmert, sodaß abends in der Wohnung kein Licht war. Die zerstörten Gegenstände waren so vollständig zertrümmert, daß eine Wiederinstandsetzung entweder überhaupt nicht, oder nur mit viel Aufwand möglich war.«

Eidesstattliche Versicherung von Helen Leitner:

»Ich wohnte in unserer Wohnung in Würzburg, Goebelslehenstraße. Weil an diesem Abend in den jüdischen Wohnungen Pogrome bereits stattfanden, flüchteten wir zu Familie Vorchheimer, damals wohnhaft Würzburg, Greisingstraße 8, weil bei Familie Vorchheimer schon am Nachmittag zerstört worden war. Wir sahen dort die ganzen Zerstörungen, die am Donnerstag 10. (?) November nachmittags stattgefunden hatten, und war die Wohnung ein Trümmerhaufen.«

Die Wohnung in der Greisingstraße 8 musste Familie Vorchheimer am 2. Februar 1939 verlassen und in die Hindenburgstraße 29 umziehen, in der sie mit anderen Juden in beengten Verhältnissen lebten. Die Möbel wurden beschlagnahmt und mussten in der Wohnung zurückgelassen werden.

Bei der Speditionsfirma Walk in Heidingsfeld wurden einige Kleinmöbel und fünf Kisten mit Porzellan, Wäsche und Hausrat bis zur geplanten Auswanderung untergestellt. Später wurden dort auch die beschlagnahmten Möbel eingelagert.

Schmuck und Wertsachen, darunter sechs Brillantringe,

drei goldene Uhren, ein kompletter Kasten mit zwölf- bzw. achtzehnteiligen Silberbestecken, zwei silberne Brotkörbe und eine silberne Tasche in einem Gesamtwert von 5000,– RM mussten Vorchheimers für 500,– RM zwangsverkaufen. Ihr Vermögen unterlag den strengen Vorschriften des Devisengesetzes und für die Judenvermögensabgabe hatten sie den Betrag von 20750,– RM zu zahlen.[7]

Nach dem Verlust der Existenz und der Sperrung des Vermögens, vor allem aber wegen der täglich zunehmenden Repressalien durch die Nationalsozialisten, wuchs bei der ehemals wohlhabenden Familie die Angst um Leib und Leben. Um zunächst ihren damals siebzehnjährigen Sohn Ludwig zu schützen, beschlossen die Eltern schweren Herzens, ihn, vermutlich im Sommer 1939, per Kindertransport nach England zu schicken, was bis zum achtzehnten Lebensjahr möglich war. Dorthin war der Bruder von Amalies Mutter, ihr Onkel Isaak Grünbaum, mit seiner Frau Helene und Sohn Max am 12. März 1939 von Nürnberg aus emigriert.

Seit ihr Sohn Ludwig in England auf sein Visum für die USA wartete, lebten die Eltern in ständiger Sorge, denn der Junge erfuhr dort offenbar wenig Unterstützung durch seine Verwandten. Doch sein Onkel Max Stein, Amalies Bruder, der New York im Frühjahr 1940 erreicht hatte und Ludwig in seiner Familie aufnehmen wollte, mühte sich in rührendster Weise, die verzweifelten Eltern zu trösten. Am 21. Juni 1940 schrieb er nach Würzburg und Frankfurt:

»Meine Lieben Alle! Heute kam wieder ein Schiff und habe ich im Stillen gedacht, daß vielleicht der liebe Ludwig mitkommen könnte, aber leider vergebens. Curt Wolf war mit uns. Ludwig [Stein] am Hafen um Wolfs Sohn abzuholen, der bestimmt erwartet wurde, aber auch nicht eintraf. Der Sohn von Herrn Wolf ist erst 16 Jahre alt, scheinbar hat er aber sein Visum nicht erhalten. Ich habe mich diese Woche nochmals an einen Verwandten von Eurer Cousine Selig aus Frankfurt gewandt, daß derselbe alle maßgebenden Stellen in Bewegung setzt, erwarte auch täglich von Herrn Werner entsprechenden Bescheid. Die jüdische Organisation hier sagte mir, daß seitens des Wopernhauses (?) fortwährend daran gearbeitet wird, daß diejenigen Leute, welche abfahrtfertig sind, entlassen werden.

Ich habe alles getan was zu tun ist und müßt Ihr auch vernünftig sein und dürft den Kopf nicht verlieren. Denkt an die vielen in Holland, Belgien usw., wo Eltern welche hier sind von ihren Kindern, und umgekehrt Kinder von ihren Eltern nichts hören und deren Schicksale ganz ungewiß sind. Von unseren Vettern Stein hatten wir zuletzt aus Antwerpen von der Sache Nachricht, ebenso von Julius Schwab aus Amsterdam, beides am 15.5. aufgegeben und haben keine Ahnung, wo solche geblieben sind. Jeder einzelne den man trifft bangt um Angehörige. Von Eliz. Stein hatte Nachricht, daß Eure Sache in Ordnung ist, ebenso von der Sekretärin von Sieg. Stein, daß das Affid abgesandt ist.

Die Durchreise ist z. Zt. sehr schwierig, aber bis Ihr an der Reihe seid, wird sich auch ein anderer Weg finden. Irgendwas zu disponieren ist heute zwecklos, da sich die Ereignisse überstürzen.

Hier war es schon sehr empfindlich heiß. Die Hitze ist mit einer feuchten Luft verbunden, sodaß man, ohne etwas zu arbeiten, wie man sagt klitschnaß ist. Seit gestern hat es sich etwas abgekühlt. Bei Dr. Kleemann und Lürs war ich dieser Tage auch, er gab mir Deine liebe Karte, liebe Tante und freuten wir uns wieder von Euch zu hören. Die Post von Euch ist sehr spärlich, vielleicht schreibt Ihr uns mit Würzburg zusammen per Luftpost. Brigitte ist noch in der Stellung und Ludwig hat ungefragt 1/2 $ Aufbesserung per Woche bekommen und freut sich, weil er das nicht verlangt hat, sehr damit. Er malt für das Geschäft auch die Reklameschilder, was er in Frankfurt leider nur wenige Wochen gelernt hat, bekommt es aber extra bezahlt. Reklame ist hier eine besondere Sache. Nur ich habe noch keinen Job, habe mich aber in den letzten Wochen für Decken etc. interessiert, um evtl. vertretungsweise etwas zu machen. Die Umstellung ist sehr schwer. Diese Woche, als ich in Sachen Ludwig unterwegs war, traf ich Euren früheren Reisenden Sonn aus Würzburg. Er hat sich sehr gefreut und ist in der Tuchbranche für eine Fabrik als Reisender tätig. Sonn meinte, daß er Dich lieber Adolf, wenn Du hier bist, bei seiner Firma unterbringen könnte. Die Adresse ist Semi Sonn, Jamaica N. Y. 16–86, 138th Street.

Im Allgemeinen trifft man viele Bekannte und manche Leute quälen sich sehr. Wer erwachsene Kinder hat ist am Besten dran. Euer Verwandter Selig hausiert mit Eiern und ist scheinbar ganz zufrieden, obwohl er auch dabei nicht viel erben kann. Die liebe Martha will noch schreiben, deshalb für heute nur noch herzliche Grüße und Küsse Euer Max.

Meine Lieben alle! […] Wir hatten uns Ludwigs Ausreise auch anders gedacht und erwarten ihn immer, hoffentlich klappt es auch bald. Ihr braucht Euch aber keine Sorgen um ihn zu machen, da er auch nicht der Einzige ist und schlagfertig und klug ist, sein Unglück zu meistern. Unsere Gedanken sind immer bei Euch […]

Seid innigst gegrüßt, auch von den Kindern Eure Martha«

In Würzburg mussten Amalie und Adolf Vorchheimer erneut umziehen. Seit dem 17. September 1940 wohnten sie in einem Judenhaus in der Schillerstraße 10. Vermutlich hatten sie schon im Sommer 1939 einen Ausreiseantrag in die USA gestellt. In der Entschädigungsakte findet sich dazu Amalies Bemerkung: »Wir konnten um jene Zeit noch nicht auswandern, weil wir beim Konsulat in Stuttgart eine zu hohe Nummer hatten.«

Acht Briefe und eine Postkarte von ihrer Nichte Amalie und deren Mann Adolf hatte Elise Grünbaum versteckt, die nicht nur Auskunft geben über Ludwigs ersehnte Ankunft in New York, sondern auch über die eigenen Bemühungen um die Ausreise aus Deutschland.

Bei den »Lieben in USA« handelt es sich um Amalies Bruder Max Stein und seine Frau Martha, die nicht nur ihren Neffen Ludwig sehnlichst erwarteten. Max Stein war es auch, der sich in New York ständig um Visabeschaffung und Ausreisemöglichkeiten für die Verwandten bemühte.

Elise und Meier Grünbaum in Wiesbaden, später in Frankfurt, wurden sowohl aus New York wie auch aus Würzburg ständig über die neuen Entwicklungen informiert. Die Briefe von Max Stein sind schon bekannt, nun folgen die Briefe von Amalie und Adolf Vorchheimer aus Würzburg. Der erste ist am 26.09.1940 datiert:

»Meine Lieben! Ich schrieb Euch gestern und hoffe Brief von Euch unterwegs an uns. Brief, ein neuer Brief von Lieben in USA. Die Lieben schreiben uns, daß unser lb. Ludwig mitteilte, daß sein Visum jetzt habe u. denkt, Mitte Sept. reisen zu können. Wir können nur hoffen u. beten, daß er mit Gottes Hilfe glücklich sein Ziel erreicht. Soeben erhalten auch

Telegramm von lb. Max ›Ludwig telegraphierte Visum erhalten. Max‹.

Nun lasset Gutes von Euch hören, verbringet angenehme Feiertage.

Herzliche Grüße und Küsse Euer Euch liebender Adolf.

Meine Lieben, auch heute haben wieder angenehme Veranlassung Euch zu schreiben, u. hoffen, auch bald Gutes von Euch zu hören. Wenn lb. Ludwig erst glücklich, so Gott will, in USA gelandet wäre! Nochmals alles Gute und gute Feiertage, innige Grüße und Küsse von Eurer Euchliebenden [so im Original] Amalie.«

Die alle erleichternde gute Botschaft sandte Max Stein am 16. Oktober von New York nach Würzburg:

»Meine Lieben! Nunmehr haben wir endlich unseren lb. Ludwig hier und sagen wir Euch unser herzlichstes Masseltoff. Das Letztere ist begründet, denn es tut sich sehr viel. Ludwig kam von Montreal aus per Bahn, wie die meisten Reisenden, welche diesen Weg machen. Ich konnte gleich am Bahnhof nicht rasch genug das Telegramm, welches Euch seine Ankunft meldet, expedieren. Ludwig sieht sehr gut aus und war 14 Tage unterwegs. Nachdem er sich etwas ausgeruht hat, wird er in seinem Fach sehr leicht Beschäftigung finden, abends die High School besuchen um zu graduieren. Mit Eliz. Stein habe ich alles in die Wege geleitet und es wird schon klappen. Von hier aus wird nichts versäumt.

Es ist schön, daß Ludwig früh an Eref Jontef gekommen ist. Wir sind aber auch alle wie erlöst. Der Zug kam früh 7:35 an, unser Ludwig, Lomnitz und ich waren am Bahnhof. Hoffentlich kommt Ihr nun auch an die Reihe. Teilt die Ankunft von lb. Ludwig gleich nach Wiesbaden mit.

Noch herzl. Gruß und Küsse Euer Max

M. L. Sendet ds. Brief nach Wiesb. Gelegentlich schreibe ihnen direkt. Den l. Wiesb. herzl. Grüße Euer Max«

Auf der Rückseite schrieb Martha Stein:

»Meine Lieben, wir atmen mit Euch erleichtert auf, Euren lieben Ludwig endlich hier zu haben, nun haben wir nur den einen Wunsch, daß bei Euch alles klappen wird und wir Euch nun recht bald in Empfang nehmen können. Lb. Ludwig hatte eine gute Fahrt, sieht sehr gut aus, ist ein netter, gewandter Junge. Er wird hier seinen Weg machen. Er wird mit unserem Ludwig das Zimmer teilen und soll sich bei uns nun zu Hause fühlen. Wir wollen alles tun, das Entbehrte für ihn zu ersetzen. Hoffentlich habt Ihr die Feiertage gut verbracht, wir haben so viele Bekannte, daß man keine Langeweile bekommt. Der Brief soll weg, deshalb nur noch für Euch und die lieben Wiesbadener die innigsten Grüße von uns allen

Eure Martha«

Die gute Nachricht von der Ankunft ihres Großneffen Ludwig in New York hat sicher auch in Wiesbaden große Freude und Erleichterung ausgelöst. Schon bald erhielten Meier und Elise Grünbaum neuen Bericht aus Würzburg. Am 13. November 1940 schrieben die glücklichen Eltern:

»Meine Lieben! Eure liebe Karte kreuzte sich mit der unsrigen u. war Eure Verlegenheit ganz unnötig. Ihr hattet recht in der

Annahme, daß wir gerne Nachricht der Lieben aus USA abwarten wollten. Heute sind wir in der glücklichen Lage, Euch solche senden zu können. Die Lieben singen das hohe Lied von unserem lieben Jungen. Er ist wirklich ein braves Kind u. haben wir nur den einen Wunsch, daß der liebe Gott uns das Glück schenken möge, ihn wieder gesund zu sehen. Wir wollen es hoffen. Euch meine Lieben schätze gesund, wie wir dies gottlob auch sind. Lasset bald wieder Gutes von Euch hören, herzlichste Grüße und Küsse Euer Euch liebender Adolf

Meine Lieben, vielen Dank für Eure lb. Karte, die sich mit der unsrigen kreuzte. Gottlob hatten wir heute recht guten Bericht aus USA. Es ist wirklich zu bewundern, daß lb. Ludwig so rasch Stelle bekommen hat, hoffentlich gibt es für uns noch ein Wiedersehen, so Gott will.

Ludwig schreibt, er war mit lb. Max bei Sigismund Stein, der sehr nett war. Doch ist von ihm wenig zu haben. Er frug ihn wegen einer Stelle, doch antwortete Sig., er solle in seiner Branche bleiben. Ludwig schrieb, das wollte er nicht hören, mit gutem Rat ist er versehen. Er hat schon viele Würzburger gesprochen. Wir sind glücklich, daß er sich bei unseren Lieben so heimisch fühlt u. ist so froh in New York zu sein u. daß unsere Lieben so aufmerksam zu ihm sind. Er ist auch wirklich brav u. bescheiden u. macht lb. Martha sicher nicht viel Arbeit u. hat er immer zu Hause schon geholfen, wenn es nötig war. Wenn er nur gesund bleibt und ich ihn noch einmal sehe! Nun lebt wohl, laßt bald wieder Gutes von Euch hören. Deinen schönen letzten Brief las ich 2 Leuten vor, die ganz erstaunt waren ob Deines schönen Schreibens, liebe Tante. Herzlichste Grüße und Küsse Euch Beiden

Eure Euchliebende Amalie«

Ihr Sohn hatte das Ziel wohlbehalten erreicht und, da er wohl technisch vorgebildet war, auch schnell eine Stelle in einer Maschinenfabrik gefunden. Nun kreisten die Gedanken von Amalie und Adolf Vorchheimer um die eigenen Chancen zur Auswanderung.

In Wiesbaden hatten Meier und Elise Grünbaum den Bescheid erhalten, dass im Jüdischen Altersheim in Frankfurt ein Zimmer für sie frei sei. Vor Elise lag nun die schwere Aufgabe, ihren Haushalt aufzulösen, Möbel zu verkaufen und sich auf das Leben in einer fremden Stadt und in der Enge eines Zimmers vorzubereiten, umgeben von vielen alten Menschen, die in der gleichen unglücklichen Situation waren. Da blieb wenig Zeit für Korrespondenz. Mitten im Umzugstrubel erreichte sie ein Brief aus Würzburg vom 02.01.1941:

»Meine Lieben! Diese Woche haben zu unserem Bedauern nichts von Euch gehört u. nehme ich an, daß Ihr durch Euren Umzug soviel Arbeit habt, daß Ihr nicht zum Schreiben gekommen seid. Ich hoffe Euch gesund, wir sind es gottlob auch. Von den Lieben in USA haben auch diese Woche nichts Briefliches, unsere letzte erhaltene Nachricht, ist die vom 10. Nov. Dagegen hatten letzten Freitag Nachmittag Telegramm von unserem lieben Ludwig, daß Visum nach Kuba beim Konsulat in Berlin für uns vorliegt. Auf unsere sofortige Anfrage dorten erhielten wir auch Bescheid, daß die Einreise für uns bewilligt ist. Es sind jedoch noch viele Bedingungen zum Erhalt des Visums zu erfüllen. Wir sind nun dabei, hoffentlich klappt es. Es dauert jedoch bestimmt noch Monate bis wir fortkommen, wenn es uns überhaupt gelingt. Lasset bald Gutes von Euch hören, empfanget herzlichste Grüße und Küsse

Euer Euch liebender Adolf

Meine Lieben, wir hoffen Euch wohl, ein Gleiches Gottlob von uns, d. h. ich bin ein bißchen erkältet, habe 37:3 gemessen, habe aber keine Zeit zum Liegen, es ist Gott Lob auch nicht schlimm. Von unserem lb. Ludwig erhielten wir folgendes Telegramm: ›Touristenvisum bereitliegt Cubaconsul Berlin. Setzt Euch sofort mit Consul zwecks Erhaltung Visum in Verbindung für Bank Landungsdeposit. Weiterreise hier erfolgt. Rückdrahtet nach Visumerhalt dann besorge ich Passage ab Spanien Portugal. Versucht amerikanisches Transitvisum beim Amerikaconsul München. Ludwig‹. Die Sache hat jedoch einen Haken, wir brauchen, wie mir das Cubaconsulat heute mitteilte, Hin- u. Rückreise. Letzteres ist jedoch schwer zu bekommen. Bei der Kälte schaffe nicht zu viel, damit Ihr Euch nicht erkältet. Die Zeit ist nicht angenehm zum Umziehen. Erfreue uns bald wieder mit gutem Bericht u. empfanget herzlichste Grüße u. Küsse von Eurer Euchliebenden

Amalie«

Am 3. Februar 1941 waren Meier und Elise Grünbaum im Frankfurter Altersheim eingezogen, wo Meier sich nicht eingewöhnen konnte. Elise war auf der Suche nach einer Pension und hatte ihren Verwandten darüber berichtet.

In Würzburg mussten Amalie und Adolf Vorchheimer noch einmal umziehen und wohnten ab dem 25. März in der Hindenburgstraße 34. Zwei Tage später, am 27.03.1941, schrieben sie nach Frankfurt:

»Meine Lieben! Ich hoffe Euch gesund, wir sind es gottl. auch. Wir warten schon die ganzen Tage auf Nachricht von Euch, ob Ihr Euch nun entschlossen habt im Heim zu bleiben oder in die Pension zu ziehen. Schreibt uns sofort darüber.

Wir sind Montag umgezogen und mit unserem einen Zimmer ganz zufrieden. In unserer Auswanderungssache hatten heute ein Telegramm, daß die notwendige Umbuchung geschehen ist und stellt uns der Vertreter Zusage für Schiffskarten in Aussicht. Unser Reisetermin wird sich leider weit hinausschieben. Vielleicht kommen wir in Kürze für einige Stunden nach dorten, es ist jedoch noch ungewiß.

Von den Lieben u. lb. Ludwig haben wir seit 15. Febr. nichts gehört. Lasset uns bald Gutes wissen, empfanget herzlichste Grüße und Küsse

Euer Euch liebender Adolf

Hindenburgstraße 34 I

Habt Ihr durch Euren Wohnungswechsel Geldverlust? Hoffentlich klappt es Euch nun nach Wunsch.

Wiederholt herzliche Grüße Euer Adolf

Meine Lieben! Warum so schweigsam? Es ist bereits 11 Uhr abends. Montag sind wir umgezogen und schon ganz in Ordnung, haben Wohn- und Schlafzimmer in einem Zimmer, doch gefällt es allgemein recht gut. Ich wäre sehr froh, wenn ich es in USA schon so hätte! Heute hat uns Sigmund besucht, er wollte hören. Gisella hat Passage per 6. Juni. Er sieht glänzend aus unberufen. So Gott will geht nun unsere Sache weiter vorwärts. Mit unseren neuen Mietern verstehen wir uns unberufen sehr gut. Habens Gott Lob ganz gut getroffen, das Zimmer ist schön. Nun laßt nur recht bald Gutes hören. Wir haben den ganzen Tag Besuch, abends wird es immer spät. Laßt bald Gutes von Euch hören und empfanget herzlichste Grüße und Küsse

Eurer Euchliebenden Amalie

P. S. Der Brief war gestern Abend geschrieben, eben, Freitag früh trifft Euer lb. Brief ein und freuen wir uns, Gutes zu hören. Viel Glück und alles Gute zum Umzug. Hoffentlich bist Du, lb. Onkel dann zufriedener. Herzliche Grüße und Küsse

Eurer Euchliebenden Amalie«

Einige Verwandte von Adolf Vorchheimer lebten noch in Würzburg und Frankfurt, die sich ebenfalls darum bemühten bald aus Deutschland zu entkommen. Der Erfahrungsaustausch über die vielen bürokratischen Hürden war also von großer Bedeutung, und da es für Juden seit dem Sommer 1940 keine Telefonanschlüsse mehr gab, musste dies in persönlichen Gesprächen geschehen. So erklärt sich der große Besucherandrang, von dem Amalie schrieb, mit dem auch ein langes voneinander Abschiednehmen begann. Der erwähnte Sigmund war Sigmund Grünebaum, der ehemalige Geschäftspartner von Adolfs Cousin Julius Vorchheimer, die Inhaber einer Großhandlung für Textil- und Webwaren in Würzburg waren. Sigmund Grünebaum war 1937 mit seiner Familie nach Frankfurt verzogen. Ob ihnen die Auswanderung noch gelang, ist nicht sicher.

In ihrem folgenden Brief erwähnte Amalie einen Besuch in Stuttgart. Dort befand sich eine Außenstelle des Amerikanischen Konsulats, von dem die Auswanderungsgenehmigungen für die USA erteilt wurden.

Am 1. April 1941 waren Meier und Elise Grünbaum in die Pension Nussbaum, Liebigstraße 27B, umgezogen. Dorthin schrieb Amalie am 22. Mai 1941:

»Meine Lieben, herzlichen Dank für Eure liebe Karte u. freuen wir uns immer Gutes von Euch zu hören. In Stuttgart war es leider Essig, was ja bei der Häufung von so vielen Umständen zu verstehen ist. Nun haben unsere Lieben wieder für Cuba umgebucht, so Gott will klappt es diesmal. Ende Juli soll ein Schiff gehen, wenn es überhaupt geht. Lb. Ludwig schrieb, sie hätten immer von Dir, lb. Tante, so schöne Briefe, so schöne Briefe kann nicht jeder schreiben.

Lb. Ludwig hat für uns auf dem Dampfer Navemar gebucht, so Gott will geht er auch. Seit gestern ist es furchtbar heiß hier. Wenn es Ernst wird und wir Zeit haben, besuchen Euch noch einmal. Bis jetzt hat es immer nicht geklappt, deshalb glauben wir noch nicht daran. Laßt bald wieder Gutes von Euch hören und empfanget herzlichste Grüße und Küsse

Eurer Euchliebenden Amalie«

Doch dieses Mal schien es wirklich zu klappen.

Um die Auswanderung der Juden zu organisieren und aufnahmebereite Länder zu suchen, wie beispielsweise Südamerika, Kuba, China usw., hatte das Reichsministerium des Innern in einer Verordnung zum Reichsbürgergesetz vom 04.07.1939 die »Reichsvereinigung der Juden in Deutschland« eingerichtet.[8]

Vermutlich am 1. Juli 1941 erhielt Adolf Vorchheimer per Eilboten ein Schreiben der ALTREU – PASSAGEKOMMISSION bei der Reichsvereinigung der Juden in Deutschland, Berlin N4, Artilleriestraße 31, den 30. Juni 1941.

»BESCHLUSS Nr. 457

Betr.: Teilnahme des Herrn Adolf Israel Vorchheimer
Würzburg, Hindenburgstr. 34
an dem Altreu-Passageverfahren I/40 in Gruppe 16d

Höchstbetrag der zugebilligten Auswanderungskosten
(Passage, Bordgeld usw.) US $ 400.-
Zielland: Cuba
Zahl der Auswanderer (einschl. Antragsteller): 2 Personen
Gültigkeitsdauer dieses Beschlusses: 8. Juli 1941

Der Antragsteller wird zum Altreu-Passageverfahren bis zur Höhe des oben angegebenen Dollarbetrages mit der Maßgabe zugelassen, daß er spätestens bis zum Ablauf der Gültigkeitsdauer dieses Beschlusses den ihm von der Allgemeinen Treuhand-Stelle für die jüdische Auswanderung GmbH (ALTREU), Berlin W 35, Potsdamerstr. 72 aufgegebenen Reichsmarkbetrag zur Gutschrift auf das Treuhandkonto ›Altreu-Passagen‹ der Reichsvereinigung der Juden in Deutschland, Berlin-Charlottenburg 2, Kantstr. 158 zu überweisen hat. Wird die Reichsmarkzahlung nicht fristgemäß in voller Höhe geleistet, so verliert dieser Beschluß ohne Benachrichtigung des Antragstellers seine Gültigkeit.

Die Altreu-Passagekommission behält sich – und zwar auch im Falle der fristgemäßen Zahlung des Reichsmarkbetrages – das Recht vor, diesen Beschluß jederzeit außer Kraft zu setzen und den Reichsmarkbetrag zurückzahlen zu lassen, insbesondere dann, wenn sich das Auswanderungsvorhaben nicht innerhalb einer angemessenen Frist als durchführbar erweisen sollte.

Victor Israel Löwenstein Dr. Walter Israel Sprinz«

Diesem Beschluss war eine Zahlungsaufforderung beigefügt:

»Allgemeine Treuhand-Stelle   Berlin W 35, den 1. Juli 1941
für die jüdische Auswanderung   Potsdamerstr. 72
GmbH

Herrn Adolf Israel Vorchheimer
Würzburg
Hindenburgstr. 34/I

Per Eilboten

Zahlungs-Aufforderung Nr. 4624
auf Grund des beiliegenden Beschlusses Nr. 457
betr. Teilnahme am Altreu-Passageverfahren 1/41

Mit dem beiliegenden Beschluß der Altreu-Passagekommission sind Sie zur Teilnahme an dem Altreu-Passageverfahren mit Ihren in Devisen aufzuwendenden Auswanderungskosten (Passagen, Bordgeld usw.) bis zur Höhe von

$ 400,– (i. W.: U. S.-Dollars vierhundert)

zwecks Durchführung Ihrer Auswanderung in Gemeinschaft mit weiteren 1 Person nach Cuba zugelassen worden.

Entsprechend der von der Altreu-Passagekommission vorgenommenen Einstufung in Gruppe 16d des Verfahrens, haben Sie nach der von dem Reichswirtschaftsministerium genehmigten Altreu-Passage-Tabelle pro Dollareinheit einen Betrag von RM 29,70 zu entrichten.

Demnach ergibt sich folgende Rechnung:

1) Auswandererkosten bis zu $ 400,– à RM 29,70 =	RM 11 880.–
2) zuzüglich Gebühren	2,56
3) Insgesamt	RM 12 022,56
4) Da Ihre Auswandererabgabe von der zuständigen Erhebungsstelle am – vorläufig auf Grund eines Vermögens von a) RM – festgesetzt worden ist und die Passagekosten abzugsfähig sind, vermindert sich dadurch Ihr abgabepflichtiges Vermögen um	b) RM –
auf	c) RM –

[...]

Wir bitten Sie daher, bis spätestens 8. Juli 1941 RM 12 022,56 an die Firma M.M. Warburg & Co KG, Hamburg 1, Ferdinandstr. 75 zur Gutschrift auf das Treuhandkonto ›Altreu-Passagen‹ der Reichsvereinigung der Juden in Deutschland, Berlin-Charlottenburg 2, Kantstr. 158, unter Angabe der oben bezeichneten Nummer dieser Zahlungsaufforderung zu überweisen.

Sollte der oben angegebene Dollar-Höchstbetrag nicht in voller Höhe erforderlich sein, so wird der darauf entfallende Reichsmarkbetrag gegebenenfalls abzüglich der in diesem Fall zuviel gekürzten Auswandererabgabe zurückvergütet, sofern der nicht erforderliche Devisenbetrag 5 $ überschreitet. Andererseits behalten wir uns eine entsprechende Reichsmark-Nachforderung vor, wenn der Dollarbetrag zur Bezahlung der Passage-Kosten (z. B. infolge Erhöhung der Passagepreise) nicht ausreichen sollte. Die Nachforderung wird jedoch unterbleiben, sofern der fehlende Devisenbetrag 5 $ nicht überschreitet. Im übrigen machen wir Sie darauf aufmerksam, daß Ihnen der Dollarbetrag nicht zur Verfügung gestellt, sondern lediglich für die Passage und ähnliche Auswanderungskosten verwandt wird.

Allgemeine Treuhandstelle für die jüdische Auswanderung GmbH	zuständig für die Erhebung Ihrer Auswanderungsabgabe ist die

[zwei Unterschriften]«[9]

Für Bordgeld waren 400,– RM in den Passagekosten enthalten. Später wurden nur 100,– RM an Vorchheimers ausgezahlt!

Außer den Passagekosten hatte Adolf Vorchheimer 17 035,– RM Reichsfluchtsteuer zu zahlen und 6350,– RM Geldexportabgabe für Wertgegenstände in seinem Auswanderungsgut.

Es gab nun binnen kürzester Zeit vieles zu organisieren, und so waren die letzten Tage, die Amalie und Adolf Vorchheimer in Würzburg verbrachten, erfüllt von hektischer Betriebsamkeit und dem glücklichen Gedanken, das lang ersehnte Ziel bald zu erreichen. In das Glück mischte sich aber auch die Trauer des Abschieds. Geliebte Geschwister und Angehörige mussten sie zurücklassen in eine ungewisse, dunkle Zukunft, denn die Hoffnung auf ein Wiedersehen war trügerisch, das wusste jeder von ihnen. Zum persönlichen Abschied von den hochbetagten Frankfurter Verwandten,

Onkel Meier und Tante Elise Grünbaum, reichte die Zeit nicht mehr. Ihnen schrieb Amalie am 2. Juli 1941:

»Meine Lieben, wir haben Euch zwar gestern gemeinsam mit unseren lb. Geschwistern zusammen geschrieben, und sollt Ihr heute nochmal von uns hören. Schreibt nur bitte gleich Eure Bankverbindung u. Sicherungskonto. Lb. Adolf ist den ganzen Tag unterwegs, ich bin unwohl, hatte den Arzt u. muß heute wieder liegen, darf jedoch morgen so Gott will, wieder aufstehen, ich hätte auch keine Ruhe mehr. Also, so Gott will klappt es weiter und wir erreichen unser Ziel. Morgen geben den Lieben Telegramm, l. Ludwig hat Freitag Geburtstag, lb. Max am 1. August. Ihr könnt Euch denken, daß wir glücklich sind, unberufen so weit zu sein. Das Schiff Navemar geht am 18. Juli, so Gott will, ab Cadiz, die Transporte zwischen 7. u. 10. Juli ab Berlin. Der Abschied von Euch, meinen Lieben, tut mir natürlich sehr leid, ebenso von unseren lb. Geschwistern. Wenn es nicht so Hals über Kopf gekommen wäre, hätten wir Euch noch einmal besucht, nun hoffen Euch am Bahnhof dort zu sprechen, eventuell kommt lb. Adolf noch einen Tag nach dort. Wir haben für Euch 300,– Mark genehmigen lassen, auszahlbar in Raten von 100,– Mark. Wir haben die Reise bis Cadiz u. Aufenthalt transferiert, was sehr! teuer war. Also bleibt gesund, erfreut nur öfter mit gutem Bericht, herzlichste Grüße und Küsse, auf Wiedersehen in USA so Gott will freut sich

Eure Euchliebende Amalie

Lb. Martha hat am 10. Juli Geburtstag, Grüße und Küsse für die lieben Geschwister! Geht öfter zu lb. Betty u. Robert, sie freuen sich immer mit Euch, lebt wohl Eure Amalie

Meine Lieben! Gebt mir bitte sofort Euer Bankkonto mit Wiederholung (?) herzliche Grüße und Küsse, alles Gute für Euch
Euer Adolf«

Die noch in Frankfurt lebende Betty war Adolfs jüngere Schwester. Durch die Vermittlung ihres Ehemanns Robert Strauß war Meier und Elise Grünbaum das Zimmer im Jüdischen Altersheim Frankfurt zugewiesen worden.

Robert Strauß, am 21.01.1875 in Wiesbaden geboren, kam 1891 nach Frankfurt. Er hatte Betty (Babette) Vorchheimer, geb. am 21.06.1888, im Jahre 1909 geheiratet. Das Paar lebte in Frankfurt.

Seit 1935 wohnte Bettys Nichte Susi Vorchheimer, Tochter ihres Bruders Julius, bei ihnen. In seinem Brief vom 26. Juli 1939 (siehe Kapitel »Meier und Elise Grünbaum 1920–1942« S. 79) schrieb Robert Strauß unter anderem:

»[…] zu unserem permit [Ausreiseerlaubnis] […] von Susi erledigt […] Wir versuchen naturgemäß so bald wie möglich fertig zu werden, aber 2–3 Monate werden doch noch draufgehen bis wir reisen können. […]«

Warum Betty und Robert Strauß Deutschland nicht verlassen haben und im Juli 1941 noch in Frankfurt lebten, ist nicht nachzuvollziehen. Sie hatten keine Chance mehr, der Nazi-Barbarei zu entkommen. Am 15. September 1942 wurden beide nach Theresienstadt deportiert, wo Robert Strauß schon am 26. September starb. Betty Strauß wurde später nach Auschwitz verschleppt, wo sie ermordet wurde.[10]

In dem dritten Theresienstadt-Transport, der mit der Zugnummer »DA 515«, Transport-Nr. XII/3 am 15. September 1942 Frankfurt verließ, befanden sich 1369 bis 1378 ältere Menschen und Waisenkinder. Es war die neunte Deportation aus Frankfurt. Von Theresienstadt wurden zu Anfang des Jahres 1943 und im Laufe des Jahres 1944 noch über 500 Menschen aus diesem Frankfurter Transport nach Auschwitz verbracht und ermordet.[11] Eines der Opfer war Betty (Babette) Strauß. An der Frankfurter »Gedenkstätte Neuer Börneplatz« sind auch die Namen von Babette und Robert Strauß in die Mauer eingelassen.

Einen letzten Brief aus Würzburg schrieben Adolf und Amalie Vorchheimer am 15. Juli 1941 nach Frankfurt:

»Meine Lieben! Nun wird es wahr, wir fahren morgen, Mittwoch Nacht nach Berlin, müssen Freitag früh am Hilfsverein sein und werden mit Gottes Hilfe Samstag oder Sonntag wegkommen. Bleibt gesund und tapfer meine Lieben, speziell Dir lb. Onkel lege an's Herz, Dich und die liebe Tante nicht zu plagen, sondern glücklich zu sein, so gut untergebracht zu sein. Uns möge der Gott beschützen auf unserem Weg u. uns gesund zu unserem lb. Jungen führen.

Alles Gute wünschend bitte ich Euch, uns weiter in guten Gedanken zu behalten und grüße und küsse Euch

Euer Euchliebender Adolf.

Meine Lieben, nun haben wir es mit Gottes Hilfe geschafft. Es fällt mir schwer, mich von Euch zu verabschieden. Bleibt gesund und tapfer, so Gott will gibt es für uns ein Wiedersehen. Genehmigung voraussetzend bekommt Ihr monatlich 100 Mark. Wir kommen voraussichtlich Samstag Nacht weg von Berlin. Wir haben den ganzen Tag Besuch. Laßt öfter

Gutes von Euch hören, auch wir werden Euch öfter schreiben. Also erspart mir viel Worte. Alles, alles Gute. Lebt wohl, empfanget herzlichste Grüße und Küsse, auf Wiedersehen in USA freut sich

Eure Euchliebende Amalie

Nächste Woche geht Euch ein Paket zu! Eben trifft einliegender Brief unserer Lieben ein. Nochmals Grüße

Eure Amalie«

Amalie und Adolf Vorchheimer hatten großes Glück, Visa für Kuba zu haben. Ende Juni 1941 stellte Amerika die diplomatischen Beziehungen zum Deutschen Reich ein. Am 15. Juli verließ der amerikanische Konsul Deutschland. Damit waren alle Ausreiseanträge hinfällig, die in Stuttgart noch zur Bearbeitung lagen.

Auf dem Weg von Berlin nach Cadiz schrieb Amalie am 20. Juli 1941 noch eine Postkarte an Meier und Elise Grünbaum:

»Liebe Tante + lieber Onkel, von unterwegs sage ich Euch nochmals Lebewohl. Wir fuhren gestern Samstag Abend 9:45 in Berlin ab, eben Sonntag 12 Uhr sind wir zwischen Saarbrücken und Metz. Bleibt gesund, lebet wohl u. empfanget herzlichste Grüße u. Küsse

Eurer Euchliebenden Adolf und Amalie«.

Bevor der Zug Deutschland verließ, nahmen Zollbeamte und Parteifunktionäre den Auswanderern alle in ihrem Besitz befindlichen Urkunden und Belege ab.[12]

Der genaue Reiseverlauf durch Frankreich und Spanien ist

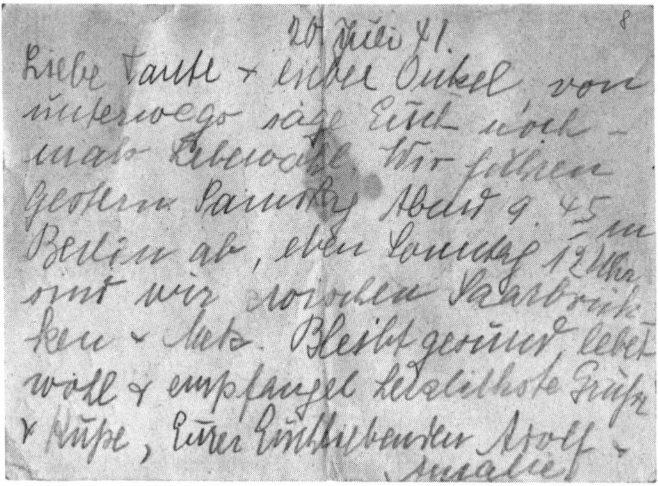

20. Juli 41. 8
Liebe Tante & lieber Onkel, von unterwegs sage Euch noch-mals Lebewohl. Wir fuhren gestern Samstag Abend 9.45 von Berlin ab, eben Sonntag 12 Uhr sind wir zwischen Saarbrücken & Metz. Bleibt gesund, lebet wohl & empfanget herzlichste Grüße & Küsse, Euer Euch liebender Adolf & Amalie

90 Postkarte von Amalie Vorchheimer
auf dem Weg nach Cadiz 20. Juli 1941

nicht bekannt. Offiziell sollte die »Navemar« vom Hafen Cadiz am 18. Juli 1941 in See stechen, was sich dann um fast drei Wochen verzögerte.

Die »ss Navemar« war ein spanischer Frachter, der im Jahr 1941 eingesetzt wurde, um 1120 Juden aus Deutschland, Österreich und der Tschechoslowakei zu retten. Das »American Joint Distribution Committee« hatte das Schiff nach Sevilla umgeleitet, wo es für die Atlantiküberquerung privat gechartert wurde. Die Preise für die wenigen Kabinen, laut offiziellen Angaben für achtundzwanzig Passagiere, waren exorbitant. In den schmutzigen Frachträumen, in denen vorher Kohlen transportiert worden waren und die aus Zeitgründen kaum gereinigt werden konnten, hatte man schmale Schlafkojen mit doppelstöckigen Betten eingerichtet, für die ebenfalls unverschämte Preise gefordert wurden.

Max Stein schrieb darüber in seinem Brief vom 05.10.1941 (S. 355).

Am 6. August 1941 durften die Passagiere endlich an Bord gehen und am Donnerstag, den 7. August, verließ die »Navemar« um drei Uhr morgens den Hafen von Sevilla.

Adolf Vorchheimer hatte später an seinen Schwager Max Stein geschrieben, dass es für ihn ein besonders beruhigendes Gefühl gewesen sei, das Meer zu sehen. Unter den seit vielen Jahren verfolgten, von Angst gepeinigten und nun geretteten Juden gab es wohl keinen, der nicht Ähnliches empfunden hätte – frei zu sein, den Nazi-Schergen entkommen zu sein!

Beim Leo Baeck Institut in New York liegt ein Bericht vor, der die Reise der »Navemar« von Sevilla nach New York beschreibt. Clara Suess geb. Mars (1882–1968) und ihr Mann waren, wie die Vorchheimers, Passagiere der »Navemar«.

Am 7. August 1941 schrieb sie:

»Die Navemar lief Donnerstag den 7. Aug. morgens 3 Uhr in Sevilla aus, sie läuft schön ruhig, der Aufenthalt an Deck ist sehr schön. In Lissabon war das Erscheinen von Händlern an Bord sehr interessant. Sie kamen mit Obst, Zigaretten, Schokolade, Sardinen und anderen essbaren Dingen, auch Thermosflaschen und Liegestühle kamen an Bord. Die Enttäuschung war sehr groß, dass wir nicht an Land durften, nur Leute, deren Visum abgelaufen war, durften unter polizeilicher Begleitung aufs Konsulat, wo sie ihre Visa verlängert bekamen.«

Zehn Tage lag die »Navemar« vor Lissabon auf Reede. Die Enttäuschung darüber, auf dem überfüllten Schiff festsitzen zu müssen, kann man sich lebhaft vorstellen.

An einem ungenannten Tag notierte Clara Suess:

»Das Schiff war ja mit seinen 1200 Passagieren wirklich ungenügend zu nennen, besonders was Hygiene & ärztliche Versorgung anbelangt, aber die 3 Wochen werden ja auch herumgehen. Die ersten Tage waren schon 2/3 der Passagiere an Durchfall infolge Fischvergiftung erkrankt. Seit der Zeit gibt man uns keinen Fisch mehr.«

Donnerstag 21. August:

»Die Navemar läuft ruhig auf ihrem vorbestimmten Kurs. Jeder Tag bringt uns unserem Ziel ein wenig näher. Nach Amerika zu kommen und unsere Kinder bald zu sehen.

Immer wieder, seit dem schändlichen 10. November (Kristall Nacht), versuchen wir dieses Ziel zu erreichen. Die meisten Passagiere, die an der Seekrankheit litten, sind nun darüber hinweggekommen und haben sich gut an das Leben auf dem Schiff angepaßt. Ein Drittel der Passagiere wird in Kuba bleiben. Es scheint, daß sie diese Reise bald hinter sich haben werden.« In den nächsten Tagen nahmen Hitze und Feuchtigkeit zu, die Nähe der Tropen war zu spüren.

Freitag früh, den 29. August:

»Ich stehe bald & rasch auf & höre, daß wir uns den Bermudas nähern & die Inseln schon in Sicht sind. […] Hier sieht man Brücken, die eine Insel mit der anderen verbinden. Entzückende kleine Villenhäuschen bieten sich unseren Augen dar. Ein Stoßseufzer entringt sich hier meiner Brust. Wie friedlich hier alles ist, hier ein Asyl zu finden, wo man sein sorgenschweres Leben friedlich und bescheiden zubringen könnte. Aber das sind ja Seifenblasen, die rasch wie sie aufsteigen enteilen.

[…] Da auf einmal, ich täusche mich nicht, die »Navemar« steht. Nun entwickelt sich ein reges Leben auf dem Dampfer. Englische Offiziere in strahlend weissen Uniformen betreten den Dampfer, die nötigen Formalitäten zu erfüllen: Lebensmittel kommen an, die in letzter Zeit knapp gewordenen Früchte, Orangen kommen an Bord & werden uns schon zum Nachtessen zum Dessert serviert. Nach dem Nachtessen gehe ich noch an Deck. Vom Dampfer führt ein Steg zu einer Lagerhalle. Unsere Schwerkranken können an Land.«

Samstag Morgen 30. August:

»Ein wolkenloser blauer Himmel umstrahlt uns […] und so sitze ich hier, meinen Reisebericht schreibend. Vor mir, hinter mir, mir gegenüber liegen die Menschen, eifrig debattierend, ob die Navemar nun doch vielleicht direkten Kurs auf New York nehmen würde, da doch 2/3 der Passagiere nach New York wollen, also warten wir mal ruhig ab, wie sich die Dinge weiter entwickeln.

Soeben, 11 Uhr, wird ausgerufen, dass Kinder bis zu 6 Jahren in Begleitung ihrer Mütter, und Kinder von 6 – 16 Jahren allein heute Nachmittag an Land gehen dürfen. Schon gestern kamen Liebesgaben an Bord, für Kinder Cakes, für Kranke und Alte Kuchen. Man ist von diesem wohltuenden Entgegenkommen der engl.-amerikanischen Regierung aufs Angenehmste überrascht. In Lissboa, wo wir 10 Tage vor der Stadt lagen, hat sich kein Mensch um uns gekümmert […] Unsere zukünftige Heimat zeigt sich uns schon hier im angenehmsten Lichte und man stellt Betrachtungen an über die alte und die neue Welt.

Ein paar Glückliche verlassen schon heute den Dampfer, um von hier aus nach New York zu fliegen, während wir Anderen noch voraussichtlich 14 Tage auf dem Dampfer zubringen müssen.

Die *Hamilton News* brachten heute einen großen Artikel über die Navemar, dass der Dampfer für 400 Passagiere die Erlaubnis hatte & 1200 Juden resp. Passagiere mit sich führe. Sie berichtete weiter über den ungenügenden Raum, den mangelden sanitären und hygienischen Zuständen. Über das schlechte Essen, und darüber dass wir schon 4 Tote zu beklagen hatten. Aber es wird uns nichts weiter nützen & wir werden unsere Reise über Cuba fortsetzen müssen.«

Am Mittwoch den 3. September schrieb Clara Suess: »... Im Essaal ist die Hitze so schlimm, daß man kaum etwas geniessen kann, umso mehr als die Speisen, die man uns kocht; weisse Bohnen, Reisbrei, Linsensuppe, nicht der Temperatur angepasst sind. ... Viele Passagiere ziehen es vor, der Hitze wegen, die Nacht in ihren Liegestühlen zu verbringen.«

Am Donnerstag, den 4. September erreichte die »Navemar« die Küste von Florida, passierte am Freitag Miami und erreichte am Nachmittag die Gewässer von Cuba. In einem Lichtermeer zeigte sich Havanna von seiner schönsten Seite. Das Schiff ankerte außerhalb des Hafens, und die Hafenpolizei kam an Bord, um sich über den Gesundheitszustand der Passagiere zu informieren. Glücklicherweise waren alle gesund.

Clara Suess schrieb: »Auf dem Wasser werden Stimmen laut. Namen werden ausgerufen; man sucht nach Verwand-

91 »ss Navemar« auf dem Weg nach New York über Cuba

ten und Bekannten. Inzwischen ist es Essenszeit geworden, man setzt sich nachher noch lange an Deck, das schöne Bild der nahen Stadt zu geniessen.«

Am Samstag, den 6. September, war die »Navemar« früh in den Hafen von Havanna eingelaufen und lag direkt vor dem Zollgebäude. Kräne zogen das Gepäck der Cuba-Passagiere an Deck des Schiffes. Sie hatten ihr Ziel erreicht, und die Aufregung unter ihnen war verständlicherweise groß. Briefe und Telegramme wurden verteilt.

»Die Passagiere sind in freudiger Stimmung. Wir wissen, der größte Teil der Reise ist überstanden. Nun werden schon die Passagiere, die hier bleiben, ausgebootet & manchen, den man in 4wöchigem Beisammensein lieb gewonnen hat, sieht man scheiden.«, schrieb Clara Suess zum Abschied der etwa 400 Passagiere, die in Kuba auf ihre Weiterreise warten mussten.

Clara Suess und ihr Mann erreichten New York am Freitag, den 12. September 1941. Dank ihres Tagebuches konnte darüber berichtet werden, unter welchen Umständen Amalie und Adolf Vorchheimer aus Würzburg die Überfahrt von Sevilla nach Havanna bewältigten,[13] denn von ihnen selbst gibt es nur spärliche Auskünfte in den Briefen, die Max Stein an die gemeinsamen Verwandten nach Frankfurt sandte.

Als Amalie und Adolf Vorchheimer am 6. September 1941 kubanischen Boden betraten, gab es zunächst eine Menge von Formalitäten zu erledigen. Bei der Suche nach einer Unterkunft hatten sie schnell Erfolg, denn bereits fünf Tage später, am 11. September 1941, schrieb Amalie aus Havanna an Meier und Elise Grünbaum in Frankfurt:

»Sendet bitte einliegenden Brief nach Würzburg, vielen Dank.

Meine Lieben, wenn wir auch lange nicht geschrieben, so beweist dies doch nicht, daß wir auch ebenso selten an Euch gedacht haben, nein, gerade das Gegenteil. Wir denken so viel an Euch u. sprechen täglich von Euch, meinen Lieben. Ihr lest ja den Brief an die lieben Geschwister, drum brauchen (wir) nicht alles doppelt zu schreiben. Vielen herzlichen Dank für Euren nach New York an uns gesandten lb. Brief, wir freuten uns sehr damit. Wir haben uns hier schon glänzend eingelebt, haben ein Zimmer für 13 Dollar im Monat, lb. Adolf hat es erst nicht gefallen, doch nachdem ich es gestöbert, hat es ganz anders ausgesehen. Auf dem Schiff sind 6 Leute gestorben, es war alles weniger als comfortabel.

Im Haus ist Bad und 2 Douchen, was wir alles benützen dürfen. Nun empfanget meine lieben Beiden, meine herzlichs-

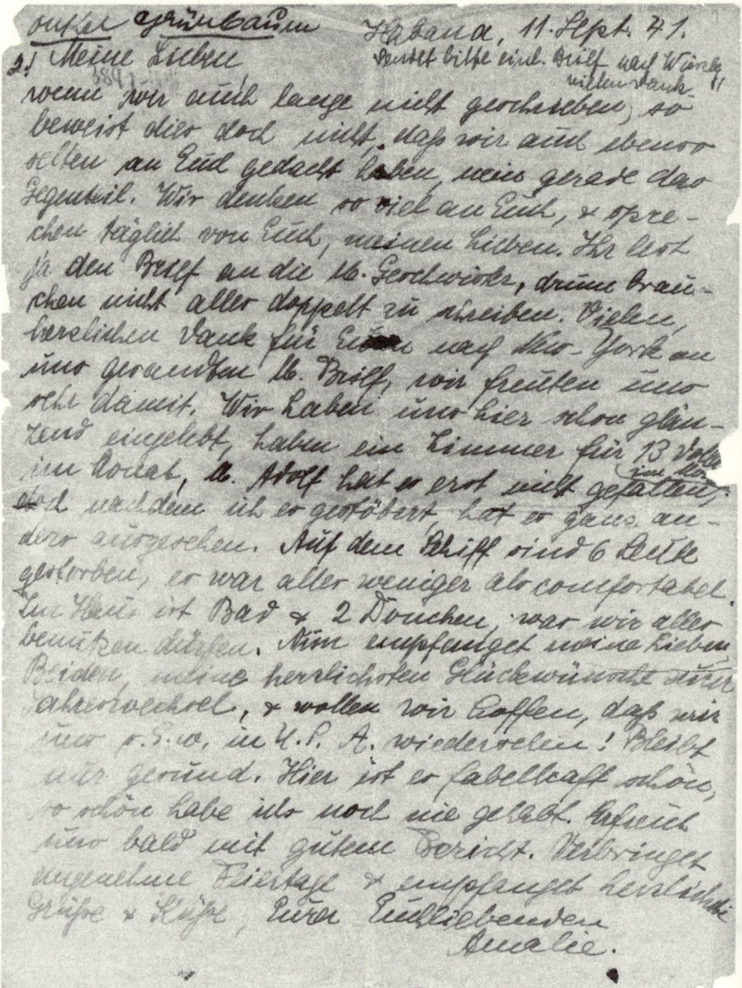

onkel grünbaum Habana, 11. Sept. 41.
2.) Meine Lieben Sendet bitte einl. Brief nach [illegible] vielen Dank.
wenn wir auch lange nicht geschrieben, so
beweist dies doch nicht, daß wir auch ebenso
selten an Euch gedacht haben, nein gerade das
Gegenteil. Wir denken so viel an Euch, & sprechen täglich von Euch, meinen Lieben. Ihr lest
ja den Brief an die lb. Geschwister, drum brauchen nicht alles doppelt zu schreiben. Vielen,
herzlichen Dank für Euren nach New-York an
uns gesandten lb. Brief, wir freuten uns
sehr damit. Wir haben uns hier schon glänzend eingelebt, haben ein Zimmer für 13 Dollar
im Monat, lb. Adolf hat es erst nicht gefallen,
[illegible] nachdem ich es [illegible] hat es ganz anders ausgesehen. Auf dem Schiff sind 6 Leute
gestorben, es war alles weniger als comfortabel.
Im Haus ist Bad & 2 Douchen, was wir alles
benützen dürfen. Nun empfanget meine Lieben
Beiden, meine herzlichsten Glückwünsche zum
Jahreswechsel, & wollen wir hoffen, daß wir
uns v. G. w. in U.S.A. wiedersehen! Bleibt
nur gesund. Hier ist es fabelhaft schön,
so schön habe ich es noch nie gehabt. Schreibt
uns bald mit gutem Bericht. Verbringet
angenehme Feiertage & empfanget herzlichste
Grüße & Küsse, Eure Euchliebende
Amalie.

92 Brief von Amalie Vorchheimer aus Havanna
an Meier und Elise Grünbaum 11.9.41.

ten Glückwünsche zum Jahreswechsel, u. wollen wir hoffen, daß wir uns so Gott will in USA wiedersehen!

Bleibt nur gesund. Hier ist es fabelhaft schön, so schön habe ichs noch nie gehabt. Erfreut uns bald mit gutem Bericht. Verbringt angenehme Feiertage und empfanget herzlichste Grüße und Küsse,

Eure Euchliebende Amalie«

Dieser Brief war das letzte Lebenszeichen, das Meier und Elise Grünbaum von ihrer Nichte Amalie erhielten. Die politischen Ereignisse verhinderten eine weitere Korrespondenz.

Drei Monate verbrachten Amalie und Adolf Vorchheimer noch in Havanna, bis sie, ausgestattet mit ihren Visa für die USA, vermutlich Anfang Dezember nach New York reisen konnten, wo sie nach mehr als zwei Jahren ihren Sohn Ludwig wieder in die Arme schließen konnten. Auch Amalies Bruder Max Stein und seine Familie konnten nun erleichtert aufatmen. Ihre ständigen Ängste und Sorgen, ob die Auswanderung der Verwandten gelingen würde, hatten ein Ende. Alle Anstrengungen und finanziellen Opfer hatten sich gelohnt. Die Auswanderung von Amalie und Adolf Vorchheimer hatte insgesamt 2900,– US $ gekostet.

Eine böse Überraschung gab es allerdings! Das Umzugsgut, einige Kleinmöbel und fünf Kisten mit wertvollem Inhalt, für dessen Ausfuhr Adolf Vorchheimer 6350,– RM gezahlt hatte, war nicht in New York eingetroffen.

Vorchheimers waren noch auf dem Weg nach Kuba, als die Gestapo am 8. August 1941 anordnete, dass alle bei der Firma Walk in Heidingsfeld eingelagerten Möbel und Hausratsgegenstände zu versteigern waren. »Da die Bankguthaben der Verfolgten keine Gutschrift des Versteigerungserlöses aufweisen ist hinreichend dargetan, daß die Gestapo die Gegenstände im eigenen Namen versteigerte und den Erlös für das Deutsche Reich verwertete«, ist der Entschädigungsakte zu entnehmen.

Aber auch das deklarierte Umzugsgut, das bei der Firma Walk zur Absendung nach New York bereitlag, wurde auf Veranlassung der Gestapo zur Würzburger Versteigerungsfirma Baumeister transportiert. Der Erlös wurde an die Gestapo abgeführt.[14] Noch einmal hatten die Nazis ihre gierigen Hände ausgestreckt und sich bereichert an Menschen, denen sie nur das nackte Leben ließen.

Adolf Vorchheimer war siebenundfünfzig, seine Frau Amalie achtundvierzig Jahre alt, als sie sich, ihres gesamten Eigentums beraubt, in New York eine neue Existenz aufbauen mussten. Konnte Adolf noch einmal in seinem Beruf Fuß fassen? Nach den Angaben seines Steuerberaters hatte er 1942 nur ein monatliches Einkommen von 50,– $, 1943 waren es knapp 80,– $. Zwischen 1944 und 1947 verbesserten sich die Einkommensverhältnisse kontinuierlich von 180,– $ auf 230,– $ monatlich. Davon konnte man nur ein sehr bescheidenes Leben führen.

Adolf Vorchheimer, der zuletzt in einer Handschuhfabrik als Handschuhzuschneider arbeitete, starb am 28. August 1947 in New York. Er war nur dreiundsechzig Jahre alt geworden. Sein New Yorker Steuerberater schrieb später über ihn:

»In den Jahren, in denen ich den Vorzug hatte für den verstorbenen Herrn Vorchheimer tätig zu sein, habe ich ihn als einen besonders ehrenwerten Menschen kennen gelernt.«

Nach dem Tod ihres Mannes lebte Amalie, deren Beruf in den Akten als Hausfrau angegeben wurde, von der Unterstützung ihres Sohnes Ludwig, der am 13. Dezember 1948

Ansprüche auf Wiedergutmachung anmeldete. Der offizielle Antrag beim Bayerischen Landesentschädigungsamt München wurde am 12. März 1950 gestellt. Das Verfahren zog sich über mehr als zehn Jahre hin.

Ab dem 17. April 1955 liefen Ermittlungen zur Entscheidung wegen Bedürftigkeit von Amalie Vorchheimer, die laut Auskunft ihres Arztes an Diabetes und schwerer Herzinsuffizienz mit Ödemen litt und deshalb regelmäßig Medikamente benötigte.

Unter AZ 1632 entschied das Bayerische Landesentschädigungsamt am 11.11.1965 den Antrag zur Witwenrente für Amalie Vorchheimer und Berufsschadensrente gemäß Einstufung von Adolf Vorchheimer zwischen gehobenem und höherem Dienst.

Amalie Vorchheimer hat von dieser Entscheidung nicht mehr erfahren, sie war am 22. Januar 1965 im Alter von zweiundsiebzig Jahren in New York gestorben.

Über Ludwig Vorchheimers weiteren Lebensweg erfuhr ich erst von Frau Anita Stein, der Witwe seines Cousins Ludwig Hugo Stein.

Ludwig Vorchheimer studierte in New York Betriebswirtschaft und hatte schon früh den Wunsch, nach Australien auszuwandern, doch seine Mutter Amalie, die nach dem frühen Tod ihres Mannes stets kränklich war, klammerte sich an ihren einzigen Sohn und wollte die USA nicht verlassen.

Erst nach dem Tod seiner Mutter konnte Ludwig Vorchheimer seinen lange gehegten Traum realisieren; im Laufe des Jahres 1965 wanderte er nach Australien aus. Dort war er als Kaufmann tätig. Ob der Zweiundvierzigjährige zu der Zeit schon verheiratet war, ist unklar. Seine christliche Frau Patricia Coleman konvertierte zum jüdischen Glauben, nahm den

Vornamen Sarah an und lebte streng nach den religiösen Riten. Patricia Sarah Vorchheimer gebar vier Söhne, 1971 Abraham genannt Avi, 1973 Menachem, 1974 David und 1976 Jacob genannt Yanki. Ludwig Vorchheimer starb am 22. September 1991 an den Folgen eines Verkehrsunfalls. Sein jüngster Sohn Jacob lebt mit Frau und einer Tochter in New York. Die älteren Söhne – Abraham, verheiratet, sechs Töchter; Menachem, verheiratet vier Töchter und David, verheiratet, zwei Töchter – leben in Australien.[15]

Ernst Neuburger, der frühere Teilhaber der Tuchgroßhandlung Neuburger & Vorchheimer in Würzburg, kam ebenfalls mit der »Navemar« nach New York. Max Stein berichtete am 07.11.1941 nach Frankfurt, dass er ihn getroffen habe und dass Herr Neuburger Maßanzüge verkaufe.

Ernst Neuburger, geb. am 30.04.1889, und seine Frau Nanni geb. Schwab, geb. am 24.02.1889, hatten offensichtlich das Glück, Visa für die USA zu haben, so dass sie schon am 12. September 1941 mit der »Navemar« in New York eintrafen.

Auf der Suche nach Unterlagen zur Arisierung der Tuchgroßhandlung wurde im Staatsarchiv Würzburg festgestellt, dass die Gestapo-Akte von Adolf Vorchheimer bei Bombenangriffen auf Würzburg verbrannt war, die Akte von Ernst Neuburger jedoch noch vorliegt.[16]

Danach hatte das Ehepaar Neuburger am 24.06.1939 bei der Polizeidirektion Würzburg – Paßstelle Pässe zur Auswanderung beantragt. Sechs Tage später, am 30.06.1939, bestätigte die Gestapo Würzburg, dass gegen die Ausstellung der Pässe keine politischen Bedenken bestehen. Zu dieser Zeit wohnte das Ehepaar Neuburger noch in der Friedensstraße 35, musste aber später in ein Judenhaus umziehen.

Da auch sie zu den Wohlhabenden gehörten, versuchte die Gestapo sie zu kriminalisieren, um sich den Besitz ihres Eigentums zu verschaffen. Dazu sei der Bericht über eine Wohnungsdurchsuchung zitiert:

»02.12.1940 Gestapobericht über Wohnungsdurchsuchung bei dem Juden Ernst Israel Neuburger, Schillerstr. 8, b. Bravmann

Der Jude Ernst Israel Neuburger wohnt mit seiner Frau Nanni Sara Neuburger in Würzburg bei Bravmann in Untermiete. Es steht ihm dort 1 Zimmer und 1 Küche z. Verfügung. Monatl. Miete 36,– RM.

Dem Neuburger steht angeblich ein monatl. Freibetrag von 400,– RM z. Verfügung. An Bargeld wurden bei ihm vorgefunden rund 367,– RM. Nach seinen Angaben setzt sich der Betrag aus dem Rest des Monats November und den Ersparnissen in den Vormonaten zusammen. Für den Monat Dezember hat er angeblich noch kein Geld abgehoben. Die Durchsuchung der Wohnräume bei Neuburger nach Wäsche, Kleidungsstücken u. sonstigen Gebrauchsgegenständen war ergebnislos.«

Der zweite Versuch folgte etwa fünf Wochen später:

»11.1.1941 Gestapo Hamburg an Gestapo Würzburg

Betr.: Ernst Israel Neuburger

Im Hamburger Freihafen lagert eine Sendung mit Umzugsgut. Gesamtgewicht 3290 kg. Bitte um beschleunigte Mitteilung, ob gegen den Eigentümer Ausbürgerungsgründe vorliegen. Falls ja wird das Umzugsgut zur Versteigerung gebracht u. der Erlös der dortigen Dienststelle überwiesen.«

Auf der Rückseite dieses Schreibens wurde am 27.1.1941 geantwortet:

»Ernst Israel Neuburger ist kurz vor der Auswanderung nach USA über England gestanden, konnte aber infolge Kriegsausbruchs nicht abreisen. Ernst Israel Neuburger wohnt noch in Würzburg, Schillerstr. 8. Nach erfolgter Auswanderung wird gegen Neuburger das Ausbürgerungsverfahren eingeleitet, da er vom 28.8.1924 bis zur Auflösung 1933 Mitglied des Reichsbanners war.«

Zu einer weiteren Hausdurchsuchung wurde vermerkt:

»Hamsterwaren wurden bei dem Juden E. I. Neuburger nicht vorgefunden, ebenso sind auch keine Verstöße gegen die Devisenvorschriften festgestellt worden.

Neuburger ist am 16.7.1941 in die USA ausgewandert.«

Zusammen mit Adolf und Amalie Vorchheimer hatten Ernst und Nanni Neuburger Würzburg am 16. Juli 1941 in Richtung Berlin verlassen. Was sie danach erlebten, wurde bereits ausführlich geschildert.

In Würzburg wurde am 29. Juli 1941 festgestellt, dass Ernst Israel Neuburger keine Vermögenswerte mehr besaß. Das Vermögen war für Lebensunterhalt, Reichsfluchtsteuer und Auswanderungskosten bis auf einen Betrag von 762,72 RM aufgebraucht, der von der Dresdner Bank Würzburg auf ein Auswanderer-Sperrkonto übertragen wurde.

Die Ausbürgerung des Ehepaars Neuburger war, wie üblich, sofort erfolgt, das Bankvermögen verfiel dem Deutschen Reich.

Der Zugriff auf das Umzugsgut der Neuburgers war allerdings nicht geglückt. Dazu enthält die Akte folgende Begründung:

»27.2.1943 Gestapo Würzburg an Finanzamt Würzburg
Betr.: Umzugsgut
Das Umzugsgut des Juden E. I. Neuburger, das in Gothenburg lagerte, sollte nach Hamburg zurück gerufen werden.
Lt. Mitteilung des Hamburger Spediteurs konnte ein Rücktransport jedoch nicht erfolgen, weil Neuburger alle auf dem Gut lastenden Kosten in Schweden bezahlt hatte.«

Durch diesen klugen Schachzug hatte Ernst Neuburger sein Umzugsgut retten können, was den Start in New York erleichterte. Er hatte aber wohl auch etwas mehr Glück als sein ehemaliger Teilhaber Adolf Vorchheimer, denn er fand in New York schnell eine Möglichkeit, seine beruflichen Erfahrungen zu nutzen.

Das Jüdische Nachrichtenblatt

Seit November 1938 gab es keine jüdische Presse mehr. Laut einer Anordnung des Reichspropagandaministeriums vom 15.07.1937 waren alle Personen und Unternehmen des jüdischen Pressewesens bereits erfasst und in amtliche Listen eingetragen worden.[1] Zum 31.12.1938 mussten jüdische Verlage und Buchhandlungen aufgelöst werden. Die jüdische Presse musste ihr Erscheinen jedoch schon während der Novemberpogrome einstellen.[2]

Das einzige jüdische Presseorgan, das danach noch erscheinen durfte, war das *Jüdische Nachrichtenblatt*. Herausgegeben wurde es von der Reichsvereinigung der Juden in Deutschland in Berlin und unterlag strengster Zensur durch das Reichspropagandaministerium und die Gestapo. Veröffentlicht wurden alle Verordnungen und Gesetze, mit denen man der jüdischen Bevölkerung das Leben schwer machte, aber auch regionale Gemeindenachrichten, die verschiedensten Anzeigen, Angebote von Büchern usw.

Wegen des Papiermangels ist kaum vorstellbar, dass diese Zeitung allen jüdischen Haushalten zur Verfügung gestellt werden konnte. Das erscheint auch deshalb glaubhaft, weil im Nachlass von Meier und Elise Grünbaum maschinengeschriebene Mitteilungen der Israelitischen Kultusgemeinden Wiesbaden und Frankfurt gefunden wurden, wie zum Beispiel die Informationen, wann und wo Lebensmittel und andere Waren von Juden gekauft werden durften. Aus den sechs gefundenen Exemplaren *Jüdisches Nachrichtenblatt*, die dank der akribischen Arbeit von Frau Jana Moczarski in der Restaurierungswerkstatt des Instituts für Stadtgeschichte Frankfurt wieder lesbar gemacht wurden, sei hier auszugsweise zitiert:

Nr. 18, Jahrgang 1942, Freitag, den 1. Mai 1942

»Verordnung über die Einführung der Vorschriften zur Entjudung der deutschen Wirtschaft in den eingegliederten Ostgebieten, vom März 1942.

Auf Grund des § 8 des Erlasses des Führers und Reichskanzlers über Gliederung und Verwaltung der Ostgebiete vom 8. Oktober 1939 (Reichsgesetzblatt I S. 2042) und gemäß § 1 der Verordnung über die Anmeldung des Vermögens von Juden vom 24. November 1938 (Reichsgesetzblatt I S. 1668) wird verordnet:

1. Anmeldung des Vermögens von Juden vom 26. April 1938
2. Die Verordnung zur Ausschaltung der Juden aus dem deutschen Wirtschaftsleben vom 12. November 1938
3. Die Verordnung über den Einsatz des jüdischen Vermögens vom 3. Dezember 1938
4. Die Verordnung über die Nachprüfung von Entjudungsgeschäften vom 10. Juni 1940 nebst Durchführungsverordnung vom 14. November 1940.«

(Zu Steuern):

»Vermögenssteuer-Ergänzungsrichtlinien [...]

Vereinfachung der Rechtspflege [...]

Außergewöhnliche Belastungen: Steuerermäßigung auf außergewöhnliche Belastungen werden Juden nicht gewährt.«

»Aus den Gemeinden: Frankfurt am Main

Gottesdienstzeiten in den Gemeindesynagogen vom 8. Mai bis 14. Mai 1942

1. Konservativer Ritus, Unterlindau 21/23:
   Freitag, abends 19:40 Uhr, Samstag morgens 8 Uhr, nachmittags 18 Uhr, anschließend Schrifterklärung: Rabbiner Dr. Leopold Israel Neuhaus, Schabbattende 21.50 Uhr; Wochentage: morgens 6.50 Uhr, nachmittags 19.45 Uhr.
2. Konservativer Ritus, Hermesweg 5/7.
3. Liberaler Ritus, jetzt Unterlindau 21/23:
   Freitag abends 18 Uhr, Samstag morgens 10.20 Uhr.«

Auf der Rückseite finden sich Familienanzeigen wie Geburts- und Todesanzeigen, Verlobungs- und Hochzeitsanzeigen, Danksagungen und eine Vielzahl von Annoncen; von Ärzten und Fachärzten mit dem Zusatz »zur ärztlichen Behandlung ausschließlich von Juden berechtigt« und oft mit dem Hinweis, dass kein Schild am Haus angebracht ist, Pensionsgesuche und -angebote, Mietgesuche und -angebote, Unterrichtsangebote für Englisch, Französisch, Stenographie, Klavier, Gesang usw. Ein jüdischer Buchvertrieb in Berlin NW 40, Wilsnacker-Str. 3, bietet an:

»Wulfson/Goldschmidt: ›Maser‹. Eine Novelle geb. 0,30 RM

Martha Wertheimer: ›Dienst auf den Höhen‹. Roman 2,80 RM

E. bin Gorlon: ›Das siebenfache Licht‹. Roman 4,80 RM

›Sippurim‹ Sammlung jüdischer Legenden. 2,85 RM

M. Schnitzer: ›Die schönsten Legenden aus dem Talmud‹ geb. 1.– RM

›Schaare Tefillah‹ Gebetbuch für Synagoge und Haus.

93 »Jüdisches Nachrichtenblatt« Vorderseite vom 15. Mai 1942

Franz Kafka: ›Vor dem Gesetz‹ Ausgew. Erzählungen und Aphorismen geb. 1,25 RM.

Die Lieferung erfolgt postwendend gegen Vorauszahlung oder Nachnahme.«

Nr. 20, Jahrgang 1942, Freitag, den 15. Mai 1942

»Abwesenheitspflegschaft: Der Reichsminister der Justiz hat am 16. April 1942 (RG Bl. I S. 178) eine Verordnung zur Ergänzung der Verordnung über die Abwesenheitspflegschaft erlassen. Danach kann, unbeschadet der allgemeinen gesetzlichen Vorschriften, ein Abwesenheitspfleger einer natürlichen Person, die sich im Ausland aufhält, für ihre inländischen Vermögensangelegenheiten bestellt werden, wenn infolge des Krieges die Verbindung mit dem ausländischen Aufenthaltsort der natürlichen Person unterbrochen ist und infolgedessen die Person ihre inländischen Vermögensangelegenheiten zu besorgen. Diese Verordnung ist mit Wirkung vom 1. Januar 1942 in Kraft getreten.«

»Halten von Haustieren

Die Reichsvereinigung der Juden in Deutschland gibt folgende Anordnung ihrer Aufsichtsbehörde bekannt:

1. Juden, die zum Tragen des Kennzeichens verpflichtet sind, und den mit ihnen zusammenwohnenden Personen, ist mit sofortiger Wirkung das Halten von Haustieren (Hunden, Katzen, Vögeln) verboten.
2. Juden, die zum Zeitpunkt der Veröffentlichung dieser Anordnung Haustiere halten, sind verpflichtet, der für ihren Wohnort zuständigen jüdischen Kultusvereinigung bzw. Bezirks- oder Verwaltungsstelle der Reichsvereinigung der Juden in Deutschland bis zum 20.5.1942, unter

Angabe des Kennworts ›Haustiere‹ schriftlich anzuzeigen, welche Haustiere von Ihnen gehalten werden.

3. Über die Ablieferung oder Abholung der Haustiere wird den Tierhaltern (vgl. Ziff. 2) durch die zuständige Jüdische Kultusvereinigung bzw. Bezirks- oder Verwaltungsstelle der Reichsvereinigung der Juden in Deutschland Anweisung zugehen.
4. Eine anderweitige Unterbringung der Haustiere, insbesondere in Pflegestellen von Dritten, ist unzulässig.
5. Zuwiderhandlungen gegen diese Anordnung haben staatspolizeiliche Maßnahmen zur Folge.
6. Diese Anordnung gilt nicht für Juden ausländischer Staatsangehörigkeit, es sei denn, daß sie zum Tragen des Kennzeichens verpflichtet sind.«

Unter Stellengesuchen steht jeweils der Vermerk »Die Einstellung von Arbeitskräften ist nur mit Genehmigung des Arbeitsamtes (in Berlin: Zentralstelle für Juden, Berlin SW 29, Fontanepromenade 15) gestattet.

Nr. 21, Jahrgang 1942, Freitag, den 22. Mai 1942

»Anmeldefrist nach der 11. Verordnung zum Reichsbürgergesetz:

§ 2 der 11. Verordnung zum Reichsbürgergesetz vom 25. November 1941 bestimmt, daß ein Jude die deutsche Staatsangehörigkeit verliert, wenn er seinen gewöhnlichen Aufenthalt im Auslande hat. Der Verlust der Staatsangehörigkeit ist, wenn der gewöhnliche Aufenthalt bereits bei Inkrafttreten der Verordnung (27. November 1941) im Auslande war, am 27. November 1941 eingetreten. Ist der gewöhnliche Aufenthalt nach dem 27. November 1941 ins Ausland verlegt worden, so tritt der Verlust der deutschen Staatsangehörigkeit mit der Verlegung ein.

Nach § 3 der Verordnung verfällt das Vermögen des Juden, der die deutsche Staatsangehörigkeit auf Grund dieser Verordnung verliert, mit dem Verlust der Staatsangehörigkeit dem Reich.

Dem Reich verfällt ferner das Vermögen der Juden, die am 27. November 1941 staatenlos waren und zuletzt die deutsche Staatsangehörigkeit besessen haben, wenn sie ihren gewöhnlichen Aufenthalt im Auslande haben oder nehmen.

Nach § 7 der Verordnung haben alle Personen, die eine zu dem verfallenen Vermögen gehörige Sache im Besitz haben, oder zu der Vermögensmasse etwas schuldig sind, den Besitz der Sache oder das Bestehen der Schuld dem Oberfinanzpräsidenten Berlin (Abteilung Vermögensverwertung Außenstelle, Berlin NW 40, Alt Moabit 143) innerhalb von 6 Monaten nach Eintritt des Vermögensverfalls anzuzeigen. Zuwiderhandlung gegen diese Anzeigepflicht ist strafbar.

Nach § 7 Abs. 2 sind Forderungen gegen das verfallende Vermögen ebenfalls innerhalb von 6 Monaten nach Eintritt des Vermögensverfalls bei dem Oberfinanzpräsidenten Berlin anzumelden. Die Befriedigung von Forderungen, die nach Ablauf der Frist geltend gemacht werden, kann ohne Angabe von Gründen abgelehnt werden.

Die Anmeldefrist läuft danach, soweit die vorgenannten Personen vor dem 27. November 1941 aus Deutschland ausgewandert sind, am 27. Mai 1942 ab.«

»Lebensmittelkarten-Ausgabe an Juden in Berlin:

Die Ausgabe der Lebensmittelkarten erfolgt nur gegen Vorlage der gelben Haushaltungskarte und der Kennkarte an den nachstehend genannten Tagen und Zeiten. Eine Nachausgabe findet unter keinen Umständen statt.

Bei Wohnungsveränderungen sind An- und Abmeldung vor der Kartenausgabe in den für Juden vorgesehenen Sprechstunden vorzunehmen, da andernfalls die rechtzeitige Auslieferung in Frage gestellt ist.

Im Verwaltungsbezirk Mitte erhalten Hauptmieter die Lebensmittelkarten für Untermieter nur gegen Vorlegung der polizeilichen Anmeldung und einer Vollmacht.

Den Anweisungen der an weißer Binde kenntlichen Ordner ist auf jeden Fall Folge zu leisten. Ein Anstellen vor den angegebenen Zeiten ist nicht angängig. Die Lebensmittelkarten (hier Berlin) werden Mittwoch und Sonnabend ausgegeben. Verwaltungsbezirk Mitte, z.B. Kartenstelle Gipsstr. 23a Mittwoch 27. Mai 1942, 9–11 Uhr Buchstabe A–N, 11–13 Uhr Buchstabe O-Z«.

Unter den Anzeigen auf der Rückseite fand ich die Todesanzeige von Dr. Samuel Kleemann, Köln.

Nr. 23, Jahrgang 1942, Freitag den 5. Juni 1942

»Austritt aus den Jüdischen Kultusvereinigungen:

Die Reichsvereinigung der Juden in Deutschland gibt auf Anweisung ihrer Aufsichtsbehörde folgende Ausführungsbestimmungen bekannt:«

Es folgen Informationen über Zuständigkeit, Antragstellung, Entscheidung, Geltungsbereich und Inkrafttreten.

Ende Juni, Jahrgang 1942, (größere Fehlstellen!)

»Zur Ablieferung von

A. Elektrische Geräte, Plattenspieler und Schallplatten

1. Abzuliefern sind:
   a) elektrische Geräte wie Heizöfen, Heizsonnen, Höhensonnen, Heizkissen, Kochtöpfe, Staubsauger, Föhne, Bügeleisen usw.
   b) Plattenspieler (auch elektrische) und Schallplatten

2. Ausgenommen von der Ablieferung sind die elektrischen Geräte, die Krankenbehandler und Zahnbehandler zur Ausübung ihres Berufes benötigen und die in den jüdischen Einrichtungen, in Krankenanstalten, Alters- Siechen- Kinder usw.- heimen für die Heimaufgaben notwendig sind.

B. Schreibmaschinen, Fahrräder und optische Geräte

3. Abzuliefern sind ferner:
   a) Schreibmaschinen sowie Rechenmaschinen und Vervielfältigungsapparate
   b) Fahrräder nebst Zubehör
   c) Fotoapparate sowie Film- Vergrößerungs- und Projektionsapparate, ferner Belichtungsmesser
   d) Ferngläser soweit sie gemäß Anordnung vom 3.11.1941 durch den jüdischen Eigentümer anmeldepflichtig waren und noch nicht abgeliefert oder bei den Bezirksstellen der Reichsvereinigung bzw. bei den Jüdischen Kultusvereinigungen verwahrt worden sind.

Ablieferungspflichtig sind: staatsangehörige und staatenlose Juden im Sinne des § 5 der Ersten Verordnung zum Reichsbürgergesetz vom 14.11.1935 (RG Bl I S. 1333)«

Wer von dieser Abgabepflicht befreit ist, fehlt leider auf dem sehr beschädigten halben Blatt.

Nr. 27, Jahrgang 1942, Freitag den 3. Juli 1942

»Warnung! 2. Veröffentlichung

Die Reichsvereinigung der Juden in Deutschland gibt auf Weisung der Aufsichtsbehörde folgendes bekannt:

I. Benutzung Öffentlicher Verkehrsmittel:

In einer Reihe von Fällen sind Juden in Haft genommen worden, weil sie öffentliche Verkehrsmittel ohne Erlaubnisscheine benutzt haben.

Es wird daher nachdrücklichst darauf hingewiesen, daß sämtliche Bestimmungen der Anordnung über die Benutzung öffentlicher Verkehrsmittel – veröffentlicht im ›Jüdischen Nachrichtenblatt Nr. 17 vom 24.4.1942‹ – aufs genaueste zu beachten sind: Der Erlaubnisschein ist bei der Benutzung von Verkehrsmitteln zusammen mit der Kennkarte stets – auch in Zeiten starken Verkehrs, beim Lösen der Fahrkarte, beim Antritt der Fahrt sowie bei Fahrtkontrollen unaufgefordert vorzuzeigen. Hieraus ergibt sich, daß die Entnahme von Fahrkarten aus Fahrkarten-Automaten für Juden nicht zulässig ist.

Es wird erneut davor gewarnt, Fahrkarten aus Fahrkarten-Automaten zu entnehmen, die Vorzeigung des Erlaubnisscheins zu unterlassen oder öffentliche Verkehrsmittel ohne gültigen Erlaubnisschein zu benutzen.

II. Einkauf

Juden haben beim Einkauf stets ihren Haushaltsausweis vorzuzeigen, alles zu unterlassen, was eine bevorzugte Belieferung mit bewirtschafteten Waren, insbesondere mit Mangelwaren, bezweckt, die festgesetzten Einkaufszeiten genauestens einzuhalten.

Zuwiderhandlungen, die bei den stattfindenden Stichkontrollen festgestellt werden, haben staatspolizeiliche Maßnahmen zur Folge.«

»Mitteilungen der Reichvereinigung der Juden in Deutschland:

Benutzung von Warteräumen und Wirtschaften von Verkehrsbetrieben.

Die Reichsvereinigung der Juden in Deutschland gibt folgende Anordnung der Aufsichtsbehörde bekannt:

1. Juden die zum Tragen des Kennzeichens verpflichtet sind, ist mit sofortiger Wirkung die Benutzung von Warteräumen, Wirtschaften und sonstigen Einrichtungen sämtlicher Verkehrsbetriebe verboten.
2. Ziffer 23 der Durchführungsrichtlinien zur Kennzeichnungsverordnung – veröffentlicht im ›Jüdischen Nachrichtenblatt Nr. 65 vom 10. Oktober 1941‹ – wonach Warteräume, Wirtschaften und sonstige Einrichtungen von Verkehrsbetrieben insoweit in Anspruch genommen werden konnten, als die Erlaubnis zur Benutzung des entsprechenden Verkehrsmittels erteilt war, wird aufgehoben.
3. Zuwiderhandlungen haben staatspolizeiliche Maßnahmen zur Folge.«

In dieser Ausgabe wird Auszügen aus Verordnungen viel Raum gegeben. Neben Verordnungen zur Haushaltsbesteuerung mit Bezug auf die Ehegatten, Verbesserung der Leistungen in der Rentenversicherung und zur Ersetzung zerstörter oder abhandengekommener Urkunden, wird besonders umfangreich zur Passstrafverordnung Stellung genommen.

»Am 27. Mai 1942 hat der Ministerrat für die Reichsverteidigung eine Paßstrafverordnung erlassen (RG Bl. Teil I Nr. 57 S. 348 ff). Nach § 1 dieser Verordnung wird mit Geldstrafe, Haft oder Gefängnis, in besonders schweren Fällen mit Zuchthaus bestraft wer:

1. unbefugt eine Grenze überschreitet, insbesondere ohne die zum Grenzübertritt erforderlichen oder bestimmten Urkunden (Paß, Paßersatz, Sichtvermerk, Durchlaßschein u. dergl.) mit sich zu führen;
2. eine Grenze an anderen Stellen als den zugelassenen Grenzübergängen oder außerhalb der festgesetzten Verkehrsstunden überschreitet;
3. sich bei dem Grenzübertritt oder bei der sonst stattfindenden Paßnachschau der amtlichen Prüfung entzieht;
4. abgesehen von den in den Nummern 1–3 bezeichneten Fällen den zur Überwachung des Grenzverkehrs erlassenen Anordnungen zuwiderhandelt;
5. Reiseziele, Reisewege oder Fristen oder sonstige Beschränkungen nicht einhält, die ihm in einer für das Überschreiten der Grenze oder für den Aufenthalt innerhalb einer Grenze erforderlichen oder bestimmten Urkunde vorgeschrieben sind;
6. unbefugt eine zum Grenzübertritt erforderliche oder bestimmte Urkunde führt;
7. als Ausländer der Verpflichtung nicht nachkommt, sich durch einen Paß oder einen zugelassenen Paßersatz über

seine Person auszuweisen, oder als gesetzlicher Vertreter eines Ausländers es unterläßt, für die von ihm vertretene Person die erforderlichen Ausweise zu beschaffen oder vorzulegen;

8. den Auflagen zuwiderhandelt, die ihm bei der Ausstellung, Änderung oder Ergänzung einer zum Grenzübertritt erforderlichen oder bestimmten Urkunde oder beim Grenzübertritt erteilt worden sind. Neben Haft oder Gefängnis kann auf Geldstrafe, neben Zuchthaus auf Geldstrafe in unbeschränkter Höhe erkannt werden.

Nach § 6 können die Paßbehörden, die Sichtvermerksbehörden, die Ausländerämter und die Dienststellen der Grenzpolizei sowie ihre vorgesetzten Behörden Versicherungen an Eides statt annehmen. Grenze im Sinne dieser Verordnung sind nach § 7 die jeweils bestimmte Sichtvermerksgrenze (Außengrenze) und die Grenzen, die Gebiete innerhalb der Sichtvermerksgrenze voneinander trennen und für deren Überschreiten eine besondere Erlaubnis vorgeschrieben ist (Binnengrenze).

Die Verordnung gilt nach § 8 auch in den eingegliederten Ostgebieten, dem Protektorat Böhmen und Mähren, dem Generalgouvernement, dem Elsaß, Lothringen, Luxemburg, der Untersteiermark, den besetzten Gebieten Kärntens und Krains, dem Bezirk Bialystok und den neu besetzten Ostgebieten.

Nach § 9 erläßt der Reichsminister des Innern die erforderlichen Rechts- und Verwaltungsvorschriften. Die Verordnung ist gemäß § 10 am 1. Juni 1942 in Kraft getreten.«

Nr. 31, Jahrgang 1942, Freitag den 31. Juli 1942

Die Ausgabe enthält Mitteilungen und Verordnungen an die Finanzämter, zu Steuerhinterziehung, Kinderermäßigung bei der Einkommensteuer, Abstammungsfestlegung bei Abkömmlingen von Juden oder von jüdischen Mischlingen, Preisüberwachung im Grundstücksverkehr, Schulbesuch der jüdischen Mischlinge. Unter anderem auch einen Teil der Fortsetzungsgeschichte *Vom Baal Schem.*

Nr. 32, Jahrgang 1942, Freitag den 7. August 1942

Neben den üblichen Hinweisen auf Gottesdienste, Sprechstunden der Jüdischen Kultusvereinigung und dem Kalendarium ist die erste Seite mit Auszügen aus Verordnungen bedruckt: Rechtsmittelverfahren in Bürgersteuersachen, Durchführung der sozialversicherungsrechtlichen Vorschriften der 2. Verordnung über die Vereinfachung des Lohnabzugs. Auf der Rückseite neben Annoncen und Gesuchen ein Artikel *Die Lehre des Judentums* nach Mosche Maimonis Mischne Thora (über Gebete).

Elf Tage später, am Dienstag, dem 18. August, wurden Meier und Elise Grünbaum nach Theresienstadt deportiert.

Das Buch soll nicht enden ohne die Worte, die schon so oft gesagt wurden, doch immer wieder gesagt werden müssen, NIE WIEDER....

Im Gedenken an die Ermordeten von denen berichtet wurde, und im Gedenken an die Millionen Opfer des Nazi-Terrors, schließe ich mit einem Kaddisch, das am 9. November 2010 in der Westend-Synagoge gebetet wurde.

El mole Rachamim
(G'tt voller Barmherzigkeit)

Gedächtnisgebet für die als Märtyrer Verstorbenen

Der Vater des Erbarmens, der in himmlischen Höhen thront, gedenke der Seelen, lass selige Ruhe finden unter den Schwingen der göttlichen Majestät, in hohen Regionen der Heiligen und Reinen, die Seelen

der Männer, Frauen und Kinder,
die in den Lagern Auschwitz,
Treblinka, Bergen-Belsen,
Buchenwald, Theresienstadt
und den anderen Lagern
hingemordet wurden, sowie aller
unserer Brüder und Schwestern,
die eingingen in die Ewigkeit,
die sich töten, erschlagen, dahinschlachten,
verbrennen, ertränken, erwürgen ließen
zur Heiligung des göttlichen Namens.

Oh, Herr der Barmherzigkeit, nimm sie in den Schutz der Fittiche der Ewigkeit und mögen ihre Seelen aufgenommen werden im Bunde des Lebens, vereint mit den Seelen Abrahams, Isaaks und Jakobs, Saras, Rifkas, Rachels und Leas und mit allen frommen Männern und Frauen, denen Seligkeit zuteil geworden ist im Garten Eden.

Glossar

Bar Mizwa	Mit 13 Jahren wird ein Junge religionsmündig. Durch das erste Lesen der Thora in der Synagoge wird er vollwertiges Mitglied der Gemeinde.
Benschen	Lobpreisungen
Chanukka	Lichterfest. Erinnert an die Einweihung des wieder aufgebauten Tempels in Jerusalem im 2. Jhdt. v. Chr. Der Ölvorrat für einen Tag reichte wunderbarerweise für acht Tage. Während des acht Tage dauernden Festes wird täglich eine Kerze des Chanukka-Leuchters entzündet.
Chewzes	Vermögen, Wertgegenstände, Schmuck
Eref Jontef	Tag vor einem Feiertag
Haftalach, Hawdala	Zeremonie am Sabbatende
Jom Kippur	Versöhnungsfest, das höchste jüdische Fest
Kaddisch	Totengebet
Kesew	Geld, auch Silber
Kiddosch, Kiddusch	Segensspruch
Laubhütte	Provisorische Hütte, durch deren Dach man den Himmel sehen kann. Sie wird zum Laubhüttenfest, dem letzten Erntefest, für sieben Tage errichtet. In Erinnerung an die Wanderung der Israeliten durch die Wüste verbringt die Familie die meiste Zeit der Festtage in der mit Blumen und Früchten geschmückten Hütte.
Leschanno Taufo	Gute Wünsche zum neuen Jahr
Masseltoff	Glückwunsch; viel Glück
Mazze, Mazzoth	Ungesäuertes Brot zum Pessachfest
Mincha	Nachmittagsgebet
Pessach	Eine Woche dauerndes Dankfest. Eines der drei Erntefeste des jüdischen Kalenders.
Rosch Haschanna	Neujahrsfest

Schächter	Ritueller Schlachter. Juden dürfen kein Blut essen, deshalb muss das Tier völlig ausbluten.
Sabbat	Ruhetag am siebten Tag der Woche. Beginnt am Freitagabend und endet am Samstagabend jeweils bei Einbruch der Dunkelheit. An diesem Tag soll alle Arbeit ruhen.
Schalom	Frieden, Begrüßungsformel
Synagoge	Gotteshaus, Gebetshaus, in dem sich auch ein Raum zum Studium der religiösen Schriften und eine Thoraschule befindet. Die Empore ist für Frauen reserviert. In einer Nische in der Ostwand befindet sich der Thoraschrein, verborgen hinter einem kostbaren Vorhang.
Thora	Religiöses Gesetzbuch bzw. Lehrbuch, das sich auf die fünf Bücher Mose der hebräischen Bibel bezieht. Die Thora ist Grundlage der jüdischen Religion.
Yehudim	Juden

Literaturverzeichnis

»Büdinger Geschichtsblätter«. Historisches Nachrichtenblatt für den ehemaligen Kreis Büdingen. Sonderdruck, Willi Luh: Zur Geschichte und Kultur der Juden in Büdingen. Herausgegeben vom Büdinger Geschichtsverein. Band XVII, 2001.

Ute Daub, »Die Stadt Frankfurt macht sich judenfrei«. Zur Konzentrierung, Verbannung und Ghettoisierung der jüdischen Bevölkerung zwischen 1938–1945. In: Monica Kingreen (Hg.), »Nach der Kristallnacht«. Jüdisches Leben und antijüdische Politik in Frankfurt am Main 1938–1945. Schriftenreihe des Fritz Bauer Instituts, Band 17.
Campus Verlag, Frankfurt am Main 1999.

H.-J. Döscher, »Reichskristallnacht«, Frankfurt am Main 1990.

Feinermann, Emmanuel und Rita Thalmann, »Die Kristallnacht«. Athenäum Verlag, Frankfurt am Main 1988.

»Gedenkbuch – Opfer der Verfolgung der Juden unter der nationalsozialistischen Gewaltherrschaft in Deutschland 1933–1945« Band 1. Herausgegeben vom Bundesarchiv, Koblenz 2006.

Alfred Gottwald/Diana Schulle, »Die ›Judendeportationen‹ aus dem Deutschen Reich 1941–1945«. Marixverlag GmbH, Wiesbaden 2005.

»›Und keiner hat für uns Kaddisch gesagt…‹ Deportationen aus Frankfurt am Main 1941 bis 1945«. Begleitpublikation zur gleichnamigen Ausstellung des Jüdischen Museums der Stadt Frankfurt am Main. Herausgeber: Jüdisches Museum der Stadt Frankfurt am Main. Verantwortlich: Georg Heuberger. Stroemfeld Verlag, Frankfurt am Main 2004.

Rolf Kilian Kiessling, »Juden in Forchheim«. 300 Jahre jüdisches Leben in einer fränkischen Stadt. Verlag Kulturamt des Landkreises Forchheim. 1. Auflage 2004.

Helga Koch/Jochen Löber, »Jüdisches Leben in Bad Orb«. Kommissionsverlag Orbensien, Bad Orb 2009.

Wolf-Arno Kropat, »Reichskristallnacht«. Der Judenpogrom vom 7. bis 10. November 1938 – Urheber, Täter, Hintergründe. Kommission für die Geschichte der Juden in Hessen, Wiesbaden 1997.

Ellen Küppers, »Emigranten in New York«. Klaus Boer Verlag München 1995.
Konrad Kwiet, »Nach dem Pogrom. Stufen der Ausgrenzung«. In: Wolfgang Benz (Hg.), »Die Juden in Deutschland 1933–1945. Leben unter nationalsozialistischer Herrschaft«. Verlag Beck, München 1988.
»Theresienstädter Gedenkbuch«. Die Opfer der Judentransporte aus Deutschland nach Theresienstadt 1942–1945. Prag 2000.
Josef Walk (Hg.), »Das Sonderrecht für die Juden im NS-Staat« UTB für Wissenschaft, 2. Auflage 1996, C. F. Müller Verlag, Hüthig GmbH Heidelberg. Zeitabschnitte I, II, III, IV.

Bildnachweise

Jüdisches Museum, Frankfurt am Main: Abb.: 1

Institut für Stadtgeschichte, Frankfurt am Main S7A1998/19025: Abb.: 2 (S7A1998/19025), 41, (Foto © Weiss) (S7A1998/14155), 44 (Foto: Klaus Meier-Ude)

Institut für Stadtgeschichte, Frankfurt am Main, Nachlass Meier und Elise Grünbaum: Abb.: 5, 13, 15, 16, 18, 19, 23, 24, 25, 26, 27, 28, 30, 36, 38, 40, 47, 48, 54, 58, 84, 90, 92, 93

Foto Oliver Schleiter-Hofer 2012: Abb.: 3, 4, 11, 14, 17, 43, 45, 46, 49

www.alemannia-judaica.de: Abb.: 6, 7, 9

Pfalzmuseum Forchheim, Foto: Theodor Fenné: Abb.: 10

Oliver Stanton, New York: Abb.: 8, 34, 35, 50, 51, 52, 56, 57, 59, 60, 61, 62, 63, 65, 66, 67, 68, 69, 70, 71, 72, 73, 74, 75, 76, 77, 78, 79, 80

Historisches Archiv der Dresdner Bank, Frankfurt am Main: Abb.: 12

Stadtmuseum Wiesbaden: Abb.: 20 (Nr. 360085 Bismarckring, Sammlung Nassauischer Altertümer)

Stadtarchiv Wiesbaden: Abb.: 21 (Foto Nr. 005851), 22 (Foto Nr. 000133)

Hessisches Hauptstadtarchiv Wiesbaden: Abb.: 29 (HHStAW Abt. 519/3 Nr. 2033, Bl. 31), 39 (HHStAW Abt. 461/30983 Bd.12, Bl. 161), 82 (HHStAW Abt. 519/3 Nr. 37369)

Rolf Kilian Kiessling, Fotograf unbekannt: Abb.: 31, 32

Stadtarchiv Forchheim, Juden in Forchheim: Abb.: 33

www.vor-dem-holocaust.de, Sammlung Bernd Lindenthal: Abb.: 37

Gedenkstätte Theresienstadt, Ghettomuseum: Abb.: 42

NS-Dokumentationszentrum der Stadt Köln: Abb.: 53

Staatsarchiv München, Pol.Dir. 15436: Abb.: 55

Bundesarchiv, Bild 183–2006–0804–501: Abb.: 64

Ellen Küppers: »Emigranten in New York«: Abb.: 81 (S. 88), 83 (92)

Anita Stein, New York: Abb.: 85, 86, 87

Stadtarchiv Arnstadt, Jörg Kaps: Abb.: 88

Staatsarchiv Würzburg, Gestapo 8537 S.1: Abb.: 89

http://narrow-gate.net/jeffking/archives/002665.html: Abb.: 91

Farbteil 1

Oliver Stanton, New York: Abb.: 001, 002, 003, 004, 006, 007, 008, 009, 010, 011, 012, 013, 016, 017, 019, 021, 022, 023, 024, 025, 026, 027, 028, 029, 030, 031, 032, 033, 034, 035, 037, 038, 039, 040

Institut für Stadtgeschichte, Frankfurt am Main, Nachlass Meier und Elise Grünbaum: Abb.: 005, 014, 015, 018, 036,

Staatsarchiv München, Pol.Dir. 14499: Abb.: 20

Farbteil 2

Institut für Stadtgeschichte, Frankfurt am Main, Nachlass Meier und Elise Grünbaum: Abb.: 001, 003, 004, 012, 013, 016, 017, 018, 019, 020, 021, 022, 023, 024

Ellen Küppers: »Emigranten in New York«: Abb.: 002 (S. 89)

Anita Stein, New York: Abb.: 005, 006, 007, 008, 009, 010, 011, 014

Jörg Kaps, Arnstadt: Abb.: 015

Oliver Stanton, New York: Abb.: 025, 026, 027

Quellenangaben

Das Frankfurter Westend

Denkmaltopographie Stadt Frankfurt am Main
Herausgegeben vom Magistrat der Stadt Frankfurt am Main
Untere Denkmalschutzbehörde 1986
Institut für Stadtgeschichte der Stadt Frankfurt am Main
Jüdisches Museum der Stadt Frankfurt am Main, Herr Michael Lenarz.
Tel. Mitteilungen

Meier Grünbaum

1 Institut für Stadtgeschichte Frankfurt, Nachlass Grünbaum
»Reichsstelle für Sippenforschung«, Schreiben vom 19.11.1940
2 Stadtarchiv der Kreisstadt Eschwege
Standesamt Gemeinde Wehretal
Schriftl. Mitteilungen Herr Dr. Karl Kollmann, Herr Schimmelpfennig 14.02.2008
3 »Der Israelit«, Wochenzeitung vom 30.12.1897
Internet http://www.alemania-judaica.de/geisa-synagoge.htm
4 Standesamt Geisa, Archiv Frau Sylvia Möller, 20.02.2008
Auszüge aus Steuerlisten
5 Hessisches Hauptstaatsarchiv Wiesbaden
Sterberegister Eschwege 1825–1939
6 Thüringisches Hauptstaatsarchiv Weimar, Frau Johannes
»Juden in Thüringen 1933–1945. Biographische Daten«
7 a. a. O.

Elise Kleemann

1 Rolf Kilian Kiessling, »Juden in Forchheim. 300 Jahre jüdisches Leben in einer kleinen fränkischen Stadt«. Verlag Kulturamt Landkreis Forchheim 2004. S. 98
2 Staatsarchiv Würzburg, Bestand Register von Unterfranken Signatur 8424 (von Frau Elisabeth Böhrer)
3 Allgemeine Zeitung des Judentums vom 01.09.1856
4 Rolf Kilian Kiessling, »Juden in Forchheim«. S. 98
5 a. a. O., S. 77
6 Nachlass Dr. Wilhelm Kleemann New York, von Oliver Stanton Ausschnitt aus Forchheimer Zeitung Mai 1966
7 Allgemeine Zeitung des Judentums vom 11.02.1898
8 Rolf Kilian Kiessling, »Juden in Forchheim«. S. 99

Meier und Elise Grünbaum 1890–1920

1 Standesamt Geisa, Archiv Frau Sylvia Möller Auszüge aus dem Geburtenbuch Geisa
2 Hessisches Hauptstaatsarchiv Wiesbaden Adressbücher der Stadt Wiesbaden 1905–1938
3 Hessisches Hauptstaatsarchiv Wiesbaden Schriftl. Mitteilung Herr Peter Haberkorn 27.02.2008
4 Historisches Archiv der Dresdner Bank Frankfurt am Main Herr Michael Jurk, Frau Cornelia Erbe Schriftl. Mitteilung vom 20.02.2008
5 Jüdische Gemeindeverwaltung Wiesbaden, Frau Wisch Grab Grünbaum Tel. Mitteilung
6 Frau Dorothee Lottmann-Kaeseler, Wiesbaden, Historikerin Gräber Grünbaum und Hirsch
7 Rolf Kilian Kiessling, »Juden in Forchheim«. S. 98
8 Nachlass Dr. Wilhelm Kleemann New York, von Oliver Stanton Hans Speckner, Brief v. 07.05.1966
9 Stadtarchiv Nürnberg, Herr Gerhard Jochem Signatur C 21/x Nr. 5 Julie Kleemann
10 Institut für Stadtgeschichte Frankfurt Dr. Wilhelm Kleemann, Brief vom 15.08.1938

11 Israelitische Kultusgemeinde Nürnberg, Frau Astrid Schuricht
Grab Julie Kleemann
Tel. Mitteilung
12 Rolf Kilian Kiessling, »Juden in Forchheim«. S. 98
13 Stadtarchiv Nürnberg, Herr Gerhard Jochem
Signatur C 21/x Nr. 2, Babette Kleemann
14 Nachlass Dr. Wilhelm Kleemann New York, von Oliver Stanton
Familienkalender
15 Stadtarchiv Nürnberg, Herr Gerhard Jochem
Signatur C 21/x Nr. 2, Dr. Hermann Dirnbach
16 Jüdische Gemeinde zu Berlin
Jüdischer Friedhof Berlin-Weißensee
Grab Babette Dirnbach
Schriftl. Mitteilung vom 28.05.2009
17 Rolf Kilian Kiessling
Grabinschrift Babette Dirnbach
Tel. Mitteilung

Institut für Stadtgeschichte Frankfurt
Briefe, Karten und Dokumente Grünbaum

Meier und Elise Grünbaum 1920–1942

1 Josef Walk (Hg.), »Das Sonderrecht für die Juden im NS-Staat«, 2. Auflage 1996, C. F. Müller Verlag, Hüthig GmbH Heidelberg, I/49
2 a. a. O., I/99
3 a. a. O., I/620
4 a. a. O., I/636 + 637
5 a. a. O., I/525 + 544
6 a. a. O., I/451 + 626
7 a. a. O., I/581 + II/63
8 a. a. O., II/161
9 a. a. O., II/457
10 a. a. O., II/506
11 Allgemeiner vertraulicher Erlaß Nr. 64/38D.St. des deutschen Reichswirtschaftsministers vom 14. Mai 1938. BS-BL, R3101 Nr. 34531. S. 7f., s. dazu auch J. Walk, »Sonderrecht«, III/227
12 Frau Dorothee Lottmann-Kaeseler, Wiesbaden, Historikerin
Schriftl. Mitteilung

13 Rolf Kilian Kiessling, »Juden in Forchheim«. S. 98, 93, 89, 90
14 Jüdische Gemeindeverwaltung Wiesbaden, Frau Wisch
Gräber Kleemann
Tel. Mitteilung
15 Herr Robert Finster, ehrenamtlicher Bürgermeister von Frankenwinheim
Auszug aus dem Geburtenregister
16 Frau Elisabeth Böhrer, Sondheim/Rhön
Tel. Mitteilung
17 Frau Dorothee Lottmann-Kaeseler, Wiesbaden, Historikerin
Schriftl. Mitteilung
18 Herr Robert Finster, ehrenamtl. Bürgermeister von Frankenwinheim
Auszug aus dem Geburtenregister
19 Frau Elisabeth Böhrer, Sondheim/Rhön
Tel. Mitteilung
20 Hessisches Hauptstaatsarchiv Wiesbaden
Entschädigungsakte Ernestine Kleemann HHStAW Abt. 518
Nr. 22694
21 H.-J. Döscher, »Reichskristallnacht«, Frankfurt am Main 1990. S. 95
22 Feinermann/Thalmann, »Die Kristallnacht«, Athenäum Verlag, Frankfurt am Main 1988. S. 83
23 NS-Archiv, Dokumente zum Nationalsozialismus
24 Josef Walk, »Das Sonderrecht für die Juden im NS-Staat«, III/2
25 a. a. O., III/13
26 a. a. O., III/12, 17, 18, 47, 74
27 Konrad Kwiet: Nach dem Pogrom. Stufen der Ausgrenzung. In: Wolfgang Benz (Hg.): Die Juden in Deutschland 1933–1945. Leben unter nationalsozialistischer Herrschaft, Beck, München 1988. S. 545–659
28 Hessisches Hauptstaatsarchiv Wiesbaden
Devisenakte Meier Grünbaum HHStAW, Abt. 519/3 Nr. 2033
29 Josef Walk, »Das Sonderrecht für die Juden im NS-Staat«, III/190
30 a. a. O., IV/57, 48, 67, 24
31 a. a. O., IV/117
32 a. a. O., IV/127
33 www.stern.de/jud-suess-film-ohne-gewissen
Das Bundesarchiv. Der Spielfilm »Jud Süß« – Goebbels Meisterstück?
Josef Walk, »Das Sonderrecht für die Juden im NS-Staat«, IV/143
34 Jüdisches Museum Frankfurt am Main, Herr Michael Lenarz
Tel. Mitteilung zu Frieda Seligmann
35 Amtsgericht Frankfurt am Main, Grundbuchamt
36 Büdinger Geschichtsblätter Band XVII, 2001, S. 72, 142, 168, 173

37 Jüdisches Museum Frankfurt am Main, Herr Michael Lenarz
Tel. Mitteilung zu Einwohnern der Pension Nussbaum

38 Jüdisches Museum Frankfurt am Main, Herr Michael Lenarz
Tel. Mitteilung zu H. u. F. Jacob

39 Josef Walk, »Das Sonderrecht für die Juden im NS-Staat«, IV/240, 241, 238

40 a. a. O., IV/263, 264

41 Rolf Kilian Kiessling, »Juden in Forchheim«. S. 130, 131, 213

42 Alfred Gottwald/Diana Schulle, »Die Judendeportationen aus dem Deutschen Reich 1941–1945«. Marixverlag GmbH, Wiesbaden 2005. S. 122

43 »Theresienstädter Gedenkbuch«. Die Opfer der Judentransporte aus Deutschland nach Theresienstadt 1942–1945. Prag 2000

44 Rolf Kilian Kiessling, »Juden in Forchheim«. S. 222

45 Alfred Gottwald/Diana Schulle, »Die Judendeportationen aus dem Deutschen Reich 1941–1945«. S. 323–326

46 Stadtarchiv Nürnberg, Herr Gerhard Jochem
Gedenkbuch für die Nürnberger Opfer der Schoa. Nürnberg 1998, Eintrag Nr. 67

47 Stadtarchiv Nürnberg
Meldekartei jüdischer Einwohner bis 1945, Signatur C 21/x Nr. 2

48 Josef Walk, »Das Sonderrecht für die Juden im NS-Staat«, IV/316

49 Alfred Gottwald/Diana Schulle, »Die Judendeportationen aus dem Deutschen Reich 1941–1945«. S. 72, 73, 93, 106, 107

50 Ute Daub, »Die Stadt Frankfurt macht sich judenfrei«. In: Monica Kingreen (Hg.): »Nach der Kristallnacht«. S. 338–340

51 Jüdisches Museum Frankfurt am Main, Herr Michael Lenarz
Tel. Mitteilung zu Moses Nussbaum

52 Jüdische Gemeinde Frankfurt am Main. Friedhofsverwaltung Herr Majer Szanckower, Tel. Mitteilung

53 Alfred Gottwald/Diana Schulle, »Die Judendeportationen aus dem Deutschen Reich 1941–1945«. S. 205

54 Hessisches Hauptstaatsarchiv Wiesbaden
Merkblatt für eingesetzte Beamte, Geheime Staatspolizei, Staatspolizeistelle Frankfurt a. M. vom 19.10.1941 HHStAW Abt. 649–495

55 Hessisches Hauptstaatsarchiv Wiesbaden
Plan der Großmarkthalle HHStAW Abt. 461/30983, Bd. 12, Bl. 161

56 »Und keiner hat für uns Kaddisch gesagt…«
Deportationen aus Frankfurt am Main 1941–1945. S. 116

57 Alfred Gottwald/Diana Schulle, »Die Judendeportationen aus dem Deutschen Reich 1941–1945«. S. 209, 210

58 Josef Walk, »Das Sonderrecht für die Juden im NS-Staat«, IV/365, 368, 377, 387, 386
59 Die Jüdische Gemeinde Frankfurt/M. (unterzeichnet von Alfred Weil und Arthur Kauffmann) vom 7.6.1942
http://www.zug-der-erinnerung.eu/material/deportationsankuendigung.html
60 Gedenkbuch Bundesarchiv. Koblenz 2006
61 Alfred Gottwald/Diana Schulle, »Die Judendeportationen aus dem Deutschen Reich 1941–1945«. S. 310
62 Gedenkstätte Theresienstadt, Herr Tomás Fedorovič
Todesfallanzeige Meier Grünbaum Nr. 52
63 Gedenkstätte Theresienstadt, Informationsblatt
64 Gedenkstätte Theresienstadt, Herr Tomás Fedorovič
Todesfallanzeige Elise Grünbaum geb. Kleemann Nr. 58

Meier Grünbaums Klagen

1 Auszüge aus der Ansprache veröffentlichte die »Frankfurter Allgemeine Zeitung« am 10.11.2009 unter dem Titel »Spuren der ›Reichskristallnacht‹. Über den Umgang mit Verbrechen und anderen Niedrigkeiten: Was uns heute noch täglich an die nationalsozialistischen Pogrome vom 9. und 10. November 1938 erinnert. Von Salomon Korn«.

Institut für Stadtgeschichte Frankfurt
Briefe und Dokumente

Samuel Kleemann

1 Rolf Kilian Kiessling, »Juden in Forchheim«. S. 98, 106
2 Universitätsbibliothek Erlangen
Schriftl. Mitteilung von Herrn Rolf Kilian Kiessling
3 Pfalzmuseum Forchheim
Geschäftsunterlagen der Firma C. Kreul von Frau Gertraud Hawranek
4 Stadtarchiv Fürth, Herr Ronald Langer
Schriftl. Mitteilungen vom 19.08.2008 und 30.09.2008
5 Rolf Kilian Kiessling, »Juden in Forchheim«. S. 106
6 Pfalzmuseum Forchheim
Geschäftsunterlagen C. Kreul

7 Nachlass Dr. Wilhelm Kleemann New York, von Oliver Stanton
8 Stadtarchiv Fürth, Herr Ronald Langer
Schriftl. Mitteilung vom 30.09.2008
9 Staatsarchiv München, Frau Sabine Frauenreuther
Schriftl. Mitteilungen zu Pol. Dir. 15436 und Pol. Dir. 14499 am 18.03.2008
10 Stadtarchiv München, Herr Dr. Andreas Heusler
Schriftl. Mitteilung und Auszüge aus »Biographisches Gedenkbuch der Münchner Juden 1933–1945« (2 Bde., München 2003/2007)
11 a. a. O.
12 NS-Dokumentationszentrum der Stadt Köln, Frau Dr. Barbara Becker-Jákli
Schriftl. Mitteilung vom 03.02.2009
13 Herr Eberhard Rausch, Köln
Schriftl. Mitteilung vom 18.02.2009
14 Briefauszug vom 07.03.1942
vollständig im Kapitel »Meier und Elise Grünbaum 1920–1942«
15 NS-Dokumentationszentrum der Stadt Köln, Frau Dr. Barbara Becker-Jákli
Schriftl. Mitteilung vom 03.02.2009
16 Zentrale der Jüdischen Gemeindeverwaltung der Stadt Köln
Grab Samuel Kleemann
Tel. Mitteilung
17 Herr Eberhard Rausch, Köln
Schriftl. Mitteilung vom 18.02.2009

Ernestine (Erna) Kleemann und Albert Wolff

1 Alfred Gottwald/Diana Schulle, »Die Judendeportationen aus dem Deutschen Reich 1941–1945«. S. 291+292
2 Gedenkstätte Theresienstadt, Herr Tomás Fedorovič
Todesfallanzeige Ernestine Kleemann Nr. 229
3 Stadtarchiv München, Herr Dr. Andreas Heusler
»Biographisches Gedenkbuch der Münchner Juden 1933–1945« (2 Bde., München 2003/2007)
4 Josef Walk (Hg.), »Das Sonderrecht für die Juden im NS-Staat«, I/33, I/127
5 Staatsarchiv München, Frau Sabine Frauenreuther
Pol. Dir. 15436

6 Stadtarchiv München, Herr Dr. Andreas Heusler
Gewerbeamt Abg. 7/12a, 199
7 Gedenkbuch Bundesarchiv, Koblenz 2006

Institut für Stadtgeschichte Frankfurt
Briefe und Karte

Wilhelm Kleemann

1 Rolf Kilian Kiessling, »Juden in Forchheim«. S. 98
2 Historisches Archiv der Dresdner Bank Frankfurt am Main
Bibliothek, Herr Michael Jurk, Frau Cornelia Erbe, Auszüge aus:
– »Reichshandbuch der deutschen Gesellschaft, Berlin, 1930/31«. S. 937
– »Biographisches Handbuch der deutschsprachigen Emigration nach 1933«, Band I, Politik, Wirtschaft, Öffentliches Leben, K. G. Saur, München, New York, London, Paris 1980. S. 368
– »Deutscher Wirtschaftsführer«. Lebensgänge deutscher Wirtschaftspersönlichkeiten. Bearbeitet von Georg Wenzel, Hanseatische Verlagsanstalt Hamburg, Berlin, Leipzig 1929. S. 1150
– »Die Dresdner Bank im Dritten Reich«, Band 1: ›Die Dresdner Bank in der Wirtschaft des Dritten Reichs‹, Johannes Bähr, R. Oldenbourg Verlag, München 2006. S. 75–81, 85–87
3 Nachlass Dr. Wilhelm Kleemann New York, von Oliver Stanton
4 Historisches Archiv der Dresdner Bank Frankfurt
Schriftl. Mitteilung vom 26.05.2008, Herr Michael Jurk
5 a. a. O., Die Dresdner Bank in der Wirtschaft des Dritten Reichs. S. 76–86
6 Josef Walk (Hg.), »Das Sonderrecht für die Juden im NS-Staat«, I/46
7 a. a. O., I/99
8 a. a. O., III/13
9 Pfalzmuseum Forchheim, Frau Susanne Fischer, Frau Martina Wesler
Stiftungsakte Kleemann
10 Stadtarchiv Forchheim, Herr Rainer Kestler »Fränkischer Tag« Nr. 104 u. 106
»Forchheimer Nachrichten«
11 Nachlass Dr. Wilhelm Kleemann
Weitere Presseberichte

Institut für Stadtgeschichte Frankfurt
Briefe an Elise Grünbaum

Herta Schloss geb. Kleemann und Moritz Schloss

1 Stadtarchiv Bamberg
Schriftl. Mitteilung von Herrn Dr. Robert Zink vom 19.06.2008
2 Nachlass Kleemann/Schloss New York, von Oliver Stanton
Lebenslauf von Moritz Schloss
3 Josef Walk (Hg.), »Das Sonderrecht für die Juden im NS-Staat«, II/556, II/526
4 Stadtarchiv Bamberg
Schriftl. Mitteilung von Herrn Dr. Robert Zink vom 19.06.2008
5 Jürgen Czwienk
Tel. Mitteilung im Frühjahr 2012

Max Stein

1 Stammbaum der Familie Stein
von Frau Anita Stein, New York, Witwe von Ludwig Hugo Stein
2 Stadtarchiv der Kreisstadt Eschwege
Standesamt Gemeinde Wehretal
Geburtsurkunden
3 Stadtarchiv der Kreisstadt Eschwege, Herr Dr. Karl Kollmann
Tel. Mitteilung am 08.03.2011
Zuzug nach Eschwege, Gründung der Firma »Max Stein Eschwege «
4 Hessisches Hauptstaatsarchiv Wiesbaden
Devisenakte Max Stein HHStAW Abt. 519/3 Nr. 37369
5 Hessisches Hauptstaatsarchiv Wiesbaden
Sterberegister Eschwege 1825–1939
Bertha Stein Abt. 365 Nr. 146
6 Hessisches Hauptstaatsarchiv Wiesbaden
Schriftl. Mitteilung von Herrn Peter Haberkorn vom 27.02.2008
7 Hessisches Hauptstaatsarchiv Wiesbaden
Sterberegister Eschwege 1825–1939
Hugo Stein Abt. 365 Nr. 146
8 a. a. O.
Entschädigungsakte Max Stein HHStAW Abt. 518 Nr. 2102/01
9 Josef Walk (Hg.), »Das Sonderrecht für die Juden im NS-Staat«, I/229
10 Hessisches Hauptstaatsarchiv Wiesbaden
Devisenakte Max Stein HHStAW Abt. 519/3 Nr. 37369
11 a. a. O.

12 a. a. O.
13 a. a. O.
14 Frau Anita Stein, New York
15 Wolf-Arno Kropat, »Reichskristallnacht«. Der Judenpogrom vom 7. bis 10. November 1938 – Urheber, Täter, Hintergründe. Kommission für die Geschichte der Juden in Hessen, Wiesbaden 1997. S. 57–62
16 Hessisches Hauptstaatsarchiv Wiesbaden
Devisenakte Max Stein HHStAW Abt. 519/3 Nr. 37369
17 a. a. O.
18 Hessisches Hauptstaatsarchiv Wiesbaden
Entschädigungsakte Ernestine Kleemann HHStAW Abt. 518 Nr. 22694
19 Herr Robert Finster, 1. Bürgermeister der Gemeinde Frankenwinheim
Auszug aus dem Geburtenregister
20 Stadtarchiv Nürnberg, Herr Gerhard Jochem
Meldekartei jüdischer Einwohner bis 1945, Signatur C 21/x Nr. 3
21 a. a. O.
22 Josef Walk (Hg.), »Das Sonderrecht für die Juden im NS-Staat«, IV/293
23 Gedenkbuch Bundesarchiv, Koblenz 2006
24 Hessisches Hauptstaatsarchiv Wiesbaden
Entschädigungsakte Max Stein HHStAW Abt. 518 Nr. 2102/01
25 Frau Anita Stein, New York
26 Herr Jörg Kaps, Arnstadt
»New York Herald Tribune«, Nachruf Ludwig Stein
27 Frau Lydia Volkmuth, Oberstreu/Rhön, Zeitzeugin
28 Frau Anita Stein, New York

Institut für Stadtgeschichte Frankfurt
Briefe

Max Lomnitz

1 Hessisches Hauptstaatsarchiv Wiesbaden
Geburtenregister Reichensachsen
2 Niedersächsisches Landesarchiv, Hauptstaatsarchiv Hannover
Entschädigungsakte David Lomnitz
Signatur Nds. 110 w Acc 14/99 Nr. 125892
3 a. a. O.

4 Stadtarchiv Eschwege, Herr Dr. Karl Kollmann
Tel. Mitteilung vom 08.03.2011
5 Frau Anita Stein, New York
6 Hauptstaatsarchiv Hannover
Entschädigungsakte David Lomnitz
Sign. Nds. 110 w Acc 14/99 Nr. 125892
7 Alfred Gottwald/Diana Schulle, »Die Judendeportationen aus dem Deutschen Reich 1941–1945«. S. 301, 227
8 Hauptstaatsarchiv Hannover
Entschädigungsakte David Lomnitz
Sign. Nds. 110 w Acc 14/99 Nr. 125892
9 Gedenkbuch Bundesarchiv, Koblenz 2006

Institut für Stadtgeschichte Frankfurt am Main
Brief

Bernhard Lustig

1 Prof. Dr. Josef Hesselbach, Oberstreu/Rhön, Heimatforscher
Registerauszüge zur Familie Lustig, Unsleben
2 Frau Elisabeth Böhrer, Sondheim/Rhön
Tel. Mitteilung
3 Helga Koch/Jochen Löber, »Jüdisches Leben in Bad Orb«. Kommissionsverlag Orbensien, 1. Auflage 2009. S. 155
4 Lydia und Alois Volkmuth, Oberstreu/Rhön, Zeitzeugen
5 Hessisches Hauptstaatsarchiv Wiesbaden
Schriftl. Mitteilung von Herrn Peter Haberkorn vom 27.02.2008
6 Prof. Dr. Josef Hesselbach, Heimatforscher
7 Alfred Gottwald/Diana Schulle, »Die Judendeportationen aus dem Deutschen Reich 1941–1945«. S. 197–201
8 Sächsisches Staatsarchiv, Stadtarchiv Leipzig
Bestand PP-11, Signatur 741, Meldekarte Bernhard Lustig
9 Institut für Stadtgeschichte Frankfurt am Main
»Ariowitsch-Stiftung«, Brief vom 05.07.1939
10 Alfred Gottwald/Diana Schulle, »Die Judendeportationen aus dem Deutschen Reich 1941–1945«. S. 329+330
11 Helga Koch/Jochen Löber, »Jüdisches Leben in Bad Orb«. S. 155
12 Gedenkstätte Theresienstadt, Herr Tomás Fedorovič
Todesfallanzeige Bernhard Lustig Nr. 101

13 Sächsisches Staatsarchiv, Stadtarchiv Leipzig
Bestand PP-II, Signatur 791, Meldekarte Isaak Lustig
14 Prof. Dr. Josef Hesselbach, Heimatforscher

Erna Pommer geb. Seliger

1 Thüringisches Hauptstaatsarchiv Weimar
»Juden in Thüringen 1933–1945«. Biographisches Handbuch
2 Helga Koch/Jochen Löber, »Jüdisches Leben in Bad Orb«. S. 154–157
3 Prof. Dr. Josef Hesselbach, Oberstreu/Rhön, Heimatforscher
Schriftl. Mitteilung
4 Alfred Gottwald/Diana Schulle, »Die Judendeportationen aus dem Deutschen Reich 1941–1945«. S. 104–106
5 Thüringisches Hauptstaatsarchiv Weimar
»Juden in Thüringen 1933–1945«. Biographisches Handbuch
6 Thüringisches Staatsarchiv Rudolstadt
»Findbuch«, Thüringisches Amtsgericht Arnstadt (1874) 1921–1952 (1955)
Registratursignatur HRA 529. Alte Archivsignatur 19
7 Thüringisches Hauptstaatsarchiv Weimar
»Juden in Thüringen 1933–1945«. Biographisches Handbuch
8 Stadtverwaltung Arnstadt, Friedhöfe, Frau Swatek
Tel. Mitteilung
9 Herr Jörg Kaps, Arnstadt
Tel. Mitteilung
10 Thüringisches Hauptstaatsarchiv Weimar
»Juden in Thüringen 1933–1945«. Biographisches Handbuch
11 Jüdisches Museum der Stadt Frankfurt am Main, Herr Michael Lenarz
Tel. Mitteilung
12 Herr Jörg Kaps, Arnstadt
Tel. Mitteilung
13 Josef Walk (Hg.), »Das Sonderrecht für die Juden im NS-Staat«, IV/293
14 Thüringisches Hauptstaatsarchiv Weimar
»Juden in Thüringen 1933–1945«. Biographisches Handbuch
15 Alfred Gottwald/Diana Schulle, »Die Judendeportationen aus dem Deutschen Reich 1941–1945«. S. 150+151, 206–208
16 Herr Jörg Kaps, Arnstadt
Tel. Mitteilung

Institut für Stadtgeschichte Frankfurt am Main
Brief

Amalie Vorchheimer geb. Stein und Adolf Vorchheimer

1 Stadtarchiv der Kreisstadt Eschwege
Standesamt Gemeinde Wehretal
Geburtsurkunde
2 Stadtarchiv Würzburg
Reiner Strätz, »Biographisches Handbuch Würzburger Juden 1900–1945«
3 Bayerisches Hauptstaatsarchiv München
Entschädigungsakte Adolf Vorchheimer
Signatur LEA 38288
4 Stadtarchiv Würzburg
Reiner Strätz, »Biographisches Handbuch Würzburger Juden 1900–1945«
5 Staatsarchiv Würzburg
Entschädigungsakte Amalie Vorchheimer
Signatur IV 309363-N343
6 Staatsarchiv Würzburg, Frau Dr. Heeg-Engelhart
Gestapo-Kartei Würzburg 0.4.2.1
Signatur 8537 Übernahme der Jüd. Firma Neuburger & Vorchheimer
7 Bayerisches Hauptstaatsarchiv München und Staatsarchiv Würzburg
Entschädigungsakten Adolf u. Amalie Vorchheimer
8 Josef Walk (Hg.), »Das Sonderrecht für die Juden im NS-Staat«, III/211
9 Staatsarchiv Würzburg
Wiedergutmachungsbehörde, Signatur 3936
10 Jüdisches Museum der Stadt Frankfurt am Main, Herr Michael Lenarz
Tel. Mitteilung
11 Alfred Gottwald/Diana Schulle, »Die Judendeportationen aus dem Deutschen Reich 1941–1945«. S. 328+329
12 Staatsarchiv Würzburg
Entschädigungsakte Amalie Vorchheimer
Signatur IV 309363-N343
13 ME 1498 Suess, Clara (née Mars) 1882–1968
»Meine Erlebnisse ab 22. Oktober 1940«
Leo Baeck Institute, Center for Jewish History
http://access.cjh.org/home.php?type=extid&term=426126#1
14 Bayerisches Hauptstaatsarchiv München
Entschädigungsakte Adolf Vorchheimer
Signatur LEA 38288

15 Frau Anita Stein, New York
16 Staatsarchiv Würzburg
Gestapo-Kartei Würzburg 0.4.2.1
Signatur 8522 Ernst Israel und Nanni Sara Neuburger

Institut für Stadtgeschichte Frankfurt am Main
Briefe

Das Jüdische Nachrichtenblatt

1 Josef Walk (Hg.), »Das Sonderrecht für die Juden im NS-Staat«, II/327
2 a. a. O., III/97

Namenregister

Danksagungen

Die Verfasser der 47 Briefe und ihre Familien hätten nicht gefunden werden können ohne die entgegenkommende Unterstützung und das Interesse von Mitarbeiterinnen und Mitarbeitern in den Archiven, privaten Forschern, Zeitzeugen und Beratern. Ihnen allen gilt mein aufrichtiger Dank.

Arnstadt, Stadt- und Kreisarchiv; Arnstadt, Friedhofsverwaltung; Bad Orb, Standesamt; Baiersdorf, Standesamt; Bamberg, Stadtarchiv; Bamberg, Handelsgericht; Berlin, Landesarchiv; Berlin, Stiftung Neue Synagoge Berlin-Centrum Judaicum; Berlin-Weißensee, Jüdischer Friedhof; Darmstadt, Hessisches Wirtschaftsarchiv; Erlangen, Universitätsbibliothek; Eschwege, Stadtarchiv; Forchheim, Stadtarchiv; Forchheim, Pfalzmuseum; Forchheim-Hallerndorf, Firmenarchiv C. Kreul GmbH; Frankenwinheim, Standesamt; Frankfurt am Main, Amtsgericht, Grundbuchamt; Frankfurt am Main, Historisches Archiv der Dresdner Bank; Frankfurt am Main, Institut für Stadtgeschichte; Frankfurt am Main, Jüdische Gemeinde, Friedhofsverwaltung; Frankfurt am Main, Jüdisches Museum; Fürth, Jüdisches Museum; Fürth, Stadtarchiv; Fürth, Standesamt; Geisa, Standesamt; Gotha, Stadtarchiv; Hannover, Niedersächsisches Landesarchiv; Köln, NS-Dokumentationszentrum; Köln, Zentrale der jüdischen Gemeindeverwaltung, Friedhofsverwaltung; Leipzig, Sächsisches Staatsarchiv, Stadtarchiv; München, Bayerisches Hauptstaatsarchiv; München, Staatsarchiv; München, Stadtarchiv; München, Bayerisches Wirtschaftsarchiv; Nürnberg, Israelitische Kultusgemeinde, Friedhofsverwaltung; Nürnberg, Stadtarchiv; Rudolstadt, Thüringisches Staatsarchiv; Schonungen, Standesamt; Springe, Standesamt; Theresienstadt, Památník Terezín (Gedenkstätte); Unsleben, Gemeindeverwaltung; Wehretal, Standesamt; Weimar, Thüringisches Hauptstaatsarchiv; Wiesbaden, Jüdische Gemeindeverwaltung, Friedhofsverwaltung; Wiesbaden, Hessisches Hauptstaatsarchiv; Wiesbaden, Stadtarchiv; Würzburg, Staatsarchiv; Würzburg, Stadtarchiv.

Für wissenschaftlichen Rat und wichtige Hinweise bei den oft schwierigen Recherchen danke ich ganz besonders Frau Dr. Barbara Becker-Jákli, Köln; Frau Elisabeth Böhrer, Sondheim/Rhön; Herrn Jürgen Czwienk, Wiesbaden; Herrn Prof. Dr. Josef Hesselbach, Oberstreu; Herrn Jörg Kaps, Arnstadt; Herrn Rolf Kilian Kiessling, Forchheim; Frau Helga Koch, Bad Orb; Herrn Dr. Karl Kollmann, Eschwege; Herrn Michael Lenarz, Frankfurt am Main; Frau Dorothee Lottmann-Kaeseler, Wiesbaden.

Den Zeitzeugen Frau Irmgard Edle von Traitteur, Forchheim, Frau Lydia und Herrn Alois Volkmuth, Oberstreu, bin ich sehr dankbar für die Gespräche, in denen sie mir ihre Erinnerungen schilderten.

Herrn Oliver Stanton, New York, danke ich besonders herzlich für die Überlassung der Nachlässe seines Urgroßvaters Dr. Wilhelm Kleemann und seiner Großmutter Herta Schloss. Nur dank seiner großherzigen Geste war es möglich, den Biografien der Familien Kleemann und Nachkommen eine große Anzahl von Fotos beizufügen und aus Presseberichten und Briefen zu zitieren.

Ebenso herzlich danke ich Frau Anita Stein, New York, für Ihre unermüdliche, großzügige Hilfsbereitschaft. Auch sie sandte mir nicht nur Fotos. Was sie im Nachlass ihres Mannes, Ludwig Stein, entdeckte, was immer ihr noch einfiel, sie teilte es mir mit.

Herrn Manfred Fenné danke ich für die Freigabe des Fotos von der geschändeten Synagoge, die ich vom Pfalzmuseum Forchheim erhielt. Die Aufnahme stammt von seinem Vater Theodor Fenné.

Die Fotos und Schriftstücke bilden einen wichtigen Bestandteil des Buches.

Für Hilfe und Unterstützung danke ich Frau Daniela Eisenstein, Fürth, Herrn Gemeinhard, Baiersdorf, Frau Hanna Hirsch, Neustadt a/Rbge., Herrn Christian Hörnig, Kleinostheim, Herrn Edgar Ingrisch und Herrn Lutz Schaub, Eschwege, Herrn Hans Isenberg und Herrn Schimmelpfennig, Wehretal, Herrn Eberhard Rausch, Köln, Frau Susanne Fischer, Frau Martina Wesler und Herrn Rainer Kestler in Forchheim, Frau Lena Langensiepen, Frau Catrin Philippsen-Hörnig, Herrn Manfred Schäfer, Herrn Oliver Schleiter-Hofer, Herrn Hartmut Schmidt und Herrn Majer Szanckower in Frankfurt am Main.

Im Institut für Stadtgeschichte Frankfurt am Main danke ich Frau Dr. Evelyn Brockhoff, Herrn Dr. Michael Fleiter, Herrn Klaus Rheinfurt, Frau Silvia Stenger und Frau Jutta Zwilling.

Ermutigt durch ihr großes persönliches Interesse, danke ich Frau Ulrike Klinke-Kobale von Herzen für erstes kritisches Lesen des Manuskripts und tatkräftige Hilfe bei der Bewältigung organisatorischer Angelegenheiten.

Ebenso herzlicher, aufrichtiger Dank gebührt schließlich Frau Ida Schöffling für das Lektorat, ihre engagierte, inspirierende Begleitung meiner Arbeit und ihre sehr persönliche Zugewandtheit in beratenden Gesprächen, aus denen ich oft Mut und Kraft schöpfte.

Familie Bernhard Lustig, Unsleben

Kalman Baruch Lustig
* 26.02.1819
† ?

⚭

Rosina Franken
*/† ?

Marianne Lustig
* 21.07.1857
† unbekannt

Babette Lustig
* 15.01.1859
† unbekannt

Hannchen Lustig
* 06.01.1861
† unbekannt

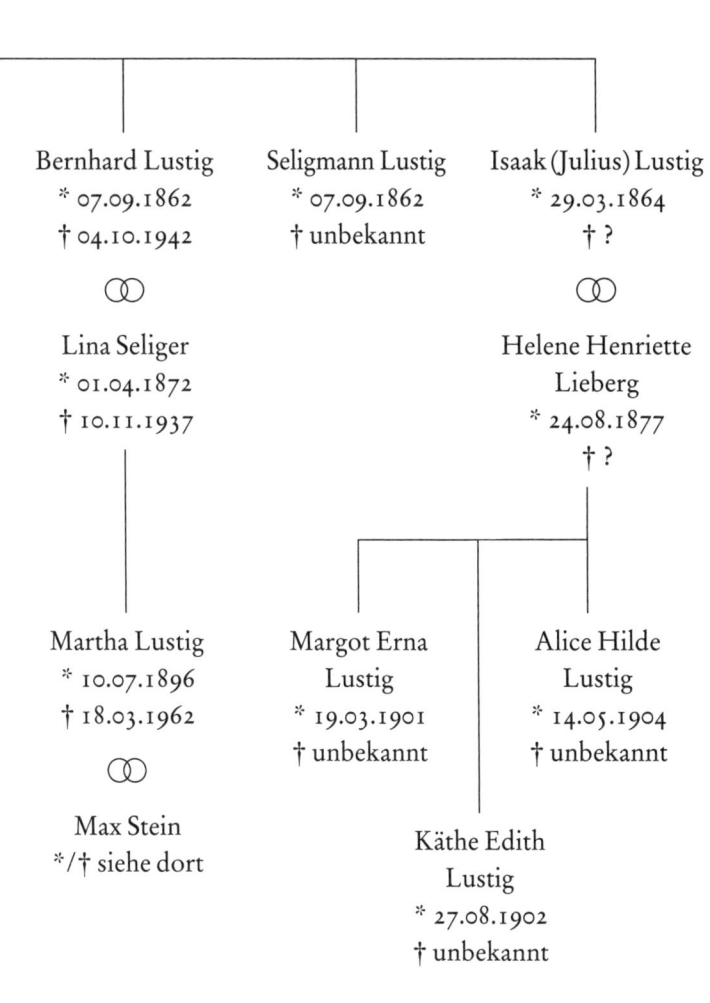

Bernhard Lustig
* 07.09.1862
† 04.10.1942

⚭

Lina Seliger
* 01.04.1872
† 10.11.1937

Seligmann Lustig
* 07.09.1862
† unbekannt

Isaak (Julius) Lustig
* 29.03.1864
† ?

⚭

Helene Henriette Lieberg
* 24.08.1877
† ?

Martha Lustig
* 10.07.1896
† 18.03.1962

⚭

Max Stein
*/† siehe dort

Margot Erna Lustig
* 19.03.1901
† unbekannt

Käthe Edith Lustig
* 27.08.1902
† unbekannt

Alice Hilde Lustig
* 14.05.1904
† unbekannt

Familie Seliger, Bad Orb

Maier Seliger
geb. in Gemunden
*/† ?

⚭

Klara Strauß
geb. in Unsleben
*/† ?

Lina Seliger * 01.04.1872 † 10.11.1937	Rosa Seliger * 03.05.1874 † 06.03.1939	Leo Seliger * 30.01.1876 † 16.04.1944	Arnold Seliger * 18.05.1877 † 08.05.1942
⚭	⚭		
Bernhard Lustig */† siehe dort	Isaak Strauß * ? † 01.06.1932 (kinderlos)		

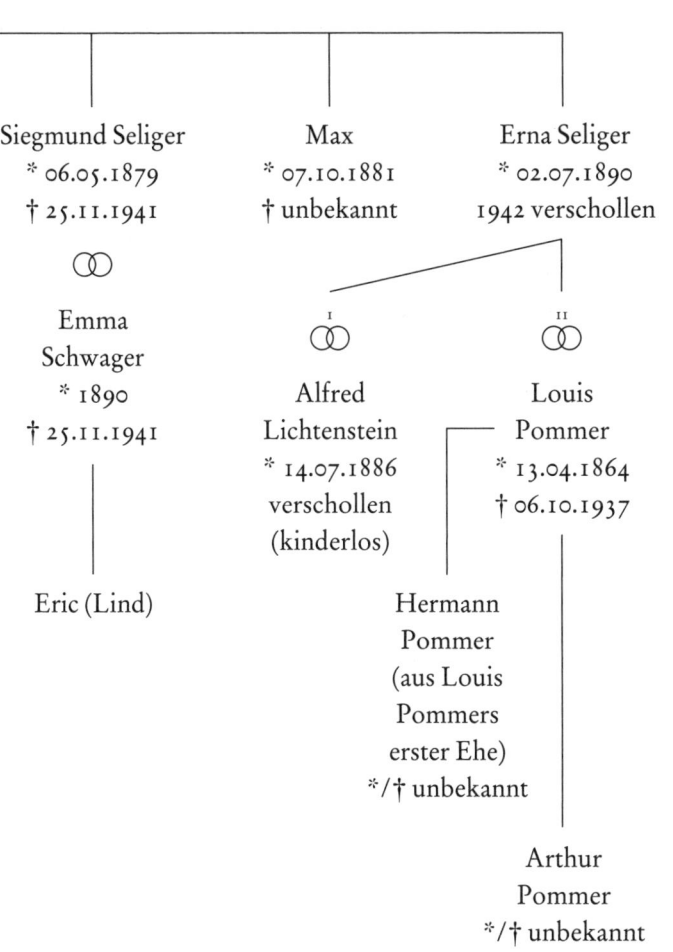

Siegmund Seliger
* 06.05.1879
† 25.11.1941

⚭

Emma
Schwager
* 1890
† 25.11.1941

Eric (Lind)

Max
* 07.10.1881
† unbekannt

Erna Seliger
* 02.07.1890
1942 verschollen

I ⚭

Alfred
Lichtenstein
* 14.07.1886
verschollen
(kinderlos)

II ⚭

Louis
Pommer
* 13.04.1864
† 06.10.1937

Hermann
Pommer
(aus Louis
Pommers
erster Ehe)
*/† unbekannt

Arthur
Pommer
*/† unbekannt

Familie Adolf Vorchheimer, Thüngen/Unterfranken

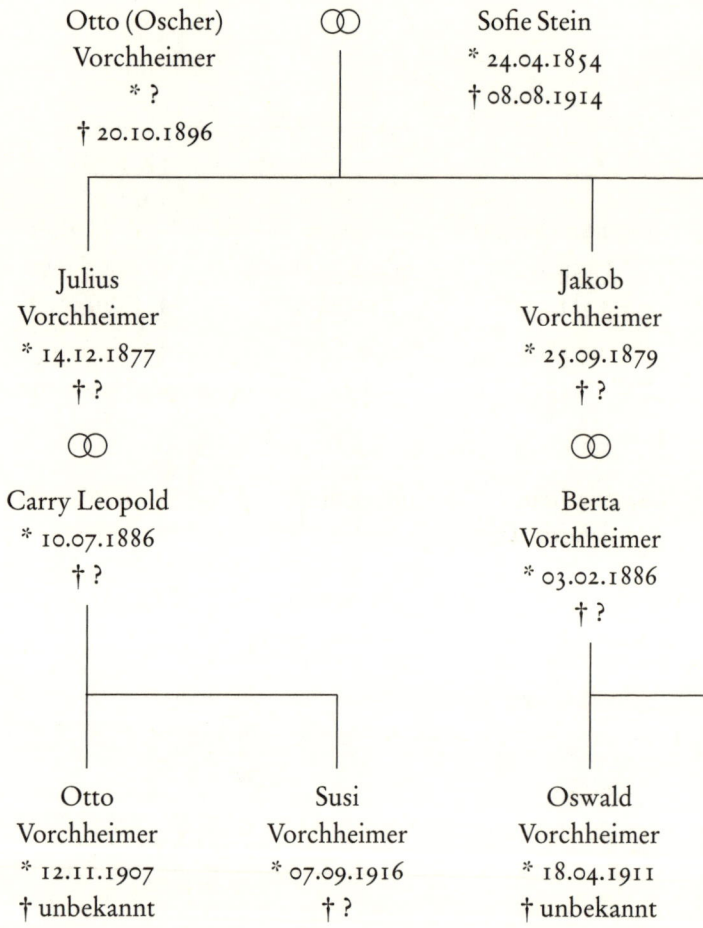

Otto (Oscher) Vorchheimer
* ?
† 20.10.1896

⚭

Sofie Stein
* 24.04.1854
† 08.08.1914

Julius Vorchheimer
* 14.12.1877
† ?

⚭

Carry Leopold
* 10.07.1886
† ?

Otto Vorchheimer
* 12.11.1907
† unbekannt

Susi Vorchheimer
* 07.09.1916
† ?

Jakob Vorchheimer
* 25.09.1879
† ?

⚭

Berta Vorchheimer
* 03.02.1886
† ?

Oswald Vorchheimer
* 18.04.1911
† unbekannt

Adolf
Vorchheimer
* 09.07.1884
† 28.08.1947

⚭

Amalie Stein
*/† siehe dort

Bernhard
Vorchheimer
* 21.06.1888
† ?

⚭

unbekannt

Betty
Vorchheimer
* 21.06.1888
† 1943? (ermordet)

⚭

Robert Strauß
* 21.01.1875
† 26.09.1942
(kinderlos)

Bruno
Vorchheimer
* 28.03.1919
† unbekannt

Familie Moritz Schloss, Maroldsweisach/Unterfranken

Louis Schloss
* 20.07.1866
† 17.08.1938

⚭

Klara Mayer
* 02.07.1870
† 22.07.1937

Regine Schloss
* 31.12.1892
† ?

⚭

Emanuel Fink
*/† unbekannt

Paula Schloss
* 07.12.1893
† 03.11.1945
(unverheiratet)

Moritz Schloss
* 07.08.1901
† 11.09.1952

⚭

Herta
Kleemann
*/† siehe dort

Familie Elise Grünbaum geb. Kleemann, Forchheim/Unterfranken

Isaak (Julius) Kleemann
* 18.03.1856
† 1925
⚭
Ernestine Hirsch
* 30.06.1860
† 29.06.1938
(kinderlos)

Babette Kleemann
* 01.12.1857
† 13.07.1934
⚭
Eduard Dirnbach
*/† unbekannt

Elise Kleemann
* 27.03.1860
† 22.09.1942
⚭
Meier Grünbaum
*/† (siehe dort)

Hermann Dirnbach
* 22.03.1887
verschollen
⚭
Else Friedmann
* 17.04.1897
verschollen

Albert Dirnbach
* 27.09.1888
† ?
⚭
Liese…
* 09.05. ?
† ?

Hans Dirnbach
* 02.07.1921
verschollen

Fritz Dirnbach
* 20.03.1925
† ?